U0646154

幼儿园教育活动
设计与指导丛书

幼儿园节日活动设计与指导

YOU'ERYUAN JIERI HUODONG
SHEJI YU ZHIDAO

伍香平　陈　敏◎主编

北京师范大学出版集团
BEIJING NORMAL UNIVERSITY PUBLISHING GROUP
北京师范大学出版社

图书在版编目（CIP）数据

幼儿园节日活动设计与指导/伍香平，陈敏主编. —北京：北京师范大学出版社，2016.1（2024.1重印）

（幼儿园教育活动设计与指导丛书）

ISBN 978-7-303-19575-6

Ⅰ.①幼…　Ⅱ.①伍…　②陈…　Ⅲ.①节日—教学活动—学前教育—教学参考资料　Ⅳ.①G613

中国版本图书馆 CIP 数据核字（2015）第 248269 号

图 书 意 见 反 馈　　gaozhifk@bnupg.com　010-58805079
营 销 中 心 电 话　　010-58802181　58805532

出版发行：北京师范大学出版社　www.bnupg.com
　　　　　北京市西城区新街口外大街 12-3 号
　　　　　邮政编码：100088
印　　刷：北京天泽润科贸有限公司
经　　销：全国新华书店
开　　本：787 mm×1092 mm　1/16
印　　张：30
字　　数：650 千字
版　　次：2016 年 1 月第 1 版
印　　次：2024 年 1 月第 4 次印刷
定　　价：58.00 元

策划编辑：罗佩珍　　　　　　责任编辑：鲍红玉
美术编辑：焦　丽　　　　　　装帧设计：国美嘉誉
责任校对：陈　民　　　　　　责任印制：马　洁
封面插图：北京市望京实验学校·火柴人俱乐部

编 委 会

编　委

陈　敏	武汉市汉阳区晨光第二幼儿园
吴彩虹	武汉市武昌区育苗幼儿园
陈　峰（大）	武汉市硚口区水厂路幼儿园
石　英	武汉市江岸区珞幼百步亭分园
王丽筠	武汉市武昌区育红幼儿园
黄　琼	武汉市洪山区铁机路幼儿园
李跃梅	武汉市硚口区幸福幼儿园

参编人员

冯秀丽	武汉市汉阳区晨光第二幼儿园
陈　繁	武汉市汉阳区晨光第二幼儿园
马妮娜	武汉市汉阳区晨光第二幼儿园
杜　丹	武汉市汉阳区晨光第二幼儿园
徐　起	武汉市汉阳区晨光第二幼儿园
龚　春	武汉市汉阳区晨光第二幼儿园
涂亚琳	武汉市汉阳区晨光幼儿园
魏　骏	武汉市汉阳区晨光幼儿园
朱　波	武汉市汉阳区教育局基教科
蔡　旻	武汉市硚口区幸福幼儿园
李　菲	武汉市硚口区水厂路幼儿园
徐琼琳	武汉市硚口区水厂路幼儿园
周丽婷	武汉市武昌区教育局教工幼儿园
胡桂萍	武汉市武昌区教育局教工幼儿园
王婷婷	武汉市武昌区育苗幼儿园
陈　峰（小）	武汉市武昌区育苗幼儿园
李　林	武汉市武昌区育苗幼儿园
谭　军	武汉市江岸区珞幼百步亭分园
田　瑛	武汉市江岸区珞幼百步亭分园
石宏新	武汉市江岸区珞珈怡和分园
李　航	武汉市江岸区珞珈怡和分园
汪　琼	武汉市江岸区珞珈幼儿园
谢　媞	武汉市洪山区铁机路幼儿园
陈　华	武汉市洪山区铁机路幼儿园
熊桂林	武汉市洪山区铁机路幼儿园
艾　欣	武汉市武昌区中南路幼儿园
蔡　洁	武汉市武昌区四美塘幼儿园
罗　清	武汉市武昌区康乐幼儿园
王述帼	武汉市武昌区康乐幼儿园
邢　磊	武汉市硚口区幸福幼儿园
毛玲琴	武汉市硚口区幸福幼儿园
毕　琴	湖北省商贸厅幼儿园

具体分工

第一章 全国性节日活动	第一节 传统节日	春节	陈敏 涂亚琳
		元宵节	黄琼 谢媞
		清明节	石英 汪琼
		端午节	王丽筠 罗清
		中秋节	吴彩虹 周丽婷
	第二节 社会节日	妇女节	陈峰 蔡旻
		劳动节	李跃梅 邢磊
		儿童节	陈敏 徐起 朱波
		国庆节	石英 石宏新
第二章 地域性节日活动	第一节 以植物为特色的节日	武汉梅花节	王丽筠 蔡洁
		武汉大学樱花节	吴彩虹 胡桂萍
		武汉东湖荷花节	黄琼 熊桂林
	第二节 以自然资源为特色的节日	湖北清江国际闯滩节	陈敏 魏骏 龚春
		湖北神农架生态旅游节	石英 谭军
		鄂州梁子湖捕鱼节	王丽筠 艾欣
		长江三峡国际旅游节	陈峰 李菲
		武汉渡江节	黄琼 陈华
	第三节 以历史文化遗产为特色的节日	黄鹤楼美育节	石英 田瑛
		武当山武术节	吴彩虹 王婷婷
		木兰山登山节	黄琼 陈华
		三国赤壁文化旅游节	陈峰 蔡旻
		襄阳诸葛亮文化旅游节	李跃梅 毛玲
第三章 园本化节日活动	第一节 "遇见材料，创造未来"艺术创想节		陈敏 杜丹 冯秀丽
	第二节 "齐关心，共分享——保护地球从我做起"环保节		黄琼
	第三节 "春溢幸福"健康节		李跃梅 邢磊
	第四节 "青花"艺术节		陈峰 徐琼琳
	第五节 "布一样的精彩"艺术节		吴彩虹 王婷婷
	第六节 "我乐我分享"分享节		王丽筠
	第七节 "书香溢童心"读书节		石英

第四章 民族节日活动	第一节　傣族——泼水节	李跃梅　毕　琴
	第二节　汉族——花朝节	陈　敏　马妮娜　陈　繁
	第三节　蒙古族——那达慕节	石　英　李　航
	第四节　壮族——三月歌圩	王丽筠　王述帼
第五章 国外知名节日活动	第一节　圣诞节	吴彩虹　陈　峰
	第二节　感恩节	黄　琼　熊桂林
	第三节　万圣节	陈　峰　李　菲
	第四节　复活节	李跃梅　毛　玲
	第五节　愚人节	陈　峰　徐琼琳
	第六节　母亲节	吴彩虹　李　林
	第七节　父亲节	李跃梅　毕　琴

前言
Preface

　　节日活动是一种很特殊的文化资源，既是幼儿喜闻乐见的活动，又是重要的社会生活，有效利用节日资源是进行文化传承的重要教育途径。《3—6岁儿童学习与发展指南》中强调，要"利用民间游戏、传统节日等，适当向幼儿介绍我国主要民族和世界其他国家和民族的文化，帮助幼儿感知文化的多样性和差异性"。当然，并不是所有的节日活动都适合幼儿认识、了解和参与，首先需要了解3—6岁幼儿的身心特点、兴趣需要和认知水平，再来判断各类节日的教育价值，最后综合考虑幼儿园开展节日活动的实际条件与现实需求，筛选出最有代表性、最具教育价值也最能开展活动的节日，提炼或设计出活动方案，才具有可借鉴和推广的意义。

　　对于幼儿园来说，常见的节日活动很多，来源途径和庆祝方式都不一样，为了阐述方便，本书在搜罗国内外所有知名节日活动的基础上，先划分出国内重要节日与国外知名节日；在国内重要节日中，又按活动范围，划分出全国范围庆祝的"全国性节日"和带有地域特点和园本特色的"地域性节日""园本化节日"，以及有代表性的"民族节日"；在"全国性节日"中再按历史文化积淀传承与现代社会生活重要纪念来划分出"传统节日"和"社会节日"。全书的侧重点在于对本国本土节日的认知、了解与传承，也介绍了世界其他国家和民族的代表性节日。随着信息技术的进步和全球化进程的加速，世界各国的人情风俗都互通知晓，在教育领域更应以开放的态度去拓展文化视野，通过文化共通的思想了解国外不同文化与节日习俗。本书专门挑选了比较典型的国外节日，如圣诞节、感恩节、复活节等知名节日，让幼儿感受异域文化的风貌。

　　教师设计、组织、实施节日活动的途径是丰富多样的：既可以创设环境，引导幼儿在环境熏陶中感受节日的氛围；又可以在区角活动中投放适宜的材料，激发幼儿在玩一玩、做一做中体验节日风俗习惯；也可以通过节日主题活动有计划地开展教育活动，指导幼儿对节日知识与文化传统有深入的了解，获得关于节日的专门经验；还可以带着幼儿亲身参与节日活动，在真实的节日氛围里体验人们庆祝节日的各种语言、行为和庆祝材料与方式，真正在生活中体验，

1

在体验中成长。

本书综合考虑了节日活动的实施途径，但并未以单一的某种形式来呈现节日活动方案，而是将这些途径有机地整合起来。全书筛选出 39 个节日主题活动，每个主题活动都考虑到节日环境创设的重要性，因此，在每个节日主题开篇都提出了环境创设的建议；同时，本着"一日生活皆教育、一日活动皆课程"的理念，对于区角活动材料投放和区角布置提出建议，便于幼儿自主开展节日活动；每个节日主题提供 4—7 篇供小、中、大班和全园开展的节日活动方案，在具体的表述体例上，首先介绍了节日的来源、背景和历史社会意义，便于丰富教师对每个节日的了解，在主题活动末尾附上了丰富的活动资源，便于教师参考使用；接着由教育目标引领活动方案，既呈现出节日活动的总教育目标，又呈现出小、中、大班不同年龄段目标，再分别给出活动内容建议；为了便于全园开展活动，大部分节日主题还提供了全园活动方案，希望对有需要的幼儿园和教师具有参考价值。

当然，在全书的策划与框架设定以及撰写稿件的过程中，由于参与的人员较多，各人表述文本的特点略有差异，在编稿的过程中较有难度，可能存在这样或那样的不足，恳请大家批评指正。

编者

2015 年 6 月

目录

Contents

第五章 国外知名节日活动

第一章
全国性节日活动

按照我国当前的节日活动开展范围，本书专门将全国共同欢庆的节日活动收集整理归并在一起，再针对 3—6 岁幼儿的兴趣特点和文化成长需求，按重要性依次进行排序，以案例形式呈现活动设计与组织实施。为了阐述方便，又将全国性的节日活动划分为传统节日和社会节日。传统节日主要是由中华民族传承下来的文化节日，囿于篇幅所限，本书筛选出的五个代表性的传统节日是春节、元宵节、清明节、端午节和中秋节；社会节日则是近现代以来我国发展进程中的重要纪念日和国际社会倡导的重要日子所形成的节日活动，筛选出来的主要有妇女节、劳动节、儿童节和国庆节。

第一节　传统节日

我国是一个多民族的国家，传统节日活动丰富多样、各具特色，既是悠久历史文化的映照，也是人们对生活和未来的美好憧憬。对幼儿进行传统节日的熏陶，既是在学习中华民族的历史，更是在传承中华民族的文化。在幼儿园开展传统节日活动，既能让幼儿在喜庆欢快的活动中体验春节、元宵节、清明节、端午节和中秋节等的趣味性，又能增进幼儿对民俗习惯、传统文化的感知理解，有益于形成积极健康的生活态度。

春　节

春节的历史很悠久，是中国最重要的传统节日。关于春节的起源，目前大家传讲最多的是关于"驱赶年兽"的传说，人们在除夕贴对联、放鞭炮、守夜待岁，在大年初一走亲访友、互道问候。随着社会生活的变化，如今，春节也成了中国人最重要的家人团聚的日子，保留着买年货、贴春联、挂年画、吃团圆饭等习俗。

一、节日活动设计思路

幼儿园开展春节活动，能为幼儿创设一个喜庆、愉快的氛围，引导幼儿了解春节的历史文化、民间习俗，激发起幼儿对传统文化的探究兴趣和民族自豪感。"春节"活动的设计从调动幼儿多种感官入手，依据幼儿具有形象直观的知觉特点，丰富幼儿对"春节"的多角度体验，帮助幼儿在喜庆的活动中获得蕴含丰富中国文化元素的宝贵经验。

二、节日活动教育目标和内容

节日活动教育 总目标	1. 感受春节的欢乐气氛，体验与人们共庆春节的快乐。 2. 乐意参加丰富多彩的春节活动，能用连贯完整的语言讲述春节中的所见所闻。 3. 知道春节为农历正月初一，是农历新年的开始，是中国人民最重要的节日，是一家人团圆的日子。 4. 知道春节有许多特殊的传统美食，如饺子、汤圆、年糕等。 5. 了解春节有许多特殊的习俗，如吃年夜饭、拜年、走亲戚、舞狮舞龙等。
小班教育目标	1. 体验新年带给人们的快乐，乐意参与集体活动。 2. 了解传统的春节美食，如饺子、汤圆、年糕等。 3. 了解放鞭炮庆祝春节的习俗。 4. 能用简单的祝福语表达自己的感受。
小班活动内容	嘴巴里的春节——春节的美食　耳朵里的春节——节日的鞭炮
中班教育目标	1. 感受节日的喜庆气氛，体验节日的快乐。 2. 知道"春节"是农历新年，了解春节的一些习俗。 3. 知道并能说出一些常用的春节祝福语。 4. 能动手亲自制作春节的装饰品。
中班活动内容	手里的春节——年年有鱼年夜饭　眼睛里的春节——新衣上的窗花
大班教育目标	1. 乐意参加丰富多彩的春节活动，能用连贯完整的语言讲述春节中的所见所闻。 2. 了解民间欢度春节的习俗，如拜年、走亲戚、舞狮舞龙等。 3. 能对周围人大方表达自己的春节祝福。 4. 愉快地和同伴开展有关春节的合作游戏。
大班活动内容	说出来的春节——压岁钱变压岁言　舞起来的春节——舞龙和舞狮

续表

全园活动 教育目标	1. 感受节日的喜庆气氛，增进家园共育与沟通。 2. 了解春节的买年货习俗，学会推销、换购商品。 3. 知道旧物能循环利用，树立节约的意识。 4. 促进亲子合作、交流等。
全园活动内容	年货超市(小、中、大班)

三、春节系列活动方案——过年的感觉

(一)精选活动

活动一：嘴巴里的春节——春节的美食(小班)

活动二：耳朵里的春节——节日的鞭炮(小班)

活动三：手里的春节——年年有鱼年夜饭(中班)

活动四：眼睛里的春节——新衣上的窗花(中班)

活动五：说出来的春节——压岁钱变压岁言(大班)

活动六：舞起来的春节——舞龙和舞狮(大班)

全园活动：年货超市(小、中、大班)

(二)环境创设

1. 主题墙面创设

(1)布置具有民间特色的墙饰，张贴具有代表意义的年画、对联等。

(2)窗上张贴各种喜庆的图案、春联，窗户上贴窗花。

2. 区域活动创设

语言区：①提供有关春节的图书、图片资料，供幼儿自主阅读；②收集有关新年的相片、故事图片，互相介绍，讲述相关的故事；③提供一些春节祝福语，供幼儿学习祝福、互相拜年。

生活区：收集各种窗花、图案，幼儿尝试剪贴；用福字、灯笼等装扮教室，营造新年气氛，感受新年的快乐。

表演区：准备各式服装、头饰、舞龙舞狮的道具、音乐磁带等供幼儿演唱欢快歌曲，表演欢庆舞蹈。

美工区：准备皱纹纸、剪刀、糨糊、各色彩纸、水彩笔等供幼儿使用，用剪刀剪各种形状的窗花，用彩纸设计制作贺年卡，让幼儿感受中华民族的风俗。

3. 家园共育

(1)请家长用文字记录幼儿讲述的祝福话语，让幼儿带到幼儿园交流分享。

(2)请家长带领孩子逛市场，欣赏或购买年画、春联、剪纸等，感受过年的民俗氛围。

(3)请家长给孩子讲解《年的故事》，介绍关于过年的各种民间风俗习惯。

（三）活动方案设计与指导

活动一：嘴巴里的春节——春节的美食(小班)

🐦 活动目标

1. 体会春节美食的吉祥意义。

2. 认识春节的常见食品。

3. 能说出春节食品的吉祥寓意。

🐦 活动准备

1. 知识经验准备：认识汤圆、饺子、年糕和柿饼。

2. 物质材料准备：提供汤圆、饺子、年糕、柿饼等食物和食物图片，小叉子、小纸盘等。

🐦 活动过程

1. 看一看，猜一猜。

(1)出示一个口袋，请幼儿猜猜里面有什么。

(2)依次从口袋里出示各种物品，让幼儿说出它们的名称。

指导语：

(1)过年了，老师准备了一袋子春节的传统美食，我们来猜猜里面有什么？

(2)这是什么你知道吗？

2. 摸一摸，说一说。

(1)教师告诉幼儿每种食品所代表的吉祥含义。

(2)摸一摸，看看你摸到了什么？

指导语：

(1)春节里不同食物代表的吉祥寓意，如汤圆和肉圆表示团团圆圆；年糕表示年年升高；饺子代表要交好运；吃柿饼表示事事如意。

(2)请小朋友们上来摸一摸，说说你今年摸到了什么好运气。

3. 尝一尝，话吉祥。

(1)请幼儿尝一尝食物。

(2)说说你吃的是什么，代表什么好运气。

指导语：

(1)现在请每个小朋友品尝盘子里的食物。

(2)说说你吃的是什么，代表什么好运气。

4. 收拾餐具，结束活动。

活动延伸

开展制作春节美食的泥工活动。

指导建议

1. 活动以让幼儿了解春节传统食物如饺子、年糕、汤圆等的寓意为主，再根据班上幼儿的实际接受水平，增加对其他传统春节美食的了解。

2. 本节活动设计可以在幼儿品尝美食时，让幼儿进行甜咸分类。

附：活动资源

春节美食及寓意

春节期间，人们提起最多的莫过于饺子、年糕和汤圆了，这些食品有着悠久的饮食文化和历史传统，其寓意也是各不相同。汤圆：过年吃汤圆意味着祝福在新的一年里"事事如意，全家团圆美满"。年糕：吃年糕以祝愿生活"年年高"，意为"一年更比一年好"。饺子：除夕、大年初一吃饺子，取"更年交子"（来年交好运）之意，大年初一吃饺子则是为了一年交好运。

活动二：耳朵里的春节——节日的鞭炮（小班）

活动目标

1. 乐意参与节日活动，感受节日的热闹气氛。

2. 会对边折后再撕蜡光纸。

3. 能用小长条粘贴鞭炮，能合理安排粘贴位置。

活动准备

1. 知识经验准备：看过放鞭炮的场景。

2. 物质材料准备：人手一份纸工操作纸，鞭炮的录音。

活动过程

1. 听鞭炮，说鞭炮。

(1) 说一说：春节的时候经常会听到什么声音？

(2) 放鞭炮录音，请幼儿说说这是什么声音。

(3) 讨论鞭炮的特点，提出制作活动。

指导语：

(1) 过春节的时候你经常听到什么声音？

(2) 今天老师带来了农村过年的声音，你们听听是什么？

(3) 小朋友们，过年的时候你们听到过鞭炮声吗？鞭炮是什么样子的？

小结：鞭炮通常是一串串的，一个接着一个连在一起，像小朋友站队一样，一个一个排得非常整齐，只要在最下面的那个鞭炮一点火，它们就会一个跟着一个地发出响声。老师今天带来了红纸和胶棒，用它做一串鞭炮好吗？

2. 撕纸条，做鞭炮。

(1)引导幼儿探讨撕贴鞭炮的方法。

(2)幼儿操作，教师巡回指导。

指导语：

(1)请小朋友们看老师是怎样做成一串鞭炮的，先从这张红纸上撕下来一个小长条，撕好了后，把固体胶涂在鞭炮的背后，叫这个涂好胶的鞭炮去排队吧，一个跟着一个往下面排，这样，长长的一串鞭炮就做好了，你们想来试试吗？(让幼儿示范)

(2)这里有一根长长的鞭炮杆，请小朋友们把小鞭炮粘贴在鞭炮杆上，注意排好队，并且让画面整洁。

🕊 活动评价

1. 展出幼儿的作品。

2. 把鞭炮装饰在教室外面。

指导语：

(1)小朋友粘贴了许多的鞭炮，真漂亮，说一说哪个最漂亮，为什么？

(2)我们把鞭炮贴到教室外墙上，让我们的幼儿园也变得漂漂亮亮的！

🕊 活动延伸

可开展"放鞭炮"的户外体育游戏。

🕊 指导建议

活动中注意渗透有关放鞭炮的安全和环保教育。

🕊 附：活动资源

年 的民间传说

古时候，有一种叫"年"的凶猛怪兽，每到腊月三十，便挨门窜户，残害生灵。有一年腊月三十晚上，"年"到了一个村庄，适逢两个牧童在比赛牛鞭子。"年"忽闻半空中响起了啪啪的鞭声，吓得望风而逃。它窜到另一个村庄，又迎头望到了一家门口晒着件大红衣裳，它不知其为何物，吓得赶紧掉头逃跑。后来它又来到了一个村庄，朝一户人家门里一瞧，只见里面灯火辉煌，刺得它头昏眼花，只好又夹着尾巴溜了。人们由此摸准了"年"有怕响、怕红、怕光的弱点，便想到许多抵御它的方法，于是逐渐演化成今天过年的风俗。

放鞭炮源于驱除鬼怪的行为，但是今天人们过年放鞭炮是为了喜庆，因为鬼怪被赶跑了，晦气也被赶跑了。

🕊 **参考图片**

活动三：手里的春节——年年有鱼年夜饭(中班)

🕊 **活动目标**

1. 感受团圆的节日气氛，知道吃年夜饭的意义。

2. 了解几种有代表性的年夜饭菜肴。

3. 尝试用撕贴的方法，制作年年有鱼。

🕊 **活动准备**

1. 知识经验准备：有撕贴画的经验。

2. 物质材料准备：年夜饭菜肴图片，年年有鱼菜肴图片，彩纸、纸盘、固体胶。

🕊 **活动过程**

1. 好吃的年夜饭。

(1)讨论什么是年夜饭。

(2)教师和幼儿共同回忆吃年夜饭的经历。

指导语：

(1)小朋友们，你们知道什么是年夜饭吗？过年吃年夜饭有什么重要意义？

小结：年夜饭是除夕全家人一起吃的饭，寓意着团圆和吉祥，是春节最重要的聚会。

(2)说说在年夜饭中，你们家都有什么菜肴？

2. 美味菜肴。

(1)欣赏年夜饭中常见的菜肴。

(2)讨论年夜饭中菜肴的寓意。

(3)介绍年夜饭中最有名的菜肴：年年有鱼。

指导语：

(1)你吃过这些菜肴吗？知道它们的名字吗？

(2)年夜饭中的菜肴样样有讲究，样样都有吉祥的寓意，如鱼象征着年年有余；豆腐象征着人人都有福；汤圆象征着团团圆圆等。

(3)年夜饭中最有名的菜肴就是年年有鱼了，因为"鱼"和"余"谐音，象征"吉庆有余"，也喻示"年年有余"。

3."年年有鱼"我来做。

(1)讨论"年年有鱼"的制作方法。

(2)幼儿自己撕贴"年年有鱼"。

指导语：

(1)老师给小朋友们准备了彩纸，先把纸对折，在一边画上鱼的图案，撕下来，再撒上配料，粘在盘子上，鱼就做好了。看，绿色的纸是葱段，黄色的纸是生姜，红色的纸是辣椒。

(2)小朋友撕的时候注意对折，可以在鱼上添画花纹。配料也可以摆出花样。

4.展示幼儿作品，结束活动。

指导语：大家做得都很好，我们来评选最佳菜肴吧！

🐦 活动延伸

请幼儿将作品展示在年夜饭展示区，供大家欣赏。

🐦 指导建议

注重对不同能力幼儿的指导，鼓励能力强的幼儿独立撕贴"年年有鱼"，帮助能力弱的幼儿完成作品。

🐦 附：活动资源

年夜饭又称团年饭，是农历除夕（每年最后一天）的一餐。在除夕之夜，家家户户都要围坐在一起，吃年夜饭庆祝团圆，迎接春节的到来。年夜饭是春节最重要的聚会，所以其菜肴样样有讲究，样样都有吉祥的寓意。煎炸的食品，则象征"兴旺发达"，而用蜜枣等水果做成的菜肴，代表来年的生活会"甜甜蜜蜜"。其中最不可少的就是鱼，因为"鱼"与"余"谐音，所以这道菜是取"年年有余"的美意。

🐦 参考图片

活动四：眼睛里的春节——新衣上的窗花(中班)

🕊 **活动目标**

1. 感受新年的喜庆气氛，体验传统民间艺术"剪窗花"的乐趣。

2. 尝试用正方形纸折剪不同图案的窗花(团花)。

3. 能用剪好的窗花(团花)装饰服装。

🕊 **活动准备**

1. 知识经验准备：收集了一些民间窗花的资料，会使用剪刀。

2. 物质材料准备：课件《美丽的团花》，大小不同的正方形纸若干，剪刀人手一把，小纸篓、胶水。

🕊 **活动过程**

1. 谈话：过年的时候怎样装饰家里。

(1)说说过年时家里的装饰。

(2)小结幼儿发言，提出欣赏窗花的建议。

指导语：

(1)小朋友，过新年的时候，你们家里怎样装扮呢？

(2)红红的灯笼，红红的中国结，红红的对联都能给新年带来喜庆、祥和、热闹的气氛，那你们想不想知道北方人过年时家里又是怎样打扮的呢？

(3)现在我们就一起来看看吧。

2. 欣赏《美丽的团花》。

(1)逐一播放窗花，引导幼儿仔细观察。

(2)引导幼儿了解窗花是中国传统的一种民间剪纸艺术。

指导语：

(1)仔细观察，窗子上贴了什么？都有哪些美丽的图案和颜色？

(2)在过新年或结婚等喜庆日子里，这种贴在窗户上的剪纸图案就叫窗花，也叫团花，团花是中国传统的一种民间剪纸艺术，贴的位置不同，叫法也不同，常见的是贴在窗户上，所以人们叫它窗花。

3. 尝试剪窗花。

(1)讨论剪窗花的方法。

(2)教师示范剪窗花，幼儿观察。

(3)启发幼儿说出教师剪窗花的过程。

(4)幼儿尝试剪窗花。

指导语：

(1)老师给小朋友们准备了正方形的彩纸、剪刀和胶棒，你们说说怎么将它们变成窗花?

(2)先将正方形纸对角折三次,再在两边剪出各种各样的图案,如小半圆、小三角、小爱心、小花、小草等。剪完后轻轻揭开,窗花就剪好了。

(3)剪的时候找准中心角,并在中心角的两边剪出各种好看的图案,你可以大胆尝试剪出与众不同的图案。剪完要将废纸扔进小篓子里。

4.装饰服装。

(1)请幼儿将自己剪好的窗花贴在事先剪好的服装纸样上。

(2)请幼儿进行观察比较,并说说谁剪的窗花贴在衣服上最漂亮,为什么?

(3)教师小结。

指导语:今天小朋友表现真棒!用自己的小手剪了各种美丽的窗花,做出了窗花新衣,我们来跳个欢乐舞为自己祝贺吧!

活动延伸

1.在美工区投放剪刀、正方形彩纸、胶水等剪纸的工具和材料,供幼儿在区角活动时练习剪窗花。

2.请家长配合,在家里为幼儿准备一些材料纸和剪刀供幼儿练习剪窗花,提高剪纸能力。

指导建议

1.活动中指导幼儿安全使用剪刀。

2.指导幼儿剪的时候,注意剪下来的图案要有对比,如长短对比、大小对比,这样窗花图案会更好看。

附:活动资源

窗花是中国传统艺术剪纸品种之一,是过去春节期间为烘托节日气氛而贴在窗纸或窗户玻璃上的剪纸窗花的样式。由于需要适应一般的窗格和避免影响照明,其尺寸都不太大,且要注意镂空透亮。为了增强艺术效果,创造浓烈的气氛,一个窗子往往贴许多窗花,或在内容上配套,或在形式上呼应。窗花的题材内容非常广泛,窗花在我国北方较为普遍。

参考图片

活动五：说出来的春节——压岁钱变压岁言(大班)

🐦 活动目标

1. 乐意积极、主动地参与活动，体验拜年带来的乐趣。

2. 知道新年的各种习俗，懂得一些待人接物的礼仪。

3. 能用祝福的语言表达对老师、同学、亲人的祝福。

🐦 活动准备

1. 知识经验准备：会说吉祥的词汇。

2. 物质材料准备：红包。

🐦 活动过程

1. 了解我国过年拜年的习俗。

(1)请幼儿说一说过年时拜年的经历。

(2)教师介绍拜年，使幼儿了解拜年的习俗。

指导语：

(1)拜年是我们春节的主要活动之一，小朋友们说说看，你去谁家拜过年，你是怎么说的，怎么做的。

(2)拜年是中国民间的传统习俗。从初一开始，每个人都要打扮得漂漂亮亮的到别人家做客，这个就叫拜年。碰见认识的人也要相互拜年，说声"新年好"。

2. 压岁钱变压岁言。

(1)出示红包，讨论红包的含义。

(2)听故事：《压岁钱变压岁言》。

(3)引导幼儿在红包上画压岁言。

指导语：

(1)春节拜年时，长辈要将事先准备好的压岁钱分给小朋友，相传压岁钱可以压住邪祟，因为"岁"与"祟"谐音，晚辈得到压岁钱就可以平平安安度过一岁。拜年的时候我们小朋友会收到红包，里面装着压岁钱。

(2)有个小姐姐也想给爷爷奶奶和自己的亲人送红包，可是她没有钱，她就把"压岁钱"改为"压岁言"在每个红包里画了一幅祝福的画。并把这样的压岁言红包送给了自己的爷爷奶奶，爷爷奶奶都很高兴。

(3)老师给每个小朋友都准备了一个红包，把你自己想说的话，画到红包里的纸条里吧。

祝爷爷福如东海，祝奶奶寿比南山，祝爸爸工作顺利！祝妈妈心想事成！祝小朋友们天天快乐！

3. 演一演，拜年。

(1)跟伙伴一起演一演。

(2)评一评：表演中谁最有礼貌，谁最会说祝福的话。

(3)小结：结束活动。

🕊 **活动延伸**

开展班级"压岁言"画展，让每个孩子晒晒自己的压岁言画。

🕊 **指导建议**

活动前后请幼儿学说吉祥成语，如寿比南山、心想事成、福如东海等。

🕊 **附：活动资源**

大年初一，人们都早早起来，穿上最漂亮的衣服，打扮得整整齐齐，出门去走亲访友，相互拜年，恭祝新的一年大吉大利。或许只有在春节里，我们才能看到现代人抬起双臂作揖的动作。这正好能说明，拜年是春节时最重要的礼数之一。

春节拜年时，长辈要将事先准备好的压岁钱装在红包里分给晚辈，相传压岁钱可以压住邪祟，因为"岁"与"祟"谐音，晚辈得到压岁钱就可以平平安安度过一岁。

🕊 **参考图片**

活动六：舞起来的春节——舞龙和舞狮(大班)

🕊 **活动目标**

1. 体验舞龙的乐趣，对民间传统文化活动感兴趣。

2. 了解舞龙的基本风俗。

3. 能尝试利用各种废旧材料制作龙身，在活动中尝试进行团结协作。

🕊 **活动准备**

1. 知识经验准备：观看过舞龙的场景。

2. 物质材料准备：各种纸盒、稻草、皱纹纸等手工材料若干，舞龙的图片和舞龙的视频，音乐《金蛇狂舞》。

活动过程

1. 欣赏：威风的舞龙。

(1)欣赏舞龙的图片或视频。

(2)了解春节舞龙的习俗。

指导语：

(1)图片里有什么？他们在干什么？你以前见过吗？什么时候见过？

(2)舞龙是我国独特的民间娱乐活动，从春节到元宵灯节，我国城乡广大地区都有舞龙的习俗。人们用舞龙祈祷龙的保佑，以求得风调雨顺、五谷丰登。今天我们就来做一条龙。

2. 制作：神气的龙。

(1)讨论龙的做法。

(2)幼儿讨论用收集到的各种材料如何制作龙。

(3)指导幼儿分工合作，动手制作简单的龙。

指导语：

(1)请小朋友们仔细看看舞龙用的"道具龙"由哪几部分组成？（龙头、龙身、龙尾）。

(2)龙头老师已经做好了，看看我们收集的材料，怎样把龙身和龙尾做出来？

3. 游戏：灵活的龙。

(1)龙宝宝游戏：教师做舞龙人，幼儿看彩球信号，单独游戏。

(2)龙哥哥游戏：请四名幼儿做舞龙人，幼儿看彩球信号，分4组游戏。

(3)大龙：全班幼儿连成一条长龙，随音乐进行舞龙表演。

指导语：

(1)小朋友们要仔细观察舞龙人手上的彩球，随彩球的位置高低来做出练习，做相应的动作。彩球举得高，龙头就举得高；彩球放低，小朋友就蹲下来舞龙。

(2)"舞龙人"举彩球的动作不要太快，先左右变化，再高低变化。

(3)随音乐进行舞龙表演。

(4)小朋友要根据彩球方向的变化，看信号舞龙。

活动延伸

1. 开展迎新年的文艺会，表演舞龙的节目。

2. 到社区开展舞龙表演活动。

指导建议

活动可分2个课时完成。

附：活动资源

舞龙是我国独特的民间娱乐活动。舞龙的方法变化多样，九节以内的侧重于花样技巧，较常见的动作有蛟龙漫游、龙头钻档子、头尾齐钻、龙摆尾和蛇蜕皮等。十一节龙、十三节龙，侧重于动作表演，金龙追逐宝珠，飞腾跳跃，时而飞冲云端，时而入海破浪，非常好看。舞龙的习俗在海外华人那里得到了发扬和光大。每逢中国的传统节日和重大庆典活动，他们就会耍起狮子，舞起龙灯，呈现出一派浓浓的东方景象。

参考图片

全园活动：年货超市(小、中、大班)

活动目标

1. 感受节日的喜庆气氛，增进家园交流。

2. 了解春节买年货的习俗。

3. 能进行初步的推销、换购商品。

活动准备

1. 家庭准备。

(1)和孩子一起清理家中闲置的、有利用价值的、8成新以上的、干净卫生的能拿到市场上自由买卖或交换的物品。

(2)和孩子一起逛夜市、商场，感受买卖过程、技巧。

(3)活动进行前，请与孩子交流需要配合的事项。

2. 物质材料准备。

幼儿园操场划分班级或年级组区域，摊位的货架或桌子，布置喜庆的节日环境。

活动过程

1. 签到：买家卖家齐相聚。

(1)家长和孩子按规定时间，准时来园，家长先到班级签到。

(2)教师在班上跟家长讲明注意事项。

(3)家长和孩子到操场，按教师指定地点安排摊位。

★建议：

(1)家庭需自备小凳子、水壶、摊位布、零钱包、宣传板等有关物品。

(2)保证用于买卖或交换的物品干净、卫生、安全。

(3)买家：文明礼貌用语、征求家长意见取得同意、可交换。

卖家：主动经营、推销产品、坚守价格底线。

2. 摆摊：年货一条街。

(1)小班组超市：玩具总动员。

★建议：小班组的家庭以玩具类的年货换购为主，幼儿参与布置摊位。家庭可统一着装，或统一记号，组成营销团队。

(2)中班组超市：快乐生活馆。

★建议：中班组以生活用品的年货换购为主，幼儿参与布置摊位。家长与幼儿就摊位布置、确定物品、宣传营销、分工负责等问题进行商讨。引导幼儿有计划地做事。

(3)大班组超市：炫酷宝贝秀。

★建议：大班组以孩子个人的作品或小制作为主，幼儿参与布置摊位。大班家庭可考虑准备一个喇叭，便于吆喝。家长让幼儿为自己的商品起名字，并创编简短、通俗的广告词。

3. 守摊位，买年货。

★建议：每位儿童须有两位家长陪同，一位守摊位，另一位逛市场，孩子可灵活安排(但必须跟随家长，可体验买家、卖家两种角色)，孩子的安全由家长全权负责。交易过程中让孩子自己进行协商，家长不要过多参与孩子的选择，在可控的范围内尊重孩子的意愿，尽可能地让孩子自己进行交易。注意指导幼儿礼仪和礼貌用语：你好、欢迎光临、欢迎下次再来、请问、谢谢、我可以看一下吗。

🕊 **活动延伸**

可定期开展换购交易活动日或班级设立交易活动区。

🕊 **指导建议**

1. 进行一次全园主题活动，帮助幼儿理解活动意义，了解活动如何进行与配合。
2. 教师做好前期宣传动员工作，激发每个家庭的参与热情。
3. 活动注意渗透对孩子文明礼仪的教育。

🕊 **附：活动资源**

年货是为准备过年而购置的物品，采购的过程则称为办年货。一般来说年货是平常日子里吃用不到的、比较好的物品，用来慰劳一年工作的辛苦，庆祝新年的来临。有的年货是一些好吃的糖果瓜子等食物，待到亲戚朋友来拜年时，就请他们吃；有的年货是拜年时送的礼物，是为到亲戚朋友家拜年时送给朋友们的；有的年货还包括家庭中使用的各种物品。

古代交通不方便，物资比较缺乏。为了一年一度的春节欢乐，家家户户在节前10天左右准备年货。年货包括鸡鸭鱼肉、茶酒油酱、南北炒货、糖饵果品，都要采买充足，还要准备一些过年时走亲访友时赠送的礼品。小孩子要添置新衣新帽，准备过年时穿。

🎍 元宵节 🎍

正月是农历元月，古人称夜为"宵"，所以称正月十五为元宵节，农历正月十五元宵节，是农业社会新年假期的最后一天，欢度元宵节后，隔天一切恢复常态，又叫"小过年"。正月十五是一年中第一个月圆之夜，也是庆贺新春的延续。按中国民间的传统，元宵节人们要点起彩灯万盏，以示庆贺。出门赏月、燃灯放焰、喜猜灯谜，共吃元宵、合家团聚，同庆佳节、其乐融融。

一、节日活动设计思路

每年农历正月十五，是中国的传统节日之一元宵节。元宵节起源于汉代，已经有两千多年历史。《3—6岁儿童学习与发展指南》中一直强调要尊重幼儿的直接经验，因此，通过唱歌、灯谜、儿歌、体育游戏等一系列民间艺术教育活动，让幼儿认识元宵节，了解元宵节的一些风俗习惯，有利于激发幼儿的民族自豪感及热爱民族文化的情感。

二、节日活动教育目标和内容

节日活动教育 总目标	1. 体验元宵节的快乐，感受集体活动的乐趣。 2. 知道农历正月十五是我国传统的元宵节，了解元宵节里的一些风俗习惯。 3. 能积极大胆参与元宵节里的各种活动。
小班教育目标	1. 初步感受节日的喜庆气氛，体验节日的快乐。 2. 初步了解元宵里简单的庆祝方式。 3. 能通过一定的方式表达自己的快乐情绪。
小班活动内容	香香甜甜的彩色元宵　闹元宵
中班教育目标	1. 了解、体验民风民俗，亲历庆祝活动的各个环节。 2. 在元宵节活动的参与过程中加深对元宵节的体验。 3. 能以积极愉快的情绪和一定的方式参与节日活动过程。
中班活动内容	卖汤圆　美丽的花灯
大班教育目标	1. 尝试通过多种途径获得元宵节的相关经验，进一步了解元宵节的来历和习俗。 2. 大胆地创造与想象，通过不同的形式表达自己对元宵节的感受与理解。 3. 在与教师、同伴一起过节的过程中，进一步感受团圆的意义。
大班活动内容	高跷乐　猜灯谜
全园活动 教育目标	1. 让幼儿更好地了解元宵节的内涵。 2. 充分地感受元宵节这一传统节日的民俗魅力。 3. 促进家园共育、亲子活动，让家长们一起参与到闹元宵的活动中来。
全园活动内容	花好月圆闹元宵(小、中、大班)

三、元宵节系列活动方案

(一)精选活动

活动一：香香甜甜的彩色元宵(小班)

活动二：闹元宵(小班)

活动三：卖汤圆(中班)

活动四：美丽的花灯(中班)

活动五：高跷乐(大班)

活动六：猜灯谜(大班)

全园活动：花好月圆闹元宵(小、中、大班)

(二)环境创设

1. 主题墙面创设

"和爸爸妈妈一起自制花灯"主题墙：用照片的形式展示幼儿自制花灯的瞬间，请爸爸妈妈配上文字说明。

"美丽的花灯"主题墙：装饰出花灯展的轮廓，中间留白处粘贴孩子们的作品。

"各种各样的花灯"主题墙：装饰出边框，留白处粘贴收集的各种各样的花灯照片。

2. 区域活动创设

阅读区：投放有关元宵节习俗、趣事、民间童话的图书，参观灯展拍摄的照片、录像，引导幼儿大胆与同伴讲述元宵节趣闻。

美工区：提供制作花灯的工具盒、收集的半成品材料，引导幼儿动手制作庆祝节日需要的道具。

表演区：提供音乐磁带、表演材料、收集和制作的花灯等，引导幼儿表演"花灯秀""闹花灯"等节目，开展扭秧歌、打腰鼓等活动。

建构区：开设"花灯展台""元宵乐舞台"的主题搭建活动。

(三)活动方案设计与指导

活动一：香香甜甜的彩色元宵(小班)

🐦 **活动目标**

1. 初步感受元宵节的喜庆气氛，体验节日的快乐。

2. 了解元宵节里人们会品尝的一种特别食品——元宵。

3. 能自主选择适宜的材料制作元宵。

活动准备

1. 知识经验准备：幼儿已经掌握用彩泥团成圆形的技能，幼儿已在家里品尝过元宵，有榨水果汁的经验，知道元宵是用糯米粉制作而成的。

2. 环境材料准备：制作幼儿在家品尝元宵的照片墙，彩色果汁成品，糯米粉，各种餐具、抹布，一次性桌布。

活动过程

1. 忆元宵。

(1)幼儿自由观赏元宵节照片墙。

(2)引导幼儿讲述：我知道的元宵节。

指导语：

(1)元宵节有一种特别的食品，是什么？

(2)元宵是什么样子的？吃起来是什么感觉？

★建议：此环节根据幼儿的实际生活经验，让幼儿了解元宵节的一些风俗习惯，引出"吃元宵"的风俗习惯，体会节日的欢快气氛。

2. 说元宵。

(1)共同讨论如何制作彩色的元宵。

(2)总结制作彩色元宵的步骤并示范。

指导语：

(1)怎样制作彩色的元宵呢？

(2)往糯米粉里倒入适量彩色的果汁，搅拌，揉成米粉团，再搓成彩色元宵。

★建议：此环节的设问主要是让幼儿大胆用语言表达自己的意见，给幼儿创设交流制作彩色元宵的机会。

3. 做元宵。

(1)幼儿自主选择喜欢的材料进行操作。

(2)教师随机给予引导和帮助。

指导语：

(1)让我们一起来制作彩色元宵吧。

(2)手要保持干净，不可以东摸西摸哟。

★建议：鼓励幼儿大胆尝试，并提醒幼儿之间互相帮助，注意卫生。充分地调动幼儿制作元宵的兴趣。

4. 煮元宵，尝元宵。

(1)请食堂人员协助煮元宵。

(2)鼓励幼儿有礼貌地邀请老师、同伴品尝元宵，体验节日的快乐。

指导语：

(1)现在我们就来享受自己的劳动成果吧。

(2)今天，小朋友们在一起度过了一段快乐的时光，我们不但知道了元宵节吃元宵，还知道了怎样做元宵。

★建议：全体保教人员要高度负责，把关注每个孩子的安全放在第一位。注意食物的卫生和安全。

☜ 活动延伸

1. 美工区中幼儿可用橡皮泥为角色区的布娃娃制作元宵，巩固捏、团技能。
2. 表演区中插放歌曲《卖汤圆》，培养幼儿的乐感和节奏感。

☜ 指导建议

1. 小班在开展节日类活动时要注重让幼儿感受节日的气氛。
2. 引导幼儿用简短的话语表达自己的快乐情绪。

活动二：闹元宵（小班）

☜ 活动目标

1. 感受过元宵节的愉悦心情，体验过元宵节的快乐氛围。
2. 学习儿歌《闹元宵》，了解元宵节吃元宵、观花灯、猜灯谜、踩高跷等民间风俗。
3. 能根据画面内容说出图中有什么，发生了什么事。

☜ 活动准备

1. 知识经验准备：知道正月十五元宵节是我国的传统节日。
2. 环境材料准备：元宵节的热闹情景视频，与儿歌内容匹配的挂图。

☜ 活动过程

1. 经验回顾，激发兴趣。

(1)说一说自己知道的元宵节。

(2)教师鼓励幼儿大胆讲述：我知道的元宵节。

指导语：

(1)你们和爸爸妈妈是怎样过元宵节的？

(2)除了吃元宵，你们还会用什么方式庆祝元宵节呢？

★建议：这个环节让幼儿根据自己的生活经验进行选择，大胆讲述，充分发挥幼儿的主动性。

2. 观看视频，集体讨论。

(1)观看元宵节的热闹情景。

(2)教师引导幼儿观后说一说元宵节的民间风俗。

指导语：

(1)人们是怎样庆祝元宵节的？

(2)能用你们知道的词语说一说人们庆祝元宵节的心情吗？

★建议：利用直观的形象引导幼儿了解元宵节里民间的风俗，集体讨论环节提高幼儿的思维和口语表达能力。

3. 观看挂图，学说儿歌。

(1)欣赏挂图，初步感受儿歌。

(2)教师帮助幼儿理解儿歌意思。

(3)幼儿看图朗诵儿歌。

指导语：

(1)元宵吃起来是什么感觉？

(2)你看到了什么？他们在干什么？

(3)我们一起完整地说一说。

★建议：教师多给一些机会让幼儿讲述，利用合适的引导语让幼儿根据图画内容自己说出儿歌来。

🕊 **活动延伸**

1. 表演区投放快板，幼儿能有节奏地朗诵儿歌《闹元宵》。

2. 体育区投放高跷，体验人们在元宵节踩高跷庆祝的乐趣。

🕊 **指导建议**

1. 小班的孩子不一定能完整地表达自己对元宵节的认识，教师引导孩子观看视频，讨论元宵节的风俗是本次活动的重要切入点。

2. 本活动中有多次讨论、交流、分享，教师在引导时要注意让幼儿多发表自己的所见所得。

3. 教师要注重让幼儿充分感受节日氛围。

🕊 **附：活动资源**

儿歌 闹元宵

元宵节，月亮圆，圆圆元宵黏又甜。

观花灯，踩高跷，大街小巷真热闹。

活动三：卖汤圆(中班)

🕊 **活动目标**

1. 欣赏描述中国传统节日的曲子，体验用歌曲表演的形式来庆祝节日的乐趣。

2. 学唱歌曲，理解歌词内容。

3. 能用多种身体动作表现卖汤圆的情景。

🕊 **活动准备**

1. 知识经验准备：知道正月十五吃元宵的风俗习惯，幼儿熟悉歌曲旋律。

2. 环境材料准备：歌曲视频，卖汤圆的情景录像，相应的环境布置。

🕊 活动过程

1. 观看卖汤圆的情景录像，回忆元宵节情景。

(1)幼儿观看录像，讲述元宵节的风俗习惯。

(2)引导幼儿发挥想象，讨论如何卖汤圆。

指导语：

(1)还记得元宵节里我们大家要品尝什么食品吗？

(2)你认为该怎样卖汤圆呢？

★建议：此环节教师重点引导幼儿在已有知识经验的基础上，讲述如何卖汤圆，调动孩子参与活动的积极性。

2. 理解歌词，学唱歌曲。

(1)观看、倾听歌曲《卖汤圆》。

(2)幼儿尝试将歌词填入旋律中，说唱歌词。

(3)运用多种形式演唱歌曲。

指导语：

(1)歌曲里唱了些什么？你喜欢哪一句？

(2)你觉得哪一句不太懂或比较难记？

(3)有什么好办法能帮助你很快地记住歌词？

★建议：教师引导幼儿回忆歌词，讲述自己对歌曲的理解。尽量拓展幼儿的思维，找到合适的办法帮助幼儿记住歌词。

3. 尝试随音乐用身体动作表现卖汤圆的情景和自己的愉快情绪。

(1)随着音乐自由创编身体动作。

(2)自由结伴，表演卖汤圆的情景。

★建议：鼓励幼儿创编出不一样的动作，引导幼儿随着音乐有节奏地表演。

🕊 活动延伸

活动区中开小吃店，玩卖汤圆的游戏。

🕊 指导建议

1. 创编动作是极富创造性的活动，它对于培养孩子的思维力、创造力，发展其想象力有着重要的作用。活动前，需要做一定知识、生活经验等方面的准备和铺垫。

2. 可以让孩子们通过扮演小货郎叫卖的游戏形式，体验活动所带来的成功的喜悦，以及与他人合作、交流的快乐。

活动四：美丽的花灯(中班)

🕊 活动目标

1. 体验节日里优秀民间文化——赏花灯、做花灯给人们带来的乐趣。

2. 尝试自主探索、利用废旧物品动手制作花灯。

3. 能大胆动手操作，制作花灯。

🐦 **活动准备**

1. 知识经验准备：家长带幼儿参观花灯展，丰富幼儿有关花灯的知识经验。

2. 环境材料准备：花灯展课件；幼儿每人自带一盏灯(购买的或自制的均可)；茶叶罐、纸杯、纸盘、方便面盒、月饼盒、大小不一的纸盒、各色蜡光纸、剪刀、胶布、颜料等材料；教师用废旧物品制作的花灯范例 6 个及制作花灯示意图 6 张。

🐦 **活动过程**

1. 看一看，说一说。

(1)观赏花灯，看一看、说一说花灯的特点。

(2)结合课件播放，进一步欣赏各种各样的花灯。

指导语：

(1)农历正月十五是什么节？

(2)你看到的是什么灯？像什么形状？上面有什么图案？用什么材料做的？

(3)你还看过什么样的花灯？你喜欢什么样式的花灯？为什么？

★建议：鼓励幼儿根据自己的生活经验，大胆讲述自己观灯的情景，自己喜欢的花灯。启发幼儿完整描述。

2. 想一想，做一做。

(1)出示教师用废旧物品制作的花灯范例，引导幼儿观察。

(2)提出制作要求：

可以模仿老师的方法制作，但是老师更喜欢看到你们设计自己喜欢的花灯。

要运用以前学过的对称装饰、同类色装饰、对比色装饰等本领把花灯装饰得更漂亮。

遇到困难要想办法，也可以请教同伴或老师。

(3)动手制作花灯，体验制作的乐趣。

指导语：

(1)你喜欢哪盏花灯？说说它是怎么做出来的？

(2)这些花灯是不是用刚才小朋友说的方法做出来的？

(3)说说应该怎么制作？也可以拿起花灯来看看，但是要小心点，不要弄坏花灯。

★建议：启发幼儿讨论，给予提示和肯定。帮助指导幼儿做穗子、穿线等，提醒幼儿注意安全。

3. 展一展，赏一赏。

(1)展示幼儿制作的花灯。

(2)教师引导幼儿欣赏。

指导语：

(1)你喜欢哪盏花灯？

(2)有什么特色?

★建议:鼓励幼儿大胆发表自己的看法。指导幼儿把制作好的花灯悬挂在活动室里,不能悬挂的花灯陈列在展览台上。

🐦 活动延伸

请没有完成制作花灯的幼儿在区角活动时继续制作,鼓励幼儿坚持完成制作花灯。

🐦 指导建议

1. 教师提出的问题具有启发性和层次性,引发幼儿动脑思考,积极回答问题。

2. 让幼儿带着疑问自己观察、发现问题,动手操作,寻找探索制作花灯的方法,启迪幼儿的心智,激发幼儿丰富的想象。

活动五：高跷乐(大班)

🐦 活动目标

1. 乐意参加踩高跷的活动,体验人们在元宵节表演踩高跷的乐趣。

2. 知道踩高跷是欢庆元宵节的一种民间习俗,掌握踩高跷的基本技能。

3. 能踩着高跷向前走,保持身体平衡。

🐦 活动准备

1. 知识经验准备:前期已经了解元宵节人们的一些风俗习惯。

2. 环境材料准备:踩高跷录像或挂图,欢快喜庆的音乐,每人一副用易拉罐和粗皮筋做成的小高跷。

🐦 活动过程

1. 谈话引出主题。

(1)幼儿自由讨论:记忆中的元宵节。

(2)教师总结幼儿在元宵节里最感兴趣的活动。

指导语:

(1)你们知道元宵节有哪些活动吗?

(2)你最感兴趣的是什么活动?

★建议:教师引导幼儿了解踩高跷是欢庆元宵节的一种民间习俗,是民间盛行的一种群众技艺表演,由舞蹈者绑着长木跷在广场表演,深受人们喜爱。

2. 观看全国各地的人们是怎么踩高跷来庆祝的录像,激发幼儿兴趣。

(1)出示自制小高跷,引导幼儿了解高跷。

(2)鼓励幼儿大胆尝试,体验初步踩高跷的感觉。

指导语:

(1)小朋友想不想自己来表演呢?

(2)看看高跷是什么样子的?是怎么做的?

★建议：对于胆小的幼儿，可以让其两人结对，一个踩高跷，另一个搀扶帮助其保持平衡慢慢尝试。

3. 探索尝试踩高跷。

(1)练习踩高跷。

(2)引导幼儿交流踩高跷的感受，进一步尝试。

(3)引导幼儿掌握正确的方法及注意事项。

指导语：

(1)我们一起练好本领去森林里参加元宵晚会好不好？

(2)怎样才能走得又快又稳呢？

(3)总结：想要站得稳必须用脚底中心踩在高跷上，再尝试走动，在走动时，要保持身体平衡，如果身体失去平衡，赶紧从高跷上下来，想要走得快，必须双手拉直绳子，要想胜利，眼睛一直向前看。

★建议：教师引导让幼儿动起来，重点活动脚腕手腕。让幼儿及时总结走得稳、走得快的诀窍。请个别走得稳的幼儿示范，引导幼儿发现动作要领。

4. 游戏"踩高跷"比赛。

(1)把幼儿分成两组，看哪组走得好，走得稳。

(2)引导幼儿总结经验。

指导语：

(1)孩子们都练习得很好了，我们都通过了考验。

(2)我们一起去参加元宵晚会吧，出发了。

★建议：教师指导幼儿练习时能注意团体合作、默契配合、大胆展示自我。

5. 结束活动，收拾场地。

🐦 **活动延伸**

体育区投放自制高跷，让幼儿自由练习。

🐦 **指导建议**

1. 开展活动时最好设计主题式的情景进行教学。

2. 促进幼儿自主进行多种方式的练习。

3. 通过巡视、观察、提问、讨论、示范等方法帮助幼儿建立正确的动作概念。

4. 开展展示活动，单人和团体竞赛活动，提高幼儿的参与兴趣。

活动六：猜灯谜(大班)

🐦 **活动目标**

1. 赏花灯、猜灯谜是元宵节民间的风俗习惯之一，感受猜灯谜的愉悦心情。

2. 尝试动脑筋猜灯谜，并学习自己喜欢的谜语。

3. 能用清楚连贯的语言描述自己的花灯，并讲述一个谜语。

🕊 **活动准备**

1. 知识经验准备：寒假里家长协助幼儿自制过美丽花灯，幼儿有过猜谜语的经验。

2. 环境材料准备：共同收集的谜语若干，贴有灯谜的花灯若干，元宵节猜灯谜视频一段。

🕊 **活动过程**

1. 观看视频，回忆元宵节。

(1)观看视频，回忆元宵节的风俗习惯。

(2)引导幼儿知道猜灯谜是我国元宵节的一种习俗。

指导语：

(1)大家都在玩些什么？

(2)大家是在赏花灯、猜灯谜，还会有小礼物，你们也想去玩一玩吗？

★建议：猜灯谜是元宵节的一项重要民俗活动。这个环节要让幼儿在视频中充分感受灯谜活动的趣味性，从而调动幼儿参与的积极性。

2. 赏灯活动。

(1)相互欣赏各自的花灯。

(2)请几名幼儿给大家介绍自己制作的有特色的花灯。

(3)引导幼儿发现灯谜。

指导语：

(1)这些花灯与以往的花灯有什么不同的地方？

(2)你能将你的花灯介绍给大家吗？

(3)大家愿意猜灯谜吗？

★建议：教师引导幼儿用连贯的语言介绍自己花灯的形状、颜色、名称及特别之处等。

3. 猜谜活动。

(1)幼儿分成两组，猜中了即得到奖品。

(2)教师讲清玩法后，幼儿自愿展开游戏。

(3)集体讲述猜谜的情况：谁猜中了我的灯谜？我自己猜中了几个灯谜？

指导语：

(1)第一次比赛由苹果组持有花灯和奖品，给香蕉组幼儿念谜语，香蕉组猜灯谜。

(2)咱们根据时间进行交换，看看哪组猜中的灯谜多。

★建议：此环节可以使幼儿在念谜语时学习到更多的谜语。在有竞争的活动下，幼儿对此活动将会更有兴趣，充分调动幼儿学习的主动性。

4. 颁奖活动。

活动结束将苹果组和香蕉组得到的奖品比一比，看哪队胜利了。

指导语：

(1)让我们来看看哪组猜中的谜语多。

(2)祝贺××小组获得了胜利，请到前面来领奖。

★建议：让幼儿在脑力激荡后，有获得成功的体验。没有获得胜利的小组也需安慰，激励幼儿在下一次活动时能取得好的成绩。

🐦 活动延伸

1.集体将难猜的灯谜找出来，大家一起猜，或带回家请爸爸妈妈帮助猜。

2.在日常生活中可以与同伴、家长玩猜谜语的游戏。

🐦 指导建议

1.引导幼儿在喜庆热闹的元宵节氛围下，快乐地玩、有效地学，整个过程都是以孩子为主体，充分调动幼儿学习知识经验的积极性，效果会更好！

2.引导家长和幼儿收集的谜语最好是能够贴近幼儿生活的、幼儿能够很快掌握的谜语。这样有助于激发、加强幼儿对猜谜语的兴趣。

全园活动：花好月圆闹元宵(小、中、大班)

🐦 活动目标

1.感受集体过元宵节的快乐。

2.知道元宵节是中国的传统节日，了解元宵节主要的风俗习惯。

3.能够积极参加元宵节里的各项庆祝活动。

🐦 活动准备

1.悬挂横幅，张贴海报，邀请家长来园参加活动。

2.在园内幼儿美术室布置幼儿自制花灯展，并开展自制花灯评比活动。

3.将自制的元宵节花灯展厅布置成"观灯猜谜"馆。

4.园内事先组织幼儿能熟练地玩民间游戏。

5.组织教师将当晚"戏灯寻宝"活动需要的"宝物"藏到寻宝地点，并将各种奖品分类准备好。

🐦 活动过程

1.发放元宵节活动指南及倡议书。

(1)年前向全园家长发放《元宵节活动指南》。

(2)自制元宵花灯展倡议书。

★建议：此环节是让家长们了解整个活动的流程及自己所要配合的工作。

2.赏花灯，猜灯谜。

(1)将各班幼儿自制的花灯展示在美术室，全园家长相互欣赏，评选"我最喜爱的花灯"。

(2)猜谜活动中，家长可将谜面念给孩子听，启发孩子自己猜中谜底，每人最多可猜四条谜语。凭谜面下的数字条和入场券对答案、领奖品。

★建议：这个环节视幼儿园班级数量可以分为2个部分，小班幼儿为一组，中、大班幼儿为另一组。体现出孩子、家长的共同参与。参观人数众多，注意安全。

3. 花好月圆闹元宵联欢会。

(1)开场舞蹈：集体舞《我真的很不错》。

★建议：此环节可以根据各幼儿的实际情况来为活动增添色彩。

(2)好玩的民间游戏，以小、中、大班为单位分别创设不同的"高跷乐"游戏。

小班：亲子迎面接力踩高跷

中班：迎面接力踩高跷

大班：障碍迎面接力踩高跷

★建议：此活动是为了让幼儿充分体验到民间游戏的乐趣，根据幼儿园实际情况可以多增添一些有趣的竞技游戏。

(3)为自制花灯、猜灯谜颁奖。

(4)戏灯寻宝来交友。

主持人宣读活动要求和安全提示后，全体师幼、家长拿着自己的花灯在"寻宝地点"寻找"宝物"，最后到本班教师处兑换奖品。

★建议：此活动最好也将小班年龄段和中、大班年龄段分开，避免造成拥堵。当然如果幼儿园面积大，全园参加会更有意思。

(5)好吃元宵共品尝。

各班组织幼儿在班上搓元宵，品尝元宵。

★建议：鼓励幼儿将自己制作好的元宵送给其他年级组，促使幼儿去主动结识朋友，扩大交友面。

🕊 **活动延伸**：

1. 指导幼儿观察各式各样的花灯，了解制作材料。

2. 收集废旧材料并制作。

3. 开学前交到幼儿园，参加花灯评选活动。

家长朋友们，让我们行动起来吧，一起在活动中体验民俗文化的魅力，感受浓浓的亲情，期待每一组家庭做出具有自家特色、与众不同的花灯！

🕊 **附：活动资源**

花好月圆闹元宵 活动指南

亲爱的家长朋友们：

＿＿＿＿＿＿月＿＿＿＿＿＿日(农历正月＿＿＿＿＿＿)15：00—19：00，我园将举行"花好月圆闹元宵"系列节日庆祝活动。其中家长和幼儿共同参与的有：赏花灯、猜灯谜、花好月圆闹元宵联欢会、好玩的民间游戏、戏灯寻宝来交友等活动。

温馨提示：

15：00 赏花灯、猜灯谜：全园家长可到花灯、灯谜展厅相互欣赏，评选、猜谜。

15：40 花好月圆闹元宵联欢会、好玩的民间游戏：全园家长到大操场观看幼儿演出，参加游戏。

16：40 为自制花灯、猜灯谜颁奖。

16：50 戏灯寻宝来交友：请您和孩子共同准备3—4件小礼物，并在礼物上写上幼儿姓名、班级，以便幼儿联系交朋友。

17：30 各班组织幼儿搓元宵、品元宵。

19：00 收拾清理，活动结束。

安全提示：

1. 家长在接到孩子后，孩子的安全由家长全权负责。

2. 请参加活动的家长穿便于运动的服装、鞋子，在活动中负责自身的安全。

3. 活动中请服从工作人员的安排，保证活动的顺利进行。

4. 戏灯寻宝时，请您在各班教室排队出发。

5. 寻宝时，请您始终与您的孩子在一起，避免走失。

祝您全家元宵佳节快乐！

_____幼儿园

观花灯　猜灯谜 入场券

观花灯猜灯谜活动

入 场 券

年　月　日　农历正月十五

时间：

★ 凭入场券，每名幼儿可以猜四个灯谜。

★ 将猜中的灯谜号码撕下，到_____核对答案。

★ 凭盖章入场券到_____兑奖。

自制花灯倡议书

尊敬的家长朋友：

锣鼓喧天辞旧岁，爆竹动地迎新年！在元宵节来临之际，我们将举办一场"花好月圆闹元宵"的庆祝活动。我们倡议家长朋友和小朋友在元宵节到来之前，亲子互动，利用废旧物品共同制作一个"元宵灯"来参加我们的活动。

倡导理念：传承优秀的传统民间手工艺，提倡环保意识从娃娃抓起。

活动意义：这是一次让幼儿学习民俗文化知识、操作探索民间传统手工艺、欣赏体会手工作品、激发爱祖国爱家乡的情感的一系列主题教育活动，这是一次让家长与宝宝在互动中增进亲子感情的活动，同时也是对中国传统民间手工艺精髓的回味和追忆。

❧ 清明节 ❧

清明节是我国重要的传统节日，是中华民族一种固定的祭祖扫墓的风俗。按阳历来说，清明节一般在 4 月 5 日。由于这个时期正是冬去春来、万物复苏的时节，是人们出门踏青、春游的好时候，所以也叫踏青节。从文化传承的角度来看，清明节的教育活动有益于让幼儿了解中华民族的传统风俗，了解多种缅怀逝去亲人的方式，并在踏青类的活动中感受中国独有的文化情怀。

一、节日活动设计思路

为了让幼儿了解清明节的意义、由来及风俗习惯，可以通过丰富多彩的形式，以"忧忧清明"为主题，开展听故事、学古诗、做青团、做菊花、去烈士陵园祭奠英豪等教育活动使幼儿了解清明节，还可以为幼儿讲述革命先烈的英雄故事，学习红歌等，让幼儿明白我们的幸福生活来之不易，我们要心怀感恩。

二、节日活动教育目标和内容

节日活动教育 总目标	1. 了解清明节的意义、由来及风俗习惯。 2. 懂得珍惜今天的幸福生活，有感恩的心，能尊敬父母长辈。
小班教育目标	1. 喜欢参与做青团活动，体验制作的快乐。 2. 知道清明节有做青团、吃青团的风俗。 3. 能动手独立制作青团。
小班活动内容	忧忧清明——青团表我心
中班教育目标	1. 乐于参与清明节活动，感受节日的风俗文化。 2. 了解清明节的风俗习惯，了解有关清明的古诗，能正确熟读古诗，感受清明节人们扫墓的心情。 3. 能仔细观察图片，学习剪直线做出菊花，能大胆表达自己的想法。
中班活动内容	忧忧清明——吟诗表我心　忧忧清明——菊花表我心
大班教育目标	1. 乐于参与有关清明节的主题活动，有表现和表达的欲望。 2. 了解清明节的来历，知道清明节的习俗。 3. 能感受清明节音乐旋律中深沉的情感色彩，会欣赏歌曲，理解歌曲中所表达的内容。 4. 能发现周围人了不起的地方，产生敬佩的情感。

续表

大班活动内容	忧忧清明——话清明　忧忧清明——歌唱二小放牛郎 忧忧清明——了不起的人
全园活动 教育目标	1. 乐意参与清明节活动，萌发珍惜今天生活的情感，具有对革命先烈的尊敬与缅怀之情。 2. 了解清明节的习俗及扫墓的意义。
全园活动内容	扫墓（小、中、大班）

三、清明节系列活动方案

(一)精选活动

活动一：忧忧清明——青团表我心（小班）

活动二：忧忧清明——吟诗表我心（中班）

活动三：忧忧清明——菊花表我心（中班）

活动四：忧忧清明——话清明（大班）

活动五：忧忧清明——歌唱二小放牛郎（大班）

活动六：忧忧清明——了不起的人（大班）

全园活动：扫墓（小、中、大班）

(二)环境创设

1. 主题墙面创设

🐧 **板块一——清明节运动习俗**

内容说明：以清明节运动习俗为主题，幼儿参与绘画人、风筝等。（参考图如下）

🐧 **板块二——清明节的食物**

内容说明：将幼儿或老师收集到的有关清明节食物习俗的图片布置成展板。

🐧 **板块三——了不起的人**

内容说明：亲子制作，家长与幼儿一起收集1—2个已故知名人士的文字图片资料，按班级为单位进行展示、缅怀。

2. 区域活动创设

语言区：提供有关清明节来历和革命先烈事迹的图书、图片。

音乐区：播放一些红歌供幼儿欣赏、表演。

美工区：提供彩纸、剪刀，制作菊花。

建构区：提供风筝、秋千图片供幼儿参考拼建。

自然角：种植一些植物，彰显春天的生机勃勃。

(三)活动方案设计与指导

活动一：忧忧清明——青团表我心(小班)

🐦 **活动目标**

1. 喜欢参与做青团活动，体验制作的快乐。

2. 知道清明节有做青团、吃青团的风俗。

3. 能尝试动手做青团、尝青团。

🐦 **活动准备**

1. 知识经验准备：幼儿掌握搓、压的技能，在家品尝过青团。

2. 物质材料准备：电饭锅一个、大勺一个、碗勺若干，青团粉、豆沙，制作好的青团六盘。

🐦 **活动过程**

1. 识青团。

(1)出示青团，激发制作兴趣。

指导语：

(1)小朋友们认识它吗？它是什么形状的？什么颜色的呀？

(2)你吃过青团吗？它是什么味道？

(3)你们知道什么时候要吃青团？

★建议：这个环节通过幼儿自由观察，鼓励幼儿大胆表述。

(2)教师介绍清明节吃青团的由来。

指导语：为什么清明节一定要吃青团呢？

★建议：教师可以用夸张口吻提问，引起幼儿思考，教师再运用小故事进行归纳总结。让幼儿了解清明节吃青团的由来。

2. 做青团。

(1)教师示范做青团。

指导语：

(1)清明节就要到了，我们也来做青团，好不好？

(2)怎样做呢？搓粉团，捏"小碗"，放馅料，再搓搓、蒸蒸。

(2)幼儿洗手，做青团。

(3)将制作好的青团放入电饭锅蒸熟。

★建议：请幼儿尝试制作青团，多鼓励并给予肯定评价，个别幼儿直接手把手教。

3. 品青团。

(1)邀请幼儿共同收拾整理，清洁桌面和餐具，保持活动室的干净。

(2)请幼儿品尝自己制作的青团。

★建议：教师蒸好之后，请幼儿找到自己做的青团，尝一尝，说一说，体验成功的快乐。

🕊 活动延伸

在角色游戏中增加点心店的活动，为幼儿准备一些制作青团的橡皮泥，让幼儿进行青团等各种点心的制作。

🕊 指导建议

活动中可以渗透如整理好场地、青团好吃但也不能吃太多、品尝后可以漱口等良好习惯的教育。

🕊 附：活动资源

小知识

青团，汉族传统节日食品。吃青团主要流行于江南一带，青团是一种用草头汁做成的绿色糕团，其做法是先将嫩艾、小棘姆草等放入大锅，加入石灰蒸烂，漂去石灰水，揉入糯米粉中，做成呈碧绿色的团子。

小故事

传说有一年清明节，太平天国李秀成得力大将陈太平被清兵追捕，一位农民将陈太平化装成农民模样，与自己一起耕地。没有抓到陈太平，清兵于是在村里添兵设岗，每一个出村人都要接受检查，防止他们给陈太平带吃的东西。回家后，那位农民在思索带什么东西给陈太平吃时，一脚踩在一丛艾草上，滑了一跤，爬起来时手上、膝盖上都染上了绿莹莹的颜色。他顿时计上心头，连忙采了些艾草回家洗净煮烂挤汁，揉进糯米粉内，做成一只只米团子，然后把青溜溜的团子放在青草里，混过村口的哨兵。陈太平吃了青团，觉得又香又糯且不粘牙。天黑后，他绕过清兵哨卡安全返回大本营。后来，李秀成下令太平军都要学会做青团以御敌自保。吃青团的习俗就此流传开来。

🕊 参考图片

活动二：忧忧清明——吟诗表我心(中班)

🕊 活动目标

1. 乐于参与清明节主题活动，体会清明节人们扫墓的心情。

2. 初步了解古诗大意，能正确熟读古诗。

3. 能仔细观察图片，大胆表达自己的想法。

🕊 活动准备

1. 知识经验准备：知道清明节。

2. 物质材料准备：自制清明节人们活动的图片课件，歌曲《清明》(诗/[唐]杜牧；曲/付林)，电脑。

🕊 活动过程

1. 欣赏古诗。

(1) 导入活动。

指导语：小朋友们，你们知道现在是什么季节吗？在清明节人们都要干什么啊？

(2) 观看课件(有关清明节人们活动的图片课件)。

指导语：刚才我们了解了在清明节人们会做的事情，那古时候的诗人，在清明节这天会做些什么呢？

★建议：这个环节让幼儿仔细观看课件，不打扰其他人，养成良好的观看习惯。

2. 赏析古诗。

(1) 看背景图，初步了解古诗大意。

指导语：图片上有谁？他们分别在干什么？(见"附：活动资源")

(2) 教师讲述故事，了解古诗大意。

(3) 教师朗诵，请幼儿边听边对照图片内容。

★建议：这个环节让幼儿仔细观看画面，大胆表述自己对古诗的理解。提高幼儿口语表达能力、理解能力。

3. 朗诵古诗。

(1) 教师朗诵，请幼儿慢慢跟读。

(2) 表演古诗。

指导语：你们读得真好听。那现在我们边读古诗边做动作，我们来表演一下这首古诗吧。

(3) 欣赏歌曲《清明》。

指导语：今天我们学习了古诗《清明》，它还有一首好听的歌曲呢，我们一起来听一听。

★建议：这个环节通过多种形式让幼儿能够快速熟记这首古诗。

活动延伸

1. 把学会的古诗在清明节来到时朗诵给家人听。
2. 在图书区添设古诗图书，引导幼儿在区域活动中继续感受古诗意境。

附：活动资源

古人清明节时开展的活动

蹴鞠

放风筝

踏青

扫墓

拔河

荡秋千

古诗欣赏

清明　唐　杜牧

清明时节雨纷纷，路上行人欲断魂。

借问酒家何处有？牧童遥指杏花村。

赏析：

清明节的时候，人不能够回家扫墓，心里已经不是滋味；天也不作美，牛毛细雨纷纷洒落下来。诗人啊，简直要断魂了！找个酒店避避雨，可酒店在哪儿呢？诗人便向路旁的牧童打听。小牧童用手向远处一指，在那满天杏花的村庄！

活动三：忧忧清明——菊花表我心(中班)

🐦 活动目标
1. 乐于参与清明节主题活动。
2. 知道清明节用菊花祭奠的风俗习惯。
3. 能安全地使用剪刀，剪直线做出菊花。

🐦 活动准备
1. 知识经验准备：学过古诗《清明》，了解一些清明节习俗，会使用剪刀。
2. 物质材料准备：各种菊花的图片，黄色、绿色的手工纸，剪刀，双面胶，绿色纸包好的铁丝，做好的成品菊花。
3. 教学环境准备：将收集的菊花图片布置成展板。

🐦 活动过程
1. 赏菊花。
(1)谈话导入。
指导语：
(1)小朋友们，你们知道4月5日是什么节日吗？
(2)清明节有哪些习俗？清明节为什么要扫墓？
(3)扫墓会用什么祭拜呢？
(2)出示展板，幼儿欣赏各种菊花。知道清明节扫墓用菊花去祭拜祖先。
★建议：这个环节让幼儿自由表达自己的见解，调动幼儿兴趣。
2. 做菊花。
(1)欣赏菊花范例，探索制作方法。
指导语：小朋友想不想自己也制作一朵漂亮的菊花呀？老师的菊花是怎样做的呢？
★建议：这个环节让幼儿仔细观察范例，大胆说出制作过程。教师最后再提炼总结。
(2)幼儿制作菊花，教师巡回指导。
★建议：这个环节教师鼓励幼儿大胆地参与制作，体验成功的喜悦。

🐦 活动延伸
在美工区投放相应的材料，继续制作。

🐦 参考图片
制作菊花的方法，建议把图中瓦楞纸改成彩色纸。

活动四：忧忧清明——话清明（大班）

🐦 活动目标

1. 感受清明节与其他节日在气氛上有何不同。

2. 了解清明节的来历。

3. 能大胆表达自己的见解。

🐦 活动准备

1. 知识经验准备：幼儿知道清明节的一些习俗。

2. 物质材料准备：关于清明节、清明习俗、《清明上河图》的PPT。

🐦 活动过程

1. 谈话导入。

指导语：现在是什么季节？在这个美丽的季节里，有一个特别重要的节日，你们知道是什么节日吗？

★建议：这个环节教师让幼儿自由表述，激发幼儿学习兴趣。

2. 感知清明。

(1)介绍清明节由来。

指导语：

(1)清明节是怎样来的？

(2)现在人们为什么过清明节？为了纪念谁？

(3)人们就要去祭拜死去的亲人，你们知道怎样祭拜吗？

(2)讨论过清明节的习俗。

指导语：人们是怎样过清明节的？

★建议：这个环节教师可以引导幼儿从活动习俗和饮食习俗这两个方面来讲述。

3. 视听欣赏。

幼儿欣赏《清明上河图》。

指导语：

(1)清明这个节日在中国古代就有了。你们想不想看看那时清明节的热闹场面？

(2)这幅图描绘的是汴京郊野的风光。在郊野的小路上来了一群抬轿人，里面坐着一位老妇人，他们刚从京郊踏青扫墓归来。

(3)这座桥叫什么？可别小看这座桥，它可是古代劳动人民智慧的结晶，因为它的跨度有40多米，没有桥墩，而且全是用木头做出来的，现在再也没有人能够造出这样的桥，造这种桥的方法也已经失传了，现在只能从《清明上河图》中欣赏到。他们都在干什么呢？

★建议：这个环节教师可以引导幼儿从不同角度欣赏这幅名画，提高幼儿审美能力。

🕊 活动延伸

带领幼儿到户外去进行踏青、放风筝、荡秋千等活动，感受明媚的春光，体验幸福的生活。

🕊 指导建议

1. 运用调查表，给幼儿更多说的机会。

2. 欣赏《清明上河图》时可以从整体到局部，让幼儿感知古代热闹的大街场景。

🕊 附： 活动资源

调查表　清明节知多少

姓名_____　　　　　　　　　　　　　　　　　　　　　　　班级_____

	调查结果
清明节的活动习俗	
清明节的饮食习俗	

注：1. 请家长协助幼儿共同完成调查表。

2. 调查表的内容可以用简笔画或图片粘贴的方式完成。

活动五：忧忧清明——歌唱二小放牛郎(大班)

🐦 活动目标

1. 理解歌曲内容，学唱歌曲。

2. 初步感受旋律中深沉的情感色彩。

3. 萌发对小英雄王二小的崇敬之情。

🐦 活动准备

1. 知识经验准备：活动前家长可以给幼儿讲述王二小的故事。

2. 物质材料准备：课件《歌唱二小放牛郎》，幼儿自制的手工花朵若干，故事图片（可从网络查找）。

3. 教学环境准备：教室放置一张王二小的背景图。

🐦 活动过程

1. 回忆与激趣。

指导语：

(1)你们还记得王二小吗？他平常是做什么的？

(2)敌人抓住他逼他干什么？王二小是怎么做的？

(3)敌人发现自己进入了埋伏圈，又是怎样对他的？

(4)他牺牲了，我们有什么感受？

(5)这个感人的故事后面还传唱了一首歌曲，我们来听一听。

★建议：这个环节教师多给幼儿自由表述机会，从而调动幼儿对王二小崇敬的情感。

2. 欣赏与感受。

指导语：

(1)你觉得这首歌曲是热闹欢快的还是深沉优美的？

(2)听了这首歌曲你又有怎样的感受？你仿佛看到了什么？

(3)为什么说王二小牺牲的时候，他的脸上会有微笑的表情？

★建议：这个环节在老师引导下，多次欣赏音乐让幼儿逐步感受到旋律中深沉的情感色彩。

3. 学唱与表演。

(1)教师完整地演唱一遍。

(2)集体学唱和结伴学习歌唱。

★建议：这个环节在集体学唱几遍以后幼儿可自由结伴，手拉手随音乐的节奏演唱，体验快乐。

(3)幼儿根据歌曲的节奏、内容自编表演的动作。

★建议：这个环节教师要鼓励幼儿依据歌词的内容大胆创编动作，表现对歌曲的理解，教师再加以提炼。

4.感受与表达。

(1)为王二小献花。

(2)教师总结。

指导语：小英雄王二小在面对鬼子的时候毫不畏惧、坚强、机智，他为我们的祖国做了这么多的事情，自己却牺牲了，我们也应该像他一样爱自己的祖国。

★建议：这个环节教师放音乐，幼儿每人手中捧自制花，将小花扎在背景图的四周，以此表达怀念之情，敬意之情。

🕊 **活动延伸**

1.可以组织幼儿观看王二小的影片，将这种情感延伸。

2.也可以向幼儿讲述其他革命英雄人物的故事。

🕊 **指导建议**

以小组为单位共同协作扮演不同的角色表演一个片段，教师给予不同指导。

活动六：忧忧清明——了不起的人(大班)

🕊 **活动目标**

1.感受"了不起"和"了不起的人"。

2.了解已故不同领域了不起的人的事迹，产生敬佩的情感。

3.能积极地参与活动并踊跃表达。

🕊 **活动准备**

1.知识经验准备：知道毛泽东、王二小、雷锋、黄继光、邱少云等已故"了不起"的人的事迹。

2.物质材料准备：收集了一些"了不起的人"的图片。

🕊 **活动过程**

1.激发兴趣，谈话导入。

指导语：

(1)在你们心中谁是"了不起的人"？为什么？

(2)什么叫"了不起"呢？

★建议：这个环节教师鼓励幼儿用"因为……所以……"句式表述，锻炼幼儿完整的表述能力。

2.介绍故事，了解含义。

(1)介绍钱学森、华罗庚、焦裕禄这三位了不起的人的事迹。

(2)教师解释"了不起"的含义。

★建议：这个环节教师用三个简短感人的故事，让幼儿了解"了不起"的含义。

3. 猜人游戏，理解含义。

(1)幼儿以小组为单位介绍自己知道的"了不起"的人物事迹。

指导语：你还知道哪些"了不起"的人呢？

(2)教师介绍规则：教师只说出这个人的简单事迹，幼儿猜出名字，揭晓答案。

★建议：这个环节教师用交流和游戏的形式，让幼儿进一步理解"了不起"的含义，产生敬佩的情感。

🐦 **活动延伸**

缅怀这些已故的了不起的人物。

🐦 **指导建议**

可以将幼儿分成几组，分别从伟大领袖人物、革命先烈、科学家等方面收集。

🐦 **附：活动资源**

三位 了不起 的人的感人故事

钱学森。世界著名科学家，被誉为"中国航天之父""中国导弹之父""中国自动化控制之父"和"火箭之王"。

华罗庚。世界著名数学家，中国科学院院士，美国国家科学院外籍院士，第三世界科学院院士，联邦德国巴伐利亚科学院院士。

焦裕禄。1962年被调到河南省兰考县担任县委书记。时值该县遭受到了严重的内涝、风沙、盐碱三害，他同全县干部和群众一起，与深重的自然灾害进行顽强斗争，努力改变兰考面貌。

（资料来源：百度百科，http://baike.baidu.com/）

全园活动：扫墓(小、中、大班)

🐦 **设计意图**

清明节是我国的传统节日，清明来到，万物凋零的寒冬就过去了，风和日丽的春天真正地开始了。在清明节期间，组织幼儿参加扫墓活动，既可以追念革命烈士，又可以使幼儿有一次户外踏青、远足的体验，也是一次很好的经历与学习。

活动目标

1. 乐意参与清明节主题活动，萌发对革命先烈的尊敬与缅怀之情。

2. 了解清明节的习俗及扫墓的意义。

3. 萌发珍惜今天生活的情感。

活动准备

1. 知识经验准备：活动前的谈话（活动介绍及注意事项），会跳手语舞。

2. 物质材料准备：幼儿人手一朵纸花，准备代表全园的手工纸花圈，音响、音乐准备，场地联系。

活动过程

1. 整理队伍。

2. 扫墓程序。

(1)主持人致辞。

指导语：为了表示对烈士们的崇敬与怀念，每年的清明节期间，大家都要来烈士陵园扫墓。

(2)向革命烈士致哀。

(3)敬献花圈、献花。

(4)请园长讲话。

(5)集体手语表演《国家》。

3. 集合队伍。

注意事项

1. 注意安全，遵守交通规则。

2. 穿着整洁，行为大方。

3. 不准在烈士纪念碑下嬉戏打闹。

4. 要以崇敬的心情参加活动，了解烈士事迹。

5. 讲卫生，不准在烈士陵园里吃零食，乱丢垃圾。

6. 不要乱跑，不破坏绿茵草地。

指导建议

全园性质的体验活动，由于参与班级较多，因此，在活动前，各班级向幼儿介绍活动的内容、活动流程，并向幼儿提出具体的注意事项。事先联系好乘坐的车辆，园方一定要做好安保工作，活动前可与烈士陵园取得联系，争取他们的配合，确保幼儿的安全。

附：活动资源

手语舞蹈视频，见 http://www.iqiyi.com/w_19rs4e0189.html? ptag＝vsogou

端午节

农历五月初五是我国传统的节日——端午节。过端午节是中国人两千多年来的传统习俗，由于地域广大，民族众多，加上许多故事传说，于是产生了众多相异的节名，如端阳节、午日节、五月节、艾节、端五、重午、午日、夏节等。虽然名称不同，但各地过节的习俗基本是相同的，有吃粽子、喝雄黄酒、挂艾叶、赛龙舟等。2009年10月4日，湖北省代表中国"端午申遗"成功，这是中国传统节日首次跻身世界"非遗"名录。随着"端午申遗"的成功，国家和民众对这一传统节日、民俗文化也越来越重视。

一、节日活动设计思路

端午节是我国一个有着两千多年历史的传统节日，它有着一些独特的文化和风俗。然而，幼儿园里的孩子知道圣诞节的比端午节的多。其实端午节作为传统节日，它是老祖先留给我们的宝贵精神文化遗产，蕴含了深厚的民族精神、爱国情怀。《3—6岁儿童学习与发展指南》在社会领域的教育建议中提出："利用传统节日，适当向幼儿介绍我国主要民族文化，帮助幼儿感知文化的多样性。"那么，如何让我们的孩子珍惜我们自己的传统节日？我们准备以孩子们品尝粽子为切入点，首先让他们对传统文化产生兴趣，然后通过听屈原的故事、玩赛龙舟游戏、彩绘咸蛋等，帮助孩子了解我国著名的传统节日。此主题活动以端午节为纽带，将采用调查法、交流法、动手操作法、视听结合法等，让幼儿更好地了解端午节，感受端午节丰富的文化内涵，让他们从小受到情感熏陶，这样既注重了幼儿的社会性发展，又关注了他们的个体成长，更重要的是使中国优秀的传统文化得以传承和更新。

二、节日活动教育目标和内容

节日活动教育总目标	1. 愿意与同伴分享、交流对端午节的了解，感受节日的愉悦之情。 2. 知道端午节是我国的传统节日，了解端午节的传说及各地人们过节的习俗。 3. 能与家人一起收集有关端午的传说与习俗方面的资料，并参与班级环境创设。
小班教育目标	1. 喜欢过端午节，感受节日的快乐。 2. 知道端午节是我们中国的一个传统节日，了解端午节吃粽子的习俗。 3. 能与教师、小朋友们一起开展玩玩、尝尝等节日活动。
小班活动内容	艺术活动：漂亮的彩蛋　语言活动：过端午 健康活动：快快乐乐运粽子　社会活动：快乐的端午节 科学活动：香香的粽子

续表

中班教育 目标	1. 愿意与同伴一起谈论有关端午节的话题，体验过节的快乐。 2. 知道端午节是我国的传统节日，初步了解其来历及风俗习惯。 3. 能参与班级端午节的环境创设。
中班活动内容	艺术活动：香香的香囊　语言活动：粽子里的故事 健康活动：防止蚊虫叮咬办法多　社会活动：有趣的龙舟赛 科学活动：好吃的粽子
大班教育 目标	1. 积极与同伴分享、交流对端午节的了解，感受过端午节的愉悦之情。 2. 知道农历五月初五是我国传统的节日——端午节，进一步了解端午节的来历及风俗习惯。 3. 能用多种方式表达自己对节日的感受。
大班活动内容	艺术活动：装饰龙舟　语言活动：粽子里的故事 健康活动：赛龙舟　社会活动：端午节知多少
全园活动 教育目标	1. 对中国的传统文化感兴趣，乐意参加与端午节相关的风俗活动，感受浓浓的节日氛围。 2. 知道端午节是咱们中国人的传统节日之一，是举国上下同庆的日子，也是一家人团圆的日子。 3. 能通过调查、交流、讨论等方式了解端午节的来历和风俗。
全园活动内容	粽叶飘香　品端午（小、中、大班）

三、端午节系列活动方案

（一）精选活动

活动一：语言活动——过端午（小班）

活动二：科学活动——香香的粽子（小班）

活动三：健康活动——防止蚊虫叮咬办法多（中班）

活动四：语言活动——粽子里的故事（中班）

活动五：社会活动——端午节知多少（大班）

活动六：艺术活动——装饰龙舟（大班）

全园活动：粽叶飘香　品端午（小、中、大班）

（二）环境创设

1. 主题墙面创设

板块一：传说中的故事

内容说明：教师制作一本大图书作为底板，将屈原的故事图片、赛龙舟的传说图片、粽子故事的图片呈现在大图书上，布置在主题墙上供幼儿自由讲述故事，图片可以是幼儿收集的也可以是教师收集的。

🐧 板块二：端午节知多少

内容说明：教师制作一艘龙舟作为底板，此龙舟可以是立体的，也可以是平面的，然后将幼儿在家调查到的有关端午节的相关资料的调查表悬挂在龙舟上。

🐧 板块三：美味端午节

内容说明：教师用卡纸或餐盘制作的盘子作为底板，将幼儿在教学活动中的手工作品呈现在上面。如彩绘咸蛋、粽子、绿豆糕等。

🐧 板块四：欢欢喜喜过端午

内容说明：教师制作一个大的相框作为底板，将孩子们在端午节主题活动中的照片呈现在相框中。

2. 区域活动创设

语言区：投放屈原的故事磁带，投放收集的端午节习俗图片，供幼儿讲述。

科学区：投放"端午节知多少"调查表，悬挂艾叶、菖蒲。

美工区：投放废旧牛奶纸箱、皱纹纸、彩纸等供幼儿装饰龙舟，投放卡纸、棉线绳供幼儿折叠粽子，投放棉线绳供幼儿编织咸蛋网，投放橡皮泥、废弃的装绿豆糕的盒子，供幼儿制作绿豆糕。

建构区：投放雪花片、积塑供幼儿搭建龙舟。

(三)活动方案设计与指导

活动一：语言活动——过端午(小班)

🐦 **活动目标**

1. 喜欢朗诵韵律感强的儿歌。

2. 理解儿歌的主要内容，初步了解端午节的习俗。

3. 能与同伴一起较完整地朗诵儿歌。

🐦 **活动准备**

1. 知识经验准备：幼儿吃过粽子、绿豆糕等端午节小吃，观看过赛龙舟的视频，有朗诵儿歌的经验。

2. 物质材料准备：粽子、绿豆糕、艾叶、香囊若干，儿歌内容记录表一张，粽子、绿豆糕、艾叶、香囊、赛龙舟图片，响板一个，手机一部。

3. 教学环境准备：将幼儿坐的小板凳摆成半圆形，粽子、绿豆糕装在盘子里，放在桌子上。

🐦 **活动过程**

1. 分享导入。

(1)吃一吃：幼儿自由选择自己喜欢的端午节小吃。

(2)说一说：吃到的是什么？

指导语：

(1)孩子们，今天老师给你们带来了好吃的，我们一起来吃一吃吧！

(2)你刚才吃到的是什么呢？

★建议：这个环节让幼儿通过吃、说端午节小吃，帮助幼儿初步了解端午节的习俗，为后续学习儿歌奠定基础。

2. 初步感知、理解儿歌内容。

(1) 议一议：今天为什么吃粽子、绿豆糕？

(2) 猜一猜：教师拿出艾叶、香囊让幼儿猜猜是什么？

(3) 听一听：这首儿歌里说了些什么？

指导语：

(1)刚才我们吃了粽子、绿豆糕，你们知道今天是什么节日吗？

(2)你们认识这是什么吗？

(3)这首儿歌里说了些什么？我们一起来听听吧！

★建议：这个环节让幼儿在进一步了解端午习俗的基础上，感知儿歌的内容。

(4)问一问：五月初五是什么节日？

指导语：

(1)端午节我们家里的门上要挂什么？是什么香满堂？

(2)吃粽子时为什么要撒白糖？

(3)龙舟要在哪里划？什么是喜洋洋？

★建议：这个环节通过提问帮助孩子理解儿歌的内容，幼儿根据儿歌回答时，教师用图片的形式记录幼儿的回答，便于幼儿记住儿歌的内容，为后续朗诵儿歌奠定基础。

3. 学习儿歌。

(1)比一比。

①教师朗诵儿歌一遍。

②教师借助响板的节律朗诵儿歌。

③幼儿评价教师两次的朗诵。

指导语：老师很喜欢这首好听的儿歌，你们想听老师来念一念吗？老师想念两遍，待会儿你们来听一听，并告诉我，哪一遍好听？为什么？

★建议：通过对比发现有节律地朗诵儿歌很好听，激发幼儿朗诵儿歌的兴趣。

(2)学一学。

①教师引导幼儿边看儿歌图谱边有节奏地朗诵儿歌。

②教师朗诵儿歌的前半句，幼儿接念儿歌的后半句。

③教师拿走儿歌图谱中的某一张图，幼儿朗诵出这张图的内容。

④幼儿边拍手边与同伴一起完整地朗诵儿歌，教师将幼儿朗诵的情况用手机录音，并引导幼儿自我评价。

指导语：

(1)你们喜欢老师有节奏地朗诵儿歌，你们也学着有节奏地来念一念吧!

(2)我们来玩一个"接龙"的游戏，待会儿老师朗诵儿歌的前半句，你们接着念儿歌的后半句，看谁能接上好吗?

(3)我们再来玩一个"哪句话不见了"的游戏，待会儿老师随意地拿走儿歌图谱中的一张图，你们将这张图的儿歌内容说出来，谁最先说出来谁就获胜。

(4)老师发现大家都会朗诵这首儿歌了，你们念得是不是很完整?是不是很有节奏呢?待会儿你们念的时候老师用手机录下来给你们听，听后你们自己说一说自己朗诵得怎么样?

★建议：通过多个游戏记住儿歌的内容，学习完整地、有节奏地朗诵儿歌。

🐦 活动延伸

将幼儿朗诵儿歌的录音投放到语言角，供幼儿跟念儿歌。

🐦 指导建议

3—4岁幼儿是掌握语音、学说普通话的关键期。但由于小班幼儿的记忆力和理解能力有限，因此，教师选择的儿歌首先要与幼儿的生活密切相连，要遵循从易到难、循序渐进的原则。然后运用游戏法引导幼儿学习理解儿歌内容，记住儿歌的内容，学习有节奏地朗诵儿歌。在小班后期，要让幼儿朗诵后请大家说一说他朗诵得怎么样，好在哪儿，不好在哪儿，或请幼儿说一说自己朗诵得怎么样。从声音、表情、动作、语气等各方面引导幼儿进行评价，从而达到学习儿歌的良好的效果。

🐦 附：活动资源

儿歌 过端午

五月五，过端午。

门插艾，香满堂。

吃粽子，撒白糖。

龙舟下水喜洋洋。

活动二：科学活动——香香的粽子(小班)

🐦 活动目标

1. 愿意参与探索活动，感受节日的快乐。

2. 发现粽子是由粽叶、糯米等包成的，知道粽子是端午节的节日食品。

3. 能将粽子剥开品尝。

活动准备

1. 知识经验准备：幼儿吃过粽子；教师学习过包粽子的方法。

2. 物质材料准备：粽叶、糯米、棉线、电磁炉、煮粽子的用具、煮熟的粽子人手一个、调查表。

粽子的秘密

所需材料	我的选择

注：请幼儿用粘贴 的方式记录自己的猜想。

3. 教学环境准备。

将粽子装在盘子里并摆放在幼儿的桌子上。

活动过程

1. 粽子导入。

指导语：这是什么？你吃过吗？

★建议：这个环节首先让幼儿对粽子有个直观的认识。

2. 观察粽子的外形等特征。

指导语：你们看看粽子是什么样的？闻起来有什么味道？

★建议：这个环节发展幼儿的观察、语言表达能力。

3. 观察包粽子的材料，了解粽子的制作过程。

(1)知道包粽子所需的主要材料，了解其用途。

(2)观察老师包粽子、煮粽子的过程。

指导语：

(1)请你们猜猜看，粽子是用哪些材料包出来的呢？老师这里有一张记录表，第一幅图是粽叶，第二幅图是荷叶，第三幅图是米，第四幅图是玉米楂，你们认为会用这四种材料中的哪两种材料包粽子呢？请将笑脸贴在你们认为的材料图片后面。

(2)粽子是怎么做出来的呢？一起来看老师是怎么包粽子的吧！

★建议：这个环节教师首先要介绍记录表中的材料的名称，然后要介绍如何使用记录表。最后要让幼儿通过视频了解包粽子到底需要哪些材料，验证自己的猜想，旨在从小培养幼儿的科学素养。教师在包粽子的时候要边讲解所需的材料，边讲解包粽子的过程。

4. 品尝粽子，体验快乐。

(1)探索剥粽子的方法。

(2)品尝粽子，与同伴说说自己吃的粽子的口味及自己吃粽子的心情。

指导语：

(1)粽子煮好了，你们想吃吗？你们知道粽子是在什么时候吃的吗？你们会剥开粽子吗？可以怎样剥？

(2)粽子是什么口味的？好吃吗？吃了粽子你的心情怎样？

★建议：这个环节首先要让幼儿在了解粽子是端午节的节日食品的同时感受节日的快乐。然后引导能力强的幼儿教能力弱的幼儿剥粽子。

🐦 活动延伸

将粽叶投放在科学角让幼儿通过摸、闻进一步认识粽叶。

🐦 指导建议

3—6岁的幼儿正处于科学素质培养的重要时期，这个时期的幼儿对周围世界充满了好奇心和求知欲，他们不但爱问"为什么"，更想知道"这是怎么样的""这是怎么来的""这是怎么做的"，教师要努力寻找日常生活中的事物，创设情景，让幼儿运用科学方法解决简单的生活问题。游戏是幼儿最喜欢的活动，游戏使幼儿在轻松、愉快的活动中增强好奇心和认识新事物的欲望，产生学习科学的兴趣。

活动三：健康活动——防止蚊虫叮咬办法多(中班)

🐦 活动目标

1. 积极参与防止蚊虫叮咬的话题讨论，愿意讲述自己的想法。

2. 了解防止蚊虫叮咬的自我保护方法，知道艾叶和菖蒲具有防蚊蝇的功能。

3. 能注意保持自己周围生活环境的干净整洁。

🐦 **活动准备**

1. 知识经验准备。

教师：了解艾叶、菖蒲具有防蚊蝇的功效。

幼儿：有被蚊虫叮咬的经历和基本的自我防御措施。

2. 环境材料准备。

班级活动室的门窗上挂有艾叶、菖蒲，苍蝇、蚊子的图片，"艾叶、菖蒲用处多"视频，各种防止蚊虫叮咬的物品，如花露水、风油精、清凉油等。

🐦 **活动过程**

1. 导入：出示苍蝇、蚊子图片。

(1)请幼儿谈谈被蚊虫叮咬后的感受。

(2)教师引导幼儿观察蚊子前端的细血管，苍蝇脚上的细绒毛。

指导语：

(1)它们是谁？你喜欢它们吗？为什么？

(2)教师小结：蚊子、苍蝇都是害虫，蚊子会吸我们的血，苍蝇还会传播疾病，所以我们大家都不喜欢蚊子、苍蝇。

★建议：这个环节重点引导幼儿通过谈自己被蚊虫叮咬后的感受来了解蚊虫的生活习性以及对人类的危害。

2. 了解防止蚊虫叮咬及被蚊虫叮咬后的处理方法。

(1)交流：被蚊虫叮咬后的处理方法。

(2)幼儿示范讲解各种防止蚊虫叮咬的方法和药品功效。

指导语：

(1)你被蚊虫叮咬后，是怎样处理的？

(2)谁愿意来当小医生，帮老师来处理一下被蚊虫叮咬的地方。

3. 了解艾叶、菖蒲的功效。

(1)讨论：端午节为什么要在门上挂艾叶和菖蒲呢？

(2)幼儿交流自己的发现，知道艾叶、菖蒲这两种植物里含有的芳香油能够驱除蚊虫。

(3)教师播放"艾叶、菖蒲用处多"视频。

指导语：

(1)近期我们班上的门上、窗户上有什么变化？

(2) 你们知道它们叫什么吗？为什么要挂在我们班级的门上、窗户上呢？你们想知道答案吗？

教师小结：农历五月以后，天气渐渐炎热，蚊虫繁衍得很快，传染病很容易发生，因为艾叶、菖蒲这两种植物里含有的芳香油能够驱除蚊虫，所以人们在端午节前后在门上挂艾叶、菖蒲，驱除蚊虫，预防传染病的发生。

★建议：这个环节教师还可以运用小实验的方式，更直接地让幼儿了解艾叶和菖蒲具有驱蚊的功效。

4. 了解蚊虫的生活习性，知道要保持环境卫生。

(1)讨论：蚊虫的生活习性。

(2)交流：如何防止蚊虫叮咬？

指导语：

(1)你知道蚊虫最喜欢生活在哪里吗？

(2)我们应该用什么方法来消灭更多的蚊虫呢？

★建议：这个环节也可以让幼儿通过视频来了解蚊虫的生活习性，从而达到保护环境卫生的教育功效。

🐦 **活动延伸**

组织幼儿制作"预防蚊虫"宣传画，并到各班巡讲，让全园的幼儿知道如何防止蚊虫叮咬。

🐦 **指导建议**

教学目标是通过教学活动预期达到的结果或标准，是对学习者通过教学以后将能做什么的一种明确的、具体的表述。建议教师拟订的教学目标必须是适宜大部分幼儿最近发展区需要的，是可以共同达到的。如在此次教学活动中，结合节日、季节、蚊虫对幼儿的困扰，从情感、能力、知识经验多个维度出发，从幼儿角度出发，从幼儿的需要出发，预设的目标是可测的、可评价的、具体的、明确的，因此，师幼也是可以共同达成的。

🐦 **附：活动资源**

"艾叶、菖蒲用处多"视频，见 http：//v.17173.com/v＿102＿616/MTQ0OTEwODI.html

活动四：语言活动——粽子里的故事(中班)

🐦 **活动目标**

1. 喜欢听故事，感受端午节的快乐。

2. 理解故事内容，了解一些端午节的习俗。

3. 能学说老奶奶的心愿。

🐦 **活动准备**

1. 知识经验准备。

教师：熟悉故事内容。

幼儿：知道包粽子、吃粽子是我国民间节日端午节的传统习俗之一。

2. 环境材料准备。

故事 PPT、粽子若干。

🕊 **活动过程**

1. 导入。

(1)幼儿猜谜语。

(2)交流：我喜欢吃的粽子。

指导语：

(1)我们来玩个猜谜游戏好吗？三角四楞长，珍珠里面藏，想尝珍珠味，解带剥衣裳。打一食物，你们猜猜是什么？

(2)你喜欢吃粽子吗？喜欢什么口味的？

教师小结：每年的农历五月初五是端午节，这一天是我们中国人的传统节日，我们都要吃粽子。香香的粽子里包着各种各样好吃的馅料。

★建议：这一环节以猜谜游戏入手能较好地激发孩子的学习兴趣。

2. 理解故事内容，了解一些端午节的习俗。

(1)幼儿完整欣赏故事。

(2)分段欣赏故事，理解故事内容。

观看 PPT1－3，欣赏故事片段一，了解老奶奶将故事包进粽子里的情节。

观看 PPT4－10，欣赏故事片段二，了解小动物吃了粽子后仍不会讲故事的情节。

观看 PPT11－15，欣赏故事片段三，了解小动物们想办法找人讲故事的情节。

指导语：

(1)故事里有谁？讲了一件什么事情？

(2)老奶奶生病不能讲故事后，想了一个什么办法？

(3)哪些小动物吃了粽子，它们讲出故事了吗？

(4)小动物们虽然吃了粽子，但是它们不会讲故事，它们想了一个什么好办法？

(5)小姑娘被小动物们吓跑后，它们用什么好办法把小姑娘找了回来？

★建议：这一环节幼儿第一次听故事时不要出示 PPT 或图片。

3. 游戏：吃粽子。

玩法：大家随音乐传粽子，当音乐停止，粽子落在谁手里，谁就讲述一段故事或儿歌。

指导语：你们会讲故事吗？你们想吃老奶奶包的粽子吗？我们一起来玩个游戏吧！

★建议：这一环节通过游戏让孩子讲述自己的故事。

4. 幼儿第三次欣赏故事。

幼儿边听故事，边模仿小动物讲故事。

指导语：故事里你喜欢谁你就模仿谁的说话的语气、动作，我们一起来边讲故事、边表演好吗？

★建议：这一环节幼儿用语气、动作表现故事角色的主要内容。

活动延伸

将《粽子里的故事》磁带投放到语言区域，供幼儿继续欣赏。

指导建议

教师在组织故事教学时，最好在讲述第二遍的时候再出示 PPT 或图片。从一般的意义上来讲，PPT 或图片等直观教具确实有利于帮助幼儿对故事的理解，但是我们还要想到，组织幼儿在没有可视材料帮助下听故事，对幼儿倾听能力、语言理解能力和想象能力的发展是有好处的。

附：活动资源

粽子里的故事

在树林里，有一间小屋，小屋里住着一位老奶奶。老奶奶看见过许多事情，所以心里有了许多故事。

可是，不幸的是老奶奶生了一场大病，等她病好了以后，她已经不能大声地讲故事。

于是，老奶奶就来到河边采了青青的叶子回到家，又把米洗干净，老奶奶用青青的叶子白白的米包粽子，老奶奶把好听的故事包在了里面。每包一个粽子，都要在里头讲一个故事，她心想，谁吃了粽子谁就会讲故事。

老奶奶包好了粽子，森林里的小动物都来了，它们都想吃粽子、讲故事。吱吱吱，吱吱吱，来了一只小松鼠。

小松鼠吃了粽子，肚子里马上有了故事，可小松鼠不会说话，一个劲地叫："吱吱吱……"小松鼠讲不出故事。

哩哩哩，哩哩哩，来了一只小狐狸。

吃吧吃吧，吃了粽子讲故事。

小狐狸吃了粽子，肚子里也有了故事，可小狐狸也不会说话，一个劲地叫："哩哩哩……"小狐狸讲不出故事。

小白兔蹦蹦跳跳地也跑来吃粽子。

吃吧吃吧，吃了粽子讲故事。小白兔吃了老奶奶的粽子，肚子里也有了故事，可小兔子蹦蹦跳跳地讲不出故事。大家吃了老奶奶的粽子不会讲故事，真急人。嗯，怎么办呢？还得找个会说话的小朋友。

这时，一个小姑娘来到了森林里采蘑菇！

采着，采着，她来到了森林小屋前。老奶奶在门口笑眯眯地朝她招手，好像在说"来吧来吧，请你吃粽子，吃了粽子讲故事。"

香喷喷的粽子真好吃，小姑娘吃了一个又一个，心里有了一个又一个故事。哈，故事全吃到肚子里去啦！

小姑娘讲了一个又一个故事，老奶奶一边听一边点头，小动物们个个听得着了迷。

小姑娘觉得这还不够，她要把一肚子故事带到幼儿园，说给更多的小朋友听。于是，小姑娘告别了大家，她拎了满满一篮蘑菇，还带了满满一肚子的故事。

活动五：社会活动——端午节知多少(大班)

活动目标

1. 有问题愿意向别人请教。
2. 学习运用调查、交流、讨论等形式，进一步了解端午节的来历及风俗习惯。
3. 能在集体面前大胆讲述自己对端午节的了解。

活动准备

1. 知识经验准备。

教师：知道幼儿有关端午节的相关问题。

幼儿：知道端午节是我国的传统节日。

2. 环境材料准备。

《端午节知多少》调查表，屈原的故事磁带，划龙舟的视频。

活动过程

1. 展示《端午节知多少》调查记录，说说端午节。

(1)交流。

结伴交流：我发现的端午节。

个别交流：我发现的端午节。

指导语：前一段时间有的小朋友在问端午节为什么要吃粽子，人们为什么要赛龙舟……你们都找到答案了吗？

教师小结：你们太棒了，发现了这么多的端午节的秘密，你们还有问题要问吗？

(2)游戏：你问我来答。

指导语：下面我们来玩一个游戏，游戏的名字叫"你问我来答"。如果你们还有问题要问，就大胆地提出来，如果谁知道谁就来回答，谁回答出来了，就给那一组记一分，待会儿看哪一组的得分最多。

教师小结：我们班的小朋友最棒了，不仅有问题敢于提出来，而且也能解答别人的问题。

★建议：这个环节教师关注的是幼儿是否有问题愿意向别人请教，而不是重点去关注他们的问题提得是否重复了，回答得是否正确。

2. 进一步帮助幼儿了解端午节的来历及风俗习惯。

(1)听屈原的故事，了解端午节的来历。

指导语：你们知道端午节的来历吗？刚才故事里说了什么？

教师小结：端午节是为了纪念伟大的爱国诗人屈原。

(2)观看赛龙舟视频，了解端午节的习俗。

指导语：人们为什么在端午节赛龙舟？

教师小结：端午节赛龙舟也是为了纪念伟大的爱国诗人屈原。

（3）品粽子，感知吃粽子的风俗。

指导语：粽子好吃吗？你们吃到的是什么形状、什么口味的粽子？人们为什么在端午节吃粽子？

教师小结：看来粽子的味道不同，形状和颜色也有很多种，端午节吃粽子也是为了纪念伟大的爱国诗人屈原。

★建议：教师通过多种形式让幼儿进一步了解端午节的来历及风俗习惯。

3. 幼儿自主体验活动，进一步了解端午节的其他一些习俗。

（1）出示幼儿自主探索材料：彩绘用的咸蛋、彩笔，做香囊的布、棉线。

（2）幼儿分组探索端午节的其他习俗。

（3）幼儿交流探索结果。

指导语：端午节除了赛龙舟、吃粽子之外还有哪些习俗呢？你们自己去看看、玩玩吧！

教师小结：端午节挂咸蛋、香囊不仅是为了纪念屈原，还是一家人团聚的日子呢！

★建议：这个环节教师要让幼儿通过自主体验区了解端午节的其他一些习俗，不要用枯燥的说教方式。

🕊 **活动延伸**

1. 玩"赛龙舟"游戏。
2. 在美工区投放彩纸、棉线供幼儿自己练习折粽子。

🕊 **指导建议**

幼儿园的五大领域教学活动中属社会领域的集体教学活动难以组织，为什么呢？主要是目标难以确立，活动形式、内容和材料难以选择，不能凸显社会教育的核心价值，另外在实施过程中难以走出说教的困境。社会活动的组织往往不是教师直接"教"的结果，而是主要通过在实际生活和活动中积累有关的经验和体验而学习的，所以，社会性教育更应贴近幼儿的生活。在此次活动中的"进一步了解端午节的其他一些习俗"环节中，设计了幼儿自主体验环节"彩绘咸蛋""做香囊"，减少了说教的成分，让幼儿在"做中学"。

🕊 **附：活动资源**

调查表　端午节知多少

姓名_____   班级_____

我中的端午节		我是这样知道的
端午节的传说		

端午节的习俗		

注：1. 请家长协助幼儿共同完成调查表。

2. 调查表的内容可以用简笔画或图片粘贴的方式完成。

活动六：艺术活动——装饰龙舟（大班）

活动目标

1. 积极与同伴协商装饰龙舟的方案，体验合作成功的快乐。

2. 尝试运用画、撕、剪、贴等多种方式装饰龙舟。

3. 能大胆讲述本组装饰龙舟的想法。

活动准备

1. 知识经验准备。

教师：了解龙舟的基本特征。

幼儿：通过观看龙舟赛视频，对龙舟的特征有初步的认识。

2. 环境材料准备。

(1) 赛龙舟的照片，三个废旧的纸箱子串在一起作为没有装饰的龙舟，彩纸、笔、剪刀、胶水、抹布等。

(2) 小组装饰龙舟方案表。

装饰龙舟方案表

_____小组

龙舟的结构	选用材料	方 法	负责人
（龙头）			
（龙身）			
（龙尾）			

注：使用的材料这一栏幼儿用符号记录。

🕊 活动过程

1. 欣赏龙舟图片，回顾龙舟的外形特征。

(1)幼儿观看龙舟图片，自由交流龙舟的特征。

(2)集体交流龙舟的外形特征。

指导语：这艘龙舟由哪几部分组成？

★建议：这一环节以激发幼儿装饰龙舟的兴趣为主。

2. 小组协商装饰龙舟的方案。

(1)出示三个废旧的纸箱子串在一起的没有装饰的龙舟。

(2)幼儿三人一组自由组合。

(3)小组内协商装饰龙舟方案，并记录。

(4)选出一人交流装饰方案。

指导语：

(1)你们想玩划龙舟的游戏吗？这艘龙舟跟图片上的龙舟比起来哪个漂亮？为什么？怎样才能把龙舟装饰得漂亮呢？

(2)你准备装饰龙舟的哪一部分？用什么方法？需要什么材料？

★建议：这一环节让孩子们懂得分工、合作的重要性。

3. 分工装饰龙舟，教师巡回指导。

(1)教师提出使用剪刀的要求及活动结束后的整理要求。

(2)幼儿动手操作，教师巡回指导。

指导语：你们在装饰的过程中一定要注意使用剪刀的安全哦！龙舟装饰完了，要将垃圾整理干净。

★建议：这一环节帮助孩子们养成良好的习惯。

4. 举办龙舟展，让幼儿体验合作成功的快乐。

(1)幼儿相互欣赏同伴们的作品。

(2)幼儿自由地评价。

指导语：你们的小手真灵巧，装饰出的龙舟都好漂亮啊！你们最喜欢哪组装饰的龙舟呢？为什么？

★建议：这一环节的重点是教师要尊重幼儿的兴趣和独特的感受，理解他们欣赏时的行为。

🕊 活动延伸

在美工区投放纸、笔，供幼儿画龙舟。

🕊 指导建议

在幼儿的活动中，一定要体现幼儿是学习的主人的教育观念，凡是幼儿自己能做的，应当让幼儿自己去做，凡是幼儿自己想的，应当让他们自己去想。在此次活动中，充分发挥幼儿的主体作用，怎么装饰，选用什么材料，用什么方法装饰，都是幼儿自己说了算，让幼儿大胆地想象，大胆地创造，幼儿则全身心地参与活动之中，既调动了幼儿参与的积极性，又体验了合作、成功的乐趣。

全园活动：粽叶飘香　品端午(小、中、大班)

🐦 活动目标

1. 感受端午节浓浓的民族文化，体验与亲人一起包粽子的快乐。

2. 知道农历五月初五是我国的传统节日端午节，了解其独特的习俗。

3. 能参加与主题相关的体验活动。

🐦 活动时间

农历五月初五当天或前后时间。

🐦 活动准备

1. 知识经验准备。

教师、家长：有包粽子的经验，请一位教师准备给幼儿讲述屈原的故事。

幼儿：对端午节的文化、习俗有初步的了解，大班幼儿有赛龙舟的经验，全园幼儿会念"端午节民谣"。

2. 环境材料准备。

(1)幼儿园安排各班活动场地，为各班准备充足的粽叶、糯米、棉线。

(2)音乐《金蛇狂舞》，自制龙舟两条，自制香囊若干。

🐦 活动过程

1. 播放音乐《金蛇狂舞》，大班幼儿赛龙舟开场，拉开活动的序幕。

★建议：幼儿舞的龙舟可以是用纸箱做的，也可以是用布做的。

2. 主持人宣布活动开始。

3. 园长讲话，并介绍本次活动意义及规则。

4. 本园教师给幼儿讲述"屈原的故事"。

★建议：故事也可以由家长、幼儿讲述。

5. 主持人教全园教师、家长、幼儿学习包粽子。

★建议：指导大家做粽子的可以是其他人员，如家长、社区人员、其他教师。

6. 各班家长带领幼儿练习包粽子。

7. 各班推荐2名家长参加包粽子比赛活动。

(1)在5分钟之内，看哪位参赛者的粽子包得又快又好。

(2)由各班主班教师评出前三名。

★建议：包粽子比赛的要求可结合园方的实际拟订。

8. 全体幼儿手拿与亲人一起包的粽子，集体朗诵端午节民谣。

五月五，是端阳，

门插艾，香满堂。

吃粽子，撒白糖，

龙舟下水喜洋洋。

粽子香，香厨房，

艾叶香，香满堂。

桃枝插在大门上，

出门一望麦儿黄。

★建议：结束活动可自由设计。

☙ **活动延伸**

1. 幼儿园向幼儿送香囊，进一步提高幼儿对端午节的认识与了解。

2. 品尝粽子。

☙ **指导建议**

全园性质的亲子体验活动，由于有家长的参与，在活动组织时会比较混乱，因此，在活动前，各班级要以小海报或班级 QQ 群向家长介绍活动的内容、活动流程，并向家长提出具体的注意事项。在各项活动中幼儿的安全是最重要的，特别是大型活动，在活动前园方一定要做好安保工作，活动前可与社区群干、管段民警取得联系，争取他们的配合，如园内安保人员不够，可邀请家长志愿者参与园方的保安任务。

☙ **参考图片**

❧ 中秋节 ❧

中秋节又称月夕、秋节、仲秋节、八月节或团圆节，因其恰值三秋之半，故名中秋，也有些地方将中秋节定在八月十六。早在《周礼》一书中，已有"中秋"一词的记载。在中秋时节，对着天上又亮又圆的皓月，观赏祭拜，寄托情怀，这种习俗就这样传到民间，形成一个传统的活动。一直到了唐代，这种祭月的风俗更为人们重视，中秋节才成为固定的节日。2006 年 5 月 20 日，该节日经国务院批准列入第一批国家级非物质文化遗产名录。

一、节日活动设计思路

中秋节是我国传统的节日，它代表着团圆与吉祥。中秋节有许多美妙的传说、故事、儿歌、诗词。因此，我们以中秋节为主题，设计了相关的活动，帮助幼儿进一步了解中秋节的相关文化，感受家人团圆的美好氛围。

二、节日活动教育目标和内容

节日活动教育总目标	了解中秋节的来历，知道中秋节的风俗，体验中秋节的快乐。
小班教育目标	1. 愉快地参与中秋节的各项活动，体验分享的快乐。 2. 初步了解中秋节的风俗习惯。 3. 尝试用各种方法表达过中秋节时的热闹场景。
小班活动内容	做月饼　品月饼
中班教育目标	1. 感受中秋节的热闹气氛，萌发对亲人爱的情感。 2. 知道中秋节的来历及习俗，并为家人做力所能及的事情。 3. 能在集体面前大胆表现。
中班活动内容	唱圆月　团圆月
大班教育目标	1. 对中秋节的来历感兴趣，积极表达自己的想法。 2. 初步了解有关中秋节的传说及相关科学知识。 3. 能通过多种途径获取所需要的信息，解决实际问题。
大班活动内容	赏明月　说圆月
全园活动教育目标	1. 感受中秋节的热闹气氛，体验分享的快乐。 2. 知道中秋节的来历、风俗及相关科学知识。 3. 能通过多种途径进行中秋节的节日活动。
全园活动内容	团团圆圆中秋节（小、中、大班）

三、中秋节系列活动方案

（一）精选活动

活动一：做月饼（小班）

活动二：品月饼（小班）

活动三：唱圆月（中班）

活动四：团圆月（中班）

活动五：赏明月（大班）

活动六：说圆月（大班）

全园活动：团团圆圆中秋节（小、中、大班）

（二）环境创设

1. 主题墙面创设

大班："超级月亮变变变"（揭示月亮每月的变化规律）。

中班："中秋节，家团圆"（展示幼儿全家福照片及家庭成员调查表）。

小班："美味月饼我喜欢"（通过图片，展示幼儿品月饼的过程；帮助幼儿分清不同种类的月饼）。

2. 区域活动创设

科学区：会变的月亮（月亮动态玩具）。

美工区：我做的月饼甜又香（泥塑作品展示）。

讲述区：《嫦娥奔月》故事相关图片（为幼儿讲述提供素材）。

表演区：幼儿歌唱表演相关道具（舞台、话筒），背景为中秋节相关图片。

（三）活动方案设计与指导

活动一：做月饼（小班）

🐦 **活动目标**

1. 愉快地参与美工操作活动。

2. 尝试用团圆、压扁的方法制作月饼。

3. 能用辅助材料印出简单的花纹。

🐦 **活动准备**

1. 知识经验准备：幼儿观察过月饼的外形。

2. 环境材料准备：超轻黏土、泥工板、月饼盒、月饼，月饼制作视频等。

🐦 **活动过程**

1. 观察月饼外形。

请幼儿说说月饼的形状、花纹等。

★建议：通过真实月饼的观察，了解其外形特点。

2. 了解月饼的制作方法。

（1）请幼儿猜想月饼是怎么制作出来的。

（2）观看视频，了解月饼的制作方法及过程。

★建议：让幼儿了解真正的月饼制作的方法，并从中找到自己可以学习制作的地方。

3. 我做的月饼香又美。

(1)介绍团圆和压扁的制作方法，以及压花纹的注意事项。

(2)幼儿自由尝试制作月饼，教师巡回指导。

★建议：此环节注重技能、技巧学习的同时，鼓励幼儿创新方法制作"特色"月饼。

4. 师幼共同"赏月饼"。

将幼儿制作好的"月饼"，放入月饼盒中进行展示交流。

★建议：在展示交流的过程中，注重发现闪光点，积极鼓励幼儿的成果。

🕊 **活动延伸**

带领幼儿到烘焙坊制作真正的月饼。

🕊 **指导建议**

在教给幼儿制作方法之前，让幼儿充分地观察真正的月饼及其制作方法，虽然教师提示"团圆、压扁"的制作方法，但是也不局限于这些方法，幼儿也可以根据自己的发现，来创新一些方法，教师积极给予鼓励。

🕊 **参考图片**

活动二：品月饼(小班)

🕊 **活动目标**

1. 体验和同伴一起分享月饼的快乐。

2. 知道月饼是中秋节的节令食品。

3. 能仔细品尝，发现月饼的不同口味。

🕊 **活动准备**

1. 知识经验准备：幼儿熟悉蛋黄、坚果仁、豆沙、水果等味道。

2. 环境材料准备：不同口味的月饼(广式、苏式月饼)，果盘若干，水果刀一把。

🕊 **活动过程**

1. 看月饼。

(1)幼儿自由观察果盘里的月饼(广式、苏式均有)。

同伴交流：果盘里是什么？它们是什么样子的？有什么不同吗？

★建议：重点观察月饼外形上的不同。

(2)教师切开月饼，引导幼儿进一步观察。

★建议：重点发现广式月饼和苏式月饼的不同。

2. 品月饼

(1)幼儿选择两小块不同的月饼，品尝它们的味道。

★建议：提出品尝要求，重点在"尝"，而不是大口地"吃"。

(2)请幼儿说说他吃的月饼是什么味道的，它们有什么不同。

引导幼儿说出"甜甜的""甜蜜的"等词语。

★建议：引导幼儿说出不同味道的月饼，以及广式的油光闪闪、苏式的层层酥皮。

3. 说月饼。

请幼儿介绍自己吃过的其他月饼，如冰皮月饼、果蔬月饼、茶叶月饼等。

★建议：通过幼儿的介绍，进一步拓展思维，并鼓励幼儿积极表达自己的想法。

4. 分月饼。

(1)请幼儿将月饼带到其他班级，与哥哥姐姐共同分享自己的月饼。

(2)引导幼儿在给哥哥姐姐分享自己的月饼时，告诉对方自己的月饼是什么味道的。

★建议：根据《3—6岁儿童学习与发展指南》提出的"幼儿园组织活动时，可以经常打破班级的界限，让幼儿有更多的机会参加不同群体的活动"来进行活动。

✌ **活动延伸**

在中秋节的晚上，请家长和幼儿一起赏月亮，吃月饼。

✌ **指导建议**

幼儿年龄尚小，不适宜吃太多月饼，把月饼分成小份，品尝味道即可，剩余的月饼用来分享和交流。

活动三：唱圆月(中班)

✌ **活动目标**

1. 喜欢参与音乐活动，感受中秋节的热闹气氛。

2. 学习演唱歌曲，表达过中秋节的愉快心情。

3. 能有表情地、喜悦地演唱歌曲。

✌ **活动准备**

1. 知识经验准备：幼儿了解中秋节的含义，教师熟悉歌曲内容。

2. 环境材料准备：歌曲课件《爷爷为我打月饼》(词/徐庆东、刘青；曲/栗寒光)。

✌ **活动过程**

1. 欣赏歌曲，初步感知。

完整欣赏歌曲《爷爷为我打月饼》，感知"爷爷对我的爱"。

★建议：此环节带动幼儿的情绪，初步感知中秋节的热闹气氛。

2. 熟悉歌曲，理解内容。

(1)理解歌词。

中秋节有什么特点？（八月十五月儿明）

爷爷为我做什么？（爷爷为我打月饼）

月饼是什么样的？（月饼圆圆甜又香）

月饼代表什么意思？（一块月饼一片情）

爷爷是个什么人？对我怎么样？（爷爷是个老红军，爷爷待我亲又亲）

我为爷爷做什么？（我为爷爷唱歌谣，献给爷爷一片情）

(2)哼唱曲调。

★建议：通过哼唱熟悉曲调。（见"附：活动资源"）

3. 完整演唱，集体表演。

★建议：鼓励幼儿带着喜悦的心情演唱歌曲。

活动延伸

在表演角设置舞台，鼓励幼儿大胆演唱，并在中秋节当天表演给自己的亲人看。

指导建议

教师通过此歌曲的分解帮助幼儿学习演唱歌曲，使幼儿能较快地学会歌曲。

活动四：团圆月(中班)

活动目标

1. 萌发对全家人的爱的情感。

2. 说出自己对家人的了解以及关心他们的方法。

3. 能用连贯的语言介绍自己的家人。

活动准备

1. 知识经验准备：幼儿对自己的家人有一定的了解。

2. 环境材料准备：全家福照片，家庭成员调查表(生肖、生日、爱好、特长等)。

活动过程

1. 用歌曲《中秋节》(词/林武宪；曲/颂今；小蓓蕾演唱组唱)导入活动。

指导语：小朋友，中秋节是个什么日子？你家有几口人？

★建议：让幼儿初步了解中秋节的含义，知道要与自己的家人团圆。

2. 出示全家福照片，幼儿自由讨论。

指导语：全家福中都有谁？你爱他们吗？他们爱你吗？你是怎么发现的？

★建议：通过讨论，发现家人对自己的爱，从而进一步理解家庭的概念。

3．相亲相爱一家人。

出示家庭成员调查表，进一步了解自己的家人。

指导语：你最喜欢谁？为什么喜欢他？你知道他喜欢什么吗？

★建议：幼儿根据调查表讲述家人的生肖、生日、爱好、特长等。

4．团团圆圆过中秋。

指导语：家人为我们付出了这么多，在中秋节这个全家团圆的日子里，我们能为他们做些什么呢？

🕊 活动延伸

拍摄与家人相聚在一起的快乐时光照片，布置主题墙。

🕊 指导建议

此次活动主要是为了萌发幼儿对家人的爱，在活动过程中，针对幼儿表述的"爱"的内容，教师可做适当的渲染，进一步激发幼儿对家人团圆的理解。

活动五：赏明月（大班）

🕊 活动目标

1．对中秋节的来历感兴趣。

2．初步了解月亮的变化规律。

3．能通过多种途径获取所需要的信息，解决实际问题。

🕊 活动准备

1．知识经验准备：幼儿观察月亮的变化，并适当进行记录，搜集有关中秋节的资料。

2．环境材料准备：有关中秋节前后月亮变化的课件。

🕊 活动过程

1．我的观察发现。

请幼儿讨论前期自己记录的月亮变化图片。

★建议：让幼儿通过观察记录月亮的变化，知道月亮每天都有不同的变化。

2．了解月亮的变化。

看中秋节前后月亮变化的幻灯片，观察月亮的变化。

★建议：通过幻灯片的播放，引出月亮变化的基本规律。

3．中秋节的来历。

(1)请幼儿分享自己搜集的中秋节资料。

(2)教师提出中秋节的时间、历史由来、意义等。

★建议：让幼儿对中秋节的来历感兴趣，进一步了解中秋节。

4. 月亮的故事。

教师讲述故事《月亮姑娘做衣裳》，请幼儿说明原因。

★建议：通过故事，帮助幼儿进一步理解月亮的变化规律。

活动延伸

在主题活动墙面，布置有关月亮变化的墙面"超级月亮变变变"，供幼儿欣赏。

指导建议

采用幼儿学习在前、教师指导在后的翻转方式进行教学活动，通过幼儿的观察、记录，发现月亮的变化，再结合活动中的讨论、分享，让幼儿之间相互学习。

附：活动资源

故事 月亮姑娘做衣裳

晚上，月亮姑娘出来了，细细的，弯弯的，好像小姑娘的眉毛。凉风吹得她有点冷，她就撕了一块云彩裹在身上。

月亮姑娘想：我还是找一位裁缝师傅做件衣裳吧。裁缝师傅给她量了尺寸，让她五天后来取。过了五天，月亮姑娘长胖了点儿，她像弯弯的镰刀。她来取衣裳了，衣裳做得真漂亮，可惜太小了，穿在身上连扣子也扣不上。裁缝师傅决定给她重做一件，重新量了尺寸，让她再过五天来取。五天又过了，月亮姑娘又长胖了一点，弯弯的像只小船。她来取衣裳，衣裳做得更漂亮了，可惜月亮姑娘连套也套不上。

裁缝师傅涨红了脸，说："我只好重做了。"又是五天过去了，月亮姑娘来取衣裳。裁缝师傅看到月亮姑娘变得圆圆的，像圆盘一样，吃了一惊："啊，你又长胖了！"裁缝师傅叹了一口气，对月亮姑娘说："唉，你的身材变来变去，我没法给你做衣裳了。"

原来，月亮姑娘每天都在变化，所以她到现在还穿不上合身的衣裳。你看，白天太阳公公出来了，她不好意思出来，只好在晚上才悄悄地露面。

参考图片

 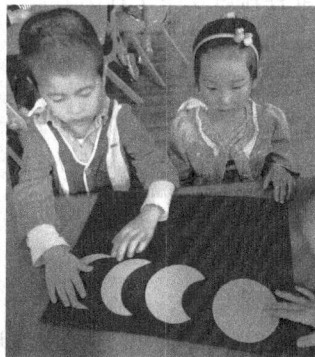

活动六：说圆月(大班)

活动目标

1. 仔细倾听，积极表达自己的想法。

2. 理解故事内容，知道有关中秋节的传说。

3. 能根据故事内容，创编表演情节并进行表演。

活动准备

1. 知识经验准备：教师熟练掌握故事内容，幼儿有故事表演的经验。

2. 环境材料准备：《嫦娥奔月》故事课件，有关故事表演的道具及材料。

活动过程

1. 欣赏故事，理解内容。

(1)播放课件《嫦娥奔月》，幼儿欣赏故事。

(2)教师提问，引导幼儿初步理解故事内容：故事的名字叫什么？故事里有谁？故事里讲了一件什么事？

(3)教师简单提炼故事内容。

★建议：帮助幼儿厘清故事的基本内容。

2. 再次欣赏，了解传说。

采用定格课件的方式，引导幼儿边看边讨论，进一步理解故事内容。

(1)后羿为什么受到百姓的尊敬和爱戴？

(2)后羿得到了王母娘娘的什么药？他自己为什么没有吃？

(3)蓬蒙准备做什么事？他得逞了吗？

(4)嫦娥吞药后发生了什么？

(5)嫦娥和后羿是怎么见面的？

★建议：通过层层深入的提问，帮助幼儿进一步了解故事内容。

3. 创设情境，表演故事。

幼儿自由选择角色，分组商定故事表演。

★建议：此环节主要是为幼儿提供身临其境、设身处地想象和表现的机会，让幼儿扮演角色，用语言、动作、表情来再现故事内容，理解体验故事的内容。

活动延伸

回家后，将故事内容复述给家人听。

指导建议

该故事出自于民间传说，幼儿不必完全依照故事内容进行复述和表演，只要能了解故事的基本情节即可。

附：活动资源

故事 嫦娥奔月

远古时候天上有十日同时出现，晒得庄稼枯死，民不聊生，一个名叫后羿的英雄，力大无穷，他登上昆仑山顶，运足神力，拉开神弓，一气射下九个太阳，并严令最后一个太阳按时起落，为民造福。后羿因此受到百姓的尊敬和爱戴，后羿娶了个美丽善良的妻子，名叫嫦娥。人们都羡慕这对郎才女貌的恩爱夫妻。

不少志士慕名前来投师学艺，心术不正的蓬蒙也混了进来。

一天，后羿到昆仑山访友求道，巧遇由此经过的王母娘娘，便向王母求得一包不死药。据说，服下此药，能即刻升天成仙。然而，后羿舍不得撇下妻子，只好暂时把不死药交给嫦娥珍藏。嫦娥将药藏进梳妆台的百宝匣里，不料被小人蓬蒙看见了，他想偷吃不死药自己成仙。

三天后，后羿率众徒外出狩猎，心怀鬼胎的蓬蒙假装生病，留了下来，威逼嫦娥交出不死药。嫦娥知道自己不是蓬蒙的对手，危急之时她当机立断，转身打开百宝匣，拿出不死药一口吞了下去。嫦娥吞下药，身子立时飘离地面、冲出窗口，向天上飞去。由于嫦娥牵挂着丈夫，便飞落到离人间最近的月亮上成了仙。

傍晚，后羿回到家，侍女们哭诉了白天发生的事。后羿仰望着夜空呼唤爱妻的名字，这时他惊奇地发现，今天的月亮格外皎洁明亮，而且有个晃动的身影酷似嫦娥。他拼命朝月亮追去，可是他追三步，月亮退三步，他退三步，月亮进三步，无论怎样也追不到跟前。

后羿只好派人到嫦娥喜爱的后花园里，摆上香案，放上她平时最爱吃的蜜食鲜果，遥祭在月宫里眷恋着自己的嫦娥。百姓们闻知嫦娥奔月成仙的消息后，纷纷在月下摆设香案，向善良的嫦娥祈求吉祥平安。

从此，中秋节拜月的风俗在民间传开了。

全园活动：团团圆圆中秋节(小、中、大班)

活动目标

1. 喜欢参与中秋节的集体活动，大胆表现、积极参与。

2. 通过各类艺术形式表达自己对中秋节的喜爱。

3. 能与同伴或家长合作，完成自己的任务。

活动准备

1. 知识经验准备：了解中秋节的传说，家长和幼儿共同熟悉月饼的制作方法，知道有关中秋节的歌曲、儿歌、古诗、故事等。

2. 环境材料准备：利用幼儿关于中秋节的作品布置幼儿园环境，月饼制作馅料、各类材料、工具、烤箱等，表演舞台的场地布置。

❧ **活动过程**

1. 中秋美。

(1)全园幼儿通过粘贴、绘画、制作等方式，展示心中的中秋节，其主题内容可围绕月亮、嫦娥、月饼、团圆等主题展开。

(2)将幼儿的美术作品布置在走廊或栏杆处，营造中秋节的温馨氛围。

2. 中秋甜。

全园家长、幼儿共同参与制作、品尝月饼的活动。

(1)家长和幼儿自由选择不同的馅料制作月饼。

(2)制作完成后，全园幼儿共同品尝自己的成果，相互分享美味的月饼。

3. 中秋乐。

全园幼儿表演有关中秋节的歌曲、儿歌、古诗、故事等。

第二节　社会节日

❧ 妇女节 ❧

3月8日是国际妇女节，是全世界妇女平等参与政治、经济和社会生活的重要节日。每年的这一天，世界各大洲的妇女，她们不分国籍、种族、语言、文化、经济和政治差异，一起关注女性自身的权利。我国第一次纪念"三八"国际劳动妇女节始于1924年。中华人民共和国成立之后，中央人民政府政务院于1949年12月通令全国，定3月8日为妇女节。

一、节日活动设计思路

家庭带给孩子温暖、安全、快乐，是孩子最熟悉的地方，幼儿对关心、爱护自己的家人有着深厚的感情。现在的家庭多为独生子女，为了让他们学会感恩，懂得珍惜和付出，在"三八"国际妇女节到来之际，针对幼儿园各年龄段幼儿年龄特点，开展系列活动，让他们用不同的表达方式为妈妈、奶奶、姥姥们献上一份最诚挚的爱，送上最特别的节日祝福。

二、节日活动教育目标和内容

节日活动教育 总目标	1. 体验与女性家人的情感，爱妈妈、爱家人。 2. 知道自己的成长离不开妈妈和家人。 3. 能通过自己的方式，运用多种形式表达自己对妈妈的爱。
小班教育目标	1. 感受妈妈对自己的爱。 2. 知道妈妈的名字、属相、工作、爱好、本领等。 3. 能通过自己喜欢的方式表达自己对妈妈的爱。
小班活动内容	妈妈节日快乐　我的好妈妈
中班教育目标	1. 懂得妈妈和其他家人劳动的辛苦。 2. 了解妇女节的由来，知道妈妈、奶奶们的辛劳，并懂得要尊敬她们。 3. 能运用多种形式表达自己对妈妈的爱。
中班活动内容	小乌鸦爱妈妈　我为妈妈做礼物　我和妈妈做游戏
大班教育目标	1. 愿意和家人、好朋友分享为妈妈制作礼物的快乐。 2. 能主动帮家人做一些力所能及的事。 3. 敢于尝试富有挑战性的活动和任务。
大班活动内容	妈妈我爱您　我是妈妈的好帮手　我为妈妈买礼物
全园活动 教育目标	1. 学会感恩，学会珍惜，学会付出。 2. 用不同的表达方式为妈妈、奶奶、姥姥们献上一份最诚挚的爱，送上最特别的节日祝福。 3. 具有独立协商能力和解决问题能力。
全园活动内容	我爱妈妈，妈妈爱我（小、中、大班）

三、妇女节系列活动方案

（一）精选活动

活动一：妈妈节日快乐（小班）

活动二：我的好妈妈（小班）

活动三：小乌鸦爱妈妈（中班）

活动四：我为妈妈做礼物（中班）

活动五：妈妈我爱您（大班）

活动六：我是妈妈的好帮手（大班）

全园活动：我爱妈妈，妈妈爱我（小、中、大班）

(二)环境创设

1. 主题墙面创设

(1)"漂亮的妈妈"：幼儿将自己和妈妈的合影晒出来，寻找最漂亮的妈妈。

(2)"送给妈妈的礼物"：将小朋友们送给妈妈的心形祝福语便利贴、制作的礼物、绘画"我的妈妈"等多种形式的作品展示出来。

(3)"妈妈发型秀"：将小朋友们为妈妈设计的新型发型作品制作成大型展板进行展示。

(4)"老师妈妈我爱您"：将小朋友们的绘画作品制作成大型展板，表达对老师妈妈的喜爱和尊敬。

2. 区域活动创设

数学区：利用塑料小花进行给妈妈送礼物游戏，进行点数。

美工区：投放各色卡纸、彩笔、油画棒、剪刀、胶棒、双面胶，幼儿用自己喜欢的材料为妈妈和家人制作节日的礼物；或为妈妈设计新发型；画出自己心目中最美的妈妈。

语言区：放入妈妈和宝宝一起制作的亲子画册，让宝宝了解妈妈的职业，感受妈妈照顾、养育自己的辛苦。

超市：可提供超市物品，钱币，让幼儿在游戏中为妈妈、奶奶购买节日礼物，合理使用钱币，选购她们心仪的礼物，表达自己的爱和感激。

娃娃家：幼儿进行妈妈角色的扮演，了解妈妈养育自己的辛苦。

建构区：幼儿利用各种形状的积塑进行拼插游戏，为妈妈制作积塑项链、手链等礼物。

(三)活动方案设计与指导

活动一：妈妈节日快乐(小班)

🐦 **活动目标**

1. 爱妈妈，为妈妈感到自豪。

2. 知道三月八日是妇女节，是妈妈的节日。

3. 能大胆地向同伴介绍自己妈妈的本领。

🐦 **活动准备**

1. 知识经验准备：幼儿了解妈妈的本领，会说祝福的话。

2. 环境材料准备：邀请三位妈妈参加教学活动，准备介绍自己的工作和才艺，录音机，磁带，心形便利贴和记录笔。

活动过程

1. 妈妈本领大。

(1)知道今天是几月几日、是什么节日。

(2)介绍两位妈妈。

(3)妈妈才艺秀。

指导语：

(1)今天是三月八日，是什么节呢？是谁的节日呀？

(2)今天有三位能干的妈妈来做客，分别是……我们一起欢迎她们。

(3)请三位分别介绍自己的本领，展示一下自己的才艺。

2. 夸夸好妈妈。

(1)个别幼儿说说自己妈妈的本领。

(2)和自己好朋友说说妈妈的本领。

指导语：

(1)这几位妈妈太棒了，谁来说一说你的妈妈有什么本领？

(2)你能和你的好朋友说说自己妈妈的本领吗？

(3)小朋友的妈妈真能干，不但能做出香喷喷的饭菜，说流利的英语，还能将自己的工作也做得很棒，真了不起。

★建议：引导幼儿说出自己妈妈的本领，鼓励幼儿大胆与同伴讲述。

3. 爱要说出口。

(1)听一段录音，说说录音的小朋友说了什么。

(2)幼儿和好朋友说说自己准备送妈妈什么祝福。

(3)老师和妈妈代表分组记录幼儿说的祝福。

指导语：

(1)刚才录音里的小朋友说了什么话来感谢自己的妈妈、祝福妈妈？

(2)和你的好朋友说说你对妈妈的祝福，想帮妈妈做件什么事来表达对妈妈的爱呢？

★建议：这个环节引导幼儿大胆说出自己的祝福，乐意和身边的人交流。

活动延伸

1. 将幼儿说的祝福制作成"妈妈祝您节日快乐"的展板。

2. 回家把自己的祝福送给妈妈，并帮妈妈做一件力所能及的事。

指导建议

小班幼儿对妈妈十分亲近，也很依赖妈妈，本教学活动内容从妈妈的本领入手，让幼儿主动介绍妈妈的本领，让他们为自己能干的妈妈感到骄傲，体会妈妈对自己的爱，愿意关心妈妈，送上自己的祝福。活动中教师要鼓励幼儿与同伴互动，大胆讲述。

活动二：我的好妈妈(小班)

活动目标

1. 喜欢、欣赏妈妈的美。

2. 学习用不同的线条绘画，表现自己妈妈的五官特征。

3. 能与同伴交流，描述自己绘画的妈妈。

活动准备

1. 知识经验准备：幼儿已经仔细观察过自己的妈妈，幼儿有添画五官的经验。

2. 环境材料准备：不同脸型的轮廓纸，妈妈的照片，油画棒、水彩笔。

活动过程

1. 说妈妈。

(1)幼儿欣赏妈妈的照片，感受妈妈的美。

(2)幼儿主动向同伴介绍自己的妈妈。

指导语：

(1)你的妈妈漂亮吗？什么地方长得漂亮？

(2)和你的好朋友说说自己妈妈和别人妈妈长得不一样的地方。

★建议：这个环节让幼儿仔细观察妈妈的脸型特征并能用语言讲述出来。

2. 画妈妈。

(1)教师范画"我的妈妈"，让幼儿学习用不同线条表现出妈妈五官的特征。

(2)幼儿自由选择不同脸型的轮廓纸，用不同线条画出妈妈的五官。

指导语：

(1)妈妈的脸是什么形状？头发是什么形状？眼睛、眉毛是什么样的？原来每个妈妈都有自己的特点。

(2)你们也像老师这样试着用不同的线条画妈妈的五官，一定要画得像自己的妈妈。

★建议：这个环节引导幼儿根据自己的观察尝试学着用不同线条画出妈妈的五官特征。

3. 夸妈妈。

(1)幼儿画完自己的妈妈后，向同伴介绍自己的作品。

(2)幼儿将自己的作品放入展示栏，和老师一起进行简单的评价。

指导语：

(1)你能把你画的妈妈介绍给你的好朋友吗？

(2)我们一起看看谁把自己的妈妈画得最像，为什么？

★建议：这个环节引导幼儿介绍自己的作品，学习初步评价作品的方法。

🕊️ **活动延伸**

1. 幼儿在离园时向家人介绍自己画的妈妈。

2. 回家后可继续绘画家里其他的亲人。

🕊️ **指导建议**

这节活动是在幼儿已经仔细观察、说出妈妈五官特点的基础上再学习尝试用不同线条来表现妈妈的五官特征，幼儿与同伴友好互动，主动介绍照片中的妈妈和自己画的妈妈，从而更加喜欢自己的妈妈。

活动三：小乌鸦爱妈妈(中班)

🕊️ **活动目标**

1. 感受爱妈妈的情感。

2. 知道歌曲名称，理解歌词内容，并尝试根据歌词内容做表演动作。

3. 能大胆用动作表现出感受小乌鸦爱妈妈的情感和音乐的变化。

🕊️ **活动准备**

1. 知识经验准备：幼儿知道妈妈养育自己的辛苦，有创编简单舞蹈动作的经验。

2. 环境材料准备：歌曲课件《小乌鸦爱妈妈》(词/孙牧；曲/何英)，小乌鸦、乌鸦妈妈头饰若干。

🕊️ **活动过程**

1. 欣赏故事。

(1)出示课件，引出歌曲名称。

(2)欣赏故事《小乌鸦爱妈妈》，初步理解歌词内容。

指导语：

(1)图片上是谁在飞？看看它的表情和动作，猜猜它怎么了？

(2)有一个关于小乌鸦的故事，可好听了，你们想听吗？

★建议：这个环节让幼儿通过优美的课件画面，让幼儿记住歌曲的名称，通过故事初步理解歌词内容。

2. 欣赏歌曲。

(1)看课件，完整欣赏歌曲，感受歌曲旋律，说出自己的感觉。

(2)看课件，逐段欣赏歌曲，进一步理解歌词内容。

(3)再次完整欣赏歌曲，进一步感受歌曲所要表达的感情。

指导语：

(1)歌曲叫什么名字？你听了歌曲现在是什么感觉？

(2)你最喜欢歌曲里的哪一句？能用歌词原句说出来吗？

(3)我们又完整听了一遍歌曲，你觉得歌曲里表达了小乌鸦对妈妈怎样的情感？

★建议：这个环节通过多种形式的欣赏，让幼儿充分感受歌曲的旋律和所要表达的丰富情感。

3. 创编动作。

(1)幼儿自由为歌曲创编简单的动作。

(2)幼儿分角色进行表演。

(3)迁移谈话：如果你是小乌鸦，你会怎么做？

指导语：

(1)让我们为好听的歌曲配上好看的动作吧。

(2)我们现在来扮演小乌鸦和它的妈妈进行表演好吗？请注意表演时带上面部表情。

(3)妇女节到了，你们回家要怎样关心妈妈、爱妈妈呢？

★建议：这个环节引导幼儿大胆用自己喜欢的动作进行歌曲表演，最后通过迁移谈话让幼儿更加地爱妈妈，关心妈妈。

活动延伸

1. 幼儿学唱歌曲，分组创编歌曲表演动作。

2. 鼓励幼儿回家帮妈妈做些力所能及的事情，关心妈妈。

指导建议

歌曲的旋律十分优美，运用课件，通过故事使幼儿直观、生动地来感受小乌鸦关爱妈妈的情感。然后再逐段欣赏歌曲，重点理解每段歌曲中所表达的不同情感和意义，并能大胆创编进行表演，注意带上面部表情，幼儿在充分感受小乌鸦爱妈妈的情感的基础上，联想到自己的妈妈养育自己的辛苦，知道关心妈妈，尊重妈妈，愿意帮妈妈做些力所能及的事情。

活动四：我为妈妈做礼物(中班)

活动目标

1. 尊敬家中的女性长辈(妈妈、奶奶)，爱她们。

2. 了解妇女节的由来，知道妈妈、奶奶的辛劳。

3. 能选择自己喜欢的区域、材料，和爸爸、爷爷一起为妈妈、奶奶制作礼物。

活动准备

1. 知识经验准备：幼儿有参加区域活动的经验，幼儿有自由选择材料进行制作的经验，幼儿收集关于妇女节的资料。

2. 环境材料准备：丰富相关区域和材料，邀请爷爷、爸爸参加教学活动，录音机，与妇女节有关的一些儿童歌曲。

活动过程

1. 夸夸妈妈。

(1)说说妇女节。

(2)夸夸妈妈和奶奶。

(3)唱唱我的好妈妈。

指导语：

(1)今天是几月几日？是哪些人的节日？你们知道它的由来吗？

(2)说说妈妈、奶奶的简单特征和她们的本领。

(3)你能用歌曲唱唱自己的妈妈吗？

★建议：这个环节让幼儿互相分享收集的资料，进一步加深对妇女节的认识，同时通过夸和唱来表达对妈妈、奶奶的尊重和爱。

2. 制作礼物。

(1)介绍区域和材料，提出相关要求。

(2)幼儿和爸爸、爷爷协商选择区域和材料。

(3)幼儿和爸爸、爷爷一起制作礼物，并写上祝福的话语。

指导语：

(1)我们一起看看有几个制作礼物的区域，有哪些材料？

(2)现在和你的爸爸、爷爷一起商量一下你们准备制作什么礼物？选择哪些材料？

(3)可以按照老师刚才讲解的制作方法，和爸爸、爷爷一起制作礼物，别忘了把你的祝福说出来让爸爸写在贺卡上。

★建议：这个环节让幼儿学会与家人协商选择区域和材料，并在其帮助下完成礼物的制作。

3. 赠送礼物。

(1)礼物展示，幼儿互相介绍自己和爸爸、爷爷一起制作的礼物。

(2)幼儿向妈妈、奶奶送上礼物，并送上自己旳祝福。

(3)感谢爸爸、爷爷的参与和帮助。

指导语：

(1)请你把你制作的礼物介绍给你的好朋友。

(2)让我们为妈妈和奶奶送上你和爷爷、爸爸的心意，别忘了说出你的祝福。

(3)今天的礼物制作得这么棒，我们向对我们提供帮助的爷爷、爸爸表示感谢，抱抱他们，亲亲他们吧。

★建议：这个环节让幼儿介绍自己和家人制作的礼物，与好朋友一起分享制作礼物的快乐，通过赠送礼物表达自己对妈妈、奶奶的爱，同时知道感谢爸爸、爷爷的帮助。

　　活动延伸

1. 给爸爸、爷爷也送上祝福，制作礼物。

2. 学习演唱一些关于爸爸、爷爷的歌曲表演给他们看。

🐦 指导建议

中班幼儿开始有初步的规则意识，但依赖性还是较强，本节活动让幼儿为妈妈、奶奶制作礼物，可他们独立操作与解决问题的能力较弱，所以还需要成人的帮助，为此，邀请家中的男同胞与幼儿共同完成制作任务，并一起赠送给家中的女性，既表达了对妈妈、奶奶的节日祝福，又增进了家庭成员之间的情感交流。

活动五：妈妈我爱您(大班)

🐦 活动目标

1. 爱妈妈，尊重妈妈。
2. 了解妈妈的职业对社会的贡献和对自己成长的付出。
3. 能用清晰流利的语言表达妈妈的付出和自己对妈妈的情感。

🐦 活动准备

1. 知识经验准备：幼儿已了解自己妈妈的职业，活动前已参观了超市、商场，了解了许多妈妈的辛勤劳动和贡献，收集家中妈妈关心自己的典型事例。

2. 环境材料准备：贴绒教具"小动物爱妈妈"若干，自己和妈妈的合影，大型背景板一块，大头娃娃，白大褂若干件。

🐦 活动过程

1. 谈话：劳动最光荣。

(1)用哑剧的形式向大家介绍自己妈妈的职业。

(2)夸妈妈。

指导语：

(1)今天是什么节日？是哪些人的节日？

(2)好多小朋友的妈妈都来参加我们今天的活动，你能用身体动作让其他的小伙伴猜一猜你妈妈的职业吗？

(3)妈妈对你好吗？你能说说妈妈是怎么疼你、爱你的吗？

★建议：这个环节让幼儿互相交流自己妈妈的职业，以及妈妈对自己的养育之恩。

2. 故事：妈妈我爱您。

(1)出示"小动物爱妈妈"的大背景图，教师随机请一个幼儿上前创编故事。

(2)幼儿自由选择伙伴一起创编故事"小动物爱妈妈"。

(3)给妈妈讲故事。

指导语：

(1)森林里也有许多小动物，它们也生活在妈妈温暖的怀抱里，我请×××和我一起讲述一个青蛙爱妈妈的动人故事。

(2)你能和好朋友一起编一个小动物爱妈妈的故事吗?

(3)请把你刚才编的故事讲给你的妈妈听。

★建议:这个环节引导幼儿主动与同伴合作大胆创编故事,并能讲述给妈妈听。

3.游戏:谁是我妈妈。

(1)看幻灯:最美妈妈。一起欣赏幼儿和妈妈的合影。

(2)游戏"找妈妈"。

(3)歌曲表演"只要妈妈露笑脸"。

指导语:

(1)下面请欣赏最乖宝宝和最美妈妈的合影。

(2)你们对自己的妈妈最熟悉,现在我们分组请妈妈们戴上大头娃娃,穿上白大褂,让你的宝宝来找你,找对了有奖品。

(3)现在让我们一起大声对妈妈说一声谢谢,用精心准备的表演来感谢妈妈对我们的爱吧!

★建议:这个环节让幼儿在游戏中增进与妈妈的情感。

☞ 活动延伸

1.邀请奶奶参加"庆三八表演活动"。

2.组织"最美妈妈"绘画展。

3.幼儿在美工区用自己喜欢的材料为妈妈制作礼物。

活动六:我是妈妈的好帮手(大班)

☞ 活动目标

1.爱劳动,体验劳动的兴趣。

2.愿意为家庭服务,感受自己是家庭的一分子。

3.能帮助妈妈和家人做些力所能及的事。

☞ 活动准备

1.知识经验准备:幼儿有制订表格计划的经验,在家做过简单的家务。

2.环境材料准备:录像"丽丽在家里",记录表若干,一星期安排计划表。

☞ 活动过程

1.观看录像。

(1)看录像1"丽丽放学回到家"。

(2)看录像2"丽丽在家做什么"。

(3)交流讨论:爸爸妈妈在家中为自己做了哪些事?我能帮妈妈做哪些事?

指导语：

(1)宝宝从幼儿园回到家看到了什么？爸爸妈妈在干什么？

(2)我们又看到了什么？宝宝在家干什么了？

(3)你在家帮爸爸妈妈做过事吗？你会做些什么？

★建议：这个环节让幼儿通过观看录像体会爸妈的辛苦，感受父母对自己的爱。

2. 制订计划。

(1)幼儿用记录表记录自己会做的事。

(2)用记录表向同伴介绍自己会做的事。

(3)幼儿制订"我为妈妈做点事"活动计划表，并和同伴交流。

指导语：

(1)请把你会做的事用笔在这张表格上记录下来。

(2)你能向你身边的好朋友介绍你会做的事吗？

(3)我们试着安排一下，一个星期中每天为家里做一件事情好吗？然后跟你的好朋友说说你的安排。

★建议：这个环节引导幼儿尝试用表格记录，有为家庭服务的愿望，并能安排一星期服务计划，和好朋友分享计划。

3. 模拟比赛。

(1)幼儿分组进行叠衣服、剥豆豆练习。

(2)每组推荐一个幼儿进行叠衣服、剥豆豆比赛。

指导语：

(1)现在我准备两个小任务你们可以自由选择完成。

(2)请每组推荐一个最棒的小朋友来进行叠衣服和剥豆豆比赛。

(3)小宝贝太棒了，我们一起把剥好的豆豆送到厨房去请厨师伯伯帮我们加工好吗？

★建议：这个环节引导幼儿进行简单的劳动练习，通过游戏竞赛的形式让幼儿对劳动感兴趣，体验劳动的快乐。

🐦 **活动延伸**

1. 将幼儿自己剥的豆豆送到食堂，请厨房的伯伯给大家做午饭的时候一起分享。

2. 幼儿在家帮爷爷奶奶浇花、择菜。

3. 幼儿在家学习洗自己的衣服、鞋袜。

🐦 **指导建议**

结合幼儿年龄特征让幼儿尝试进行记录，将制订的计划安排到节日的教学活动中，幼儿能将自己的想法大胆说出来与同伴一起分享，还能将自己的劳动果实拿出来和大家一起分享，有了愿意参与劳动的欲望。

全园活动：我爱妈妈，妈妈爱我(小、中、大班)

☙ **活动目标**

1. 感受妈妈对自己的爱，有一颗感恩的心。

2. 能大胆进行表演，和妈妈一块儿游戏。

3. 能大胆地参与游戏，乐意与人交往。

☙ **活动准备**

1. 各班已经排演了相关的"庆三八"文艺表演。

2. 各班准备一个妈妈和孩子协助完成的娱乐游戏项目，如"喂妈妈吃香蕉""投筐接球"等。

3. 操场上茶话会场地的布置，零食、饮料若干，制作沙拉材料若干。

☙ **活动过程**

1. 以班级为单位，各班各自进行"庆三八"文艺表演。

(1)各班邀请妈妈按时到园入座。

(2)幼儿为妈妈表演节目，感谢妈妈对自己的教育和照顾，表演最后邀请妈妈一起跳舞，给妈妈送上自己的拥抱和吻。

★建议：本环节以各班各自的汇演为主，通过节目的演出表达自己对妈妈的爱。

2. 幼儿和妈妈一起商量选择喜欢的游戏项目进行游戏。

幼儿和妈妈一起参加游戏，妈妈可为幼儿讲解游戏方法，一起参与。

★建议：重点鼓励幼儿大胆和妈妈一块儿游戏，感受和妈妈一起游戏的快乐，增强彼此间的感情。

3. 茶话会。

(1)各班幼儿和妈妈一起来到操场划分区域，到桌前入座。

(2)幼儿亲自为自己的妈妈制作水果沙拉。

★建议：本环节通过让幼儿制作沙拉、为妈妈服务来感谢一直以来妈妈对自己的精心呵护，学会感恩，学会报答。

❦ 劳动节 ❧

劳动节又称"五一国际劳动节"，是世界上80多个国家共同的节日，节日源起于纪念美国芝加哥的工人大罢工，于1889年开始确定为国际劳动节。我国从1949年12月确定将每年的5月1日定为劳动节，并自1989年后表彰全国劳动模范和先进工作者。

一、节日活动设计思路

劳动节，顾名思义是为了表彰平日的劳动者。《3－6岁儿童学习与发展指南》中，多处强调"引导幼儿生活自理或参与家务劳动""能使用简单的劳动工具或用具""尊重为大家提供服务的人，珍惜他们的劳动成果"，等等，因此，在劳动节的主题活动中，让幼儿从了解各行各业的劳动者入手，到亲身体验劳动的辛苦和快乐，学会力所能及的劳动，提高自我服务能力，使幼儿养成关心帮助他人的社会责任感，是非常有意义的。

二、节日活动教育目标和内容

节日活动教育总目标	1. 乐意参与劳动，感受劳动是光荣的。 2. 了解劳动节的含义，知道自己的父母和周围的人都是不同职业的劳动者，了解不同职业的工作特点。 3. 尊重周围人们的劳动，珍惜劳动成果，愿意尝试与他人一起劳动。 4. 有自我服务意识和生活自理能力。
小班教育目标	1. 在游戏和区域活动中学习生活自理，感受自我服务的快乐。 2. 知道自己的事情自己做。 3. 能尊重和关爱为自己服务的劳动者，感谢身边的劳动者辛勤的劳动。
小班活动内容	我的小手真能干　帮食堂阿姨剥豆子
中班教育目标	1. 感受参与劳动的快乐，感受成功的喜悦，体验帮助他人带来的幸福感。 2. 了解一些劳动技能，学做小值日生，当老师的小帮手为同伴服务。 3. 了解健康饮食，能尝试制订健康食谱。
中班活动内容	我是小小值日生　我帮妈妈择豆芽　我是卖报小行家
大班教育目标	1. 理解各行各业劳动对人们生活的意义，学习成人认真、细致、负责的工作态度。 2. 通过社会实践活动，懂得劳动最光荣，有参与劳动的热情。 3. 幼儿能够通过多种形式表达对劳动者辛勤工作的敬爱之情。 4. 通过"我的五一我做主"的活动，学习合理安排时间，乐意服务他人。
大班活动内容	职业对对碰　警察爸爸来上课　今天我当家　我的五一我做主
全园活动教育目标	1. 通过"劳动节"系列活动，让幼儿了解劳动，尊重劳动者。 2. 教师帮助幼儿从身边的小事做起，亲身体验劳动的辛苦和劳动的快乐。 3. 通过"劳动节"的系列活动，培养幼儿从小懂得关爱、帮助他人。 4. 提高不同年龄段幼儿的自我服务能力。
全园活动内容	"别说我小"主题游戏会（小、中、大班）

三、劳动节系列活动方案

(一)精选活动

活动一：帮食堂阿姨剥豆子(小班)

活动二：我是卖报小行家(中班)

活动三：职业对对碰(大班)

活动四：警察爸爸来上课(大班)

活动五：今天我当家(大班)

全园活动："别说我小"主题游戏会(小、中、大班)

(二)环境创设

1. 主题墙面创设

(1)爸爸、妈妈职业统计调查表，幼儿对父母进行访问，亲子共同完成调查表，并展示在班级主题墙上。

(2)"今天我值日"主题墙，幼儿和老师一起设计布置，用图文并茂的形式说明值日生要完成的工作。

(3)展示区布置各种职业图片文字说明，引导幼儿了解各行各业的工作。

(4)"小鬼当家"活动中幼儿设计的健康食谱可以做成主题展示墙。

(5)"我的五一我做主"活动幼儿自己设计的假日安排表。

2. 区域活动创设

美工区：自制"职业对对碰"游戏棋

活动准备：废旧月饼盒，记号笔，职业人物卡片，与职业相匹配的物品。

主要内容：通过绘画制作棋盘，通过剪裁和粘贴准备人物和物品卡片。

生活区：帮食堂阿姨剥豆子、洗青菜

活动准备：事先和食堂阿姨联系好，准备毛豆、花生等易清理的食物。

主要内容：幼儿自己动手剥豆子、洗青菜。

娃娃家：我们来当爸爸妈妈

活动准备：便于小班幼儿使用的勺子，教师自制的动物喂食头像，可以穿脱衣服的布娃娃。

主要内容：小班幼儿练习使用勺子喂食和练习穿脱衣服。

建构区：我是小小建筑家、我来当警察

活动准备：各种玩具车辆、警察人物服装、建筑工人头盔，各种积木和幼儿收集的交通标志。

主要内容：幼儿用积木搭建马路、房屋和桥梁，并利用交通标志和相关服装玩交通警察的游戏。

角色游戏：美食一条街

活动准备：各种自制美食、围裙、厨师帽、菜谱、餐具、桌椅等。

主要内容：开展五一劳动节"美食节"活动，幼儿感受当厨师、服务员和顾客的乐趣。

（三）活动方案设计与指导

活动一：帮食堂阿姨剥豆子(小班)

🐦 **活动目标**

1. 感谢食堂阿姨的辛勤工作，体验帮助他人的快乐。

2. 尝试动手做力所能及的事情，学习剥豆子。

3. 能有始有终地完成小任务。

🐦 **活动准备**

1. 知识经验准备：事先与教师去食堂参观了解食堂阿姨的劳动。

2. 环境材料准备：活动当天事先与食堂沟通联系有关事宜。准备幼儿剥豆子的相关材料(浸泡过的蚕豆、盘子、剥豆小工具)。

🐦 **活动过程**

1. 导入活动。

(1)回忆去食堂参观的经历。

(2)食堂阿姨请求帮助。

指导语：

(1)小朋友们记得我们去食堂参观的事情吗？食堂阿姨劳动是不是很辛苦？

(2)今天食堂阿姨发来请求，今天中午吃"豆米炒鸡蛋"，需要我们小朋友帮忙剥豆子！大家愿意帮助食堂的阿姨吗？

★建议：小班的孩子年龄较小，教师尽量用语言去鼓励幼儿参与活动的热情。

2. 我是小帮手：帮忙剥豆子。

(1)每组一筐豆子，鼓励幼儿先观察蚕豆，说一说有什么不同。

(2)尝试自己剥豆子，鼓励幼儿剥豆子要细心，坚持完成小任务。

指导语：

(1)小朋友们看看盘子里的豆宝宝，长得一样吗？

(2)自己选一颗豆子猜猜有几颗豆米，然后剥出来看看。

(3)今天我们中午要吃自己剥的豆米真开心，食堂的阿姨也很开心，因为有人给她们帮忙！

★建议：该环节小班幼儿能力发展不同，教师可以提供一些剥豆子的小工具，方便幼儿使用。

3. 品尝劳动成果，体验快乐。

(1)说一说剥豆子的好方法。

(2)剥好的豆子送厨房。

(3)品尝自己剥的豆米真好吃。

指导语：

(1)老师刚才发现有几个小朋友剥得又快又好。我们采访一下看看他们是怎么剥的？

(2)我们一起去食堂送豆子，食堂的阿姨真高兴。

(3)尝一尝食堂阿姨炒的豆米味道怎样？吃饭能不能丢菜？

★建议：这个环节总结讨论一些剥豆子的方法，同时通过送豆子和品尝豆米体验劳动的快乐。

🐦 **活动延伸**

1. 生活区：提供一些不同种类的豆子，鼓励幼儿进一步练习剥豆子的方法。

2. 家园亲子活动：我帮妈妈做家务，懂得关心家人，喜欢参与劳动。

活动二：我是卖报小行家(中班)

🐦 **活动目标**

1. 做一个快乐的小报童，体会工作和劳动的甜酸苦辣。

2. 学会运用已知的交往礼仪与人交往。

3. 积极参与活动，有一定的抗挫能力和与同伴的合作能力。

🐦 **活动准备**

1. 知识经验准备。

(1)外出活动前的安全自护教育。

(2)父母在家中和孩子一起模拟练习卖报场景，锻炼幼儿抗挫能力。

(3)开展文明出行、保护环境的讨论活动，做文明有礼的小市民。

2. 环境材料准备。

(1)教师和家委会成员事先到公园踩点，了解公园的周边环境和适合开展集体活动的场地。

(2)教师和家委会成员联系报纸发行商，将活动当天的报纸送到幼儿园门口，家长领取后送到活动地点。

(3)教师和家委会成员统计参加活动的幼儿。

🐦 **活动过程**

1. 集合家庭签到。

★建议：教师可以邀请家委会成员帮助协调组织，及时统计人数。

2. 家庭分组。

幼儿可以选择自己喜欢的小伙伴一起开展活动。

指导语：今天的"我是卖报小行家"的活动马上就要开始了，你最想和谁一起完成任务？

★建议：这个环节主要引导幼儿学会与同伴合作，根据自己的能力和喜好找到自己喜欢的小伙伴一起完成任务。

3. 卖报培训。

(1)邀请报社工作人员讲解怎样卖报，帮助幼儿树立信心。

(2)幼儿分组根据自己的能力向报社工作人员订购报纸。

指导语：

(1)今天是小朋友第一次卖报，欢迎报社的叔叔给我们讲一讲怎样卖报、要注意什么。

(2)和你的小伙伴一起商量一下，订购多少份报纸？

★建议：这个环节主要帮助幼儿梳理、巩固卖报的要领，并学习与自己的伙伴商量。

4. 实践活动：我是卖报小行家。

(1)幼儿自愿组成小分队，在父母的陪同下来到公园的不同角落，鼓励幼儿大胆迈出第一步。

(2)教师随机参与指导，并用相机记录孩子活动中的精彩瞬间。

★建议：这个环节教师重点关注胆子较小的几名幼儿，必要时给予一定的鼓励和帮助，让每一个幼儿体验成功的快乐！

5. 集合分享卖报的成功经验。

指导语：

(1)哪个小组来说一说卖了多少份报纸？赚了多少钱？

(2)你是怎么把报纸卖出去的？有什么小秘诀？

★建议：这个环节主要鼓励幼儿体验成功的快乐，帮助幼儿梳理卖报的小秘诀，做一个善于观察、懂得与人沟通的卖报小行家。

6. 颁发小报童奖。

(1)统计结果并做评比。

(2)颁发小报童奖。

指导语：

(1)今天谁的报纸卖得最多？你在卖报的过程中获得了谁的帮助？

(2)大家评一评谁是今天进步最大的孩子？你觉得谁特别勇敢？

★建议：这个环节要关注在活动中勇于挑战自我，并且能够帮助小伙伴的幼儿，让幼儿懂得失败不可怕，要勇敢坚强，最重要的是帮助和关心自己的小伙伴，和小伙伴一起获得成功。

7. 集体拍照留念。

☙ **活动延伸**

1. 班级开展"我是卖报小行家"摄影展，进一步感受和体验活动的成功感。

2. 班级博客邀请家长撰写活动感言。

活动三：职业对对碰(大班)

☙ **活动目标**

1. 喜欢与同伴开展竞赛游戏。

2. 初步了解不同社会职业的工作特点及其与社会公众的关系，能为不同社会职业的人找到与他们日常工作密切相关的物品。

3. 通过多向下棋的方法促进思维灵活性的发展。

☙ **活动准备**

1. 知识经验准备：前期已经对各种职业和与职业相关的物品有一定的了解，有与同伴一起下棋的经验。

2. 环境材料准备：自制棋盘一副，上面画有横、竖、斜的通道，各类职业人物卡片若干，每张人物卡片相匹配的三张相关物品卡片，比如与医生相匹配的听诊器、温度计、救护车；与消防员相匹配的消防车、119 电话、消防栓。

☙ **活动过程**

1. 看一看，碰一碰。

(1)看一看：了解棋盘的布局和棋子的走动方式。

(2)碰一碰：进一步了解职业与物品的配对关系。

指导语：

(1)每组我们都有一套玩游戏棋的职业卡片，大家一起试一试每种职业能跟哪些物品配对。

(2)看一看这样的棋盘，棋子应该怎样走？它的规则是什么？

★建议：让幼儿与同伴讨论，进一步巩固对各种职业的认识，了解与职业相关的三种物品。

2. 想一想，试一试。

(1)想一想：看玩法示意图，想一想可以怎么玩？

(2)试一试：请个别幼儿找到自己的朋友，两人一组，试着展示玩法。

(3)梳理玩法，总结归纳。

指导语：

(1)你看得懂这个玩法示意图吗？谁来说说是什么意思？应该怎么玩？

(2)谁愿意和自己的小伙伴一起上来下一盘"职业对对碰"的棋给大家看看？

(3)这两位小朋友很勇敢，他们的玩法对吗？谁有不同的意见？

★建议：这个环节主要鼓励幼儿学会观察和思考，通过让幼儿观察、尝试和最后大家的总结，梳理出这套"职业对对碰"游戏棋的玩法。

3. 玩一玩，说一说。

(1)玩一玩：在前期梳理了游戏玩法的情况下，幼儿分组玩一玩"职业对对碰"的游戏棋，教师注意观察指导，适时地给予建议和帮助。

(2)说一说：游戏结束后请幼儿说一说，谁是胜利者，怎样可以赢得比赛？

指导语：

(1)你找到自己的朋友了吗？你和你的朋友商量好规则了吗？如果你需要我的帮助可以举手示意。

(2)谁愿意说一说自己这一组谁赢了？怎么赢的？你有什么好的方法吗？

★建议：这个环节，教师做一个观察和支持者，不要过多干预幼儿的游戏，只有在幼儿需要的时候或者出现矛盾的时候适时地给予帮助。

4. 谈一谈。

活动总结，幼儿谈一谈自己赢得比赛的方法，教师帮助梳理出几个获胜的要点：

(1)熟悉每一种职业相对应的物品。

(2)不是所有的物品都可以拿，自己不需要的可以不拿。

(3)寻找合理的路线少走废棋。

指导语：谁来说一说自己成功的原因？有失败的吗？你觉得下次玩的时候要注意什么？

★建议：这个环节教师要善于鼓动孩子发表自己的想法，找到获胜或者失败的原因。帮助幼儿归纳总结，以便在下一次的游戏中获得成功体验。

🕊 **活动延伸**

1. 将"职业对对碰"的游戏棋投放在益智区，鼓励幼儿在区域游戏中多加练习。

2. 随着幼儿水平的提高，可以尝试同时找到两到三种职业人物所需要的物品，加大游戏难度。

活动四：警察爸爸来上课(大班)

🕊 **活动目标**

1. 知道警察爸爸的工作很辛苦，更加关爱和尊重警察爸爸。

2. 了解红绿灯和人行横道的作用，了解交警指挥交通的动作。

3. 能够遵守交通规则，根据交警爸爸的指挥开汽车和过马路。

🕊 活动准备

1. 知识经验准备。
(1)教师前期与来园开展活动的交警爸爸多次沟通，梳理整个活动流程。
(2)幼儿前期观察自己家门口的马路，了解交警的工作。
2. 环境材料准备。
(1)警察爸爸开展活动的PPT，交警爸爸在路口指挥交通的视频。
(2)玩具自行车、小汽车和自制公交车若干，积木若干，交通指示牌。
(3)幼儿角色游戏的服装，扮演警察的衣服等。
3. 教学环境准备。
室内场地幼儿半圆围坐，室外操场布置成微型十字马路。

🕊 活动过程

1. 观看视频，引出参加活动的"交警爸爸"。
(1)观看视频，了解交通警察的工作。
(2)请交警爸爸和小朋友打招呼。
指导语：
(1)前两天，老师在路口拍摄了一段视频，看看是谁在那里工作？
(2)你们认识这位叔叔吗？是谁的爸爸？原来××爸爸平常来得少，是因为他要在路口指挥交通。
★建议：这个环节活动如果班级有警察爸爸可以邀请，如果没有可以邀请交警大队的警察叔叔和孩子一起活动。本环节通过看视频激发幼儿对交警职业的崇敬之情。
2. 了解交警爸爸的工作，学习指挥交通手势。
(1)交警爸爸都做哪些工作？猜想交警爸爸不上班会发生什么情况？
(2)和交警爸爸学一学指挥交通的手势。
指导语：
(1)谁知道交警爸爸每天上班做什么？如果没有交警指挥交通会发生什么事情？
(2)大家看看交警爸爸怎样用动作告诉车辆和行人，遵守交通规则的？你能学一学这些动作吗？
★建议：这个环节主要了解交警的工作，让幼儿了解交警工作的重要性。通过学习指挥交通的手势，为下一个环节做好准备。
3. 游戏"我是小交警"。
(1)带领幼儿来到户外已经布置好的"马路"，熟悉场地，了解交警的工作环境。
(2)幼儿自由选择角色在警察爸爸和教师的帮助下开展游戏。（角色：行人、骑自行车的人、开汽车的人和坐公共汽车的人以及交通警察）
指导语：
(1)爸爸：小朋友想不想和我一起去外面的"马路"上玩一玩指挥交通的游戏。
(2)记得我们要遵守哪些交通规则吗？我们一起回忆一下。

（3）大家选择自己喜欢的交通工具参加游戏，也可以步行。

★建议：这个环节主要通过玩"我是小交警"的游戏，帮助幼儿巩固了解交警的工作，懂得遵守交通规则。

4. 讨论小结。

（1）交通警察很辛苦，除了指挥交通，还有很多突发的事情要处理。如帮助老人或盲人过马路；送迷路的小孩回家；处理突发的交通事故；批评爬越栏杆的人……

（2）跟交警爸爸说一句甜甜的话。

★建议：教师通过小题板帮助梳理总结交警爸爸的工作，鼓励幼儿大胆表达自己的情感。

🕊 **活动延伸**

1. 区角活动中进一步开展"我是小交警"的角色游戏，了解交通规则和交通标志。

2. 劳动节实践：制作礼物慰问在路口值班的交警叔叔。

活动五：今天我当家（大班）

🕊 **活动目标**

1. 在活动中感受自己当家制订食谱的快乐。

2. 初步了解人体需要各种各样的食物，尝试制订一餐食谱。

3. 在活动中养成不挑食、不偏食的好习惯。

🕊 **活动准备**

1. 知识经验准备。

（1）幼儿已认识常见食物的名称及其主要营养。

（2）教师对健康食品和健康饮食结构有细致的了解和学习。

2. 环境材料准备。

《今天我当家》课件，幼儿制订健康食谱的小图卡。

🕊 **活动过程**

1. PPT 情景导入：星期天妈妈不在家，小朋友自己来当家。

指导语：

（1）星期天，妈妈不在家，小朋友来当家，想吃啥就吃啥，开心不开心？你们喜欢吃什么？

（2）这么多好吃的！是不是喜欢吃的就多吃一点，不喜欢的就少吃一点呢？

★建议：这个环节通过故事将幼儿带入小朋友自己当家的情境，鼓励幼儿讲述自己的心愿。

2. 了解每日需要的主要食物结构图。

（1）PPT 展示每日食物结构图。

(2)看一看，说一说怎样饮食才健康。

(3)小结：粮食、蔬菜和水果，每天要吃不能少；鸡、肉、鱼和豆奶，不多不少要正好；巧克力、糖果和肥肉，每天少吃要记牢。

指导语：

(1)我们问问书博士，是不是每天想吃什么就吃什么？

(2)这是每日食物结构图。我们来仔细看一看，哪些需要多一点，哪些需要少一点，哪些需要不多也不少呢？

★建议：这个环节鼓励幼儿观察，总结出：在三角形的食物结构中，最下面的需要最多，最上面的需要最少。

3. 邀请客人来做客。

(1)PPT展示来的三位客人：大胖、阿福、小静。

(2)讨论三位小客人的外形，猜测他们的饮食习惯。

(3)请三位客人介绍自己的饮食习惯，并观察三个人的食谱。

(4)小结：每天的午饭营养很丰富，有荤的、有素的，真好吃。

指导语：

(1)三位小客人，他们长得一样吗？什么地方不一样？为什么一个胖、一个瘦、一个不胖也不瘦？

(2)小朋友们猜得对吗？我们来听听三位客人怎么说？

(3)小朋友们觉得谁的饮食习惯最健康？为什么？

★建议：这个环节主要帮助幼儿通过三位卡通人物了解偏食、挑食的危害，教育幼儿荤菜、素菜样样食物都要吃。

4. 实践活动：今天我当家。

(1)幼儿分组给一位小客人制订健康食谱。

(2)请书博士检查验证每一组制订的食谱是否健康。

指导语：

(1)每组盒子里有许多食物卡片，你想请小客人吃什么，就在食谱上贴什么。

(2)请每组派一个代表介绍自己的食谱，并在电脑上展示，让书博士验证食谱是否健康。

🕊 **活动延伸**

1. 区域游戏："我家的厨房"增添健康食谱的小卡片，鼓励幼儿在区域游戏中继续为小伙伴制订健康食谱。

2. 家园开展"今天我当家——超市小采购"。

全园活动："别说我小"主题游戏会(小、中、大班)

🐦 活动目标
1. 增强劳动意识，体验劳动生活。
2. 各年级组以劳动最光荣为题，开展系列生活自理主题游戏会。
3. 能够在活动中挑战自我，完成任务。

🐦 活动准备
1. 知识经验准备。
(1)召开小型家长会，详细说明游戏玩法和规则。
(2)前期教师根据幼儿年龄特点设计相应的游戏环节。
2. 环境材料准备。
(1)根据设计的游戏项目准备相关的游戏材料。
(2)幼儿在家长帮助下准备自己摆摊换购的玩具。
(3)教师制作的通关"护照"。

🐦 活动过程
1. 前期阶段。
(1)幼儿收集各行各业的职业图片和介绍，开展职业大搜索的前期家园活动。
(2)采用访问、交谈和讨论等多种形式了解父母及身边的人的职业和工作特点。
★建议：各年龄段教师组织开展适合本年龄段的前期准备活动，小班从了解为自己服务的身边人开始，中、大班收集各类职业的视频、图片和文字，通过访问、交谈等多种活动和主题专栏的布置宣传，让幼儿了解各种职业。
2. 社会实践。
小班："我的小手真能干"系列活动
(1)开展"我会自己穿衣服""我会自己吃饭""我会洗小手"系列生活自理大比拼活动。
(2)每位幼儿选择自己做得最好的一项活动参加班级比赛，各班评选"我是劳动小明星"。
中班："我是小小值日生"系列活动
各班通过谈话和到大班参观等方式，帮助幼儿了解值日生要学会做哪些工作。
(1)各班开展"今天我值日"的活动，每天选出值日生为班级小伙伴服务，做老师的小帮手。
(2)每周各班幼儿选出最能干和最愿意为同伴服务的"值日小明星"。
大班："我是快乐小帮手"系列活动
(1)通过开展"夸夸我的爸爸妈妈"的活动，帮助幼儿了解父母的职业，了解父母工作的辛苦，鼓励幼儿在家做父母的小帮手。
(2)幼儿制订家务劳动计划表，请爸爸妈妈为自己的小宝贝打分，班级评选"家务劳动小明星"。

3. 家园亲子活动:"别说我小"主题游戏会。

家长带领幼儿来园参加"别说我小"主题游戏活动,幼儿手持通关护照,完成各项游戏,集满印花可以到"换乐会"换购自己喜欢的玩具。

🕊 **活动延伸**

1. 各班将主题活动照片配上生动的文字,制作班级主题活动板报。

2. 小班在娃娃家提供物品供幼儿继续练习。

3. 中班在"我是小小值日生"的活动中,鼓励幼儿用图文的形式制订班级规则。

4. 大班结合"我要上小学了"学习整理自己的学习用具。

"别说我小"主题游戏会表格

场次	内容	规则与要求	负责人	地点
开场	热身操	各班家长、幼儿整队,安全有序地在操场集合,随音乐整齐舞动。		操场
第一会场"别说我小"自理活动	叠被子	幼儿分组进行比赛,由家长负责把被子放平,幼儿去叠,动作最快、时间最短、叠得最整齐的为胜,家长不帮助幼儿叠。		操场
	小脚找朋友	幼儿起点处脱鞋,沿垫子爬到终点,家长拿鞋子跑至终点,孩子先穿好为胜。		操场
	清洁小帮手	六个小朋友为一组进行比赛,谁第一个将圈内的纸屑扫到簸箕里为胜,家长不能帮忙。		操场
	小巧手	幼儿在起点处等待,家长跑至终点取回衣服,幼儿折叠衣服,以又快又好者获胜。		操场
	整理书包	家长将幼儿书包里的东西拿出放在桌子上,幼儿在原点整理好书包,然后迅速跑到对面,谁最快跑到终点,谁整理的最好就获胜,家长不能帮忙。		操场
	医生好忙	幼儿在起点处穿好白大褂,扣好纽扣,家长在终点处抱娃娃交给幼儿,先返回者为胜。		操场
	过河	将三块泡沫板放在地上,幼儿和家长先后跳在泡沫板上面,然后家长拾起后面的泡沫板放在幼儿的前面,反复进行,以最快到达终点那一组为胜。		操场
	穿袜我最棒	幼儿在起点坐在板凳上面穿袜子,穿好后,由家长抱到终点,以又好又快者获胜。		操场

续表

场次	内容	规则与要求	负责人	地点
第二会场"换乐会"	文具类	各班幼儿随家长在指定类别处自行摆设兑奖摊点。		操场
	玩具类	幼儿随家长完成挑战项目后，可持通关护照兑换礼物。		
	图书类	兑换后的护照家长给做好记号，避免重复兑换。		
	礼品类	活动结束时，家长协助幼儿收拾场地，回到本班休息后交换场次。		

❧ 儿童节 ❧

在1949年召开的国际民主妇女联合会中，为悼念所有在"利迪策惨案"和战争中死难的儿童，反对虐杀儿童、保障儿童权利，特将每年的六月一日设定为儿童节，是全世界爱好和平者为争取儿童生存、健康和受教育的权利而斗争的日子，是全世界儿童的节日。在我国，每年的这一天，全国少年儿童都要举行各种活动，欢庆自己的节日。

一、节日活动设计思路

开展系列有趣的活动来庆祝这个快乐的日子，是每个幼儿都盼望的。在幼儿园的教育活动中，通过手工制作、开心寻宝、爱心义卖等丰富多样的活动，让幼儿度过快乐且有意义的节日。

二、节日活动教育目标和内容

节日活动教育总目标	1. 体验儿童节的欢乐气氛，感受集体游戏的快乐。 2. 知道六一国际儿童节的意义，了解儿童节的来历。 3. 能积极大胆地参与游戏活动。
小班教育目标	1. 感受节日的愉快氛围，尽情享受自己的节日。 2. 初步了解儿童节的意义。 3. 能够学会一些简单的自我保护的方法。
小班活动内容	我的节日　我会保护自己
中班教育目标	1. 乐意感受节日的氛围，并融入进去。 2. 知道六一儿童节是全世界小朋友共同的节日，了解不同庆祝节日的方式。 3. 能大胆发挥自己的想象，将自己的想法表达出来。

中班活动内容	世界儿童节　五彩缤纷的六一
大班教育目标	1. 体验收获的喜悦，度过一个更有意义的节日。 2. 了解自己的想法与感受，知道如何去过一个有意义的节日。 3. 能积极地参与到游戏中来，能积极地与他人交流谈论。
大班活动内容	我心中的六一　快乐的六一
全园活动 教育目标	1. 体验与同伴一起共度儿童节的快乐。 2. 更深入地了解各国不同的儿童节庆祝活动。 3. 能团结同伴，主动寻求合作，发展幼儿集体合作意识。
全园活动内容	六一大冒险（小、中、大班）

三、儿童节系列活动方案

（一）精选活动

活动一：我的节日（小班）

活动二：我会保护自己（小班）

活动三：世界儿童节（中班）

活动四：五彩缤纷的六一（中班）

活动五：我心中的六一（大班）

活动六：快乐的六一（大班）

全园活动：六一大冒险（小、中、大班）

（二）环境创设

1. 主题墙面创设

"我的成长备忘录"主题墙：幼儿同爸爸妈妈一起用胶卷作为背景，贴上从小到大每个成长阶段的照片。

"我最爱的"主题墙：教师将四周装饰，中间留白，让孩子们将从小到大最爱的玩具、物品、宠物的照片或图画贴上去并做备注。

"以后的我"主题墙：幼儿对自己的未来进行设想，把自己想到的东西或未来的自己在爸爸妈妈的帮助下画出来并贴在教师装饰好的墙上。

2. 区域活动创设

阅读区：投放经典的童话故事书，在区角四周贴一些幼儿日常生活照。

美工区：提供画笔、蜡笔、彩色卡纸、剪刀、粘胶等，引导幼儿利用这些材料给未来的自己做一份纪念品。

表演区：提供音乐磁带、表演材料，幼儿收集的童话剧素材，引导幼儿表演一些经典童话剧。

建构区：开设"今天我做主人翁""我的节日听我的"等主题性创意平台空间。

（三）活动方案设计与指导

活动一：我的节日（小班）

🐦 活动目标

1. 感受儿童节带给我们的快乐。

2. 初步了解儿童节的意义。

3. 能积极参与同伴之间的交流，会用语言将自己的想法表达出来。

🐦 活动准备

1. 知识经验准备：幼儿参与过儿童节的活动。

2. 环境材料准备：各国幼儿欢庆儿童节的照片，以儿童节为主题创设的教室环境。

🐦 活动过程

1. 幼儿观察教室里的环境布置，说一说和平时有什么不一样。

（1）幼儿自由观察教室里的环境布置。

（2）教师提出问题引导幼儿说出不同。

指导语：

（1）小朋友们看一看，我们的教室里多了些什么呢？

（2）你最喜欢哪里？

★建议：此环节根据幼儿的喜好来进行教室布置，让幼儿能够感受到快乐、开心、愉悦的心情。

2. 出示照片，引出谈话主题。

（1）教师出示各国幼儿欢庆儿童节的照片，让幼儿自由讨论。

（2）教师提问引导，引出"儿童节"。

（3）教师对儿童节做简要的介绍。

指导语：

（1）你们看看图片上的小朋友们都在干什么呢？

（2）他们看起来快乐吗？

（3）猜猜他们在庆祝什么呢？

★建议：教师在图片选取上能给幼儿更直观的感受，引导幼儿自己说出儿童节。

3. 幼儿自由讨论。

教师提问，引导幼儿进行讨论。

指导语：

(1)你们都想怎么过儿童节呢？

(2)你们都收到了什么样的礼物呢？

★建议：此环节教师应鼓励幼儿大胆发言，说出自己的想法，积极地与同伴进行交流。

4. 教师小结。

☞ **活动延伸**

可让幼儿自发地进行一场班级内的"庆六一"个人才艺展示。

☞ **指导建议**

1. 在开展此类活动的时候一定要给幼儿提供一个愉快的氛围，让幼儿能从环境中感受到快乐。

2. 鼓励幼儿大胆说，多给幼儿说出自己想法的机会。

活动二：我会保护自己(小班)

☞ **活动目标**

1. 感受学会保护自己的重要性。

2. 初步了解儿童节是为保护儿童而设立的。

3. 能学会保护自己，不做危险动作，具有基本的安全意识。

☞ **活动准备**

1. 知识经验准备：对危险的事和安全的事有初步的认知，听过儿童节的起源。

2. 环境材料准备：危险行为和安全行为的对比图，"六一安全角"提供若干危险物及安全物的实物。

☞ **活动过程**

1. 分享与交流。

(1)幼儿根据前期的理解各自说一说儿童节的意义。

教师提问：你们知道为什么会有儿童节吗？

(2)教师引导幼儿初步理解儿童节是为了保护儿童设立的。

教师引导：儿童节是为了保障世界各国儿童的生存权、保健权和受教育权、抚养权，为了改善儿童的生活，为了保护幼儿而设立的节日。

★建议：首先让幼儿自由发言，教师鼓励幼儿将前期对儿童节的理解与大家分享，之后再引导幼儿理解。

2. 提问与讨论。

(1)教师提问引发幼儿讨论。

我们平时都会碰到哪些会伤害到我们的事情呢？

除了可以让爸爸妈妈保护我们，我们还可以怎么做？

（2）教师引导点出主题。

让幼儿在理解了自己的节日的意义的同时萌发出自我保护的意识。

★建议：这个环节教师要不断引导幼儿在儿童节的大背景下萌发出自我保护的意识。

3. 观察与发现。

（1）教师引导幼儿观察危险事物的图片并提问。

图上发生了什么？

这么做的后果是什么？

如果是你你会怎么做？

（2）说一说当我们遇到危险的事情或物品的时候，我们应该怎么做？

★建议：教师可多找些不同类型的危险的事物的图片，让幼儿进行观察讨论。

4. 实践与探究。

（1）让幼儿进入"六一安全角"，近距离地去观察触摸一下危险物品。

（2）教师将危险事物及安全事物的图片放在一起让幼儿进行判断，哪些是可以做的，哪些是不能做的。

★建议：在进安全角之前先提出安全注意事项，尽量让幼儿亲自去触摸、去感受，这样才能留下较为深刻的印象。

☞ **活动延伸**

1. 让幼儿谈谈从安全角出来后有什么感受。

2. 让幼儿根据儿童节成立的意义去更多地了解不同方面的危险和保护自己的方法。

☞ **指导建议**

1. 小班的孩子不能靠自己很透彻地理解儿童节的意义与成立的原因，教师引导幼儿初步了解意义及原因是活动的重点。

2. 要让幼儿在本次活动中萌发保护自己的意识，并了解一些基础的自我保护的方法。

3. 教师要将本次活动建立在以儿童节的意义为背景的环境下，让幼儿了解儿童节存在的真正意义。

活动三：世界儿童节(中班)

☞ **活动目标**

1. 感受全世界一起欢度儿童节的欢乐气氛。

2. 了解其他不同国家庆祝儿童节的方式。

3. 能与他人分享自己的快乐。

☞ **活动准备**

1. 知识经验准备：在网上查找各国庆祝儿童节的资料。

2. 环境材料准备：各国庆祝儿童节的小短片或图片，龙虾头饰若干，女神王冠若干。

🕊 **活动过程**

1. 导入主题。

(1)教师以提问的方式引出儿童节主题。

(2)让幼儿说说他们都是怎样过儿童节的。

指导语：

(1)孩子们，今天是什么节日啊？

(2)那你们每次过儿童节的时候都会有哪些活动呢？

★建议：让幼儿自由谈论交流，并给予幼儿足够的时间与空间来说出自己想要描述的事情，鼓励幼儿大胆地表达。

2. 欣赏视频。

(1)教师指导幼儿观看各国儿童庆祝儿童节的活动。

(2)观察每个国家的庆祝方式都有什么特点。

指导语：

(1)视频中的小朋友都在干什么呢？

(2)和我们的庆祝方式有哪些不同吗？

(3)你最喜欢哪个国家的庆祝方法呢？

★建议：在幼儿观看视频的时候教师适度地进行指导，让幼儿更直观地了解每个国家不同的庆祝方式。

3. 亲身体验。

(1)让幼儿说一说自己还知道哪些国家的不同的庆祝方法。

(2)教师出示龙虾头饰、女神王冠让幼儿回忆是哪个国家的庆祝方式，并为幼儿解释佩戴龙虾头饰和女神王冠的含义。

(3)教师为男孩子戴上龙虾头饰，为女孩子戴上女神王冠，让幼儿们亲身体验一次瑞典范儿的儿童节。

★建议：鼓励幼儿积极参与到活动中来，亲身感受一下与我国不同的庆祝方式所带来的不同感受。

🕊 **活动延伸**

让幼儿回到家中与爸爸妈妈分享不同国家的庆祝方式，并选择一种，与爸爸妈妈一起过一个不一样的儿童节。

🕊 **指导建议**

1. 先以儿童节为切入点引起幼儿的兴趣，再利用各国庆祝方式的不同激发幼儿的好奇心。

2. 要充分调动幼儿的参与性，切身地参与到活动中来感受各国不同的节日气氛。

附：活动资源

各国儿童节庆祝方式

日本

日本是世界上庆祝儿童节次数最多的国家，他们一年要庆祝三次儿童节，而且庆祝方式十分有意思，充满了浓浓的日本风情。

3月3日女孩节　这个节日是专门为小女孩设立的，每到这一天，家中有女儿的父母会在家里设置一个陈列台，台上放上穿着日本和服的漂亮女娃娃玩偶，作为给自己女儿的节日礼物。

5月5日男孩节　节日当天，有儿子的家庭，门前都悬挂"鲤鱼旗"，表示鲤鱼跳龙门的意思。鲤鱼旗，用布匹或绸缎裁成"空心鲤鱼"，分黑、红和青蓝三种颜色。黑代表父亲；红代表母亲；青蓝代表男孩自己。家里有几个男孩，门口就悬挂几面青蓝旗。青蓝旗子越多，表示这家的男孩就越多。在日本人心目中，鲤鱼象征力量和勇气。

韩国

韩国的儿童节于1923年从"男孩节"演变过来，也是韩国的公众假日。每年的5月5日这一天，孩子们可以尽情享受欢乐，父母要给孩子准备他们最想要的礼物。很多孩子也会在这天穿上韩服，体验传统的韩国文化。

哥伦比亚

哥伦比亚将每年的7月4日定为儿童节。在这个节日里，全国的学校都要举行各种生动活泼的庆祝活动，孩子们还常常戴上各式各样的假面具，扮成小丑的样子在街头玩耍，十分开心。

巴西

巴西的儿童节在8月15日，这一天正好也是巴西的"全国防疫日"。所以，每到这个日子，各地的医生们都要为孩子们看病，还要给5岁以下的儿童注射预防小儿麻痹症的疫苗，表明政府十分关心儿童的健康。另外，巴西的"圣母显灵日"10月12日往往也作为儿童节，有一些庆祝活动。

瑞典

瑞典也把儿童节分得比较细，每年的8月7日是"男孩节"，又称为"龙虾节"，意思是鼓励全国的小男孩学习龙虾的勇敢精神。这一天，孩子们要打扮成龙虾的样子，表演一些非常活泼可爱的节目。

12月13日则是瑞典的"女孩节"，又叫"露西娅女神节"。露西娅是瑞典传说中专门保护女孩的女神，每到这个节日，女孩子都要打扮成女神的模样，为其他孩子做好事。

俄罗斯

俄罗斯的儿童节和国际完全"合拍"，就在6月1日。每当儿童节来临的时候，俄罗斯各地的孩子们都会兴高采烈地欢度自己的节日，还会表演一些民族歌舞，学校里则举行庆祝活动。

其实说起儿童节的来历，与俄罗斯有重要关联。1949年11月，国际民主妇女联合会在莫斯科举行理事会议。为了保障世界各国儿童的生存权、保健权和受教育权，改善儿童的生活，会议决定以每年的 6 月 1 日作为国际儿童节。

西班牙

西班牙的儿童节在 1 月 5 日，其实这是一个宗教节日，从西班牙语译过来是"魔术国王之日"的意思。传说很久以前，从东方来了三个国王——黑脸国王、黄脸国王和白脸国王到西班牙，这三个国王给人们带来了幸福和欢乐。他们还是专门给小孩送礼物的"钦差大臣"。送礼物时间就定在每年的 1 月 5 日，于是这个节日就和儿童挂上了钩。

为庆祝这一节日，在 1 月 5 日傍晚、6 日早晨，西班牙各地都有花车游行。花车上"三个国王"不断撒出各式糖果来慰问儿童。当游行队伍到达市政府或区政府的大门口时，凡能坐在国王腿上的儿童都能得到一件精美的礼品，得到礼品的孩子也必须向国王保证一定会好好学习。

由于西班牙的三大节日——12 月 25 日的圣诞节、1 月 1 日的元旦和 1 月 5 日的儿童节都聚集在岁末年初，而儿童节又是最后一个节日，也是疯狂假期的最后一天，因此无论是上班族还是商家都怀着尽情欢娱的心情享受这年初最后的节日。节日前几天，小朋友们可以将自己想要的礼物写下来放到家长准备好的罐子里面，等到 5 日早晨一醒来，礼物已经放在床头了。其实，每个国家的这一天，孩子们的愿望家长都会尽力实现的。

英国

1925 年 8 月，54 个国家的代表在瑞士日内瓦举行"儿童幸福国际大会"，通过《日内瓦保障儿童宣言》。该《宣言》对儿童精神的享受、贫苦儿童的救济、儿童谋生机会的获得等问题发出热切的呼吁。大会以后，各国政府先后制定本国的"儿童节"，借以鼓舞儿童，使他们感到自己伟大、幸福和欢乐，也使社会人士重视和爱护儿童。英国政府定每年 7 月 14 日为英国儿童节。

德国

冷战期间，东、西德国在儿童节上做法迥然不同。首先，日期就不一样：东德定在 6 月 1 日，西德定在 9 月 20 日；其次，名字也不同：东德称为"国际儿童节"（Internationaler Kindertag），西德称为"世界儿童日"（Weltkindertag）。另外，节日的传统也有区别。

在民主德国，儿童节开始于 1950 年，之后每年的 6 月 1 日，都是孩子们一年中最开心的日子，往往会收到家长的祝福和礼物，在学校里也会举行特别庆祝活动，例如郊游等。在联邦德国，儿童节并没有特别的意义，许多人甚至都不知道这个节日的存在。

随着 1990 年德国统一，西德地区的儿童节日期和名称成为全德国官方的统一标准。然而在东德的许多地区，人们仍然无法改变旧有的习惯和称呼。因此，在每年的 6 月 1 日，许多家长仍然会和孩子一起庆祝儿童节的到来。

新加坡

新加坡节假日法规的第一条规定，10 月 1 日儿童节当天不仅给小朋友放假，还要给所有大人放假。原因就在于如果只给小孩放假的话，大人都出去上班了，没人陪小朋友玩，可怜的小朋友在儿童节当天只能在家看电视。另外，新加坡是一个福利特别好的国家，但是它的人口很少，这条有关儿童节的法规也有利于促进那些喜爱度假的年轻夫妇，通过多生小孩获得更多的假期。

更有意思的是，新加坡最大的国家游乐场还专门为儿童节制订了一条特殊规定，儿童节当天小朋友要购买全票，大人则要购买半票。这样子，不仅让小朋友高高兴兴体验了一次做小大人的感觉，更让大人们重新找回了久违的童年时光。

伊斯兰国家

大多数伊斯兰国家将斋月后第14天定为"糖果节"，对孩子们来说，这也是最快乐的儿童节。在卡塔尔和其他海湾国家流行的"糖果节"可称得上是世上最幸福的儿童节了，不仅节日绵延3天，而且在这几天里孩子们可以尽情享受"要风得风，要雨得雨"的日子。据说，糖果节还未开始，妇女们就已经开始为未过节的孩子们准备新衣裳了，以至于糖果节一个月内裁缝店的生意都会异常红火，夜晚灯火通明，亮如白昼。当然，既然是糖果节，这个节日一定少不了各色各样的糖果，在节日开始的夜晚，家长们会为孩子们发放各种装有糖果和坚果的袋子。和其他重大节日一样，这天从晚上开始，女孩子们也都穿上各种颜色不同又鲜艳的刺绣衣服，头戴镶有金边的围巾，此围巾称为"白赫乃格"或"目赫乃格"。

当然，说到随心所欲，是因为在糖果节期间，孩子们是有这样一种特权的，即无论贫穷贵贱，都可以去邻居家里讨要糖果，而即便不是同一阶层的邻居，按照习俗，也不可以拒绝孩子们的请求，每家都要准备一些糖果，送上零用钱，并且相互祝福。这三天里，孩子们真的是回到了童话王国。

非洲国家

非洲西部的国家大都有专门的"儿童狂欢节"，一般持续一个月。非洲人能歌善舞，在"儿童狂欢节"里，尽管人们的生活条件各不相同，但所有孩子都会尽情欢乐，热闹非凡。

（资料来源：百度百科，http：∥baike.baidu.com）

活动四：五彩缤纷的六一（中班）

🐦 活动目标

1. 感受儿童节带给自己的快乐情绪。

2. 知道要用什么颜色来表达自己度过愉快节日的心情。

3. 能在创作的过程中学会发现美、欣赏美，激发幼儿大胆将节日中自己想要记录的趣事画下来。

活动准备

1. 知识经验准备：知道颜色有冷暖色之分，不一样的颜色可以代表人不同的情绪。

2. 环境材料准备：画纸、排笔、不同颜色的颜料，冷暖色调的画各一张，冰块和火苗的图片。

活动过程

1. 看一看，说一说。

(1)教师引导幼儿自由讨论儿童节带给幼儿的感受。

(2)教师故作神秘地告诉幼儿可以用颜色来将我们过节时的心情画在纸上，以此来激发幼儿的兴趣。

(3)教师出示冰块和火苗的图片让幼儿仔细观察。

(4)请幼儿说说自己的感受。

(5)教师小结。

指导语：

(1)小朋友们看到冰块有什么感觉？看到火苗有什么感觉？

(2)为什么会有不同的感觉呢？

★建议：鼓励幼儿根据自己的生活经验，大胆讲述自己看到冰与火的不同感受，并鼓励幼儿想一想为什么会有这种不同的感受。

2. 想一想，做一做。

(1)教师出示冷、暖色系的画各一张，让幼儿自由谈论看到两幅画的感受。

(2)教师总结。

与温暖的物体相近的颜色会带给人们温暖的感觉。

与冰冷的物体相近的颜色会带给人们冰冷的感觉。

不同的颜色可以代表我们不同的情绪，当我们快乐时，我们的心情就是温暖的；当我们不开心时，我们的心情就是冰冷的。

指导语：

(1)这两幅画带给了你们什么样的感觉呢？

(2)那你们更喜欢哪幅画带给你的感觉呢？

(3)哪幅画的颜色会让你更开心呢？

★建议：教师在选择冷、暖色系的画的时候一定要选择颜色对比鲜明的画作，给幼儿更强烈、更直观的感受。

3. 品一品，画一画。

(1)教师给每位幼儿发放画画工具、颜料。

(2)让幼儿仔细体会一下在参加六一庆祝活动时自己的心情可以用什么颜色来表达。

(3)请幼儿在画纸上利用自己想用的颜色进行涂鸦，可以画心情，也可以画六一节让自己开心或难过的事，教师巡回指导。

(4)作品展示，请幼儿对自己的作品进行阐述。

★建议：幼儿在作画时教师不要过多干预、指导，让幼儿自由发挥，在幼儿进行阐述的时候，鼓励幼儿大胆地将自己的想法表达出来。

☞ **活动延伸**

让幼儿将作品带回家与爸爸妈妈一起欣赏，并与爸爸妈妈分享画中所表现的六一故事。

☞ **指导建议**

1. 通过自己的实践进一步了解冷暖色。

2. 通过幼儿的操作与实践，给予幼儿无限的想象空间。

3. 在宽松自由的环境中，让孩子们大胆画出自己的心声，画出自己的风格。

活动五：我心中的六一（大班）

☞ **活动目标**

1. 感受自己设计儿童节活动的快乐。

2. 了解儿童节的意义，知道自己想要过一个怎样的儿童节。

3. 能准确地将自己的想法表达出来。

☞ **活动准备**

1. 知识经验准备：有过参与儿童节庆祝活动的经历。

2. 物质材料准备：画纸、油画棒。

☞ **活动过程**

1. 教师引导，提出问题。

(1)教师提出今天是儿童节，让幼儿回忆之前庆祝节日的活动有哪些。

(2)让幼儿自由讨论想要过什么样的节日。

指导语：

(1)我们度过了许多个儿童节，那么你们还记得我们都是怎样过六一儿童节的吗？

(2)如果今年我们没有那么多庆祝活动，你们想要怎么过这个六一儿童节呢？

★建议：让幼儿大胆表达自己的想法，幼儿在进行谈论时教师适度指导。

2. 分组讨论，各抒己见。

(1)教师对幼儿进行分组，让幼儿进行讨论，自己最想在儿童节做一件什么事。

(2)幼儿将自己的想法在小组内与大家分享。

指导语：

(1)你的想法与我们以往的庆祝方式有哪些不同吗？

(2)与其他小朋友谈论的时候有没有你觉得很棒的主意？

★建议：教师引导幼儿想出与以往不同的庆祝方式，并引导幼儿学会倾听他人的想法与意见。

3. 确定方案，作品展示。

(1)教师给确定好方案的幼儿发画纸与油画棒，将自己的想法画出来。

(2)画好的小朋友与全班分享。

指导语：

(1)小朋友们大胆地将自己想到的好玩的、有趣的、想做的事情画下来吧。

(2)和我们分享一下你的快乐六一，好吗？

★建议：帮助能力较弱的孩子，先询问他的想法，再对他进行帮助，引导幼儿自主完成作品。

活动延伸

可以让幼儿在区域活动时将更多的想法画出来，并与大家分享。

指导建议

1. 引导幼儿在快乐儿童节的节日氛围下，大胆地创新，整个活动以幼儿为主体，激发幼儿的兴趣，培养幼儿的创新性思维。

2. 引导幼儿表达内心的想法，利用语言或画画，教师要多鼓励幼儿，增强幼儿的积极性，让幼儿都积极参与到活动中。

活动六：快乐的六一(大班)

活动目标

1. 在歌唱活动中体验儿童节的幸福和快乐。

2. 了解节奏欢快的歌曲可以烘托出愉悦的节日气氛。

3. 能用优美的声音进行演唱。

活动准备

1. 知识经验准备：知道音乐的快慢可以渲染出不同的节日氛围。

2. 环境材料准备："快乐的六一"音乐磁带。

活动过程

1. 教师播放音乐，让幼儿进行音乐欣赏。

(1)幼儿欣赏歌曲并说说听完之后的感受。

(2)教师提问，引导幼儿说出这首歌的主题。

指导语：

(1)大家听完这首歌之后有什么感受，是开心还是不开心呢？

(2)这首歌唱的是什么节日啊？

★建议：唱歌跳舞是庆祝儿童节的很普遍也是很主流的一种方式，让幼儿能够感受到音乐中所传达出来的喜悦与快乐。

2. 教师示范，幼儿理解歌词。

(1)教师将儿歌歌词连贯地念一到两遍，让幼儿说说听到了什么，并跟读。

(2)教师对歌词进行解释。

(3)让幼儿从歌词中感受到儿童节是一个世界性的节日，全世界的小朋友们都在欢庆这个节日。

指导语：

(1)歌词里面都讲了些什么？

(2)你们愿意跟我一起唱歌吗？

★建议：教师在唱歌的时候可以适当放慢速度，让幼儿很清晰地听到歌词并跟读，在幼儿难发的音上多重复几遍。

3. 加入节奏，幼儿演唱。

(1)教师将歌词加入节奏，让幼儿用手打拍子，跟着节奏说唱歌词。

(2)教师播放音乐旋律，将歌词带进音乐旋律中，让幼儿跟唱两到三遍。

(3)教师弹琴，幼儿边唱歌边跟随音乐节奏自由创编动作。

指导语：

(1)让我们一起用好听的声音唱出这首动听的音乐吧！

(2)用你们的身体为音乐打节拍吧！

★建议：在自由创编动作的时候可以给幼儿适度的引导，比如用双手打节拍、用双脚打节拍等。

🐦 **活动延伸**

为儿童节举办一场欢庆假面歌舞会。

🐦 **指导建议**

1. 强调在演唱歌曲的时候不能用吼叫的声音进行演唱，而应该用优美的声音来演唱。

2. 引导幼儿正确地理解歌词的内容，并把欢度六一的快乐心情带入歌声里，用快乐的歌声唱出快乐的歌。

🐦 附：**活动资源**

儿歌 快乐的六一

快乐的六一，快乐的六一，

我们欢迎你，我们欢迎你。

你给我们带来了鲜花，

你给我们带来了友谊，

你把全世界的小朋友连在一起，连在一起。

啦啦啦啦啦啦啦啦啦啦！

快乐的六一，快乐的六一，

我们欢迎你，我们欢迎你。

你给我们带来了鲜花，

你给我们带来了友谊，

你把全世界的小朋友连在一起，连在一起。

啦啦啦啦啦啦啦啦啦啦！

全园活动：六一大冒险(小、中、大班)

活动目标

1. 体验与大家一起欢度儿童节的浓烈的节日氛围。

2. 了解各国儿童节的各种不同的庆祝方式。

3. 能与同伴互帮互助，有与同伴合作的精神。

活动准备

1. 知识经验准备：有与他人合作的经验。

2. 物质材料准备：礼物箱、糖果、糖果盒子、面具，颜料、排笔、水彩笔、油画棒、纽扣、针线、空白鲤鱼旗、布料。

活动过程

1. 教师情景导入。

(1)教师向幼儿介绍国际儿童节，并设置礼物悬念。

(2)教师将幼儿分为大、中、小班组分别进行游戏。

指导语：

(1)小朋友们知道今天还有谁和我们一起过节吗？对啦，全世界的小朋友们都在和我们一起共度欢乐的节日。

(2)他们为我们送来了一份神秘的礼物，你们想得到它吗？

★建议：教师在进行铺垫的时候可故作神秘状，语调动作也可更夸张一些，以此来吸引幼儿的注意。

2. 教师说明规则。

(1)大、中、小三个班分组进行游戏，可以相互帮助。

(2)全部闯关结束后即可得到神秘礼物的位置图。

★建议：教师可在场地上用一些箭头作为标识，一边带幼儿参观场地一边介绍，以此让家长和幼儿对活动比赛流程更加清晰。

3. 游戏规则介绍。

(1)小、中、大班必须分别通过根据不同国家庆祝儿童节的不同方式而设置的任务。

小班：糖果儿童节(伊斯兰国家)

玩法：四人一组，每组幼儿面前都放一个装满了糖果的篮子，幼儿要根据糖果的颜色以及形状将糖果进行分类，分类完成后将糖果放入相应的盒子中即挑战成功。

中班：小丑假面舞会（巴西）

玩法：将放在桌子上的空白面具利用彩笔、油画棒、颜料等画成小丑的样子，等全部幼儿完成之后（可相互帮助），戴上面具找一个搭档跟着音乐自由舞动一曲即挑战成功。

大班：制作鲤鱼旗（日本）

玩法：利用布料、纽扣、针线、彩笔来装饰空白的鲤鱼旗，为鲤鱼旗添上眼睛和鳞片，并将鲤鱼旗挂好即算挑战成功。

（2）集体合作游戏：《你是我的好朋友》。

玩法：大、中、小班分别派出代表。幼儿1、2报数，分组进行比赛。大班和中班、中班和小班、小班和大班自由组合，剩下的小朋友组成啦啦队为其加油，老师分别将两个幼儿的左脚和右脚绑在一块。老师说"预备"，幼儿们则将手搭在对方的肩膀上，做好准备；老师说"开始"，则往终点跑去，先到的为赢。

★建议：各年级组分配好各位老师的工作，在比赛的过程要注意幼儿的安全问题以及为对比赛流程不清晰的幼儿做引导。

4. 挑战成功，共享玩具。

全部幼儿挑战成功，教师公开位置图，幼儿打开礼物盒，共享玩具。

🕊 **活动延伸**

活动结束后，和爸爸妈妈一起分享一下在这次活动中有哪些美好的回忆，以及自己有没有发现自己的一些小缺点。

🕊 **指导建议**

1. 通过游戏的形式，让幼儿更加了解各个国家的庆祝方式。

2. 引导幼儿有相互帮助的意识，有保护弱小的意识。

3. 培养幼儿团结合作的精神。

❧ 国庆节 ❧

国庆节是由一个国家制定的用来纪念国家本身的法定节日。我国的国庆节确定为每年的十月一日，是专门纪念中华人民共和国正式成立的。国庆节的庆典活动往往显示出国家的力量、国民的信心和民族的凝聚力。

一、节日活动设计思路

国庆节是祖国妈妈的生日，让幼儿了解十月一日是国庆节，知道五星红旗是中国的国旗，中国的国歌雄壮有力，天安门是中国首都的象征，感受"中国"这个大家庭里有着许多的民族，激发起热爱祖国的情感，为自己是中国人而自豪。

二、节日活动教育目标和内容

节日活动教育 总目标	丰富幼儿对国庆节的认知，体验节日的欢乐氛围。
小班教育目标	1. 愿意参与庆祝活动，以自己的方式表达热爱之情。 2. 认识国旗、国徽、国歌，学习升旗。知道每年的十月一日是国庆节，是祖国妈妈的生日。 3. 能叙述自己的游览见闻，知道祖国妈妈有很多好玩的地方。
小班活动内容	我是小小旅行家　水果蛋糕　粘贴国旗　我的家乡美　我是中国小娃娃
中班教育目标	1. 喜欢交朋友，有主动与人交往的意识，体验与朋友交往的愉悦。 2. 知道爱护国旗，在升旗时立正、行注目礼。 3. 能用多种形式表现自己对国庆节的感受。
中班活动内容	我想这样过国庆节　快乐的旅行　国旗多美丽　地铁到我家
大班教育目标	1. 知道中国是个多民族的大家庭，能用多种方式表达自己对祖国妈妈的喜爱之情，为自己是一名中国人而骄傲。 2. 了解中国各地的名胜古迹，感受天安门城楼独特的建筑美，萌发爱祖国、爱家乡的情感。 3. 会在地图上找出自己家乡的位置，能主动叙述自己的游览见闻，介绍自己熟悉的特产、民俗风情等。
大班活动内容	飘扬的彩旗　我爱北京天安门　我知道的中国　国旗红红的　了不起的中国人 百家姓
全园活动 教育目标	1. 乐意参与亲子庆国庆的庆祝活动，体验节日的快乐。 2. 知道我国是个多民族的大家庭，了解各民族的传统文化。 3. 知道在活动中不乱跑，遵守活动规则。
全园活动内容	全园国庆节活动（小、中、大班）

三、国庆节系列活动方案

(一)精选活动

活动一：我是小小旅行家(小班)

活动二：水果蛋糕(小班)

活动三：我想这样过国庆节(中班)

活动四：快乐的旅行(中班)

活动五：飘扬的彩旗(大班)

活动六：我知道的中国(大班)

全园活动：全园国庆节活动(小、中、大班)

(二)环境创设

1. 主题墙面创设

介绍各地特产和风光的明信片、珍稀动物的图片和照片、介绍各地风光和风土人情的录像等。布置"祖国妈妈我爱你""各地风景照片展""我收集的门票""我的旅游小报""我的家乡美""了不起的中国人"等教育环境。

2. 区域活动创设

美工区：投放制作国旗、天安门的美工材料，长形彩纸条、胶水等制作拉花。

益智区：提供"奥运会""国旗、国歌""京剧脸谱""中国功夫"等内容。了解我国有名人名事。

体育区：提供踩高跷、舞龙、跳绳、滚铁环、踢毽子等材料。

角色区：设置有趣的皮影戏、香飘茶水屋、家乡的地铁、海底捞等区域。

表演区：提供几种常见的少数民族的服装、服饰等。

图书角：投放中国经典少儿图书。

(三)活动方案设计与指导

活动一：我是小小旅行家(小班)

🐦 活动目标

1. 乐意参与交流活动，萌发保护环境的情感。

2. 知道在旅行的过程中要爱护环境，掌握保护环境的简单方法。

3. 有一定的辨别是非的能力。

🐦 **活动准备**

1. 知识经验准备：幼儿有去外地旅游的经验。

2. 环境材料准备：将亲子绘制的旅游小报布置成展板，环保图片。

🐦 **活动过程**

1. 我的旅游小报。

参观旅游小报展。

指导语：国庆节期间，你去过什么地方游玩？是和谁一起去的？

★建议：这个环节主要是利用亲子制作的旅游小报为媒介，调动幼儿已有经验，回忆旅行见闻。

2. 我的旅行见闻。

(1)出示图片，引起幼儿对旅行中不文明行为的关注。

指导语：老师国庆节也出去旅游了，可是我却遇到了不高兴的事，你们想知道吗？你们看到了什么？这样做对吗？为什么？

(2)组织讨论：说一说自己在旅行过程中见到的一些不文明的行为。

指导语：你们在旅行的过程中发现或看到哪些破坏环境的不文明的行为？你是怎么想的？

★建议：这个环节主要是引导幼儿回忆自己在旅行过程中看到不爱护环境的行为，帮助幼儿建立正确的辨别是非的能力。

3. 我是小小旅行家。

以"在旅游中应当怎样保护环境"为主题进行交流讨论，鼓励幼儿争做"小小旅行家"。

指导语：那我们在旅游中应当怎样保护环境？遇到不文明的行为可以怎么办？

★建议：这个环节主要是帮助幼儿掌握基本的保护环境的方法，引导幼儿从自身做起，大家一起文明出行。

🐦 **活动延伸**

谈话活动：我最想去的地方。

🐦 **参考照片**

活动二：水果蛋糕(小班)

🐦 活动目标

1. 愿意参与庆祝生日的活动，感受装饰蛋糕的乐趣。
2. 尝试按照自己的意愿选择各种水果装饰蛋糕。
3. 有一定的操作习惯和卫生习惯。

🐦 活动准备

1. 知识经验准备：有和家人一起过生日的经历，认识几种常见的水果，知道其名称。
2. 环境材料准备：师生共同用气球、拉花、灯笼等装扮活动室，切好的水果、彩色蜡烛等，蛋糕模型人手一份，各种水果蛋糕的图片。

🐦 活动过程

1. 说生日，感受过生日时热闹的气氛。

(1)说生日。

指导语：谁陪你过生日？过生日的时候会做哪些事情？

(2)看蛋糕。

指导语：你最喜欢蛋糕的哪部分，为什么？

★建议：这个环节主要是引导幼儿观察蛋糕，大胆说出自己的想法。

2. 看蛋糕，尝试按照自己的意愿装饰蛋糕。

(1)出示各种材料，引起创作兴趣。

指导语：这些是什么？

(2)幼儿动手装饰蛋糕。

指导语：你想选择哪些水果装饰蛋糕？装饰蛋糕时要注意什么呢？

★建议：这个环节主要是鼓励幼儿大胆按照自己的意愿选择材料装饰蛋糕，提醒幼儿讲卫生，保持食物及桌面的干净卫生。

(3)师生共同欣赏水果蛋糕，品尝蛋糕。

指导语：小朋友们做的水果蛋糕看起来就想吃，我们一起来尝尝吧！

★建议：这个环节主要是根据小班幼儿喜欢吃的这一特点，品尝自己做的水果蛋糕，感受节日的快乐氛围。

🐦 活动延伸

学念儿歌，进一步感受祖国妈妈过生日快乐祥和的节日氛围。

❧ **附：活动资源**

儿歌 国庆到

十月一日国庆到，

气球彩旗迎风飘，

我们大家拍手笑，

祖国妈妈生日好！

活动三：我想这样过国庆节(中班)

❧ **活动目标**

1. 感受国庆节来临的欢乐气氛，萌发热爱祖国的情感。

2. 知道家乡有很多著名的旅游景点。

3. 能大胆地说出自己的想法，有一定的口头表达能力。

❧ **活动准备**

1. 知识经验准备：了解故事《小兔一家去旅游》的大致内容。

2. 环境材料准备：布置庆国庆的喜庆场面，视频：家乡著名的旅游景点。

❧ **活动过程**

1. 故事导入，引起兴趣。

指导语：你们打算在国庆节的时候干什么呢？

★建议：这个环节利用《小兔一家去旅游》的故事，鼓励幼儿大胆说出自己的打算、想法。

2. 出示图片，深入认知。

(1)说一说，我知道的好玩地方。

指导语：你们知道咱们的家乡都有哪些好玩的地方(旅游景点)吗？

(2)认一认，家乡著名的旅游景点。

播放视频，认一认家乡的著名旅游景点。

★建议：这个环节先让幼儿说出自己知晓的好玩的地方，再观看PPT进一步了解、感受家乡有很多好玩的地方。

3. 结合生活，制订计划。

(1)最想去的地方。

指导语：你们最想去的地方是哪里？你准备玩几天？具体是几号到几号？为什么？

(2)旅行前的准备工作。

指导语：旅行前要做好哪些准备工作？

★建议：这个环节引导幼儿从旅游的时间、地点、需做好的准备工作等入手，合理安排旅行计划。

🐦 活动延伸

让幼儿回家以后采访一下自己的父母，打算去哪里游玩，第二天来幼儿园和小朋友们一起分享交流。

活动四：快乐的旅行(中班)

🐦 活动目标

1. 乐意参与操作活动，感受操作活动带来的快乐。

2. 尝试运用已有的排序经验，设计有规律的图案。

3. 能按要求进行操作活动，有独立操作的能力。

🐦 活动准备

1. 知识经验准备。

幼儿已具有一定的排序经验。

2. 环境材料准备。

(1)小椅子上贴好图形标记。

(2)布置好"彩色鹅卵石"铺成的小路。

(3)幼儿操作材料：串项链用的木珠若干，绳子几根，"水果"两篮，盘子几个，泡沫板，大小树木若干。

🐦 活动过程

1. 游戏：坐公共汽车。

(1)幼儿分成两队自由选择座位，并给队伍命名。

指导语：请小朋友自己上车选一个座位坐下来。我们分成两队，前排小朋友是一队，后排小朋友是一队，现在给你们的队伍起个好听的名字(如苹果队、西瓜队、太阳队、星星队等)。

(2)发现座位上的图形标志，引导幼儿找出火车座位排序的规律，并画出来。

指导语：座位椅子背上是什么图形标志？

(3)教师出示排序规律卡，幼儿看着卡片念一念。

★建议：可以请两队的幼儿分别说出自己座位上的图形标志，找出并画出它们的规律。

2. 游戏：走鹅卵石小路。

(1)交代游戏规则，按排序规律走小路。

指导语：去森林公园要经过一条由很多好看的鹅卵石铺成的小路。走这条小路时要按照红、黄、蓝这样的排序规律走，才能进入森林公园哦！

(2)幼儿按规律走"鹅卵石小路"。

★建议：这个环节教师创设一定的游戏环境，使幼儿在愉悦的环境中，复习巩固已知的排序规律。

3. 游戏：我制作的礼物。

指导语：今天是守林人树姐姐过生日，你们想不想送点小礼物给她呢？这儿有很多东西，我们来看看是什么？

(1)串项链。

指导语：这是许多木珠，有方形的、圆形的、大的、小的，每一根串项链的绳子上都有一张排序卡，一会儿请你看清楚排序卡，根据卡片上的要求动脑筋串出漂亮的项链送给树姐姐。

(2)水果拼盘。

指导语：看，树姐姐买了这么多好吃的水果，一会儿小朋友按顺序摆放好做成水果拼盘，好吗？

(3)种小树。

指导语：这儿有各种各样大大小小的树苗，种树也要动脑筋，想想按什么规律种得整齐、漂亮。

★建议：这个环节重点是引导幼儿自己独立尝试设计出有规律的图案。

☙ **活动延伸**

将操作材料投放到益智区，供幼儿进一步操作。

活动五：飘扬的彩旗(大班)

☙ **活动目标**

1. 对排序活动感兴趣，感受喜迎国庆的欢乐情绪。

2. 尝试运用已有的排序经验对彩旗进行多种不同的排序。

3. 能用语言表达自己对有规律排序的理解，有良好的操作习惯。

☙ **活动准备**

1. 知识经验准备：已了解国庆节的由来，掌握排序的基本规律，有一定的记录经验。

2. 环境材料准备：宽窄及长度不等的纸条若干，小筐若干，内装有彩旗、固体胶、纸、笔、记录表，《大中国》歌曲(词曲/高枫)。

☙ **活动过程**

1. 说彩旗。

(1)观察小筐中彩旗的不同特征，并进行表达。

指导语：我们做了许多彩旗打扮活动室。看看你们的彩旗是怎么样的？

(2)鼓励幼儿大胆应用已有经验说一说彩旗的排列方法。

指导语：彩旗怎样布置，让人感觉既漂亮又热闹呢？

★建议：这个环节主要是鼓励幼儿大胆表述自己的想法，将幼儿已有的零碎经验加以提升，引发幼儿对彩旗排序的兴趣。

2. 彩旗排序。

(1)第一次操作，鼓励幼儿运用已有经验，尝试运用多种方法排序。

指导语：彩旗有规律地排，才会更漂亮。你有几种方法给这些彩旗排队？

★建议：这个环节主要是鼓励幼儿相互交流彩旗排序的方法，教师在此基础上小结。

(2)第二次操作，要求幼儿按照一定规律将筐中的彩旗全部排完，并且记录下来。

指导语：彩旗既要有规律地排序，又要把筐中的彩旗全部排完，你有办法吗？把你的办法记录在纸上。

(3)教师提示：还有其他办法吗？你有几种办法？把你的办法记录下来。

①幼儿交流自己活动中的各种排序方法，体验成功的快乐。

②提升幼儿的经验。

A. 两种(或三种)特征的彩旗一样多时，有几种排序方法？

B. 两种特征的彩旗相差一半时，有几种排序方法？

★建议：这个环节是通过两次操作，将幼儿已有的经验加以提升，加深幼儿对有规律排序的了解和掌握。

3. 彩旗飘飘。

在《大中国》的歌曲声中，师生一起把彩旗布置在活动室、走廊、楼梯处，感受节日的快乐。

指导语：选出一种你最喜欢的排序方法，把彩旗贴在纸条上，一起装扮我们的活动室。

★建议：这个环节主要是鼓励幼儿按自己的意愿选择排序方式，教师还需关注不同发展水平的幼儿的能力，提供长度不等的纸条供幼儿选择。

活动延伸

1. 在操作区内投放颜色、形状不同的彩旗，鼓励幼儿根据彩旗的特征尝试运用更多的方式进行排序。

2. 在生活中和家人一起发现更多有规律排序的事物。

活动六：我知道的中国(大班)

活动目标

1. 乐于说出关于中国的知识经验，为自己是一名中国人而骄傲。

2. 知道自己所在城市在地图上的位置，丰富对少数民族的认知经验。

3. 能认真倾听大家的发言，会参与补充同伴的发言。

🕊 活动准备

1. 知识经验准备：活动前对祖国的名胜古迹以及美丽风光有初步的了解。
2. 环境材料准备：中国地图一张，藏族、维吾尔族图片，视频《祖国风光好》。

🕊 活动过程

1. 看一看，祖国妈妈的美丽风光。

观看录像，初步感受祖国妈妈的美丽风光，引起幼儿对自己祖国的兴趣。

指导语：你看到了什么？是哪个国家的美丽风光？

★建议：这个环节主要是通过观看祖国的名胜古迹、秀丽风光，引起幼儿作为一名中国人的自豪感。

2. 说一说，祖国妈妈的事。

(1)请幼儿说一说自己所知道的关于中国的事情。

指导语：你知道哪些关于中国的事？你知道中国有哪些少数民族？看谁知道得最多。

(2)鼓励幼儿大胆地说出关于中国的知识经验，评选"我是小小中国通"。

★建议：这个环节可以采取分组的方式进行讨论，然后每组请一名代表上前发言，其他组员补充。

3. 找一找，美丽祖国大家庭。

(1)出示地图，鼓励幼儿在地图上找出自己的家乡以及自己知道的一些地方。

指导语：这是什么？从地图上看中国地图的轮廓像什么？我们的家乡在哪里？你还知道哪些城市？请指出来。

(2)结合幼儿已有经验，丰富幼儿对少数民族的认知经验。

出示维吾尔族、藏族等少数民族挂图，幼儿欣赏，丰富幼儿经验。

指导语：他们是哪个民族的？各有什么特点呢？

★建议：这一环节主要是丰富幼儿对美丽祖国大家庭的了解，在认识少数民族时，教师可以从服饰、发型、音乐、饮食等方面引发幼儿讨论。

🕊 活动延伸

1. 以"你还有哪些关于祖国妈妈的问题"为切入点，鼓励幼儿和家人一起采取多种方式了解。
2. 在活动室挂上中国地图、各民族服饰等图片(可从网络上查找)。

全园活动：全园国庆节活动(小、中、大班)

🕊 活动目标

1. 乐意参与亲子庆国庆的庆祝活动，体验节日的快乐。

2. 知道我国是个多民族的大家庭，了解各民族的传统文化。

3. 能遵守活动规则，有一定的规则意识。

活动准备

1. 知识经验准备。

知道十月一日是国庆节，是全国人民的重大节日，会唱一些红歌。

2. 环境材料准备。

(1)开国大典、大阅兵纪录片片段。

(2)布置展板：祖国山河美、各种各样的门票展、民族娃娃。

(3)各班布置亲子共同制作的"旅游小报"。

(4)大班组亲子长卷画绘画工具。

活动时间

9月28日上午。

具体活动内容安排

1. 升旗活动。

各班教师组织家长和孩子九点准时到操场上集合，开展升旗活动。

2. 各班庆祝活动。

小班组：以亲子手工制作、学念儿歌《国庆到》等活动祝福祖国妈妈的生日。

中班组：以"红歌大家唱"为主题开展庆祝活动。

大班组：通过看看、说说、唱唱、画画等形式，表达自己对祖国妈妈的热爱。如看看我国的名胜古迹、说说我去过的地方、唱唱歌曲《我爱北京天安门》，最后各班根据长卷画主题，亲子绘制长卷画。

第二章
地域性节日活动

　　我国地广物博，民族众多，地域跨度大，地域间的生活习性与文化特色各不相同，因此，在各地存在着各种不同的节日，有许多丰富的庆祝方式，都可以成为有价值的教育资源，为我们教育工作者所用。在本章，我们收集到全国各地的地方性节日，整合归纳，最后决定挑选出有代表性并且具有普遍可推广性的节日，按"以植物为特色的节日""以自然资源为特色的节日"和"以历史文化遗产为特色的节日"进行划分，可能存在概括不全、划分不准确的问题，权当阐述需要，仅供参考。

第一节　以植物为特色的节日

武汉梅花节

　　冬天万物凋零，只有梅花傲然开放。梅花在中国有三千余年栽培历史，是极具观赏性和文化象征的植物。武汉东湖磨山梅园居全国四大梅园之首，是全国著名的赏梅胜地，又是我国梅花研究中心所在地。每年的 2 月中旬到 3 月底，中国武汉梅花节开幕，整个梅花节一般要持续一个月左右。其中精品荟萃，如红妆淡抹的"宫粉梅"、状如游龙的"龙游梅"、萼似翡翠的"绿萼梅"、花如堆雪的"玉蝶梅"、胭脂点珠的"朱砂梅"，以及珍奇品种"别角晚水""南京红"等。目前，武汉梅花节已经成为武汉市民一项不可缺少的民俗活动，为大家带来一场视觉盛宴，让人们领略梅花风姿的同时品味梅花文化的传统内涵。

一、节日活动设计思路

梅花是武汉市的市花，梅花节活动的开展对幼儿认识家乡、热爱家乡有很好的促进作用。《3—6岁儿童学习与发展指南》也指出，在良好的社会环境及文化的熏陶中学会遵守规则，形成基本的认同感和归属感。梅花节系列活动从幼儿的生活经验入手，选择孩子们感兴趣的内容。通过寻找、收集梅花节的故事、图片，探究梅花的秘密，体验和感受梅花节的活动，丰富幼儿对梅花节的了解和认知，进而萌发身为武汉人的骄傲和自豪。梅花节活动引导幼儿从熟悉的生活和环境中获得社会的认知，激发幼儿的社会性情感以及社会性行为，在热爱的同时能够激发正确的社会性行为，产生初步的社会责任感。

二、节日活动教育目标和内容

节日活动教育 总目标	1. 喜欢梅花的美，感受梅花不畏寒冷的品质，为自己身为一个武汉人而感到自豪。 2. 探究梅花的秘密，了解梅花的基本特性。 3. 能用自己的方式表达对梅花节的热爱。
小班教育目标	1. 乐意欣赏梅花。 2. 了解梅花的基本特征。 3. 知道花、草等植物对人类的重要性。 4. 初步了解公共场所的规则，知道爱护花草。
小班活动内容	梅花丛中来做客　梅花姐姐生病了
中班教育目标	1. 感受梅花不同的美。 2. 知道名片在生活中的作用。 3. 知道如何在游园中当一名文明小游客。 4. 能用不同的方式来表现梅花的美。
中班活动内容	快乐来游园　快乐梅花分享日　吹画——梅花朵朵开　梅花名片设计师
大班教育目标	1. 欣赏和感受梅花节的丰富内涵，体验这些文化带给人们的艺术享受。 2. 能够设计梅花节的活动，获得感受美、表现美的情感体验。 3. 能在不同场合使用不同的礼貌用语，礼貌待客，举止文明，做一个有文明礼仪的中国小公民。 4. 对导游活动有兴趣，积极运用文明礼貌用语。 5. 能用较连贯的语言介绍梅花名称和基本特征。
大班活动内容	梅花节活动标志设计大赛　以梅会友真快乐　我是梅花小导游

全园活动教育目标	1. 感受亲子制作食物的快乐。 2. 了解梅花食物的信息及食用价值。 3. 能和家人一起制作梅花的食物。
全园活动内容	梅食节亲子厨艺DIY(小、中、大班)

三、武汉梅花节系列活动方案

(一)精选活动

活动一：梅花姐姐生病了(小班)

活动二：梅花名片设计师(中班)

活动三：我是梅花小导游(大班)

全园活动：梅食节亲子厨艺DIY(小、中、大班)

(二)环境创设

1. 主题墙面创设

(1)和家长一起收集各种梅花的图片及资料。

(2)收集和家人一起赏梅共度梅花节的照片，布置成照片墙。

(3)组织幼儿开展"我们去赏梅"主题吹画活动，引导幼儿将梅花的美景用吹画的形式表现出来，布置主题墙。

2. 区域活动创设

体育区：增加自制梅花桩(将5个易拉罐连在一起)。

美工区：增设梅花名片等空白模板。

表演区：增设导游小旗、喇叭、导游证材料供幼儿当小导游用。

(三)活动方案设计与指导

活动一：梅花姐姐生病了(小班)

☙ 活动目标

1. 感受花朵生病的悲伤。

2. 知道花、草等植物对人类的重要性。

3. 能在生活中爱护花草。

🐦 活动准备

1. 知识经验准备：了解并认识梅花。

2. 环境材料准备：和家人参加梅花节的赏梅活动，并准备赏梅照片，《梅花姐姐生病了》PPT。

🐦 活动过程

1. 看一看，梅花美。

(1)欣赏自己及同伴的赏梅照片。

(2)幼儿自由交谈赏梅趣事。

指导语：

(1)东湖的梅花节开幕了，小朋友都和家人去东湖赏梅了，你们看到了什么？

(2)那里的梅花漂亮吗？它们都是什么样的？

★建议：活动前应鼓励每一位家长带幼儿去赏梅，并拍照，以丰富幼儿的体验，让幼儿在活动中有话可说。

2. 听一听，梅花语。

观看PPT，创设故事情境：梅花姐姐生病了。

(1)镜头一：各种漂亮的梅花竞相开放，引导幼儿欣赏梅花美景。

(2)镜头二：很多游客看到漂亮的梅花都去摘，还有些游客不停地摇树，让树上的梅花落下来……

(3)镜头三：梅花姐姐哭了，树上的花都掉光了，梅花姐姐生病了。

指导语：

(1)各种梅花真漂亮，让我们一起来欣赏一下，看看有没有你们见过的梅花。

(2)梅花姐姐遇到了什么事情？

(3)梅花姐姐为什么生病了？

★建议：由故事而引发幼儿的猜想，要鼓励幼儿结合生活经验有不同的想法，大胆地进行表达。

3. 说一说，梅花事。

引导幼儿讨论，了解花、草等植物对人类的重要性。

指导语：

(1)你们在赏梅的时候遇到过这种伤害梅花的事情吗？这种行为对吗？

(2)花、草是人类的好朋友，它们带给我们很多的帮助。

★建议：鼓励幼儿明白花儿好看我不摘的道理，在看到别的小朋友摘花和伤害花时，也要能大胆地制止。

🐦 活动延伸

鼓励幼儿在外出游玩时爱护花草树木。

🐦 指导建议

故事是小班幼儿喜欢的活动，此次活动通过《梅花姐姐生病了》的故事引导幼儿感受人们一些不文明的行为带给花儿的伤害，引导幼儿充分思考，并发表自己的想法。通过运用教具讲述大树妈妈和花宝宝的故事，激发了幼儿爱护花草树木的情感，让幼儿感受植物带来的乐趣。

活动二：梅花名片设计师(中班)

🐦 活动目标

1. 感受为梅花设计名片的快乐。

2. 知道名片在生活中的作用。

3. 能用自己喜欢的方式为梅花设计名片。

🐦 活动准备

1. 知识经验准备：了解名片的基本用处，知道一些常见梅花的名称和基本特征。

2. 环境材料准备：和家长一起收集各种名片、各种梅花图片布置在教室周围，空白名片模板，各种美术材料，故事《找朋友》PPT。

🐦 活动过程

1. 找名片。

故事导入，引出名片。

(1)观看PPT，教师讲故事。

(2)提出幼儿为梅花设计名片的任务。

指导语：

(1)乐乐到森林里找花朋友，是什么帮助他认识了不同的花朋友呢？

(2)什么花没有和乐乐交上朋友呢？为什么？

(3)名片到底有什么作用呢？

★建议：通过故事引出名片，让幼儿初步感知名片的作用，引发为梅花设计名片的兴趣，提出任务。

2. 说名片。

欣赏各种收集的名片，说一说可以怎样为梅花设计名片。

(1)自由欣赏收集的各种名片，交流有特色的名片。

(2)说一说准备为梅花设计什么样的名片。

指导语：

(1)我们收集了很多的名片，看一看这些名片上都有一些什么介绍呢？

(2)梅花姐姐因为没有名片，没有和乐乐交上朋友，你想为她设计什么样的名片呢？

★建议：引导幼儿通过欣赏名片了解名片的基本构造，知道要写上相关的重要信息，鼓励幼儿为不同的梅花设计不一样的名片。

3. 做名片。

幼儿自由选择各种美术材料，为梅花设计并制作名片。

指导语：这里有很多的材料，可以选择教室周围你喜欢的梅花，为它设计名片吧！

★建议：梅花的品种有很多，鼓励幼儿选择不同的梅花并为它设计名片。

4. 赏名片。

幼儿间互相欣赏梅花名片。

(1)作品欣赏。幼儿介绍自己设计的梅花名片。

(2)将名片粘贴在自己设计的梅花图片旁边。

指导语：大家的名片都做好了，谁想来介绍一下自己的作品？

★建议：鼓励幼儿大胆介绍自己的作品，肯定幼儿的创新。

🕊 活动延伸

为幼儿园里其他的树及花设计名片并为小树挂牌。

🕊 指导建议

整个教学活动中，幼儿在故事的情境中，积极为梅花设计名片，了解名片的作用，兴趣很高，达到了认知、动手操作、审美能力、社会交往能力等方面培养之目的。不仅如此，活动中能够巧妙渗透美术基本技能，使孩子掌握一些基本的绘画技能，制作出自己最满意的名片，让幼儿真正体验到活动的乐趣。

活动三：我是梅花小导游(大班)

🐦 活动目标

1. 对导游活动有兴趣，积极运用文明礼貌用语。

2. 丰富对导游职业的认识。

3. 能简单介绍梅花名称和基本特征。

🐦 活动准备

1. 知识经验准备：对梅花基本特征有初步的认识，初步了解导游的职业，知道梅花节是个什么活动，有参加梅花节赏梅活动的经验。

2. 环境材料准备：自制导游证、小旗、喇叭，教室周围布置各种不同品种梅花的图片，梅花节宣传短片。

🐦 活动过程

1. 观看短片，明确任务。

(1)观看梅花节宣传短片，丰富活动经验。

(2)提出任务：赏梅的游客很多，需要导游。

指导语：

(1)你们刚才看到什么地方？

(2)那里正在举办什么活动?

(3)提出任务:东湖梅园正在举办的梅花节缺少小导游,你们愿意当小导游吗?

★建议:通过观看梅花节宣传短片激发幼儿当小导游的兴趣。

2. 自由讨论,了解职责。

(1)讨论小导游的任务。

(2)怎样来当小导游。

指导语:

(1)小导游主要是干什么呢?(介绍梅花的名字和基本特征、引导游客到达想参观的梅花景区……)

(2)幼儿自由讨论梅园小导游的任务。

★建议:重点引导幼儿介绍梅花的名称和基本特征并明确导游的任务。

3. 角色扮演,实践操作。

(1)幼儿分成两组:游客组和导游组,自己装扮,开展"小导游"活动。

(2)游客组和导游组互换角色,开展第二轮游戏。

(3)评选最佳小导游。

指导语:我们都知道小导游的工作任务了,让我们都来当小导游,为梅花节的游客服务吧!

★建议:教师可以游客的身份来赏梅,鼓励幼儿大胆介绍梅花的基本特征,积极运用各种文明礼貌用语。

🐦 **活动延伸**

和东湖梅园联系,开展一次"小导游"社会实践活动。

🐦 **指导建议**

活动贴近幼儿的生活经验,幼儿前期对梅花有了充分的了解,知识经验比较丰富,对活动的兴趣非常浓厚。整个活动始终以幼儿为主体,把主导权交给了幼儿,让幼儿自己说、自己选、自己游戏,教师只是作为一个旁观者、活动的组织者,体现了让幼儿成为活动的主体的精神。

全园活动:梅食节亲子厨艺 DIY(小、中、大班)

🐦 **活动目标**

1. 感受亲子制作食物的快乐。

2. 了解梅花食物的信息及食用价值。

3. 能和家人一起用梅花制作食物。

🐦 **活动准备**

1. 知识经验准备。

请幼儿和家长在家搜集与学习制作关于梅花的美食。

2.环境材料准备。

(1)以班级为单位，在家长中间收集烤箱、蒸锅等厨房用具。

(2)幼儿园准备面粉、可食用梅花等材料。

(3)家长自己准备制作食物所需的小材料。

(4)幼儿园大厅及各班班级布置各种关于梅花的美食图片，营造浓郁的厨艺比赛氛围。

(5)邀请家长助教。

(6)和家长一起粘贴活动海报，告知家长本次活动目的及内容，请家长做好相关准备。

🐦 **活动过程**

1.家长助教来帮忙。

请出班级家长助教——医生家长，介绍梅花的食用价值。

指导语：

(1)大家都知道梅花非常美，可以欣赏，你们知道吗，它的花瓣经过处理还可以做出美味的食物，具有化痰止咳、养肝、养胃的功效。

(2)梅花食物适宜偶尔吃，不能长期食用。

★建议：通过邀请医生家长开设讲座，从医学和营养学角度让幼儿及家长了解梅花的食用价值。

2.梅花食品做一做。

启动梅食节亲子厨艺DIY活动。

(1)宣布梅食节亲子厨艺活动开始。

(2)分组观看家庭的制作活动，鼓励幼儿参与。

指导语：现在我们都知道梅花的食用价值了，现在小朋友和家长也都准备好了，让我们一起开始我们的梅食节亲子厨艺大比拼吧！

★建议：教师在分组观看家庭制作活动的同时，多鼓励幼儿参与劳动，做一些力所能及的事情。

3.梅花美食赏一赏。

(1)介绍自己的美食(梅花糕、梅花饼、梅花肉、梅花蛋奶酥……)。

(2)梅食品尝会。

(3)评选金牌食品奖和小小劳动能手奖。

指导语：大家的美食都已经出炉了，让我们来介绍一下自己的美食吧，哪一组家庭先来呢？

★建议：鼓励小朋友来介绍自己家庭的美食，包括名字、材料和简单的制作方法。

🐦 **活动延伸**

回家后和家人探究出更多的关于梅花的美食。

☙ **指导建议**

活动前，通过积极的宣传，家长非常重视此次活动，都积极收集和准备资料，非常期待此次的活动。活动中，和家长一起制作关于梅花的美食，幼儿表现出了极大的兴趣，都成了劳动小能手。活动结束大家都意犹未尽，收到了很好的活动效果。

☙—武汉大学樱花节—❧

武汉大学樱花，最初由周恩来总理于 1972 年转赠。1982 年，日本友协和日本西阵织株式会社又赠送武汉大学 100 株垂枝樱苗。1992 年，日本广岛中国株式会社赠送樱花树苗 200 株。现今武汉大学校园各处樱花树苗，除园林工人自行培育之外，大多都来自于此。

一、节日活动设计思路

围绕"武汉大学樱花节"我们在大、中、小班分别开展了春暖赏樱、樱花朵朵、樱花美乐、樱花 DIY 等教学活动，活动的设计紧紧围绕《3—6 岁儿童学习与发展指南》精神，以幼儿为主体，让幼儿成为活动的主人，教师在活动中起到穿针引线的作用。此类活动，很多都要带孩子到户外进行，因此安全教育是必不可少的，每次组织户外教学，教师除了在班级中进行安全教育，还要告知家长，请家长在家中进行教育。同时邀请家长委员会成员协助教师一起完成户外教学。

二、节日活动教育目标和内容

节日活动教育 总目标	喜欢亲近大自然，能在节日的氛围中大胆探索，不断发现，自由表现，积极创造。
小班教育目标	1. 喜欢接触大自然，对周围事物和现象感兴趣。 2. 认识常见动植物，感知和体验天气对自己生活和活动的影响。 3. 能较熟练地运用搓、撕等技能表现物体比较明显的形状特征，并能用自己的语言描述。
小班活动内容	春暖赏樱　樱花朵朵
中班教育目标	1. 在欣赏自然界和生活环境中美的事物时，关注其色彩、形态等特征。 2. 能专心地观看自己喜欢的文艺演出或艺术品，有模仿和参与的愿望。 3. 欣赏艺术作品时会产生相应的联想和情绪反应。
中班活动内容	樱花美乐

大班教育目标	1. 积极参加艺术活动，有自己比较喜欢的艺术形式。 2. 经常用绘画、捏泥、手工制作等多种方式表现自己的所见所想。 3. 能用多种工具、材料或不同的表现手法表达自己的感受和想象。
大班活动内容	樱花 DIY
全园活动 教育目标	1. 乐意到户外参与集体踏青活动。 2. 增进亲子关系，拓宽视野。 3. 活动中能与他人互相配合，也能独立表现。
全园活动内容	樱花靓影（小、中、大班）

三、武汉大学樱花节系列活动方案

(一)精选活动

活动一：春暖赏樱（小班）

活动二：樱花朵朵（小班）

活动三：樱花美乐（中班）

活动四：樱花 DIY（大班）

全园活动：樱花靓影（小、中、大班）

(二)环境创设

1. 主题墙面创设

创设"樱花朵朵开""樱花大赏摄影展""樱花漫天飞""各地的樱花""樱花制作的食物"等主题墙面。

2. 区域活动创设

美工区中投放樱花花瓣、各种纸、固体胶、樱花图片；科学区中投放自制的画板卡片，幼儿点数；图书区中放入介绍樱花的相关书籍；角色区中鼓励幼儿当小小导游，在班级的"樱花大道"上为有兴趣的同伴介绍樱花的故事。

(三)活动方案设计与指导

活动一：春暖赏樱(小班)

🐦 **活动目标**

1. 喜欢观赏春天樱花开放的美丽景色。

2.知道樱花开放的季节，了解樱花的基本形态。

3.能在老师的引导下认真观察樱花的外形。

🕊 **活动准备**

1.知识经验准备：在幼儿中开展过集体外出安全教育，欣赏过歌曲《樱花》。

2.环境材料准备：与武汉大学樱花管理处联系，保证樱花大道无车辆通行。

🕊 **活动过程**

1.欣赏歌曲《樱花》，踏上美丽旅程。

校车上，教师播放歌曲《樱花》，为幼儿简单介绍武汉大学樱花的故事。

★建议：针对小班幼儿直觉形象思维的特点，介绍樱花的故事时可配上图片。

2.走入樱花大道，感受樱花美景。

指导语：

(1)现在是什么季节？樱花在什么季节开放？还有哪些花在春天开放？

(2)远远望去，樱花像什么？

★建议：此环节主要目的是引导幼儿发现现在是春季，樱花是在春天盛开的。教师通过让幼儿说说远看樱花像什么，来激发幼儿的想象，从而提高幼儿口语表达及观察能力。在幼儿想象时，教师需要和幼儿一起表达，帮助幼儿拓展思维。

3.走近樱花，观察樱花外形。

指导语：

(1)樱花有哪些颜色？

(2)樱花有几个花瓣？

★建议：教师引导幼儿由外到内仔细观察樱花的外形。

4.制造花瓣雨。

教师引导幼儿观察花瓣飘落下来的美丽景色，和幼儿一起将飘落到地上的花瓣一片一片小心捡起，大家一起高高抛起制造花瓣雨。

★建议：制造花瓣雨引导幼儿进一步感受樱花给人们带来的美丽景象，幼儿一片片小心捡花瓣，是对小班幼儿小肌肉的训练。制造花瓣雨的情景建议教师用相机记录下来。

🕊 **活动延伸**

将樱花花瓣收集起来，鼓励幼儿用樱花花瓣做粘贴画。

🕊 **指导建议**

小班幼儿认知水平有限，因此我们主要引导他们观察了解樱花的外形特征，他们知道了樱花在春天开放，同时也巩固了已有经验。在引导幼儿观察时，教师有目的地让他们由表及里观察，潜移默化中告诉幼儿观察有一定的顺序。活动注重了整合性，在以科学认知为主要目的的活动中，同样关注幼儿的全面发展，针对小班幼儿小肌肉能力还较弱的情况，鼓励幼儿捡花瓣，让幼儿的小肌肉得到锻炼。

🐦 **参考图片**

活动二：樱花朵朵(小班)

🐦 **活动目标**

1. 乐意动手制作纸制樱花，表现樱花的美。

2. 尝试运用搓、捏、粘贴的技能制作樱花花瓣。

3. 能结合樱花的外形特点，拼摆、粘贴樱花。

🐦 **活动准备**

1. 知识经验准备：幼儿已经观赏过樱花，了解樱花的外形特征。

2. 环境材料准备：布置墙面背景"没有花朵的樱花树"，用瓦楞纸和干树枝粘贴完成。

🐦 **活动过程**

1. 赏花。

教师播放赏花视频，帮助幼儿回忆赏花时的情景，回顾樱花的外形特征。

★建议：教师在视频的剪辑中除了有樱花满树的美丽景象，还要加入樱花的特写，帮助幼儿从整体到局部进行观察。

2. 做花。

(1)幼儿讨论做花的方法。教师出示制作材料：白色餐巾纸、粉色颜料。请幼儿讨论，用这些材料怎么制作樱花。

(2)教师请不同意见的幼儿上台演示自己的想法，幼儿举手表决选出大家觉得最好的一种方法。

(3)教师示范搓、捏的方法，提示幼儿在花瓣的尖尖处蘸一些粉色颜料。提出操作的要求，幼儿做花。

★建议：鼓励幼儿大胆表达，允许有不同意见，运用这些材料做樱花的方法一定是幼儿讨论出来的，而不是教师教的。教师在幼儿讨论出方法的基础上，帮助幼儿进一步掌握捏、搓的技能。在幼儿操作过程中，教师巡视时不要过多地干涉幼儿，鼓励幼儿独立完成并强调操作习惯的养成。

3. 贴花。

请已经制作好数个花瓣的幼儿到墙边选择合适的地方涂胶水将花瓣粘上。

★建议：教师引导幼儿在涂胶水时把握好樱花的外形，提醒幼儿将花瓣粘上去后别忘了按一按，将花瓣粘牢。

4. 再次赏花。

组织幼儿观赏"樱花朵朵开"墙面，请幼儿看一看，评一评：哪朵花开得最漂亮？

★建议：本环节教师不要参与幼儿的评价，鼓励幼儿相互评价。

活动延伸

将制作材料投放到区域中，在区域活动时间里有兴趣的幼儿还可去尝试做一做。

指导建议

本活动教师用赏花——做花——贴画——再赏花贯穿活动始终。教师在赏花环节视频剪辑中关注到重难点的突破，插入了花瓣特写，帮助幼儿回顾了花瓣的外形，为接下来做花打基础。

参考图片

活动三：樱花美乐(中班)

活动目标

1. 乐意欣赏日本民谣。

2. 了解音乐的背景，初步感受都节调式演绎的民族风味。

3. 能通过音乐大胆想象日本樱花盛开的美景。

❧ 活动准备

1. 知识经验准备：到大自然中欣赏过樱花。
2. 环境材料准备：樱花展板布置在教室四周。

❧ 活动过程

1. 播放樱花图片 PPT。

(1)教师引导幼儿欣赏樱花图片，引出乐曲《樱花》。

(2)介绍音乐背景：樱花是日本的国花，日本的"江户樱"更是樱花中的名品。这首《樱花》是日本传统民谣，历史十分悠久，是一首描写春天美景的日本传统民谣，现在已成为日本流传最广的民歌之一。《樱花》这首民歌，是都节调式。生动而率真地表现了日本人民珍爱樱花，趁三月春光结伴前往观赏的喜悦心情和生活意趣。它虽然很短，但音乐形象却十分鲜明，民族风味十分浓郁。

★建议：通过樱花图片引出乐曲，可以问问孩子是否熟悉这首乐曲，如果有孩子听过可以让他轻声哼唱一下。背景的介绍能更好地帮助幼儿想象。

2. 无背景播放乐曲《樱花》，初步感受乐曲。

请幼儿边欣赏音乐边想象走在樱花林间的情景。

★建议：这是第一次欣赏乐曲，教师不播放画面，避免先入为主，鼓励幼儿闭上眼睛想象乐曲中表达的画面。

3. 请幼儿说说在听这首乐曲时看到了什么。

★建议：此环节很重要，可以让幼儿说一说，还可提供纸笔让幼儿将自己的想象画下来。

(1)播放日本民众穿和服赏樱花的视频，再次欣赏乐曲，听完后再请幼儿说说听完乐曲后心情是怎样的。

★建议：此环节主要让幼儿在欣赏完乐曲后说说自己的感受。

(2)播放《浪漫樱花》视频，幼儿欣赏。

★建议：丰富幼儿在乐曲外关于樱花美景的认识。

(3)请幼儿随乐曲舞动起来。

★建议：教师在这一环节请幼儿用动作表达自己对歌曲的理解，不做具体要求，幼儿自由舞动即可。

❧ 活动延伸

将《樱花》这首乐曲融入音乐游戏中，和孩子一起进一步感受乐曲的节奏。

❧ 指导建议

《3—6岁儿童学习与发展指南》中针对中班幼儿提出："经常让幼儿接触适宜的、各种形式的音乐作品，丰富幼儿对音乐的感受和体验。"结合"武汉大学樱花节"这一主题，选择了《樱花》这首乐曲。结合中班幼儿的年龄特点和发展目标，主要引导幼儿欣赏乐曲，并在此过程中激发幼儿欣赏乐曲时的联想。为了不禁锢幼儿的思维，教师在第一次欣赏时没有出示图片，这时幼儿脑海里的画面一定是各不相同的，然后鼓励幼儿大胆将自己的联想表达出来。紧接着播放日本民众赏樱的视频，第二次欣赏乐曲，这次是要幼儿结合画面谈谈心情。第三次欣赏是幼儿用动作自由表达自己对乐曲的理解，这其实是对大班幼儿的要求，在本次活动中不做重点，点到为止，主要是鼓励幼儿用不同的方式表达对乐曲的理解。

活动四：樱花 DIY(大班)

🐦 活动目标

1. 乐意参与 DIY 活动，感受创意的多彩。
2. 尝试用花瓣设计制作一个礼物送给家人。
3. 能大胆创意，制作与众不同的礼物。

🐦 活动准备

1. 知识经验准备：幼儿有过 DIY 的制作经历，有熟练的剪贴技能。
2. 环境材料准备：布置"花瓣 DIY 礼物"墙面。

🐦 活动过程

1. 结合三八妇女节，导入活动。

指导语：马上要过三八妇女节了，你们想送给家人什么礼物呢？

★建议：这个环节可以三八节为契机，也可以亲情或友情为切入点。

2. 设计花瓣 DIY 礼物的方案。

(1)教师出示樱花花瓣，请幼儿思考可以用这些花瓣制作什么礼物。

(2)引导幼儿将自己的想法画下来。

★建议：此环节教师鼓励幼儿大胆地想象，让幼儿把想法画下来也是进一步设计的过程。幼儿的画不需要画得有多好，自己看得明白就行了。教师为每位幼儿提供一支笔、一张纸。

3. 制作花瓣 DIY 礼物。

(1)幼儿按照设计图，到材料区取自己需要的材料进行制作。

(2)教师巡视，适当指导能力弱的幼儿。

★建议：教师可提供各种纸、固体胶、订书机、小粘贴等材料供幼儿自由取用。幼儿操作过程中，注意提醒幼儿保持地面清洁，垃圾放进指定的地方。

4. 为礼物配上一句话。

教师协助幼儿为礼物配上一句话。幼儿说，教师写。并鼓励幼儿在送礼物时要将这句话大声说出来。

★建议：引导幼儿感恩身边的人，说出自己最真心的话语。

🐦 活动延伸

继续开展废旧物品 DIY 活动。

🐦 **指导建议**

本活动强调的是自制、创意、与众不同。活动中教师请幼儿先与同伴讨论自己的想法，然后将自己的设计画下来，其实画的过程也是幼儿继讨论之后的二次设计，在制作时直接照着设计图来制作，也是对幼儿"按图施工"能力的培养。教师为幼儿提供了足够丰富的操作材料，最大限度地满足了幼儿的操作需要，使幼儿能够顺利地完成自己的设计，验证自己的想法。每位幼儿都能在活动中体验到成功的快乐。

🐦 **参考图片**

全园活动：樱花靓影(小、中、大班)

🐦 **活动目标**

1. 乐意发现、捕捉樱花下的美。

2. 和父母一起记录下樱花园中珍贵的瞬间。

3. 能摆出各种不同的姿势进行拍照。

🐦 **活动准备**

1. 知识经验准备：对摄影活动感兴趣，活动前已了解活动流程。

2. 环境材料准备：樱花盛开时节组织幼儿进行该活动。

🐦 **活动内容**

以家庭为单位开展活动，每个家庭以"樱花靓影"为主题进行拍摄活动，活动结束后自选一张效果最好的照片发给班级教师，幼儿园统一将照片洗出来，举行"樱花靓影摄影展"，全园幼儿、家长、教师给自己喜欢的照片点赞，选50张照片入围决赛，入围照片再请专业摄影老师评选，最后选出"十佳摄影作品"。

🐦 **活动过程**

1. 拍樱花靓影。

组织幼儿家庭到武汉大学樱花园集体拍摄。照片内容以樱花为主题，其他不限。

2. 赞樱花靓影。

布置"樱花靓影"摄影展，将每个家庭的作品在全园展出，全园幼儿、家长、教师可以给自己喜欢的照片点赞，选出 50 张照片进入决赛。

3. 评十佳靓影。

专业摄影老师对 50 张入围照片进行筛选，评选"十佳摄影作品"。

🕊 **指导建议**

本次活动首先要进行外出前的安全教育，"樱花靓影"摄影展要及时展出，注意做好宣传工作，照片的摆放要留出足够点赞的位置。活动前还可在学校中对家长进行拍摄技巧的相关培训。

武汉东湖荷花节

东湖荷园，位于磨山南麓，是中国荷花研究中心所在地，由水生花卉区以及荷花品种资源圃组成。每年 5 月，红飞翠舞，五彩缤纷的水生花卉，吸引了大量省内外游客，随着夏季的到来，荷花迎着骄阳在湖、塘、水池、缸中怒放，东湖磨山也成为广大市民休闲纳凉、游园赏花、感受文化的首选之地。

一、节日活动设计思路

荷花，是历代文人墨客笔下的圣洁之花，以其出淤泥而不染的高尚品格深受人们喜爱，拥有深厚的内涵和极具特色的荷花文化。

大自然中每一个生命都充满着新的希望，从大地的绿植到河边的垂柳，都在渐渐苏醒，而自然的万物都是一位位无声的老师。陶行知先生提出"生活即教育"，在开心惬意的生活中感受大自然赋予我们的美好景色更是不能错过的一道风景线。幼儿园教育更要注重孩子的自然科学教育。我们通过观赏荷花——了解荷花——表现荷花——热爱荷花等一系列活动，激发幼儿对大自然的好奇心和求知欲，同时也促进幼儿更加关注身边的花草树木，懂得爱惜每一个小生命。

二、节日活动教育目标和内容

节日活动教育总目标	1. 知道东湖荷花节是家乡武汉的节庆活动，在活动中感受荷花的美。 2. 喜欢参加群体活动，在活动中愉快地结交新朋友。 3. 愿意和大家分享、交流自己的见闻。
中班教育目标	1. 喜欢观察亲近大自然，愿意接触大自然。 2. 能对事物进行观察比较，发现其相同与不同之处。 3. 喜欢操作探索并乐在其中。

续表

中班活动内容	荷塘四宝
大班教育目标	1. 在荷花节的活动中感受到自然的美。 2. 能感受到家乡的美，萌发爱家乡的情感。 3. 初步了解水墨画、古诗词等中华文化，感受中华文化的韵味。
大班活动内容	观景赏荷　品荷诗会　美丽的荷花
全园活动 教育目标	1. 喜欢和小朋友一起玩儿，有自己的朋友，也愿意结交新朋友。 2. 对自己有正确的认识并能用绘画的形式表现出来。 3. 能够根据荷花名片的描述，结交新的朋友。
全园活动内容	以荷会友——花海寻知己（中、大班）

三、武汉东湖荷花节系列活动方案

（一）精选活动

活动一：荷塘四宝（中班）

活动二：观景赏荷（大班）

活动三：品荷诗会（大班）

活动四：美丽的荷花（大班）

全园活动：以荷会友——花海寻知己（中、大班）

（二）环境创设

1. 主题墙面创设

"荷花会"主题墙：教师布置主题及装饰，留空白给幼儿粘贴荷花、荷叶、莲藕、莲蓬的标本。

"观景赏荷"照片主题墙：每位幼儿带一张和爸爸妈妈一起看荷花展的照片，内容可以是人与荷花、景与荷花等，教师帮助幼儿写下照片的名字。

"水墨荷花"作品展示墙：让幼儿将创作完成的荷花作品粘贴在墙上。

2. 区域活动创设

科学区：张贴荷塘四宝的图片，让孩子们了解它们生长的位置。

阅读区、表演区、故事角等：投放大量适合幼儿的古诗词书籍、卡片、VCD等。

茶室：提供必需的饮茶用具。

(三)活动方案设计与指导

活动一：荷塘四宝(中班)

🐦 活动目标

1. 喜欢观察、亲近荷塘四宝，愿意接触大自然。

2. 知道荷花节是家乡武汉的特殊节日，了解荷塘四宝是什么。

3. 能用多种感官去感知荷塘四宝。

🐦 活动准备

1. 知识经验准备：见过荷花，吃过莲子米。

2. 物质材料准备：荷花、荷叶、莲藕、莲蓬实物及过塑的标本，布置主题墙"荷花会"，教师布置主题及装饰，留空白给幼儿粘贴。

🐦 活动过程

1. 我爱荷花——猜谜语。

(1)幼儿根据老师的提示猜荷花谜语。

一个小姑娘，生在水中央，身穿粉红衫，坐在绿船上。（荷花）

(2)教师引导幼儿从谜面的描述上猜测形态寻找答案。

(3)观看东湖荷花节的图片，并让幼儿知道荷花节是家乡武汉的一个节日。

指导语：

(1)猜一猜，这个谜语说得像谁啊？

(2)荷花什么样子呢？它什么季节开啊？

(3)为了让更多的人看到美丽的荷花，每年，在我们的家乡武汉的东湖都要举办荷花节。

★建议：由谜语导入课题，充分调动幼儿的积极性。另外，根据中班的认知水平，只需要知道荷花节每年在武汉东湖举行就可以了。

2. 荷塘聚会——看四宝。

(1) 幼儿通过看、闻、摸等方法认识荷花家族的其他成员。

(2) 教师引导幼儿用各种感官认识荷塘四宝。

指导语：

(1)在荷塘里，荷花家族还有亲戚哦，你们知道是谁吗？

(2)看一看、闻一闻、摸一摸，荷花、荷叶、莲藕、莲蓬是什么样子啊？

★建议：这个环节要注意让幼儿用多种感官去观察，发现它们明显的特征，并引导幼儿享受到细致观察带来的发现快乐。

3. 粘粘贴贴——荷花会。

(1)幼儿在教师帮助下将荷花、荷叶、莲藕、莲蓬的过塑标本粘贴到主题墙"荷花会"上。

(2)教师引导幼儿将过塑标本粘贴到"荷花会"中正确的位置。

指导语：

(1)在我们的教室里，荷花家族聚会了，看看它们应该在哪里呢？

(2)莲藕横长在水中的泥土里，荷花、荷叶、莲蓬长在水面上。

★建议：在这个环节中，教师帮助幼儿了解荷塘四宝生长的位置即可。另外，让幼儿自己学会找到正确的位置并粘贴。

活动延伸

课后开展剥莲米的活动，让幼儿在动动手、吃一吃中感受到荷花带来的快乐。

指导建议

1. 在活动中，教师要掌握孩子的年龄特点，引导孩子们感受荷花节带来的快乐。

2. 在最后一个环节中，教师注意培养幼儿良好的习惯，粘贴垃圾不乱扔。

附：活动资源

东湖荷花节荷花美景图可以从网络上查找。

活动二：观景赏荷(大班)

活动目标

1. 乐意到大自然中活动，感受人与荷花的美。

2. 完整讲述赏荷及留影的主要内容，锻炼口语表达能力。

3. 能够为照片取一个关于荷花的名字。

活动准备

1. 知识经验准备：课前请家长带幼儿参观东湖荷花展。

2. 环境材料准备：每位幼儿带一张和爸爸妈妈一起看荷花展的照片，照片的内容可以是人与荷花、景与荷花等。

活动过程

1. 观荷趣事。

(1)幼儿自由说说和爸爸妈妈一起参加荷花节盛会的趣事。

(2)教师引导幼儿基本完整地讲述参加荷花节的所见所闻。

指导语：

(1)和爸爸妈妈一起观赏荷花高兴吗？

(2)有什么趣事发生吗？你能完整讲述一下你的经历吗？

★建议：此环节主要是激发幼儿回忆赏荷的美好气氛。教师要引导幼儿清楚地表达，同时鼓励其他人耐心倾听。

2. 赏荷留影。

(1)幼儿交流、讲述自备的照片内容。

(2)教师重点引导幼儿感受并讲述出照片中人与荷花、景与荷花的美。

指导语：

(1)这肯定是一张特别的照片，请你说说它为什么特别？

(2)大自然的一切都是美好的，荷花与荷花、人与荷花、景与荷花，我们要努力保护它而不要破坏它。

★建议：幼儿自备的照片一定要比较有特点，能够表现出人与自然的美。幼儿在讲述时，老师要帮助他们感受自然的美。

3. 荷景留名。

(1)请幼儿为自备的照片取一个好听又有意义的名字。

(2)教师引导幼儿从照片内容中的时间、场景、景色、人物等方面入手取名。

(3)现场为照片写上名字并贴到室外作品栏供家长欣赏。

指导语：

(1)你们的照片都美极了，想办法为它取一个和荷花有关的名字吧！

(2)照片的名字既要表达照片的意思，又要好听，如果能够顺口、简单就更好了。

★建议：这个环节主要是让幼儿感受到照片内容带来的意境美。教师可以适当示范取名，如荷塘夜色、赏荷快乐等。

🐦 **活动延伸**

将更多赏荷照片存放到固定的活动区角，供幼儿欣赏、讲述、取名。

🐦 **指导建议**

1. 活动中注意引导孩子结合当时的情景进行讲述，可以用不同的语气、语调来表达不同的意思。

2. 在活动中主要是让幼儿感受和发现自然的美、荷花的美，重在情感的熏陶。

活动三：品荷诗会(大班)

🐦 **活动目标**

1. 在品茶、吟诗的过程中感受荷花的美丽，古诗词的韵味。

2. 尝试通过表情、动作、抑扬顿挫的声音传达古诗词中的韵味。

3. 能够初步感受语言的美。

🐦 **活动准备**

1. 知识经验准备：课前在阅读区、表演区、故事角等活动区投放大量适合幼儿的古诗词书籍、卡片、VCD 等，至少在课前 2 周的时间通过家园合作让幼儿了解、背诵

1首关于荷花的古诗词。

2. 物质材料准备：荷花荷叶茶若干，茶具，教室桌椅围成半圆。

🐦 活动过程

1. 品茶。

(1)师生共同品尝大家收集带来的荷花荷叶茶。

(2)教师引导幼儿说说荷花、荷叶茶的味道，谈谈品茶时的感受。

指导语：

(1)小朋友们，今天我们要来品一品不同的荷花荷叶茶的味道。

(2)品茶和我们平时喝水有什么相同和不同？

(3)你们品到的荷花荷叶茶是什么味道？

★建议：品茶对幼儿来说是比较新奇的。重点引导幼儿耐心、仔细地品尝茶的味道。

2. 吟诗。

(1)幼儿分小组到前面吟诵关于荷花的古诗词。

(2)教师引导幼儿通过表情、动作和抑扬顿挫的声音来表现古诗词的韵味。

指导语：

(1)小朋友，今天我们像古人一样来吟诵关于荷花的古诗词吧！

(2)每组可以推荐代表上来表演。表演时可以像古人那样有表情地朗诵哦！

★建议：这个环节前期必须有充分的准备才能达到效果。表演时不必强求幼儿一定都懂古诗词的意思，尽量表现出韵味是重点。

3. 点赞。

(1)幼儿对品茶、吟诗活动进行评价，为表现突出的小朋友点赞。

(2)教师引导幼儿正确评价他人和自己在今天活动中的表现。

指导语：

(1)今天我们尝试了和平时不一样的方法来感受荷花的美。

(2)请大家说说今天活动的特别在哪里？

(3)请你说说今天你想为谁点赞？为什么？

★建议：此环节重点是让幼儿感受与以往不同的欣赏方式，感受中华文化的美。

🐦 活动延伸

1. 在班级开设茶室，引导幼儿品茶。

2. 继续荷花古诗词的学习。

🐦 指导建议

1. 此活动中的品茶、吟诗是幼儿较少接触到的活动，重点是陶冶幼儿的性情。

2. 品茶的环节注意幼儿安全，避免烫伤。

附：活动资源

诗词欣赏

江南 汉乐府

江南可采莲，莲叶何田田。

鱼戏莲叶间，鱼戏莲叶东，鱼戏莲叶西，

鱼戏莲叶南，鱼戏莲叶北。

小池 宋 杨万里

泉眼无声惜细流，树阴照水爱晴柔。

小荷才露尖尖角，早有蜻蜓立上头。

晓出净慈寺送林子方 宋 杨万里

毕竟西湖六月中，风光不与四时同。

接天莲叶无穷碧，映日荷花别样红。

活动四：美丽的荷花（大班）

活动目标

1. 在欣赏油画和水墨画的活动中，感受荷花的美丽。

2. 在欣赏活动中，大胆表达自己对画面的理解。

3. 尝试用水墨画的形式来表现荷花的美。

活动准备

1. 知识经验准备：孩子们活动前了解水墨画作品，有一定的水墨画基础。

2. 物质材料准备：莫奈的油画作品《睡莲》，张大千的国画作品《荷塘美景》，毛笔、水墨、调色板、宣纸、毛毡。

3. 教学环境准备：在教室外墙上准备一面"水墨荷花作品展示墙"，让幼儿将创作完成的荷花作品粘贴在墙上，与同伴分享自己创作水墨荷花作品的方法。

活动过程

1. 荷花画作欣赏。

(1)幼儿欣赏法国画家莫奈的油画作品《睡莲》、张大千的国画作品《荷塘美景》，感受荷花的美丽。

(2)教师向幼儿展示不同风格的照片，让幼儿感受不一样的荷花美。

指导语：

(1)小朋友们，你们知道画里所画的花是什么花吗？

(2)这两幅荷花各有什么特点？你更喜欢哪一幅作品呢？

★建议：这个环节教师要鼓励幼儿大胆表达自己对两幅作品的看法，让孩子们充分感受油画和国画两种方法创作的荷花各自的魅力。

2. 学习国画荷花的绘画方法。

(1)幼儿学习、讨论荷花的基本画法。

(2)教师引导幼儿了解荷叶、荷花、荷杆的绘画方法。

指导语：

(1)小朋友们，在画荷花时，我们会用到侧峰、中锋，你们知道怎么画吗？

(2)在水墨画中，我们还要考虑到浓墨和淡墨，你觉得在画荷花时，哪里用浓墨，哪里用淡墨？

★建议：这个环节要注意让幼儿知道绘画水墨荷花的用笔，分别为幼儿展示荷叶、荷花、荷杆的绘画技巧，为幼儿自己创作水墨荷花作品打下基础。

3. 自主创作水墨荷花作品。

(1)幼儿自由创作。

(2)教师为孩子们准备绘画材料，让孩子们自主尝试进行水墨画创作并巡回指导。

指导语：我们刚才学习了水墨荷花的绘画步骤和方法，小朋友们想自己动手画水墨荷花吗？

★建议：这个环节要让幼儿了解用笔和用墨的方法，创作过程中主要引导幼儿充分思考，想好后再下笔。

4. 作品分享交流。

(1)幼儿针对自己的作品进行描述。

(2)教师引导幼儿将自己的创作步骤和方法进行分享。

指导语：

(1)小朋友们的荷花画得真美，谁可以跟大家介绍一下自己的画呢？

(2)这么多好看的荷花，小朋友们最喜欢哪几幅呢？为什么？

★建议：这个环节老师应当注重幼儿对自己水墨荷花作品的介绍，同时要求幼儿能学会欣赏他人创作的水墨画作品。

🕊 活动延伸

请小朋友们把自己创作的水墨荷花作品粘贴到作品墙上，在区域活动时间里，进行生生互动，让幼儿互相介绍自己的作品，欣赏他人的作品。

🕊 指导建议

1. 创作水墨荷花作品之前，注意让幼儿对荷花的各个部分进行分解练习，为幼儿创作水墨荷花作品打下良好的基础。

2. 分享活动中，教师应当注意引导幼儿在学会介绍自己作品的同时，也要学会欣赏他人创作的作品。

全园活动：以荷会友——花海寻知己(中、大班)

🕊 活动目标

1. 喜欢和小朋友一起玩儿，有自己的朋友，也愿意结交新朋友。
2. 对自己有正确的认识并能用绘画的形式表现出来。
3. 能够根据荷花名片的描述，结交新的朋友。

🕊 活动准备

1. 将幼儿园户外一整面围墙布置成荷花花海背景。
2. 提供足够数量的自制荷花空白名片。
3. 室外提供幼儿园绘画区域。

🕊 活动过程

1. 主持人介绍活动内容。

指导语：荷花是美丽的，东湖荷花节也是美丽的，我们幼儿园的荷花花海也一样美丽。今天，在花海里，我们可以通过荷花名片了解不同班级、不同年级的新朋友，我们小朋友要用美丽的荷花名片去结交新的朋友，开始新的友谊。

★建议：荷花花海尽量布置得大一些、矮一些，便于幼儿自己操作。

2. 户外现场绘画。

(1)幼儿在户外绘画区域自由绘画。

(2)教师引导幼儿在荷花名片上画出自己的显著特征、爱好等。

(3)帮助幼儿将创作好的名片粘贴到花海的合适位置。

★建议：在设计、绘画的过程中，一定要突出自己的特征。教师可在名片后写上孩子的名字。作品完成后，组织幼儿有序地粘贴到花海上，注意安全。

3. 看名片找朋友。

(1)幼儿自由到荷花花海前看名片，寻找到自己的新朋友就把他的名片摘下来并去找到他。

(2)教师协助孩子解读名片的意义，并帮助他们找到自己的新朋友。

★建议：各班教师密切关注孩子的行动，给予孩子必要的帮助。

4. 好朋友齐舞蹈。

在《找朋友》的音乐声中，和新朋友一起舞蹈。

★建议：活动前已经会跳集体舞找朋友。在音乐的伴奏下，将活动推向高潮。

第二节　以自然资源为特色的节日

❧ 湖北清江国际闯滩节 ❧

2000 年开始，恩施州成功举办了"清江国际闯滩节"。"清江闯滩"以其惊险异常和生态完好、民风独特吸引了国内外众多游客。在土家族母亲河清江上，乘橡皮舟飘然而下，越 5 段峡谷，过 48 道险滩，串起一个个急流险滩的是水波不惊的静水区，"峡江无人语，鸟鸣山更幽"，沿江两岸，危崖耸峙，奇石满布，飞瀑流泉，清风送爽，山花叶香，雄奇险峻中透出清丽妩媚。巴人悬棺的神奇洞葬，山民、村姑浣纱的曼妙诗韵，高亢激越的船工号子，把游人领入惊险、野趣、神秘的境地……被许多媒体誉为"神州第一漂"，以其品质和生命力跻身于"中国特色旅游三十佳"。

一、节日活动设计思路

幼儿是社会的一员，要想引导他们逐步踏入社会，发展社会适应性尤为重要。在各式各样的节日活动中幼儿能够更多地融入社会，开展"清江国际闯滩节"可以充分利用地域性自然资源得天独厚的优势，在别样、生动、刺激的活动中，让幼儿参与其中，全面地得到发展。由于此节日不是孩子与家长耳熟能详的节日，所以家长参与其中会让孩子置身节日中，会推动教学活动的有效进行。

二、节日活动教育目标和内容

节日活动教育 总目标	了解清江国际闯滩节，促使幼儿爱家乡情感的萌生。
小班教育目标	1. 体验节日带来的乐趣和参加节日活动的欢乐。 2. 尝试通过折纸、儿歌的方式加深幼儿对闯滩节的了解。 3. 能手指灵活地进行操作活动。 4. 能用普通话朗诵儿歌，创意地运用动作表达儿歌内容。
小班活动内容	海滩帆船　划船闯滩

续表

中班教育目标	1. 体验与同伴合作演唱欢快歌曲的乐趣。 2. 尝试与同伴协作完成任务，演唱歌曲，了解闯滩节的主要内容。 3. 能与同伴配合默契地进行体育活动。 4. 能大胆地展现自己，进行表演。
中班活动内容	我们去闯滩　闯滩歌
大班教育目标	1. 体验操作探索活动的乐趣，萌生幼儿讲述自己家乡见闻的欲望和对家乡的热爱之情。 2. 尝试通过探索活动发现某种事物的秘密。 3. 能将探索到的科学现象创造性地进行运用。 4. 能运用普通话对自己的见闻进行简短概述，大胆地交流。
大班活动内容	智慧闯滩　清江国际闯滩节
全园活动 教育目标	1. 体验大型节日庆祝活动的乐趣。 2. 尝试通过各项游园活动熟悉清江国际闯滩节。 3. 能与亲人共同参加游戏，坚持参加完成各项游园活动。
全园活动内容	闯滩嘉年华（小、中、大班）

三、湖北清江国际闯滩节系列活动方案

（一）精选活动

活动一：海滩帆船（小班）

活动二：划船闯滩（小班）

活动三：我们去闯滩（中班）

活动四：闯滩歌（中班）

活动五：智慧闯滩（大班）

活动六：清江国际闯滩节（大班）

全园活动：闯滩嘉年华（小、中、大班）

（二）环境创设

1. 主题墙面创设

呈现活动网络，活动目标，将孩子收集的闯滩节图案进行展示，帮助孩子熟悉闯滩节，将孩子为闯滩节绘画、折叠的小船进行展示，调查家人对闯滩节的了解。

2. 区域活动创设

布置好水池玩小船的场地，在科学区投放小船，在体育区制作相应的游戏材料。

3. 家园共育

家长协助幼儿收集"闯滩节"的相关资料，与孩子一起收看"闯滩节"视频，带孩子参加各种水上活动。

（三）活动方案设计与指导

活动一：海滩帆船（小班）

🐦 设计意图

苏联著名教育家苏霍姆林斯基有句名言："儿童的智慧在他们的手指尖上"。通过折纸活动可使幼儿认识空间方位，建立几何物体的概念，发展手的动作，培养目测能力，是一项有利于幼儿身心发展的活动。科学研究表明，手的活动对脑细胞成长有着重要的促进作用。这段时间我们进行了"闯滩节"的活动，孩子们对船特别感兴趣，所以让幼儿尝试折帆船。

🐦 活动目标

1. 体验折纸的乐趣，感受成功的喜悦。
2. 尝试把正方形的纸用向中心折、拉折等方法折出帆船。
3. 能认真仔细、独立地折出帆船。

🐦 活动准备

1. 知识经验准备：有折纸的体验，初步了解折纸示意图中的图示。
2. 物质材料准备：范例、彩色正方形蜡光纸、折纸步骤图。
3. 教学环境准备：海滩背景图布置在活动区。

🐦 活动过程

1. 谜语"帆船"。
(1)请幼儿猜谜语。
(2)鼓励幼儿说说对帆船的了解。

指导语：
(1)请大家仔细听谜面，猜猜谜底是什么？
(2)你们见过帆船吗，谁能给大家介绍介绍？

★建议：教师鼓励孩子，给予适当的提示，启发孩子猜出谜底——帆船。

2. 欣赏范例。
(1)出示范例请幼儿欣赏。
(2)观察范例的外形、色彩等特点。
(3)幼儿大胆地尝试折纸。

指导语：
(1)看，这是什么？
(2)你们看到的帆船外形是什么样的？你喜欢什么颜色的帆船？
(3)你能折出帆船吗？试试看！

★建议：多鼓励幼儿大胆说出帆船外形以及颜色特征，请幼儿选择自己喜欢的颜色进行尝试。

3. 学折帆船。
(1)请个别折叠得神似的幼儿进行讲解演示。
(2)出示折纸图示请幼儿仔细观察。
(3)完整讲解帆船的折叠方法。

指导语：
(1)请变出帆船的小朋友来说说是怎么变出帆船来的？
(2)我们一起看看折纸示意图。
(3)教师示范，请幼儿认真仔细地看。

★建议：给能力强的幼儿展示的机会，给予能力弱的幼儿一定的指导及示范。

🐦 活动延伸

海边背景，粘贴折好的小船，添画风景等。

🕊 **附：活动资源**

谜语

不腾空，

不着地，

高高一片帆，

行在水当中。（答案：帆船）

帆船折纸示意图

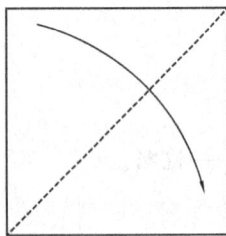 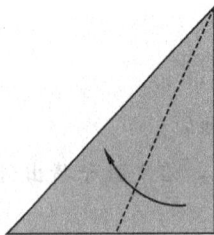 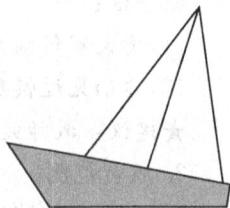

（1） （2） （3） （4）

活动二：划船闯滩(小班)

🕊 **设计意图**

在幼儿教育中，儿歌是最基本也是最有效的教学体裁，其简单易学、形象有趣、富于诗韵美感等特点都让其成为幼儿喜欢和乐意接受的语言形式，结合"清江闯滩节"创编儿歌《划船闯滩》，让幼儿对节日有更深的了解。

🕊 **活动目标**

1. 体验说儿歌的乐趣，萌生幼儿对家乡的热爱之情。

2. 尝试用集体、分组等方法朗诵儿歌。

3. 能理解儿歌内容，并用身体语言表达儿歌内容。

🕊 **活动准备**

1. 知识经验准备：对闯滩节有初步的了解。

2. 物质材料准备：儿歌录音，电教设备。

3. 教学环境准备：布置广播台。

🕊 **活动过程**

1. 回顾闯滩节。

(1)出示图片帮助幼儿回忆闯滩节的趣事。

(2)回顾体育游戏——划小船的情境。

指导语：

(1)说说闯滩节里那些叔叔阿姨怎样划船？

(2)我们玩过游戏划小船，来一起划划船吧！

★建议：这个环节利用图片回顾，进行亲身划小船的游戏。

2. 欣赏儿歌《划船闯滩》。

(1)幼儿倾听《划船闯滩》儿歌录音。

(2)教师鼓励幼儿说一说儿歌里面说了些什么。

指导语：

(1)刚才我们玩了"划船"的游戏，现在我们一起听儿歌《划船闯滩》。

(2)大家说说儿歌里有什么？你脑海里会浮现怎样的画面？

★建议：这个环节鼓励幼儿把自己了解到的闯滩节运用语言进行描述，鼓励幼儿用动作表现儿歌里的内容。

3. 小喇叭广播台。

(1)学念儿歌《划船抢滩》。

(2)幼儿扮演广播员为大家朗诵儿歌。

(3)请幼儿展示自己创编的动作来表达儿歌内容。

指导语：今天我们做广播员，来教许多观众念儿歌吧，谁能为儿歌编排些动作？我们轮流进行演播。

★建议：这个环节引导幼儿进行广播员播报活动，萌发幼儿对家乡的热爱之情。

🕊 **活动延伸**

设置广播台。

🕊 **附：活动资源**

儿歌 划船闯滩

我的家乡在湖北，清江画廊美如画。

闯滩节到游人多，划着小船去闯滩。

不怕大风和巨浪，团结一心往前划。

你追我赶显身手，齐心协力乐开怀。

嗨哟依哟哼嗨哟，闯过险滩多又多。

活动三：我们去闯滩(中班)

🕊 **设计意图**

如今的孩子大多是独生子女，喜欢以自我为中心，合作意识不强，幼儿合作交往是促进幼儿社会化的重要方面。正如一位美国儿童学专家所指出的："一个人与同事、家人及熟悉的人们如何相处，取决于他童年是如何与其他小朋友相处的。"通过活动培养幼儿初步的交往意识，对其今后参与社会、参与生活有着直接的影响，所以设计"我们去闯滩"活动，让幼儿尝试体验相互合作。

活动目标

1. 体验活动中相互合作，共同获得成功的喜悦。
2. 尝试与同伴沟通配合完成任务。
3. 能与同伴配合使"龙舟"到达河滩。

活动准备

1. 知识经验准备：有单独划龙舟的经历。
2. 物质材料准备：龙舟，闯滩节视频。
3. 教学环境准备：在户外运动场地布置好"小河"。

活动过程

1. 闯滩节。

(1)请幼儿观看"闯滩节"视频。

(2)幼儿说说观看后的体验。

指导语：

(1)请大家观看一段精彩的视频"闯滩节"。

(2)说说参加闯滩比赛的叔叔阿姨们是怎样进行比赛的？

★建议：引导幼儿发现参加闯滩的选手都是两个或多个人划一艘小艇，需要大家共同努力才能取得好成绩。

2. 我们去闯滩。

(1)在音乐声中组织幼儿去户外"小河"边热身。

(2)教师出示活动所用的"龙舟"，鼓励幼儿参与活动。

(3)初次体验龙舟"闯滩"。

指导语：

(1)我们一起去小河边，你们有胆量参加闯滩节吗？

(2)看，我们的龙舟来了，大家自由分组。

(3)我们先划划龙舟，大家可要齐心协力互相配合哟！

★建议：孩子们初次尝试后请幼儿说说自己的体会，共同寻找相互协作的最佳办法，请配合协调的小组进行示范，相互学习。

3. 龙舟闯滩赛。

指导语：我们正式开始比赛。

★建议：可请幼儿打散重新组合，结交新的队友进行合作体验。

活动延伸

利用各种体育器械组织幼儿合作游戏。

🐦 **参考照片**

闯滩节视频截图

幼儿游戏剪影

活动四：闯滩歌（中班）

🐦 **设计意图**

《3—6岁儿童学习与发展指南》明确指出艺术活动的目标是让孩子乐意参加活动，能大胆地表现自己的情感和体验。《闯滩歌》这首歌曲富有感染力，节奏明快，气氛激荡，歌曲把闯滩时的情景表现得淋漓尽致，让人能感受到合作的快乐、闯过难关的喜悦。设计本次唱歌活动，是想借助歌曲把孩子们带入一个闯滩想象空间里，丰富他们的感性经验，体验美好的情感。

🐦 **活动目标**

1. 体验歌曲节奏的明快。
2. 尝试有表情地演唱歌曲《闯滩歌》。
3. 能大胆地根据歌词以及意境创编动作，进行表演。

🐦 **活动准备**

1. 知识经验准备：玩过游戏划船。
2. 物质材料准备：《闯滩歌》视频。
3. 教学环境准备：教室的墙壁贴上水波浪。

🐦 **活动过程**

1. 欣赏歌曲。

(1)请幼儿观看歌曲视频《闯滩歌》。

(2)鼓励幼儿说说观看后的感受。

指导语：

(1)请大家欣赏歌曲《闯滩歌》。

(2)请大家说说这首歌带给你怎样的感受？

★建议：可反复欣赏歌曲，将歌词相应画面暂停，帮助幼儿体验、理解歌词。

2. 学唱歌曲。

(1)小声跟唱歌曲。

(2)找出自己最喜欢的乐句，找一找自己认为不好唱的乐句。

(3)分组演唱，男女分组，小组分组。

指导语：

(1)大家小声地跟唱，边看画面边练习。

(2)请大家分别唱唱你最喜欢的乐句，我们一起唱唱吧！有没有哪句最难唱？你是怎么唱的？我们一起练一练。

(3)我们分小组唱唱看。

★建议：孩子们初次尝试演唱后，让幼儿说出自己有困难的地方进行反复练习，激发幼儿主动练习，生生进行互动，慢慢熟悉歌曲的节奏、歌词。

3. 创编动作表演。

(1)鼓励幼儿根据歌词创编相应的动作。

(2)你唱我跳。

指导语：

(1)演唱时表情应该怎样？你最喜欢哪句，给它搭配一个动作吧！

(2)来，我们来表演，女生表演，男生伴唱。

★建议：鼓励幼儿相互协商，请幼儿大胆地进行表演，熟悉歌曲。

活动延伸

将此歌曲作为户外活动的音乐，让幼儿在各项活动中自然而然地熟唱歌曲。

附：活动资源

《闯滩歌》

据《捕鱼歌》改编
词/魏骏 曲/佚名

活动五：智慧闯滩（大班）

设计意图

幼儿的好奇心重，通过科学活动可以让孩子的观察、思维能力得到提升，通过探索—发现—动手活动，让幼儿发现蜡可以防水的秘密，萌发幼儿探索科学奥秘的热情。

活动目标

1. 体验探索科学奥秘的乐趣，以及成功的喜悦之情。

2. 尝试通过各种感官和动手操作发现蜡能防水的秘密。

3. 能利用了解到的科学知识让自己的小船闯滩成功。

活动准备

1. 知识经验准备：初步了解船能浮在水面的奥秘。

2. 物质材料准备：打蜡的黄色折纸小船、未打蜡的白色小船若干、盛水容器、食用蜡若干。

3. 教学环境准备：将教室布置成小小闯滩赛场。

活动过程

1. 小船闯滩。

(1)请幼儿随意选择一艘小船游戏。

(2)教师鼓励幼儿让小船在水池中闯滩。

指导语：

(1)请你选一艘黄色或白色的小船。

(2)请你将自己的小船放进小河，让它闯滩。

★建议：在引导幼儿发现顺利闯滩的是黄色小船，鼓励幼儿大胆猜测是什么原因，请幼儿互相讨论，充分发挥幼儿的主动性。

2. 闯滩秘诀。

(1)幼儿说说想法。

(2)教师引导幼儿运用看、摸、闻等多种感官有重点地观察黄、白小船的不同。

指导语：

(1)请你们说说为何有的小船闯滩成功，有的小船闯滩不成功？

(2)秘诀就藏在小船上，大家赶紧去找找。

★建议：这个环节孩子们不一定能马上发现秘密，教师适时地介入，进行师生或生生间的互动，给孩子足够的探索时间。

3. 智慧闯滩。

(1)总结探索到的科学秘密。

(2)教师鼓励幼儿让白色的小船顺利闯滩。

指导语：

(1)两只小船有什么不同？（黄色小船上涂有一层能防水的蜡）

(2)你们有办法也让白色小船成功闯滩么？

★建议：这个环节提供给幼儿食用蜡，引导幼儿在船里外涂上食用蜡，会让小船更容易防水。

活动延伸

发现生活中利用此秘密的现象，如纸杯、纸碗、一些包装纸等。

活动六：清江国际闯滩节(大班)

设计意图

节日的内容丰富多彩，涉及自然、社会、民族文化、风土人情等方面，节日是幼儿生活的一部分。幼儿园适当地开展一些节日活动，对于幼儿德、智、体、美、劳社会性发展具有重要意义。

自2000年以来，清江国际闯滩节已成为湖北省两大水上体育竞技项目之一。清江闯滩长38.5千米。在土家族母亲河清江上，乘橡皮舟飘然而下，被许多媒体誉为"神州第一漂"，并入选"中国特色旅游三十佳"。设计地域性的节日"清江闯滩节"，对幼儿认识了解本土家乡能起到良好作用。

活动目标

1. 萌生幼儿对家乡的热爱之情。

2. 尝试用普通话讲述闯滩节中见到的景象。

3. 能初步了解清江闯滩节是湖北特有的节日。

活动准备

1. 知识经验准备：家长与幼儿收集清江闯滩节的资料。

2. 物质材料准备：闯滩节视频、图片，电教设备，清江特色小吃"炕洋芋"。

3. 教学环境准备：布置闯滩节摄影展。

活动过程

1. 说说"闯滩节"。

(1)幼儿参观"清江闯滩节"摄影展。

(2)教师引导幼儿说说自己对清江闯滩节的了解。

指导语：

(1)小小调查员收集到许多优美的图片，我们一起看一看吧！

(2)请大家与好朋友一起看一看，和好朋友说说自己的发现。

★建议：这个环节让幼儿相互说说自己对闯滩节的了解，充分发挥幼儿的主动性。

2. 看看"闯滩节"。

(1)幼儿观看闯滩节视频，了解"闯滩节"。

(2)教师鼓励幼儿说说闯滩节见闻。

指导语：

(1)你喜欢闯滩节吗？

(2)闯滩节是哪个省的节日？在哪里举行？你们能当小导游介绍吗？

★建议：这个环节鼓励幼儿把了解到的闯滩节进行描述，鼓励幼儿模仿影片里的小导游介绍闯滩节。

3. 尝尝美食。

请幼儿品尝清江特有的小吃"炕洋芋"。

指导语：

洋芋就是土豆，先将洋芋刮皮洗净，放在锅里煮一煮，不等全熟捞起来，立即放在锅里炕，放进菜油，将表皮炕得焦黄，再放进盐、蒜末、辣椒粉，拌匀即可，是一种清江地道的风味食品。

★建议：这个环节引导幼儿说说、尝尝，萌发幼儿对家乡的热爱之情。

🐦 **活动延伸**

了解清江画廊。

🐦 **附：活动资源**

闯滩节视频链接，见 http：//www.56.com/u55/v＿OTIwNjA3Ng.html

摄影展图片

全园活动：闯滩嘉年华(小、中、大班)

🐦 **设计思路**

"家园共育"是幼儿教育的大趋势，"家园共育"是幼儿健康成长的需要，是幼儿园和家长搞好幼儿教育的期盼。"家园共育"，充分发挥幼儿园老师和幼儿家长的积极性，挖掘潜力，形成合力，完成养育幼儿的目标。

设计"闯滩嘉年华"正是对家长在节日活动开展以来积极参与其中、与孩子共同领略节日魅力的回馈，通过活动让亲子间的关系更亲昵。

🕊 活动目标

1. 体验大型节日庆祝活动带来的乐趣。

2. 尝试通过各项游园活动熟悉清江国际闯滩节。

3. 能与亲人共同参加游戏，坚持参加完成各项游园活动。

🕊 活动准备

1. 知识经验准备：有游园活动的经历与体验。

2. 物质材料准备：各个闯滩馆的材料，闯滩卡，礼物。

3. 教育环境准备：打造嘉年华活动的氛围。

🕊 活动过程

1. 介绍活动参与办法。

指导语：幼儿人手一张闯滩卡，卡片上有各个闯滩馆的标志，幼儿在家长的陪同下到闯滩馆去参加活动，完成项目得到闯滩印章，集齐八枚印章，领取礼物一份。

2. 家长带幼儿参加闯滩嘉年华活动。

(1)空气棒闯滩。家长躺倒在地，幼儿抱空气棒俯卧在家长身上，由家长出力使自己与孩子共同移动到终点，获一枚印章。

(2)遥控船闯滩。家长与孩子操控遥控船，穿过障碍闯滩，顺利完成任务，获一枚印章。

(3)轮胎船闯滩。幼儿坐在汽车轮胎上，家长拉动绳索，带动轮胎与孩子到达目的地，获一枚印章。

(4)太空闯滩。家长十人一组举起绸布过头，孩子在绸布上爬行到目的地，获一枚印章。

(5)拼图闯滩。提供散乱的闯滩节拼图，孩子在家长语言指导下完成拼图，获一枚印章。

(6)吹气闯滩。宽30厘米、长50厘米、高30厘米水槽5个一组，起点端放入一个易拉罐，向易拉罐吹气，让其到另外一头，获一枚印章。

(7)蹦蹦船闯滩。幼儿踩在大人脚上，大人蹦跳带动孩子前进，到达目的地，获一枚印章。

(8)彩虹伞闯滩。幼儿是船，家长抛起彩虹伞，幼儿踩着充满气的彩虹伞到圆心，获一枚印章。

🐦 湖北神农架生态旅游节 🐦

神农架是湖北最为宝贵的自然资源，它美丽富饶、物产丰富、生态独特，自古以来神奇的传说和故事广为流传。湖北每年都会举办神农架生态旅游节，旨在向全世界的人民展示神农架的自然风光和独特魅力，彰显神农架的绿色价值，力促生态文明。

一、节日活动设计思路

我们要充分利用自然和实际生活，发现和保护幼儿的好奇心和探究欲望，引导幼儿观察和分享周围新奇、有趣的事物和现象。因此，"神农架"是很好的自然教育资源和教育契机，"湖北神农架生态旅游节"节日教育活动的开展能帮助幼儿体会人与自然、动植物的依赖关系，从而懂得热爱、尊重、保护大自然。教师可以充分挖掘家长和社区资源开展活动，在活动内容的选择上一定要考虑幼儿的年龄特点和学习特点，各项活动都要紧扣本次节日活动的中心内容。

二、节日活动教育目标和内容

节日活动教育总目标	感知了解神农架，懂得热爱、尊重、保护大自然。
小班教育目标	1. 初步了解金丝猴的外形特征和生活习性，知道要保护金丝猴。 2. 喜欢接触大自然，对周围的很多事物和现象感兴趣。
小班活动内容	美丽的金丝猴　神农架林海（涂色）　我喜欢吃香菇　小动物捉迷藏 我知道的神农架
中班教育目标	1. 愿意尝试探险寻宝游戏，充分体验户外探险、成功寻宝的乐趣。 2. 能感知和发现动植物的生长变化及其基本条件。
中班活动内容	神农架寻宝　我要保护华南虎　神农架林海（剪纸） 我是神农架小导游　神农架的宝贝
大班教育目标	1. 积极发现探寻神农架的神奇，有热爱自然、热爱家乡的情感。 2. 知道神农架生态旅游节，了解神农架的自然景观、物产及文化。 3. 能察觉到动植物的外形特征、习性与生存环境的适应关系。
大班活动内容	神奇的神农架　神农架的金雕　五彩神农架（命题画） 我是神农架小卫士　动物的保护色　骑行穿越神农林海
全园活动教育目标	1. 亲近大自然，有环保意识。 2. 知道神农架生态旅游节，了解神农架风光、物产和传说。 3. 能用自己喜欢的方式表达对家乡神农架的喜爱之情。
全园活动内容	拥抱绿色神农架　畅想生态大自然——"神农架生态旅游节"全园庆典（小、中、大班）

三、湖北神农架生态旅游节系列活动方案

(一)精选活动

活动一：美丽的金丝猴(小班)

活动二：神农架寻宝(中班)

活动三：神奇的神农架(大班)

活动四：骑行穿越神农林海(大班)

全园活动：拥抱绿色神农架　畅想生态大自然——"神农架生态旅游节"全园庆典(小、中、大班)

(二)环境创设

1. 主题墙面创设

我知道的神农架(神农架的风光、神农架的物产、神农架在哪里、神农架的传说故事)；神农架与我们的关系；表征——我来画画五彩神农架。

2. 区域活动创设

制作神农架图册；神农架旅游地图；神农架迷宫；我了解的神农架调查表；收集神农架的物产；神农架中药材展。

(三)活动方案设计与指导

活动一：美丽的金丝猴(小班)

🐦 设计意图

小班幼儿对小猴之类的小动物非常喜欢和感兴趣。神农架是金丝猴的主要栖息地，我们要引导幼儿认识常见的动植物，能注意和发现周围的动植物是多种多样的，因此将认识金丝猴作为小班幼儿开展神农架生态旅游节的活动内容之一，符合小班幼儿的年龄和学习特点。本次活动通过看看、说说、玩玩，让幼儿感知了解金丝猴的外形特征和生活习性，从而逐渐懂得热爱、尊重、保护大自然。

🐦 活动目标

1. 对金丝猴充满兴趣和认知欲望，喜欢接触自然。

2. 初步了解金丝猴的外形特征和生活习性，知道要保护金丝猴。

3. 能积极参与同伴和老师的集体交流，愿意说出自己的想法。

🐦 活动准备

1. 知识经验准备：请家长带幼儿到动物园观看金丝猴。

2. 物质材料准备：每人一个金丝猴头饰，金丝猴的各类图片，欢快的音乐，动物钻圈(山洞)，垫子(草地)，"桃树林"。

3. 教学环境准备：布置金丝猴图片展。

✎ **活动过程**

1. 看一看。

(1)幼儿自由参观金丝猴图片展。

(2)教师引导幼儿观察金丝猴的生活习性、外形特征。

指导语：

(1)这是金丝猴，它们漂亮可爱吗？你们从哪里看出它们漂亮可爱？

(2)你们可以轻轻地走近看一看，金丝猴长什么样子？它们喜欢吃什么？它们喜欢生活在哪里？

★建议：这一环节让幼儿自由主动地观察图片，营造宽松的观察、交流环境。

2. 说一说。

集体交流互动，梳理幼儿已有经验，重点引导幼儿说出金丝猴的特征和习性。

指导语：

(1)你们看到了什么样的金丝猴？它在干什么？

(2)你们喜欢金丝猴吗？为什么？

(3)我们应该怎样保护金丝猴？

★建议：这一环节鼓励幼儿大胆表达自己的发现。教师可以小结梳理幼儿的经验，帮助幼儿进一步认识金丝猴。

3. 玩一玩。

(1)幼儿听音乐模仿金丝猴的动作。

(2)游戏：小猴摘桃。

指导语：

(1)你们都来学学金丝猴，比比谁学得最像。

(2)你们现在都是小金丝猴了，跟妈妈一起去摘桃子吧！

★建议：这一环节通过幼儿自己模仿金丝猴的动作做游戏，可以进一步激发幼儿对金丝猴的喜爱之情。游戏前要交代清楚玩法。

✎ **活动延伸**

可以在户外活动时开展各类游戏，如小猴滚球、小猴过桥等。

✎ **附：活动资源**

认识金丝猴

我们的家乡湖北神农架就生活着金丝猴，神农架的金丝猴全身长满了金黄色的长毛，脸部是白色的，长着翘鼻子和长尾巴，成群居住，有猴王，住在山上和树林中，喜欢吃果子、嫩树枝、昆虫等，是国家一级保护动物，是人类的好朋友，我们要爱护它们。

游戏 小猴摘桃 玩法

场景布置——山洞、草地、桃树林。小猴要钻过山洞，爬过草地来到桃树林，双脚向上纵跳摘桃子。

活动二：神农架寻宝(中班)

设计意图

幼儿园要充分利用园所环境开展丰富多样、适合幼儿年龄特点的各种身体活动，用幼儿感兴趣的方式发展基本动作，提高动作的协调性和灵活性。中班幼儿对探秘、寻宝充满好奇和幻想，对此类活动始终保持浓厚的兴趣。在"神农架生态旅游节"节日教育主题活动中，开展寻宝活动，更能使幼儿积极参与其中，在游戏中着重发展幼儿匍匐钻爬能力，使其动作发展更加灵敏协调。

活动目标

1. 愿意尝试探险寻宝游戏，充分体验户外探险、成功寻宝的乐趣。

2. 学会用匍匐的方式钻爬过低矮的物体。

3. 能遵守游戏规则，找到迷宫中正确的行走路线获得宝贝。

活动准备

1. 知识经验准备：请家长与幼儿一起制作"神农架图册"，前期已经了解神农架的风光和物产。

2. 物质材料准备：平衡木(独木桥)，两把小椅子拴上橡皮筋(灌木丛)，场地上布置成"神农架大迷宫"，金丝猴、金雕、白鹤、华南虎、木耳、香菇、中药材等图片代表要寻找的宝贝，欢快和舒缓的音乐各一首，勇士奖章若干。

3. 教学环境准备：创设"神农架寻宝"的游戏场景，班级中布置亲子制作的"神农架图册"展。

活动过程

1. 准备活动。

(1)幼儿随欢快的音乐进入自然的热身过程。

(2)教师引导幼儿重点活动头部、腰部、手腕部、膝盖、四肢等。

指导语：我们要玩一个"神农架寻宝"的游戏，请跟着老师一起听音乐做好热身准备。

★建议：这一环节教师的情绪要饱满，示范动作标准、到位、有感染力。

2. 游戏活动。

(1)发现游戏场地：独木桥、灌木丛、神农架大迷宫。

(2)了解游戏玩法和规则。

(3)练习用匍匐的方式钻过灌木丛。

(4)到神农架大迷宫寻宝。

指导语：

(1)神农架大迷宫里面藏着许多宝贝，你们要走过独木桥，钻过灌木丛才能到达迷宫。

(2)灌木丛太矮了，可以用什么办法钻过去呢？

(3)你们在大迷宫里找到正确的路线才能拿到宝贝。

★建议：这一环节可以让教师和个别幼儿示范，让幼儿学会用匍匐的方式钻爬。灌木丛和迷宫的距离可以远一点，让幼儿多练习几次匍匐钻爬再去寻宝。迷宫寻宝时，一定要提醒幼儿遵守规则，道路被挡住了就不能拿到宝贝，必须找到正确的路线。

3. 放松活动。

(1)随音乐做呼吸放松练习。

(2)讲一讲自己找到了什么宝贝。

指导语：

(1)神农架的空气真好呀！来，我们一起做做深呼吸吧！

(2)请你们告诉小朋友自己都找到了哪些宝贝。

★建议：这一环节教师可以根据幼儿的发展水平，进一步追问："有谁是又快又好拿到宝贝的？说一说你用了什么好办法？"

🐦 活动延伸

为找到宝贝的探险家们颁发"勇士奖"，利用区域游戏时间鼓励幼儿继续交流分享自己找到的宝贝，丰富幼儿对神农架的认知经验。

活动三：神奇的神农架(大班)

🐦 设计意图

每到假期，幼儿都会在家长的带领下到不同的地方去旅游。大部分的幼儿都去过神农架，对其中的滑雪、金丝猴、野人传说等充满兴趣。我们要充分利用自然和实际生活，发现和保护幼儿的好奇心，因此，"神农架"是很好的自然教育资源和教育契机，本次活动紧紧围绕"神奇"二字，激发幼儿发现自然、探究自然、热爱自然的美好情感。

🐦 活动目标

1. 愿意积极发现探寻神农架的神奇，有热爱自然、热爱家乡的情感。

2. 知道神农架生态旅游节，了解神农架的自然景观、物产及文化。

3. 能用广告宣传的表达方式简单地归纳自己的发现。

🐦 活动准备

1. 知识经验准备：前期请家长帮助幼儿收集神农架的有关信息，并完成调查表，有收听收看广告的经验。

2. 物质材料准备：神农架各类图片，"神奇的神农架"调查表，教学 PPT。

3. 教学环境准备：创设"神农架生态旅游节"活动区。

🕊 **活动过程**

1. 安静欣赏。

(1)幼儿安静观看 PPT"神奇的神农架"。

(2)教师引导幼儿仔细观察和发现。

指导语：

(1)请你们仔细地观看画面，并和小朋友说一说自己看到了什么。

(2)你能说出这是湖北省哪个著名的风景旅游区吗？为什么？

★建议：这个环节可以先把问题抛给幼儿，调动幼儿观察发现的积极性。鼓励幼儿安静仔细地观察画面。

2. 分组讨论。

(1)幼儿自由分组开始讨论。

(2)教师引导幼儿根据自己前期完成的调查表来讨论，重点梳理幼儿对神农架已有的认知经验，找到神农架的神奇之处。

(3)集体交流分享。

指导语：

(1)请你们拿着自己的调查表找到好朋友，说一说神农架有哪些神奇的地方。

(2)神农架里有些什么宝贝？有哪些有趣的自然景观？有什么神奇的传说？

★建议：这个环节可以前期设计调查表，鼓励家长帮助幼儿收集神农架的有关信息。每个讨论组可以选出组长带领本组的幼儿围绕话题来讨论。教师可以用图片的形式呈现幼儿所讲，便于分享和小结。

3. 宣传设计。

(1)幼儿了解湖北神农架生态旅游节。

(2)教师引导幼儿为湖北神农架生态旅游节设计一段宣传语。

指导语：

(1)你们知道每年会在神农架举办一个什么节日，让全世界都了解我们神农架的绿色价值和生态文明吗？

(2)你们知道什么是广告语吗？能为神农架设计一段广告语吗？

★建议：这个环节教师可以简单介绍湖北神农架生态旅游节，并引导幼儿用自己觉得能体现神农架最神奇的一两个地方来组织一段广告语。可以采用分组设计的形式。

🕊 **活动延伸**

班级中创设"神农架生态旅游节"活动区，将幼儿、家长、教师一起收集的各类资源投放到区域中，让幼儿说一说、做一做、玩一玩，进一步探秘神农架。

🐦 **附：活动资源**

湖北神农架生态旅游节

湖北神农架国际生态旅游节，每年的活动主题都不一样，活动内容包括原始森林探险、攀岩、山地自行车赛、漂流、登神农岭、举办富有当地特色的篝火表演、宿农家屋、吃农家饭等，重在彰显神农架的绿色价值和生态文明。

调查表　神奇的神农架　调查表

调查人：　　　　　　　　　　　　　　　　　　　调查时间：

神奇的景观	
神奇的宝贝	
神奇的传说	

活动四：骑行穿越神农林海(大班)

🐦 **设计意图**

5—6岁年龄段的孩子更喜欢参加具有挑战性的各类活动，骑脚踏车对孩子们来说正是此类活动，他们非常喜欢。我们力图抓住孩子们这一兴趣点，紧扣"湖北神农架生态旅游节"的节日教育活动，创设游戏情境，在幼儿园开展骑行比赛活动，发展其平衡能力和动作的灵敏协调性，并在竞赛游戏中获得成功的愉悦体验，从而提高身体素质，建立自信心。

🐦 **活动目标**

1. 积极参加骑行竞赛游戏，愿意为同伴加油鼓劲。

2. 练习骑脚踏车走直线和绕过障碍。

3. 能遵守竞赛游戏规则，平衡协调地完成骑行任务。

🐦 **活动准备**

1. 知识经验准备：对骑行运动有初步的了解，有骑脚踏车的经验。

2. 物质材料准备：脚踏车每人一辆，用小椅子和卡纸做成的大树若干，组成林海，欢快音乐和舒缓音乐各一首，骑士奖章若干。

3. 教学环境准备：在场地上画两条线当作浮桥，布置神农架林海的游戏场景。

🐦 **活动过程**

1. 准备活动。

(1)听口令入场，做韵律操热身。

(2)教师引导幼儿用正确的方法活动头部、上肢、腰部和下肢等部位。

指导语：

(1)请你们和老师一起做韵律操活动展开身体。

（2）请你们非常有精神地跟老师做操，动作一定要准确有力量哟！

★建议：这一环节教师要鼓励幼儿精神饱满、动作到位、有节奏地做韵律操。

2. 游戏活动。

（1）自由游戏，幼儿四散，自己练习骑脚踏车。

（2）集体游戏：骑行穿越神农架林海。

鱼贯游戏。

分组竞赛游戏。

指导语：

（1）你们看，这里是神农架林海，今天我们都来当小骑手，骑脚踏车穿越神农架林海。

（2）你们先在空地上练习一下骑脚踏车，不熟练的小朋友可以找老师或小伙伴帮忙。

（3）你们要一个跟着一个地穿过神农架林海，骑过浮桥才算成功，小骑手们如果撞到大树，从浮桥上掉下来就算失败哦。

（4）请小朋友们分组比赛，比一比哪组最先成功完成骑行任务，获得"骑士奖章"。

★建议：对于不太会骑脚踏车的小朋友，可以请能力强的幼儿在旁边扶着骑行，鼓励幼儿互相帮助。比赛游戏时，只用两辆脚踏车，其他脚踏车收起来。可以请男孩子分两组比赛，女孩子为他们加油喝彩，然后请女孩子分两组比赛，男孩子为她们加油喝彩。每个游戏可反复多玩几次，老师根据游戏时间、幼儿活动量灵活把握。

3. 放松活动。

（1）听音乐模仿神农架林海随风摆动的动作进行放松练习。

（2）交流分享骑行成功的经验。

指导语：

（1）我们来学一学神农架的大树随风跳舞的动作吧！

（2）哪一组获得了胜利？你们知道他们为什么会获得胜利吗？

★建议：这一环节教师可以引导幼儿边深呼吸边做放松动作。通过交流骑脚踏车的好方法为下次活动留有余兴。

全园活动：拥抱绿色神农架 畅想生态大自然
——"神农架生态旅游节"全园庆典（小、中、大班）

设计意图

随着"湖北神农架生态旅游节"节日主题教育活动的不断开展和推进，孩子们均不同程度地构建了对家乡神农架新的认知经验，了解每年举办神农架生态旅游节的意义，为家乡拥有如此丰富宝贵的自然风光和物产而感到自豪。幼儿园紧扣"神农架生态旅游节"开展全园性的庆典活动，旨在打破班级局限，创设节日氛围和节日情境，通过展演、游戏等活动充分发挥生生互动的作用，建立责任意识，鼓励孩子们用自己喜欢的方式表达对家乡神农架的喜爱之情。

🕊 活动目标

1. 亲近大自然，热爱大自然，有环保意识。

2. 知道神农架生态旅游节，了解神农架风光、物产和传说。

3. 能用自己喜欢的方式表达对家乡神农架的喜爱之情。

🕊 活动准备

1. 拟订本次活动安全预案。

2. "神农架生态旅游节"环境创设。

3. 幼儿经验准备：对神农架风光、物产和传说有一定的了解。

4. 教师做好游戏的选择和准备。

5. 布展：我画五彩神农架。

6. 中大班各排演一个节目。

7. 布置表演舞台，做好音响道具准备。

🕊 活动过程

1. 画展：主题"我画五彩神农架"。

(1)每个孩子都有作品参与，以班级为单位进行布展。

(2)画展以绘画为主要表达方式，也可以有剪纸、粘贴、亲子制作等形式。

(3)绘画内容紧扣神农架，如森林、动物、河流、瀑布、神话传说等。

★建议：画展可提前布置好，对全园师生和家长开放，画展可持续一周开放。

2. 表演：主题"我心中的神农架"。

(1)幼儿园操场搭建舞台。

(2)中大班幼儿轮流演出，全体幼儿欣赏。

(3)时间：上午9：00—10：00。

★建议：以表达对神农架的喜爱之情为重点选择表演内容，如用树叶、花草等制作服装，进行环保时装秀；表演竹竿舞；演唱爱护小树苗、爱护小动物的歌曲；童话剧表演等。

3. 游戏：主题"玩转神农架"。

(1)各班布置游戏场地。

(2)幼儿以大带小的形式自由到各班游戏。

(3)时间：上午10：00—11：00。

★建议：游戏要紧扣神农架的特点来开展，具有趣味性，如穿过神农架迷宫等趣味游戏。教师对游戏获胜者给予小奖品鼓励。

4. 结束。

(1)播放音乐，幼儿听音乐信号回班。

(2)教师引导幼儿交流本次活动的收获和参加活动的趣事。

❦—鄂州梁子湖捕鱼节—❧

梁子湖捕鱼节是梁子湖沿湖人民的传统节日。梁子湖素有"天然鱼仓"之称，湖中的鱼类多达上百种，常见的有武昌鱼、红尾鱼、银针鱼、鳜鱼、草鱼、鲢鱼、鳙鱼等。每年的 4 月 25 日至 9 月 24 日是梁子湖的禁渔休湖期，9 月 25 日便成为渔民扬帆撒网、开湖捕鱼的喜庆日子。捕鱼节是专门为捕鱼祈福的节日，寓意着渔民们感谢大自然的赐予，祈求捕鱼平安、顺利，多出鱼，出好鱼，出大鱼。"生态梁子湖、美丽乡村游"，梁子湖捕鱼节已成为全国 100 个有特色专项旅游节庆活动之一。近年来，梁子湖"蟹香鱼肥"吸引了不少游客前往，一年一度的捕鱼节格外热闹。从 2000 年至今，梁子湖区已成功举办了十四届捕鱼节。

一、节日活动设计思路

幼儿时期是接受情感刺激的敏感期，是进行道德教育的最佳期。《3—6 岁儿童学习与发展指南》指出，幼儿在各种环境和教育的交互作用中，逐渐掌握一定的社会风俗习惯、行为规范和道德准则。传统文化节日是以每年都可以经历一次的方式出现于幼儿的社会生活和家庭生活之中，和其他活动相比较，它更能潜移默化地让孩子们感受我们的历史文化和风土人情。对于生在鱼米之乡的幼儿来说，梁子湖并不陌生，因此，选取捕鱼节为活动内容是极其富有地域性文化教育内涵的。在活动内容和教学方式的选择上，注重根据幼儿的年龄认知特点，与语言领域、社会领域、艺术领域、科学领域或健康领域相结合，以幼儿的体验性活动为主，如参观活动、谈话活动、情景表演、游戏活动、社会实践活动等，使幼儿充分感受节日文化与习俗，萌发幼儿积极健康的情感，养成良好的道德习惯，传承和发扬中华民族的传统美德，促进幼儿全面和谐地发展。

二、节日活动教育目标和内容

节日活动教育总目标	通过系列活动，使幼儿在捕鱼节中获得愉悦情绪，传承和发扬中华民族的传统美德，使幼儿知道捕鱼节的文化内涵，了解一定的捕鱼节当地的风俗习惯，能有良好的行为规范和道德准则，增强幼儿节约用水，保护水资源的意识。
小班教育目标	1. 愿意和小朋友一起游戏，感受节日的快乐。 2. 初步了解关于鄂州梁子湖捕鱼节的简单知识。 3. 在提醒下，能遵守游戏规则，和同伴一起游戏。
小班活动内容	欢乐捕鱼节　大鱼小鱼知多少　美味鱼餐厅

续表

中班教育目标	1. 主动参加集体活动，激发热爱梁子湖的美好情感。 2. 知道梁子湖的主要旅游景点，了解当地的风土习俗。 3. 能在老师和朋友面前大胆连贯地介绍景点。 4. 理解导游的主要工作职责，学做小导游。
中班活动内容	快乐小导游 设计导游地图 "我爱梁子湖"摄影展
大班教育目标	1. 爱护环境，珍惜大自然中的水资源。 2. 知道水污染的主要原因和危害。 3. 能有维护水资源纯净的好办法。 4. 懂得节约用水是好习惯。
大班活动内容	保护梁子湖 节约用水办法多 护水小卫士
全园活动 教育目标	1. 体验农家生活的快乐，萌发热爱劳动的情感。 2. 丰富幼儿对农村生活的认识，拓展传统节日活动的内容。 3. 能在大带小的活动中互相关心，互相照顾。 4. 懂得劳动的辛苦，尊重劳动者。
全园活动内容	大大小小农家乐(小、中、大班)

三、鄂州梁子湖捕鱼节系列活动方案

(一)精选活动

活动一：欢乐捕鱼节(小班)

活动二：快乐小导游(中班)

活动三：保护梁子湖(大班)

全园活动：大大小小农家乐(小、中、大班)

(二)环境创设

1. 主题墙面创设

(1)照片墙：捕鱼节的来历和景点。

(2)调查表：怎样保护水资源。

(3)美工作品：豆豆贴画。

2. 区域活动创设

美工区：利用农产品制作美工作品，如利用废旧材料做渔网。

体育活动区：利用美工区中的渔网玩捕鱼游戏。

种植区：增加各种瓜果及小动物养殖。

农家乐：在种植区中采摘果实，并自己制作蔬菜沙拉、磨豆粉等。

（三）活动方案设计与指导

活动一：欢乐捕鱼节(小班)

设计意图

小班孩子已有庆祝春节、庆祝生日等纪念活动的体验，想要他们对捕鱼节有个最形象的记忆，那就是直接让他们通过看、听、说、做来认知什么是捕鱼，人们又是在这个节日里通过什么样的活动来一起纪念和庆祝的。于是，设计了此活动，旨在让幼儿在体验中获得感知和愉悦的情绪。

活动目标

1. 愿意和小朋友一起游戏，感受节日的快乐。
2. 初步了解鄂州梁子湖的捕鱼节。
3. 能和同伴一起玩捕鱼游戏。

活动准备

1. 知识经验准备：幼儿有庆祝节日的经历。
2. 环境材料准备：捕鱼节中撒网捕鱼视频和图片，游戏音乐《许多小鱼游来了》，幼儿已玩过这个音乐游戏，手编一张大渔网，鱼头饰若干。

活动过程

1. 看捕鱼。
(1)教师提问引题。
(2)幼儿看视频：捕鱼节撒网捕鱼。
指导语：
(1)你们看过撒网捕鱼吗？在什么地方看到的？
(2)今天让我们一起来看看捕鱼节上是怎样捕鱼的吧！
★建议：这个环节让幼儿先自由说说自己的经验，然后带着问题去观看视频，得到直观认知。

2. 说捕鱼。
(1)幼儿说说自己看到的捕鱼节视频内容。
(2)教师引导幼儿说出撒网捕鱼的经过。
指导语：
(1)捕鱼节上有什么样的庆祝活动？
(2)湖里的鱼是怎么被捕上来的？捕鱼节捕鱼时有哪些人？他们拿着什么捕鱼？
★建议：这个环节让幼儿结合自己的节日庆祝经验，说说捕鱼节是怎么庆祝的，加深了对捕鱼节的了解，提问"捕鱼的方法"是为下个操作环节打好基础。

3. 玩捕鱼。

(1)教师出示网和鱼，说游戏玩法。

(2)幼儿玩捕鱼游戏——我们的捕鱼节。

指导语：

(1)今天也是我们班的捕鱼节，看！老师为小朋友准备了网和鱼，我们一起来庆祝捕鱼节吧！

(2)请装扮成渔民的小朋友们听到《许多小鱼游来了》的歌曲时就开始拿着渔网抛到鱼塘里去，听到歌曲唱到最后一句歌词的时候，我们就拖住网，把装扮成鱼的小朋友捞上岸来，一起庆祝大丰收。

★建议：这个环节让幼儿反复游戏来充分感知和体验捕鱼的乐趣，加深对捕鱼节的印象。

活动延伸

将渔网放在体育活动区中，供教师和孩子自由活动时选择玩捕鱼的游戏。

指导建议

针对小班幼儿的年龄特点，组织此活动时最重要的是营造安全、宽松、能有效互动的氛围。巧用电教、游戏等多种手段和方式充分调动幼儿的感官，让他们仔细观察，亲身游戏，鼓励师生互动和生生互动，让幼儿在游戏化的活动中获得愉悦体验。

活动二：快乐小导游(中班)

设计意图

为了丰富幼儿更多关于捕鱼节的知识，更加全面地了解当地风土人情和习俗，让幼儿在相互的交流分享中获得更多的当地文化内涵，提升幼儿热爱梁子湖的情感，让幼儿从了解家乡升华到爱家乡，于是，设计了此活动，旨在通过活动，达到萌发幼儿热爱梁子湖的美好情感，了解梁子湖的主要旅游景点和土特产，理解导游工作特点和职责的目的。

活动目标

1. 愿意参与活动，激发热爱梁子湖的美好情感。

2. 初步了解梁子湖的主要旅游景点和土特产。

3. 能理解导游的工作特点和职责。

活动准备

1. 知识经验准备：家长带幼儿参观梁子湖，参加幼儿园举行的魅力梁子湖摄影展。

2. 环境材料准备：收集有关梁子湖的名胜古迹、风俗景观、土特产的照片和图片，梁子湖捕鱼节的宣传片和宣传画，导游证和小旗若干。

活动过程

1. 学当小导游。

(1)教师以导游装扮出场,讲解宣传片:"灵秀湖北,魅力梁子"。

(2)讨论:导游的工作。

指导语:

(1)今天老师变成谁了?让老师做导游,带你们一起去梁子湖快乐旅行吧!

(2)导游是干什么的?导游要做些什么呢?

★建议:这个环节让幼儿先大胆猜测教师的导游身份,再通过观看教师做导游,以更好地理解导游的工作和职责,最后请幼儿说出自己对导游工作的理解。

2. 我是小导游。

(1)幼儿出示自己收集到的图片和照片,相互介绍。

(2)教师引导幼儿自由分组轮流当小导游和游客。

(3)游戏:我是小导游。

指导语:

(1)你们和爸爸妈妈去哪些景点儿了?吃了哪些好吃的食物?

(2)请你们也当小导游,带我们一起去梁子湖快乐旅行吧!

(3)请当小导游的小朋友带好导游证,拿好小旗,我们游客跟在小导游后面,听导游根据自己的照片和图片介绍当地的景点名字、捕鱼节风俗和土特产吧!

★建议:这个环节首先让幼儿自由选择介绍,介绍自己对梁子湖印象最深刻的事物,借此来萌发对梁子湖的热爱。接着通过讨论和游戏来体验导游的工作特点,以帮助幼儿获得职业体验的成就感。

3. 最佳小导游。

(1)教师和幼儿一起用小贴纸评选最佳景点。

(2)教师和幼儿一起用小贴纸评选最佳小导游。

指导语:

(1)今天介绍的景点里你最喜欢哪个地方?为什么喜欢呢?一起来投票吧!

(2)今天哪位小导游是你最喜欢的?为什么喜欢呢?一起来投票吧!

★建议:这个环节通过鼓励幼儿大胆表达自己的想法,以增进对景点的认识和对导游工作的理解。

活动延伸

将图片和照片放在语言活动区中,供幼儿自由活动时玩小导游的游戏。

指导建议

这个活动比较贴近幼儿的生活经验和知识经验,选取在亲子活动后开展,幼儿的前期经验比较丰富,对活动的兴趣也就更大。活动中始终把握以幼儿为主体的原则,让幼儿自己展示、自己理解、自己选择、自己尝试,从而获得主体的成就感。

附：活动资源

梁子湖风光图可从网络上查找。

活动三：保护梁子湖(大班)

设计意图

水，和空气、阳光一样是万物生长不可缺少的。地球上的淡水正在减少，而对于每天都会接触到水的孩子们而言，他们对养育我们生命的水又了解多少呢？我们身边的江河湖海中的水是怎样变化的呢？节约用水和保护水资源这些好习惯是否能让孩子真正理解呢？于是，设计了这次活动，旨在通过引出如何让湖水一直美下去的问题，使幼儿知道水资源的重要性，以及初步了解我们该怎样避免水污染，从而减轻危害，使我们的水资源永远美。

活动目标

1. 爱护环境，珍惜大自然中的水资源。
2. 知道水污染的主要原因和危害。
3. 能有维护水资源的好办法。

活动准备

1. 知识经验准备：幼儿知道节约用水和基本的避免水污染的方法。
2. 环境材料准备：
(1)梁子湖风景照片和水污染图片若干，记录表和笔。
(2)科教片片段：保护水资源。

活动过程

1. 水之美。
(1)教师出示梁子湖的照片，和幼儿一起欣赏湖景。
(2)教师引导幼儿观察梁子湖的湖水之美，湖水的纯净。

指导语：
(1)今天请小朋友们一起来看看梁子湖的美景吧！
(2)梁子湖美吗？你觉得哪里最美？湖水怎么美？湖水清亮纯净吗？

★建议：这个环节重点让幼儿仔细观察，充分交流，以感受到湖水的美来自湖水的纯净。

2. 水之污。
(1)教师出示水质污染的图片，引导幼儿讨论水污染的后果。
(2)幼儿分组交流，分析水被污染的原因。
(3)分组请幼儿说出原因，并简单记录。

指导语：

(1)如果湖水被污染成图片中的这些污水的样子，那梁子湖还美吗？水被污染后会有哪些危害呢？

(2)我们一起来分组说一说，哪些原因会使水污染呢？

(3)请当发言人的小朋友向全班小朋友介绍一下自己这一组讨论的原因。

★建议：这个环节重点让孩子们结合自己已有的生活经验分析出水质污染的原因，分组讨论的目的是给大班的孩子充分交流和表达的时间，使每位幼儿都有表达自己观点的机会，记录表是为接下来的活动而设置的。

3. 水之护。

(1)教师引导幼儿讨论保护水资源的好办法。

(2)教师和幼儿一起制订"保护水资源班级公约"。

指导语：

(1)我们一起来看看水污染的原因，找到解决方法，让我们的水资源保持纯净。

(2)我们用这些好办法来制订"保护水资源班级公约"，送给幼儿园全体小朋友，让他们平时也能保护水资源；也送给梁子湖岛上的居民和游人，让我们的梁子湖里的水永远清亮，永远这么美！

★建议：这个环节是让幼儿懂得如何去保护水资源，也把这些好办法用公约、倡议书的方式让更多的人都能知道并共同保护水资源。

活动延伸

将制订好的"保护水资源班级公约"用图文并茂的方式在全园的升旗仪式上向全园教师、幼儿及家长宣传。

指导建议

水是生命之源。1993年，联合国大会确定每年的3月22日为"世界水日"。这个活动通过欣赏水之美、分析水之污、制订水之护三部分，让幼儿加深对水资源的爱惜，唤起幼儿保护水资源的意识，最后通过制订并推广"公约"，使大班幼儿责任意识增强，并努力将想法付诸行动。

全园活动：大大小小农家乐（小、中、大班）

设计意图

《幼儿园教育指导纲要(试行)》中明确指出应为幼儿提供人际相互交往和共同活动的机会和条件。《3—6岁儿童学习与发展指南》中关于喜欢交往的具体目标按大、中、小班各年龄段的目标分别是喜欢和小朋友游戏，有经常玩的好朋友，乐于交朋友。于是，在全园中利用大带小活动将梁子湖系列活动进行整合。设计此活动，旨在通过大带小的农家乐体验活动，萌发幼儿热爱劳动的情感，丰富幼儿对农村生活的认识，并增强各年龄段幼儿的交往能力。

🐦 **活动目标**

1. 体验农家生活的快乐,萌发热爱劳动的情感。

2. 丰富对农村生活的认识。

3. 能在大带小的活动中互相关心,互相照顾。

🐦 **活动准备**

1. 知识经验准备:幼儿已有对农村生活的印象,教师认识农作物及基本农具的使用方法。

2. 环境材料准备:将幼儿园的一个上午设为"大带小农家乐"体验活动,由大班幼儿组织各区角活动,中班幼儿带一名小班幼儿在全园设立的农家乐区角进行自由体验活动。

区角设置及材料分别为:

欢乐集市区:利用废旧材料的衣服鞋子,自制水果、鱼。(开设卖衣摊、卖鞋摊、水果摊、鱼摊)

石磨体验区:石磨、勺子、稻臼、稻臼锤。(先把米泡软,然后在稻臼里用稻臼锤把米捣碎,再把米一勺一勺装进石磨孔,推动石磨,把米慢慢磨成米糊)

巧手创意区:稻草,玉米,花生壳,狗尾草,树叶,果壳和石头。(搓绳子,做草垫子、草鞋。农作物贴画,石头装饰画等)

美味 DIY:番茄,紫包菜,黄瓜,苹果,菠萝,橙子等。(制作蔬菜水果沙拉)

🐦 **活动过程**

1. 欢乐前奏。

(1)教师交代活动的内容和规则,引导幼儿说出自己想参加的活动。

(2)教师提醒幼儿注意活动中的安全。

指导语:

(1)今天大班的哥哥姐姐和我们玩游戏,中班的小朋友可以带着小班的弟弟妹妹去选择你们自己想玩的游戏!

(2)大班的小朋友在活动中一定要耐心地去告诉中班和小班的弟弟妹妹游戏的玩法和规则,中班和小班小朋友要根据大班哥哥姐姐告诉你们的方法有次序地玩游戏。

★建议:这个环节重点是让幼儿自主选择,明确自己参加活动的内容及规则,也要注意提醒幼儿时刻注意安全。

2. 欢乐无限。

(1)大班幼儿组织各区域游戏,中、小班幼儿自由搭档分组并参加活动。

(2)教师观察指导各年龄段幼儿参加活动。

指导语:

(1)孩子们,让我们和自己的伙伴们去玩游戏吧!

(2)你们在玩什么?玩得开心吗?出现了什么问题吗?

★建议：这个环节重点让孩子们自己选择同伴，自己和同伴商量选择游戏，两人或多人共同解决出现的各类问题，教师始终是观察者、引导者，真正实现幼儿主体性原则。

3. 欢乐回味。

(1)教师组织幼儿安全回到自己班级。

(2)教师引导幼儿交流分享。

指导语：

(1)孩子们，回班的音乐响了，慢慢地到自己的班里吧！

(2)今天玩得开心吗？什么时候最开心？你玩了哪些活动区？还想参加哪些活动区的游戏？

★建议：这个环节是让孩子们将自己的愉悦情绪和活动经验进行表达，以丰富孩子们更多的社会活动体验。

✎ **活动延伸**

可以邀请家长来到幼儿园，和孩子一起参加亲子活动"亲子农家乐"。

✎ **指导建议**

大带小的混龄活动是很值得借鉴和尝试的，混龄活动中既可以增强大、中班孩子的责任感，使他们感受到帮助别人的快乐；同时，这样的活动还可以使小班幼儿在宽松、自由、温暖的氛围中更快地适应幼儿园的集体生活，实现同个活动不同层次的幼儿都能达到最近发展区，完善幼儿的个性发展。

❦ 长江三峡国际旅游节 ❦

长江三峡位于我国重庆市和湖北省境内的长江干流上，西起重庆市奉节县的白帝城，东至湖北省宜昌市的南津关，全长 192 千米，由瞿塘峡、巫峡、西陵峡组成，简称为三峡。长江三峡，地灵人杰。这里作为中国古文化的发源地之一，孕育了中国伟大的爱国诗人屈原和千古名女王昭君。青山碧水，曾留下李白、白居易、陆游等多位诗圣文豪的足迹，更有许多千古传颂的诗章流传至今；白帝城、黄陵庙、南津关等，这些著名的名胜古迹，同山水风光交相辉映，名扬四海。

以"提升品牌影响 加强国际交流"为目的的"长江三峡国际旅游节"，在每年的 10—11 月间由湖北和重庆两省市联合举办。旅游节丰富多彩的主题活动，不仅吸引了成千上万的国际国内游客的观光游览，还吸引了一大批客商的到来。无论是旅游观光还是商业洽谈，好客的"三峡人"都将以诚挚的热情迎接每一位友人的到来。

一、节日活动设计思路

长江三峡作为我国古文化的发源地之一，孕育了地域特点明显的三峡文化。吃粽子、赛龙舟、剪窗花、跑旱船、唱民谣等，这些听着耳熟却道不出究竟的东西，就是我们祖先传承下来的文化。文化需要传承，文化需要延续，民族文化更是如此。我们希望结合"长江三峡国际旅游节"主题活动的开展，让幼儿欣赏、感受祖国文化的丰富性，在寻找、发现身边的民族文化的同时，初步形成爱祖国、爱家乡的情感。

二、节日活动教育目标和内容

节日活动教育 总目标	通过对传统艺术、民间游戏、特色小吃的了解感受，激发幼儿对民族文化的探究兴趣；欣赏、感受祖国文化的丰富性，初步形成爱祖国、爱家乡的情感。
小班教育目标	1. 愿意参加探究活动，体验活动的乐趣。 2. 知道水的作用，学会节约用水。 3. 感受民间作品的艺术美，知道它们的名称和简单的制作方法。 4. 体验民间游戏的乐趣，知道简单的游戏规则，并能遵守。
小班活动内容	神奇的民间剪纸　小剪刀用处大　给花宝宝浇水　荷花荷花几时开　小鱼游 赛龙舟
中班教育目标	1. 了解几种简单的民间游戏，愿意与他人分享游戏的乐趣。 2. 感受三峡地区独特的艺术文化，增强爱家乡、爱祖国的情感。 3. 愿意品尝各种不同风格的食物，感受不同的饮食文化。 4. 对纸船的浮沉产生兴趣，愿意探究纸与水的关系，养成主动探究的学习习惯。
中班活动内容	神奇的根雕　游览三峡大坝　长江上的桥　我会吃火锅　不会沉的纸船 好玩的竹蜻蜓
大班教育目标	1. 了解三峡工程的主要作用，在探究中发现三峡大坝的奥秘。 2. 尝试多途径去感知三峡文化，愿意向别人进行宣传。 3. 领略古诗词的韵律美、节奏美，愿意在集体面前大声诵读。 4. 亲近大自然，感谢大自然的馈赠，体会人与自然的关系。
大班活动内容	古诗诵读　大船和小船　我是小导游　三峡茶　水墨山水　船工号子 认识中华鲟
全园活动 教育目标	1. 通过活动，增进幼儿对民间游戏的了解，体验游戏的乐趣。 2. 通过丰富多彩的游戏内容，培养幼儿的挑战意识，增强幼儿对家乡、对祖国的热爱之情。 3. 能积极参加集体游戏，愿意为集体争得荣誉，有初步的团队意识。 4. 加强亲子间的互动，增进家人间的感情，有效地将小型民间游戏带入家庭。
全园活动内容	快乐游戏乐翻天（小、中、大班）

三、长江三峡国际旅游节系列活动方案

(一)精选活动

活动一：给花宝宝浇水(小班)

活动二：我会吃火锅(中班)

活动三：三峡茶(大班)

活动四：船工号子(大班)

全园活动：快乐游戏乐翻天(小、中、大班)

(二)环境创设

1. 主题墙面创设

自制三峡地域背景图，借用幼儿的美工作品及景点门票作为标志，在图上注明沿线的风景名胜、特产小吃和民俗文化等。搜集民间游戏相关资料，并用剪纸、布艺作品作为花边装饰墙面。也可加入书法作品、三峡鱼类介绍、名著推荐等素材(各年龄段可按照幼儿的发展特点选择内容进行创设)。

2. 区域活动创设

宝宝超市：各种茶类及茶制品、特色小吃等。

美工区：剪纸专业纸张、各种压花工具。

茶艺坊：茶具，供幼儿学习简单的茶艺。

科学区："水的实验"操作材料，三峡大坝微型景观等。

体育区：各种民间游戏的道具，如竹蜻蜓、高跷、铁环、毽子等。

(三)活动方案设计与指导

活动一：给花宝宝浇水(小班)

活动目标

1. 感知水会流动的特性。

2. 能选择1—2种合适的工具给花浇水，体会探究活动的乐趣。

3. 知道我们的生活离不开水，学会节约用水。

活动准备

1. 知识经验准备：幼儿有过玩水的经验，有给植物浇水的经验。

2. 环境材料准备：每组一盆水，水桶、盆、塑料袋、小矿泉水瓶、海绵、漏勺、塑料篓等若干。

❧ **活动过程**

1. 介绍任务。

(1)告诉幼儿花圃里的花宝宝需要浇水。

(2)说说应该怎样浇水。

★建议：本环节教师强调任务的重要性，激励幼儿有完成任务的自信。

2. 选择工具。

(1)请幼儿选择工具，试一试。

指导语：看看哪些工具可以帮我们把水运到花圃？

(2)展示各自选择的工具。

(3)幼儿评价哪些工具可以帮助我们完成任务。

★建议：本环节教师要尊重每个幼儿选择的工具。在展示环节请其他幼儿进行展示，并鼓励幼儿间的相互交流学习。

3. 使用工具。

(1)幼儿在每组的水盆中取水浇花。

(2)说说自己的工具好用吗？

(3)再次选择工具，继续完成任务。

★建议：本环节教师注意随机指导，对于进行第二次工具选择的幼儿要及时给予肯定。

4. 参观花圃。

(1)看看每片花朵浇灌的情况，给漏浇的花儿补浇上水。

(2)说说水的其他用处，怎样节约用水。

★建议：本环节教师可以先请幼儿进行评价，让他们尝试表达自己的想法。

❧ **活动延伸**

在活动后的洗手、饮水环节，教师记得提醒幼儿节约用水。在餐前活动中，给幼儿讲讲与水有关的故事和知识，让他们获得更多有关水的经验。

❧ **指导建议**

小班幼儿的探究活动常常会因为兴趣点的转移而失去探索目标，教师要注意时刻引导。另外，他们的探究随意性较大，常常会效仿成人或同伴，缺少自己的主见。因此，活动中，教师不要马上去纠正他们的结论，要给他们自己发现、调整的机会，这也是探究的一部分。

活动二：我会吃火锅(中班)

❧ **活动目标**

1. 知道麻辣火锅是重庆人最爱吃的美食之一。

2. 会选择自己喜欢或家人喜欢的菜品下火锅，知道要荤素搭配，初步形成健康饮食的习惯。

3. 体验与家人、朋友围坐在锅边吃火锅的乐趣。

活动准备

1. 知识经验准备：幼儿有过吃火锅的经验。

2. 环境材料准备：各种火锅的食材个体图片，每人一个纸盘、每组一口火锅（纸质），筷子、碗等。

活动过程

1. 我吃过的火锅。

(1) 请幼儿介绍自己吃火锅的经验。

指导语：你吃过的火锅是什么样的？是什么味道？你会和谁一起吃火锅？

(2) 讨论：火锅怎样吃才健康？成人会为你选择哪些菜品来吃火锅？吃火锅时要注意什么事？

★建议：本环节教师要给幼儿提供大胆表达的机会，帮助幼儿梳理其中的重点，适时总结，让幼儿知道吃火锅的方法。

2. 我选择的食材。

(1) 请幼儿在"自选区"为自己和家人选择食物（将食物放到自己的纸盘中）。

(2) 在同伴面前展示自己选择的食物，并说明理由。

★建议：本环节教师注意引导幼儿按照健康的标准来选择食材，提醒幼儿可以为家人选择他们喜欢的食材，培养幼儿关心、照顾别人的意识。

3. 一起来吃火锅。

(1) 幼儿分组围坐在一起，一起吃火锅。

要求：幼儿可以将自己的菜涮好后夹到自己碗里，也可以去夹其他的菜，但需要征得同伴同意。

(2) 比比哪组的锅底最干净。

★建议：本环节教师注意引导幼儿间的分享，同时也让他们知道爱惜食物的道理。

活动延伸

了解自己的家人都喜欢吃什么味道的火锅以及喜欢什么菜品，做好调查记录，并为他们专门定制一个健康的火锅。

指导建议

良好的健康饮食习惯需要长期的引导和培养，幼儿园应注意和家庭间相互配合，建议在家里的餐桌上，也要注意饮食的搭配。有条件的园所，可以安排一次火锅聚会，让孩子们体验一次自己做主的感觉。

活动三：三峡茶(大班)

活动目标

1. 初步了解茶的分类，知道经常喝茶对人的身体有好处。

2. 感受茶文化，知道我国是茶的发源地，萌发中国人的自豪感。

3. 认识三峡茶，了解采茶、制茶的简单工序，体会茶厂工人的辛苦工作。

活动准备

1. 知识经验准备：幼儿了解自带的茶，并能进行简单介绍，有过喝茶的经验。

2. 环境材料准备：茶文化图片资料，罐装茶叶展示台，幼儿自带茶叶一种，茶具，视频短片。

活动过程

1. 识茶。

(1)参观茶文化资料展，引导幼儿观察展台上的茶叶，看看什么地方不一样。

(2)幼儿向同伴介绍自己带来的茶，尝试找到与自己一样的茶。

(3)教师介绍茶的基本品种，并同幼儿一起将手中的茶进行分类。

★建议：本环节教师注意师幼间的互动交流，茶叶品种相同的幼儿可进行补充介绍。

2. 品茶。

(1)说说你身边的哪些人喜欢喝茶。他们会在什么时候或什么地方喝茶。

(2)教师介绍绿茶之一——三峡茶。

(3)介绍茶具，讲解、沏茶。

(4)幼儿跟着老师一起，通过观色、闻香、品味三步来品茶。

★建议：本环节教师每一步的示范都要交代清楚，并用优美的语言进行讲解，让幼儿在品茶的过程中感受茶的文化。

3. 赏茶。

(1)观看片段一，了解茶的起源。

指导语：现在不仅中国人喝茶，外国人也爱喝茶，这是为什么呢？

(2)观看片段二，了解三峡茶的摘采、制作过程。

指导语：

(1)工人阿姨为什么下雨天还要去采茶？

(2)从哪些地方可以看出茶厂工作的辛苦？

(3)观看片段三，了解中国茶文化。

★建议：本环节教师边让幼儿观看视频，边品茶，让幼儿有身临其境的感觉。

🐦 活动延伸

请幼儿到超市去寻找不同的茶叶，了解它们属于哪类茶。寻找各种茶制品，了解它们不同的作用。

🐦 指导建议

中国茶文化内涵丰富，与历史、政治、经济相融，茶的品种更是繁多。本次活动只是基本知识的介绍及茶文化的宣传。要开展好此活动，教师也要提前做好准备，找准切入点。活动前期需要家长配合做好幼儿知识经验的积累，活动后可让幼儿继续去了解与三峡茶及三峡文化有关的故事。

活动四：船工号子（大班）

🐦 活动目标

1. 欣赏歌曲《船工号子》，感受 Ａ－Ｂ－Ｃ 的段落特点及每段节奏的快慢不同的意义。

2. 知道劳动号子的作用和特点，学习用"一领众合"的方式来喊号子。

3. 了解老一辈三峡船工的工作艰辛，为三峡大坝的建立感到骄傲。

🐦 活动准备

1. 知识经验准备：了解三峡大坝工程的简单知识。

2. 环境材料准备：收集劳动号子相关视频资料，旅游景点的挑夫、"爸爸去哪儿"中的片段等，船工拉纤的视频短片，音乐素材，粗绳，大纸箱等。

🐦 活动过程

1. 调动经验，引导思考。

(1)观看视频短片，听劳动号子，感受三峡船工拉纤的艰辛。

指导语：

(1)船工们为什么要用绳子去拉船？他们的姿势是怎样的？

(2)他们在干活时嘴里为什么要喊出整齐的声音？他们是怎样喊的？

(3)现在船过三峡为什么不需要船工拉纤了？

(2)你还在哪里见过边劳动边喊号子的情况？

★建议：本环节教师通过对比，让幼儿知道三峡大坝建成前后船工的工作，简单介绍三峡工程。

2. 欣赏歌曲，感受作品。

(1)幼儿第一遍完整欣赏歌曲《船工号子》。

指导语：说说听完歌后的感觉。哪一部分给你的印象最深？

(2)幼儿分别欣赏歌曲的开头和结尾部分。

指导语：两部分都是在喊号子，但又有不一样的地方，你能听出来吗？

(3)欣赏歌曲中间部分。

(4)教师分析歌曲的曲风及结构，请幼儿再次完整欣赏。

★建议：本环节教师注意指导幼儿认真倾听。在分段欣赏时，启发幼儿多多思考，通过解释上滩、下滩的区别，进一步帮助幼儿理解歌曲。

3.劳动体会，表现作品。

(1)请幼儿合着音乐，模仿号子。

指导语：我们模仿得像吗？应该怎样做？

(2)请幼儿试着一起搬动大纸箱，体会怎样才能让力气更集中。

(3)引导幼儿再次模仿喊号子，老师来领头，要求幼儿合的整齐，要喊出"号子"的感觉。

★建议：教师引导幼儿在劳动中使用号子，体会号子的作用，以及喊出来的感觉。

🐦 **活动延伸**

搜集其他的劳动号子供幼儿欣赏。鼓励幼儿自己学编劳动号子。

🐦 **指导建议**

活动结束后，教师可有意识地请幼儿参与完成一些体力劳动，如搬体育器械、抬桌子、摆床铺等。做到控制好人数，让幼儿试着自己喊号子，统一发力，完成任务。同时也可感受到集体的力量。

全园活动：快乐游戏乐翻天(小、中、大班)

🐦 **设计意图**

随着人民生活水平的提高，高科技玩具不断涌现，当家长们在用大量的物质来"爱"孩子时，往往忽略了对孩子精神生活的关注。民间游戏对于今天的孩子们来说是陌生的，但它却陪伴了孩子们父辈的成长，给他们的童年带去了欢乐。希望借助民间游戏的力量，让孩子体验到它的丰富、它的简单、它的魅力，并和家长一起体验它的乐趣。

🐦 **活动目标**

1.通过活动，增进幼儿对民间游戏的了解，体验游戏的乐趣。

2.在游戏中，培养幼儿的挑战意识，增强幼儿对家乡、对祖国的热爱之情。

3.能积极参加集体游戏，愿意为集体争得荣誉，有初步的团队意识。

4.加强亲子间的互动，增进家人间的感情，有效地将小型民间游戏带入家庭。

🐦 **活动时间**

10月9日9：00—11：30

🐦 **活动地点**

幼儿园操场、各班活动室、功能室

活动准备

1. 环境准备。

(1)大操场：场地安排、活动横幅。

(2)游戏区：各活动室、功能室结合游戏内容布置好环境，准备好游戏材料。

(3)休息处：各班睡眠室。

2. 物质准备。

直饮水、纸杯、垃圾桶、摄像器材、医疗器械、移动座椅、清洁用品、游戏礼品。

3. 人员准备。

(1)会场调度：总指挥1人，后勤保障4人。

(2)保健人员：2人，主楼保健室和操场医疗点各1人。

(3)服务人员：每个游戏区域2人。

(4)会场主持：2人。

(5)摄像人员：2人。

(6)安保人员：入口处2人，游戏区域每层楼2人。

(7)音响人员：1人。

4. 前期宣传准备。

(1)在园网站及各班"家园联系"窗口介绍各类民间游戏的玩法。

(2)活动海报、邀请函准备。

(3)游戏活动报名表提前下发、汇总。

(4)活动当天天气提前了解，做好应急预案。

(5)幼儿园安全出口、消防通道示意图提前公示。

(6)大班幼儿准备竹竿舞；中班幼儿提前准备古诗吟诵；小班幼儿准备民谣合唱。

活动流程

1. 8：00，幼儿入园吃早餐。餐后教师为幼儿进行简单装扮。

2. 8：50，家长入园。各班教师组织家长在操场指定位置就座。

3. 9：30，活动正式开始。

(1)主持人宣布活动开始。

(2)各年龄段分别进行节目展示。

(3)主持人介绍各竞赛项目的竞赛地点。

4. 10：00，分年龄段开始竞赛游戏。

(1)各班教师按照报名情况，安排家长和幼儿参加竞赛。

(2)暂时没有比赛项目的家长和幼儿在本班场地就座，自发组成啦啦队。

(3)主要游戏及玩法。

小班年龄组

游戏一：跳房子接力赛

准备：地上用粉笔画出跳格，中国结每队一个。

规则：每班每次选取 5 对选手参赛，幼儿与家长分别在格子两端纵队相对站立。发令后，家长手拿中国结先出发，单脚行进跳到格子另一端，并将手中的中国结交给第一位幼儿。随后，拿到中国结的幼儿出发，双脚完成行进跳后，再次将中国结交到对面成人手中。依此循环，最先全部完成任务到达终点的队伍获胜。

游戏二：抓尾巴

准备：彩色布条若干。

规则：每班每次选取 5 对选手参赛。每班选择同一种颜色的布条，并扎到幼儿裤子后面，代表尾巴。游戏开始后，家长将幼儿抱起后去抓其他颜色的尾巴。尾巴被抓下来的幼儿，家长一并退出比赛场地，以最后获得尾巴最多的队伍获胜。

中班年龄组

游戏一：赛龙舟

准备：双人踏板若干。

规则：每班每次选取 8 对选手参赛，赛道两边各站 4 对选手。发令后，家长与幼儿同时将双脚放入踏板上的固定绳中，同时迈动同边的脚，搭肩向对面迈进。到达对面后，将踏板交给下一对选手。依此循环，直到最后一对选手完成游戏。最先到达终点的队伍获胜。

游戏二：独轮车接力赛

准备：每队独轮车一辆，皮球三个。

规则：每班每次选取 8 名幼儿参赛，赛道两边各站 4 名。游戏开始后，一名幼儿将装有皮球的独轮车推起，通过赛道后交到对面队友手中，如中间出现皮球滚落的情况必须停下将皮球捡回放入，重新开始。全部选手最先完成比赛的队伍获胜。

大班年龄组

游戏一：两人三足接力赛

准备：布条若干，赛前家长与幼儿将相邻的两条腿用布条系在一起。

规则：每班每次选取 8 对选手参赛，赛道两边各站 4 对选手。游戏开始后，第一对选手出发，通过赛道后到达对面，并用击掌的方法完成交接，第二对选手出发。全部选手最先完成比赛的队伍获胜。

游戏二：推铁环

准备：铁环若干。

规则：每班每次选取 5 名幼儿参赛。游戏开始后，第一位幼儿滚动铁环向前跑动，并绕过前方障碍物后返回起点，将铁环交给第二位幼儿，直到 5 名幼儿全部完成游戏，首先达到终点的队伍获胜。

5. 家长游戏技能展示。

(1)年级拔河比赛。

(2)跳长绳。

6. 颁奖。

(1)颁发个人奖项。给获胜队员代表颁奖。

(2)颁发集体奖项。最佳风采奖、最佳团队奖等。

7. 主持人宣布活动结束。

8. 各班组织家长回班完成整理工作。

9. 工作人员协助各班教师组织好家长和孩子安全离园。

10. 工作人员清理活动现场。

武汉渡江节

1949年4月21日至6月2日，中国共产党领导中国人民解放军强渡长江。后来，毛主席曾多次横渡长江，在浩瀚的江面上，时而挥臂侧游，拨开层层波涛，破浪前进；时而仰卧水面，看万里碧空。毛主席笑着说："长江又宽、又深，是游泳的好地方，长江水深流急，可以锻炼身体，锻炼意志。"万里长江横渡也是为了纪念毛主席畅游长江而来的，因此，武汉市把每年的7月16日定为武汉市渡江节。

一、节日活动设计思路

渡江节是武汉市本地的特色节日，以其激励人心的历史背景和富有挑战性的活动设计为中外游泳爱好者所熟知。但是对于年幼的孩子来说可能不太熟悉。因此，为了激发孩子们对故乡文化的喜爱，为了培养孩子积极参与身体锻炼，更加为了培养他们不怕困难、勇敢、不轻言放弃的坚强品质，我们设计了这次活动。

此次活动形式多样，内容丰富，有课堂内的，有脱离年龄界限的，有集体参与的，还有亲子合作的形式。需要注意的是活动过程中很多方面涉及孩子个性和能力的发展，老师和家长还要关注到个别能力稍差一点的幼儿，使其能够融入活动中，达到人人参与、人人快乐的目标。

二、节日活动教育目标和内容

节日活动教育总目标	1. 知道渡江节是武汉特色节庆活动，萌发热爱家乡的情感。 2. 愿意参加群体活动，在群体活动中感受到快乐。 3. 对水上运动项目感兴趣。
小班教育目标	1. 对群体活动有兴趣，并喜欢承担一些小任务。 2. 用自己喜欢的艺术形式表达对渡江节的喜爱，并对自己的活动成果感到高兴。

续表

小班活动内容	夏日大作战
中班教育目标	1. 知道自己的家乡在武汉，渡江节是武汉的特色节庆活动。 2. 能够基本完整、连贯地讲述自己对渡江节的所见所闻。 3. 感受渡江的精神力量，学习这种坚强的品质。
中班活动内容	勇往直前渡长江
大班教育目标	1. 为自己是武汉人、能参加渡江节庆祝活动感到骄傲和自豪。 2. 愿意与他人讨论关于渡江节的话题，敢在众人面前讲话。 3. 学习一些简单的体育运动中的自我保护方法。
大班活动内容	渡江危险我不怕　我设计的标志——横渡长江
全园活动 教育目标	1. 通过音乐感受渡江节欢乐的气氛，调动全园参与活动的积极性。 2. 了解渡江节的系列内容，知道抢渡长江的作用和伟大意义。 3. 能积极参加体育锻炼，培养自己不畏艰险、永不放弃的美好品质。
全园活动内容	忆往昔·重渡江（小、中、大班）

三、武汉渡江节系列活动方案

（一）精选活动

活动一：夏日大作战（小班）

活动二：勇往直前渡长江（中班）

活动三：渡江危险我不怕（大班）

活动四：我设计的标志——横渡长江（大班）

全园活动：忆往昔·重渡江（小、中、大班）

（二）环境创设

1. 主题墙面创设

"夏日大作战"主题墙：用照片的形式展示渡江节热闹的场景，把小朋友画的和制作的泳衣进行排版和装饰。

"渡江危险我不怕"主题墙：教师画出长江的轮廓，中间留白处粘贴孩子自己画出的渡江的危险情况以及家长的文字解说（孩子们说出的解决办法）。

"我设计的标志"主题墙：教师制作一个大的渡江节标志轮廓，留白处粘贴孩子自己创作的渡江节标志，同时附上孩子们介绍作品的照片。

"忆往昔·重渡江"主题墙：粘贴亲子共同创作的合作画，进行装饰和排版。

2. 区域活动创设

阅读区：投放一些关于水上运动的书籍，同时投放幼儿自制渡江节系列故事书。

科学区：投放渡江节一些精彩和经典的镜头图片，简单的水和重力的关系图片，提供简单的实验器械供幼儿操作。

美工区：提供各种操作工具和材料，开设"渡江知识我知道""渡江标志我设计"主题制作。

表演区：投放进行渡江比赛的音乐或者其他水上运动的道具等。

建构区：开设"横渡长江"的主题搭建（以长江边上的标志性建筑为主），提供图片参考。

（三）活动方案设计与指导

活动一：夏日大作战（小班）

🐦 活动目标

1. 喜欢渡江节热闹的气氛，愿意参加泳衣装饰活动。
2. 知道泳衣的作用，学会粘、系的技能。
3. 能在渡江节设定的情境下进行大胆表演。

🐦 活动准备

1. 知识经验准备。

活动前已知道渡江节的由来，有游泳的经验。

2. 物质材料准备。

(1)动画：看着我 跟我做。

(2)多媒体课件：环保泳衣时装秀。

(3)教师画好的空白泳衣（尺寸稍大，可供幼儿装饰后贴在身上表演）。

🐦 活动过程

1. 宝贝看渡江。

(1)播放视频动画，让幼儿感受渡江节的热闹场面。

(2)教师引导幼儿观察运动员们身上不同样式的泳衣和游泳装备。

指导语：

(1)小朋友们，你们看过渡江吗？那些运动员都穿什么样的衣服啊？

(2)你最喜欢哪一种泳衣？为什么？

★建议：这个环节可以让孩子通过观看动画视频回忆日常生活经验，同时迁移经验，培养孩子的语言表达能力。

2. 泳衣巧装扮。

(1)播放多媒体课件，让幼儿观察泳衣装饰的多样性。

(2)分小组讨论，说一说你准备怎么装扮你的泳衣？

指导语：

(1)你们看那些表演时装秀的小朋友，他们的泳衣都是自己做的哦！你们想自己动手装扮吗？

(2)你想穿一件什么样的泳衣呢？你打算怎么做？

★建议：此环节可以让孩子多说一些自己对泳衣装扮的想法，充分调动孩子的积极性，鼓励幼儿表达时注意流畅、完整。

3. 节日泳装秀。

(1)请幼儿穿上自己装饰的泳衣进行表演。

(2)教师指导幼儿随着音乐进行完整的表演。

指导语：

(1)请小朋友分成若干小组，我们在班上进行一个小小的泳衣秀吧！

(2)现在我们已经开始走秀了，请你们摆出自己觉得最美的动作进行表演吧！

★建议：此环节既有表演又有孩子们自己的动作设计，老师可以让孩子在充分表演的同时用照片或者其他形式进行记录。

🐦 活动延伸

1. 小朋友们在表演的时候老师可以把孩子们交流的话语和装饰的泳衣保存下来做成一个剧本，还可以投放到活动区进行二次创作和表演。

2. 请小朋友回家后为家里的人讲述渡江节的故事，还可以为家长进行时装秀的表演。

🐦 指导建议

1. 这个活动放在小班年龄阶段是为了初步让孩子感受节日的氛围，对节日里的主要内容有一定的了解，教师可以在游泳运动上多进行讲解和引导。

2. 渡江节热闹的气氛也是为了让孩子们了解各种不同节日里不同的庆祝表达方式，建议教师给孩子们多准备一些对比的资源。

3. 活动的第二个环节，请老师多准备一些材料让幼儿大胆地进行创作，这样不仅会加深孩子对渡江节这个活动的印象，也可以锻炼孩子的动手能力和想象力。

活动二：勇往直前渡长江(中班)

🐦 活动目标

1. 体验渡江节热闹的气氛，感受横渡长江的磅礴气势。

2. 了解横渡长江的原因和方法，增强运动意识。

3. 能够大胆表达自己对横渡长江的认识和感受，有参与的愿望。

🐦 活动准备

1. 知识经验准备：活动前请家长带幼儿观看横渡长江的活动现场或者影音资料。

2. 物质材料准备：各种横渡长江的图片，电教设备。

☞ **活动过程**

1. 忆渡江。

(1)幼儿交流分享自己掌握的渡江节知识。

(2)教师根据幼儿讲述为幼儿梳理渡江节的由来。

指导语：

(1)你们知道什么是渡江节吗？人们为什么要渡江呢？

(2)长江为华夏第一大江，武汉市渡江节对武汉人民来说也是一个特殊的节日。

★建议：这个环节告诉幼儿渡江节的由来，让幼儿了解横渡长江的非凡意义，萌发对一代伟人的敬仰之情，同时让幼儿了解纪念这个节日的主要方式——横渡长江。

2. 说渡江。

(1)引导幼儿观看渡江节视频，说说运动员们的坚持和拼搏。

(2)播放多媒体课件，让幼儿了解渡江运动员们所带来的积极向上的力量。

指导语：

(1)你们看渡江运动员们脸上的表情，他们游泳的动作，还有他们的速度，你觉得他们在比赛的时候是怎么想的？

(2)你觉得渡江节有趣吗？为什么？如果你也参加了渡江节，你会怎么做？

★建议：这个环节让幼儿充分调动自己关于游泳的各种经验，用语言进行描述，提高孩子的语言表达能力，同时让幼儿感受渡江的精神力量，学习这种坚强的品质。

3. 乐渡江。

(1)幼儿动脑筋想想怎样为运动员们加油。

(2)教师引导幼儿大胆表述和表现自己对渡江节的向往和参与。

指导语：

(1)大家在渡江的时候都非常有激情，他们很努力，很认真地从江的一边游到另一边，而且一直在坚持。如果你是观众，你怎样为他们加油啊？

(2)我们能不能组成分队用表演的形式为他们加油呢？

★建议：这个环节主要请幼儿设计加油的形式和口号，也可引导幼儿分组表演，在自己设计的表演形式中感受渡江节带来的快乐。

☞ **活动延伸**

1. 请家长带孩子去博物馆观看渡江战役的有关纪念品和人物介绍，让孩子对横渡长江这项运动的历史由来认识更加全面。

2. 让家长带幼儿去渡江的地点进行参观，让孩子实地了解渡江的路程，让他们感受渡江是很不容易的。

3. 组织一次游泳或者跑步比赛，培养孩子的运动精神。

☞ **指导建议**

1. 这个活动对中班的孩子来说还是非常有意义的。对培养他们独立和坚强的品质可以起到很好的鼓励作用。

2. 为了让孩子能够更好地体会到渡江的气氛和过程的艰难，可以在选择图片时尽量定格一些有激情、有拼搏感画面的图片。

3. 建议在第三个环节，幼儿大胆讲述时多给孩子一些自由表达的机会，这样不仅可以充分调动他们的积极性，同时还能培养他们想说、敢说的语言表达能力。

活动三：渡江危险我不怕（大班）

🐦 活动目标

1. 感受渡江运动员坚持不懈、不怕困难的精神。

2. 了解在渡江过程中可能会遇到的困难和危险，知道一些简单的解决方法。

3. 能够在体育活动中学会自我保护。

🐦 活动准备

1. 知识经验准备。

小朋友都有游泳的经验，看过游泳比赛。

2. 物质材料准备。

(1)视频短片：抢渡长江。

(2)班级游泳场地布置。

🐦 活动过程

1. 看一看。

(1)观看视频短片，感受渡江节既快乐又紧张的气氛。

(2)教师引导小朋友感受游泳竞赛运动的特点。

指导语：

(1)小朋友们快看，我们的运动员，他们在比赛前脸上的表情是什么样的？

(2)游泳比赛是渡江节的主要庆祝形式，是为了鼓励大家多进行体育锻炼，培养坚强的品质。

★建议：可以在观看视频短片的过程中为幼儿渲染节日的快乐气氛，让幼儿对渡江节的活动产生兴趣。

2. 说一说。

(1)请幼儿分组说一说渡江的时候有可能会遇到的困难和问题。

(2)教师引导幼儿完整表述，在渡江的过程中我们怎么做才可以自我保护。

指导语：

(1)渡江路线遥远，而且要长时间待在水里，所以运动员们会遇到很多的困难和危险，你知道有可能会发生什么事吗？

(2)请小朋友讨论并积极回答如果你是一名渡江运动员，在江里那么久如果你很累了你会怎么办？你会怎么做来保护自己？

★建议：这个环节教师可以侧重于多让孩子自由说出渡江时可能遇到的问题，以及自我保护的措施。

3. 玩一玩。

(1)请小朋友自由练习游泳的动作，体会积极参加锻炼给我们的身体带来的好处。

(2)把幼儿分成若干小组进行"我是小小渡江员"的游戏活动。

指导语：

(1)渡江节能够让人们知道进行体育锻炼会让身体变得健康和强壮，请小朋友练习游泳的姿势，感受运动的快乐。

(2)现在我们要玩渡江的游戏了，希望小朋友在遇到危险时学会自我保护。

★建议：这个环节主要以游戏的形式开展，让幼儿在模仿抢渡长江的动作和过程中体验体育锻炼的好处，同时积累生活经验，学习自我保护的方法。

🐦 **活动延伸**

1. 请家长带孩子到游泳馆体验游泳的乐趣和比赛的氛围。

2. 通过不同的运动项目的观看，让幼儿了解不同的节日有不同的庆祝方式。

🐦 **指导建议**

1. 此活动对大班的小朋友来说还是很有吸引力的，我们可以在开展前多让孩子了解渡江节的背景以及各种节日里不同的庆祝方式。

2. 在"说一说"这个环节可以充分调动幼儿的生活经验，让他们说出在水里时间长了会发生什么危险、可以怎么做来保护自己，提高他们的语言表达能力，促进他们的社会性发展。

3. 有的小朋友可能不会游泳或者没有去过游泳馆，教师可以找一些适当的图片给幼儿看，作为一种间接经验提供给孩子。

活动四：我设计的标志——横渡长江(大班)

🐦 **活动目标**

1. 感受渡江节的热闹的气氛，有自己设计节日标志的愿望。

2. 认识渡江节的标志，知道它所表达的意思。

3. 能用绘画的方式设计一种不怕困难、永不放弃的渡江标志。

🐦 **活动准备**

1. 知识经验准备：看过渡江节的视频短片，了解渡江节的形式和内容，知道标志设计的基本方式。

2. 物质材料准备：卡纸、画笔人手一份，剪刀若干。

🐦 **活动过程**

1. 标志意义我知道。

(1)请幼儿观察各种水上标志，并说说它们代表的意思。

(2)教师引导幼儿从标志的形状、颜色等方面观察水上运动标志。

指导语：

(1)水上的运动标志你在什么地方见过？它是什么意思？

(2)渡江这项运动是很有趣但是又很危险的，我们可以设计一个什么样的标志让别人看到了就能鼓励别人加油不放弃呢？

★建议：这个环节可以让幼儿通过观察其他的水上运动标志了解水上运动的特点，激发他们自己创作的欲望。

2. 标志设计我能行。

(1)幼儿说说如果自己横渡长江会怎么做？

(2)教师引导幼儿讨论怎样设计一个为别人加油、鼓励别人的渡江标志。

指导语：

(1)渡江的路程是很远的，一定会遇到很多困难，这个时候我们该怎么做呢？

(2)如果有一个标志一直提醒我们要加油，要努力，终点就在前面，你会怎么设计这个标志？

★建议：这个环节可以通过讲述渡江过程中可能会遇到的各种困难，让幼儿体会到渡江过程的艰难和不易，萌发他们坚韧、勇敢的品质，同时也为他们的创作提供了经验材料。

3. 标志绘画我最棒。

(1)请幼儿画出自己想要表达的努力拼搏、不怕困难的渡江标志。

(2)教师指导幼儿进行完善并进行剪裁和加工。

指导语：

(1)刚才我们都说了自己想要画和加油、努力、克服困难有关的渡江标志，请你们按照自己的想法进行创作。

(2)请小朋友在作画的时候记住重点，有需要的可以请老师帮助。

★建议：这个环节教师可以在提出作画的要求上强调标志要表达的感情和意义，同时鼓励幼儿大胆创作，提高孩子的动手能力和创造力。

🐦 **活动延伸**

1. 将幼儿的作品进行二次装饰和美化，把班级布置成小小展览室，可以邀请其他的班级来参观，请设计者站在自己的作品前进行讲解。

2. 请家长把孩子设计的标志缝制在一些特定的衣物上，使孩子有一种成功的体验和感受。

🐦 **指导建议**

1. 大班幼儿对自主创作标志的活动是非常感兴趣的，教师完全可以放手让孩子自己去想象和完成，完成作品后的介绍环节一定要有，邀请幼儿大胆分享自己的想法，提升成功感和自信心。

2.在活动的第三个环节尽量不要出示教师的范画，在教师把作画要求提出来以后可以引导孩子自由发挥，鼓励创作的方向，比如以渡江的形式为主，或者以渡江的精神为主。

3.有的小朋友在想象力的拓展上可能会有所欠缺，这个时候教师可适时地介入指导，或者给他一个模仿的空间。

全园活动：忆往昔·重渡江（小、中、大班）

🐦 活动目标

1.通过音乐感受渡江节欢乐的气氛，调动全园参与活动的积极性。

2.了解渡江节的系列内容，知道抢渡长江的作用和伟大意义。

3.能积极参加体育锻炼，培养自己不畏艰险、永不放弃的美好品质。

🐦 活动准备

1.知识经验准备：幼儿对渡江节已经有了比较系统的了解。

2.物质材料准备：渡江节的主题音乐，渡江节精彩镜头图片和幼儿活动图片，合作画纸——我喜欢的渡江节。

🐦 活动过程

1.渡江节之"视面楚歌"。

(1)请幼儿和家长在渡江节主题曲的演奏下共同欣赏孩子们为渡江节所画的图画、制作的标志。

(2)教师引导和鼓励幼儿大胆讲述自己的创作内容和要表达的情感。

指导语：

(1)现在播放的是武汉市渡江节的主题音乐，希望孩子们和家长在这样的背景音乐下感受到渡江节的快乐和对体育精神的敬意。

(2)请小朋友用完整的语言，自信、大胆地为同伴和家长讲述自己的作品。

★建议：这个过程主要是一个开场和热身环节，为了渲染气氛可以在音乐的选择上偏向于欢快、热烈一些的。

2.渡江节之"英姿美图"。

(1)幼儿和家长自由观看渡江节上精彩和激动人心的镜头。

(2)教师为幼儿和家长进行部分讲解。

指导语：

(1)请各位家长和小朋友自由欣赏渡江节上运动员们的精彩镜头，可以想象一下当时既热烈又紧张的气氛。

（2）各位运动员们在抢渡的时候会遇到各种问题和危险，但是他们有勇气不惧怕，你们从他们的动作和表情中就能够看得出来。

3. 渡江节之"神来之笔"。

（1）请幼儿和家长共同完成我们的大型合作画——我喜爱的渡江节。

（2）教师引导幼儿和家长进行分组创作（大手牵小手）。

指导语：

（1）现在我们要进行合作画的创作，请各位家长做好配合工作。

（2）请家长在创作的时候能够和幼儿共同完成，注意分工合作。

★建议：这个环节的重点是家长和孩子的共同创作，教师要提供充分的材料，同时提醒家长在创作的时候要关注到孩子的创意。

🐦 活动延伸

1. 可以把孩子们创作的标志和图画进行保存，装订成册或者装饰裱起来，让孩子能够有一个活动记录。

2. 根据家庭情况的不同可以建议家长在家和孩子们进行类似的亲子合作画创作，增进亲子间的感情。

🐦 指导建议

1. 整个活动为全园性质的，可以在活动场地的布置上侧重于渲染体育精神和运动员的不同体育姿态。

2. 活动过程的第一个环节和第三个环节是重点。教师要做到在详细解释的前提下进行好分组，随时进行调节，避免家长和孩子缺少互动和合作。

3. 教师要把握好整个活动以及各个环节的时间，以免造成不必要的等待和隐形的时间浪费。

第三节　以历史文化遗产为特色的节日

黄鹤楼美育节

巍峨耸立于江城武昌蛇山的黄鹤楼，享有"天下绝景"的盛誉，与湖南岳阳楼、江西滕王阁并称为"江南三大名楼"，历代文人墨客到此游览，留下了不少脍炙人口的诗篇。黄鹤楼以其美丽古老的传说、悠远久长的历史、凌空而立的外观，成为武汉市的标志和象征。

一、节日活动设计思路

黄鹤楼文化作为江城所独有的地域文化而享誉中外，生活在黄鹤楼旁的孩子，有着得天独厚的条件去接触、了解黄鹤楼的悠悠千古文化。《3－6岁儿童学习与发展指南》指出："贴近幼儿的生活来选择幼儿感兴趣的事物和问题，有助于拓展幼儿的经验和视野。"因此，我们以孩子的兴趣为切入点，设计了吟诵古诗、描绘阁楼、亲子游览等一系列关于黄鹤楼的主题活动。让孩子们在记忆力最好、心灵最清澈的时候，直面经典、接触诗教，感受语言艺术的美；在亲子互动的同时，体验节日旅游的愉悦、亲情传承的美好，在中华民族博大精深的历史文化魅力熏陶下，培养健康的审美情趣和审美能力。

二、节日活动教育目标和内容

节日活动教育 总目标	欣赏黄鹤楼特有的建筑风格美，感受关于黄鹤楼诗词的意境，增进对家乡历史文化的认知，乐于用不同的形式表达爱家乡、赞美家乡的情感。
小班教育目标	1. 喜欢黄鹤楼，知道它是武汉标志性建筑物。 2. 大胆讲述自己与家人的游玩情景。 3. 能用有趣的动作、表情表达对人或事物的喜爱。
小班活动内容	亲子社会活动：漫步黄鹤楼　综合活动：晒萌照
中班教育目标	1. 乐于欣赏江城美景，激发对美的事物的审美情趣。 2. 积极与同伴分享自己的所见所闻。 3. 能用绘画、乐曲欣赏等多种形式表达自己对家乡的喜爱。
中班活动内容	社会活动：城市的名片　艺术活动：七彩楼阁　综合活动：讲传说
大班教育目标	1. 萌发爱家乡、愿意美化家乡的情感。 2. 观察楼阁建筑的独特之处，尝试自主学习的方式，掌握折、插、接等技巧。 3. 理解古诗等文学作品的意境，喜欢吟诵古诗。
大班活动内容	语言活动：古诗欣赏《登黄鹤楼》　社会活动：江城小导游 艺术活动：宝塔叠叠乐
全园活动 教育目标	1. 领略江城武汉历史文化的魅力，获得艺术的审美情趣。 2. 通过文学、艺术、亲子活动，了解我们的家乡，萌发爱家人、爱家乡的情感。 3. 增进家园、亲子情感，感受与父母、同伴共同游戏的愉悦。
全园活动内容	黄鹤传情　点赞江城——全园亲子美育作品市集会（小、中、大班）

三、黄鹤楼美育节系列活动方案

(一)精选活动

活动一：社会活动——城市的名片(中班)

活动二：艺术活动——七彩楼阁(中班)

活动三：语言活动——古诗欣赏《登黄鹤楼》(大班)

活动四：艺术活动——宝塔叠叠乐(大班)

全园活动：黄鹤传情　点赞江城——全园亲子美育作品市集会(小、中、大班)

(二)环境创设

1. 主题墙面创设

板块一：黄鹤楼的实景照片、黄鹤楼传说的图片

板块二："最美江城景点"调查表、绘制黄鹤楼宣传小海报

板块三：幼儿参与主题活动的作品、家长点赞卡

2. 区域活动创设

语言区：黄鹤楼传说的图书、磁带，制作江城景点旅游书半成品，导游旗。

美工区：折宝塔步骤提示图，彩纸，彩笔，绘制宣传画，城市名片半成品。

建构区：形态各异楼阁简易图，拼搭材料，废旧材料。

益智区：自制"最美江城"旅游游戏棋。

(三)活动方案设计与指导

活动一：社会活动——城市的名片(中班)

🐦 **活动目标**

1. 喜欢观察、发现城市中美的建筑，萌发爱护城市的愿望。

2. 了解武汉标志性建筑"黄鹤楼"的历史文化。

3. 能清楚表达自己的所见所闻，积极与同伴交流分享。

🐦 **活动准备**

1. 知识经验准备：游览黄鹤楼、长江大桥等江城景点的生活经验。

2. 环境材料准备：黄鹤楼简介PPT，江城主要景点图片，名片。

🐦 **活动过程**

1. 猜一猜。

(1)猜谜语，出示名片。

(2)激发幼儿思考，了解名片所代表的意义。

指导语：

(1)你什么时候见过名片？它有什么作用？

(2)名片上都写了些什么？

★建议：这个环节让幼儿通过与老师的互动交流，知道名片代表的意义是"特色"，激发幼儿对"城市的名片"产生兴趣。

2. 说一说。

(1)出示江城景点的图片，请幼儿说一说它们的名称。

(2)幼儿分组交流，回忆讲述与家人游览江城景点的经历。

指导语：

(1)这些景点在哪个城市？它们叫什么名字？

(2)你最喜欢哪个景点？感觉什么地方最吸引你？

★建议：这个环节引导幼儿把旅游的生活经验用语言进行描述，并与同伴分享，给予幼儿充分的表达空间，帮助幼儿了解各个景点的独特之美。

3. 看一看。

观看介绍黄鹤楼的视频资料，了解"黄鹤楼"的历史文化。

指导语：

(1)"黄鹤楼"可以代表哪个城市？为什么？

(2)黄鹤楼有什么独特之处？

★建议：这个环节让幼儿直观感受黄鹤楼的建筑美和历史文化，丰富幼儿的审美情趣。

4. 想一想。

(1)教师重点引导幼儿知道名片上的内容。

(2)请幼儿设计武汉市的"城市的名片"。

指导语：

(1)你知道"城市的名片"有什么作用吗？

(2)如果为武汉市设计"城市的名片"，你想在上面画什么，写什么？

★建议：这个环节以设计名片的游戏形式激发幼儿创造力，萌发爱家乡、为家乡感到自豪的情感。

🕊 **活动延伸**

鼓励家长与幼儿收集著名标志性建筑等图片，投放到语言区、美工区、建构区，帮助幼儿拓展提升，感受不同风格、不同文化的城市风景，培养保护城市环境的意识。

🕊 **指导建议**

1. 活动前期游览的准备环节中，提示家长重点引导幼儿观察景点的特色，了解传说故事等易懂的经验。

2. 师生互动、生生互动交流的环节中，教师要充分给予幼儿表达的空间，尊重幼儿的畅想。

3. 整个活动环节中，教师要注重情感的自然渗透，体现"润物细无声"的教育智慧。

🐦 **附：活动资源**

谜语

身小薄薄用处大，

认人联络先靠它。

昵称特色相交换，

名扬四海遍天下。（答案：名片）

活动二：艺术活动——七彩楼阁（中班）

🐦 **活动目标**

1. 尝试用简单的几何图形表现阁楼造型的建筑。

2. 感受不同名楼的风采，萌发美化家乡的愿望。

3. 进一步练习用喜欢的颜色均匀涂色。

🐦 **活动准备**

1. 知识经验准备：对黄鹤楼等楼阁建筑有初步的游览经验。

2. 环境材料准备："江南三大名楼"风景 PPT，擦手巾，勾线笔、画纸、油画棒人手一份

🐦 **活动过程**

1. 回忆交流。

(1)请幼儿讲述游玩中最喜欢的地方，大方地与同伴分享。

(2)说一个自己最喜欢的建筑风景。

指导语：

(1)游玩的时候，你觉得什么地方最美？为什么？

(2)老师最喜欢的建筑是武汉的黄鹤楼，你最喜欢什么样的建筑？

★建议：这个环节让幼儿分享自己最喜欢的游玩经历，充分调动幼儿主动性，提高表达能力。

2. 美景再现。

(1)欣赏"江南三大名楼"风景 PPT，感受楼阁建筑的独特之美。

(2)教师重点引导幼儿了解楼阁建筑的构图特点（四边勾翘）。

指导语：

(1)你喜欢哪一座名楼？为什么？

(2)三大名楼的样子和我们身边的楼房一样吗？哪里不一样？

★建议：这个环节让幼儿看一看、听一听，通过直观的影像引导幼儿发现建筑的不同特点，丰富幼儿感受艺术美的经验。

3. 设计楼阁。

(1)分组绘画，教师鼓励幼儿用简单的图形表现心中所想的楼阁，重点引导幼儿掌握四边勾翘的绘画方法。

(2)作品涂色，幼儿选择自己喜欢的颜色均匀涂色。

指导语：

(1)画楼阁的时候，什么地方和我们画房子不一样？

(2)你觉得最美的楼阁是什么颜色？涂色的时候要注意什么？

★建议：这个环节教师只重点示范楼阁四边勾翘的绘画方法，整个楼阁的构思尊重幼儿自主想象，给幼儿充分创造的空间。

4. 欣赏作品。

(1)将幼儿作品展示于四周，幼儿自由欣赏交流。

(2)教师点评作品，鼓励幼儿为自己的作品起名字。

指导语：

(1)你设计的楼阁叫什么名字？它最美的地方是哪里？

(2)想把自己设计的楼阁建在哪个城市？

★建议：这个环节鼓励幼儿大胆表达自己的畅想，引导幼儿欣赏自己和同伴作品的美，激发幼儿爱武汉、愿意美化武汉的情感。

🐦 **活动延伸**

将幼儿作品布置成"七彩楼阁"作品展，请幼儿或家长进行投票，评选"最美楼阁"小小设计师大奖，增强幼儿自信心，充分肯定幼儿的创造想象力。

🐦 **指导建议**

1. "江南三大名楼"风景PPT制作中，重点展示楼阁四边勾翘的建筑特点。

2. 教师评价幼儿作品时，重幼儿创意，轻绘画技巧。

🐦 **附：活动资源**

"江南三大名楼"：湖北武汉的黄鹤楼、江西南昌的滕王阁、湖南岳阳的岳阳楼。

活动三：语言活动——古诗欣赏《登黄鹤楼》(大班)

🐦 **活动目标**

1. 乐于欣赏古诗，体会思念故乡的情绪。

2. 初步理解古诗表达的意境，想象诗中描写黄鹤楼的景象。

3. 能按古诗节律吟诵。

活动准备

1. 知识经验准备：观赏黄鹤楼的生活经验。

2. 物质材料准备：黄鹤楼的图片，表现古诗意境的PPT，古诗磁带，古筝乐曲磁带，古时小诗人的服装。

活动过程

1. 复习古诗《游子吟》，有感情地诵读。

指导语：

(1)古诗《游子吟》你们能念给我听吗？

(2)这首诗里藏着什么故事呢？

★建议：这个环节让幼儿复习古诗，引导幼儿体会诗中蕴藏着许多动人的故事，激发幼儿欣赏古诗的兴趣。

2. 欣赏古诗《登黄鹤楼》，激发幼儿兴趣。

(1)播放古诗，幼儿安静倾听。

(2)播放古筝乐曲，欣赏教师按古诗节律有感情地诵读。

指导语：

(1)古诗描述的地方是哪里？你是怎么知道的？

(2)想一想，古诗里的黄鹤楼是什么样？和你看见的一样吗？

★建议：这个环节让幼儿充分倾听、欣赏古诗，帮助幼儿感受古诗的节律韵味，知道这是一首描述黄鹤楼景色的佳作。

3. 理解古诗，体会诗人思念故乡的情绪。

(1)分句观看《登黄鹤楼》教学课件，想象诗句表达的意境。

(2)幼儿边看边跟读古诗《登黄鹤楼》，学习按古诗节律吟诵。

指导语：

(1)这幅图里你看见了什么景色？

(2)你觉得诗人在想什么？心情是怎样的？

★建议：这个环节让幼儿观看形象生动的画面来理解古诗的意境，鼓励幼儿用语言表述自己的想象，体会诗人的思乡之情。

4. 吟诵古诗，学做小诗人。

(1)随古筝乐曲练习吟诵古诗，感受古诗的节律韵味。

(2)游戏《学做小诗人》，让幼儿装扮成小诗人表演古诗。

指导语：

(1)念古诗和念儿歌有什么不同？

(2)小诗人念诗的时候是什么样子呢？

★建议：这个环节让幼儿在游戏中反复练习，让幼儿通过服饰、动作的真实体验，充分感受古诗的韵味美，萌发幼儿对不同文学作品的喜爱。

🐦 **活动延伸**

在语言区投放古诗的磁带、图书，拓展幼儿对古诗作品的了解。指导家长和幼儿共同欣赏不同的文学作品，营造家庭书香氛围。

🐦 **指导建议**

1. 教师要善于营造吟诵古诗的氛围，在游戏的情景中激发幼儿对古诗独特韵味的喜爱，避免死记硬背。

2. 引导幼儿理解诗人情绪时，可迁移到幼儿熟悉的生活经验中，例如想念以前的小朋友、想念出差的亲人等，易于幼儿体会。

🐦 **附：活动资源**

古诗 登黄鹤楼 唐 崔颢

昔人已乘黄鹤去，此地空余黄鹤楼。

黄鹤一去不复返，白云千载空悠悠。

晴川历历汉阳树，芳草萋萋鹦鹉洲。

日暮乡关何处是？烟波江上使人愁。

活动四：艺术活动——宝塔叠叠乐(大班)

🐦 **活动目标**

1. 体会与同伴合作完成作品的喜悦。

2. 尝试并练习看步骤图进行折纸活动。

3. 能细心地进行折叠活动，将折痕抹平。

🐦 **活动准备**

1. 知识经验准备：掌握折叠双三角的方法，理解步骤图的符号含义。

2. 环境材料准备：正方形彩纸，折叠宝塔步骤图，背景图，纸宝塔作品，宝塔图片展。

🐦 **活动过程**

1. 观塔。

(1)幼儿自由观赏宝塔图片展。

(2)教师引导幼儿观察宝塔，鼓励幼儿与同伴交流。

指导语：

(1)这些漂亮的宝塔你喜欢吗？数一数宝塔都有几层呀？

(2)你发现宝塔像什么形状？问问你的小伙伴发现了什么？

★建议：这个环节让幼儿自由地观察、交流，充分调动幼儿的主动性，提高幼儿语言交往及表达能力。

2. 说塔。

(1)出示折宝塔的步骤图，引导幼儿观察图中的符号。

(2)幼儿讲述图中符号的含义，说一说已知的折法。

指导语：

(1)你认识步骤图里的什么符号？它代表什么含义？

(2)步骤图中有哪个方法是已经学过的？你们还记得吗？

★建议：这个环节引导幼儿细心观察回忆，复习已经掌握的符号含义和折叠双三角的经验，帮助幼儿学会运用已知经验解决问题。

3. 折塔。

(1)教师重点示范讲解向内折、向外翻的折法难点。

(2)请幼儿练习看步骤图进行折纸，教师提醒幼儿耐心折叠，将折痕抹平。

指导语：

(1)你觉得哪个图看不懂？需要帮助吗？

(2)折纸的时候要注意什么呢？

★建议：这个环节鼓励幼儿边看边折，充分发挥幼儿动手动脑的能力，教师要重点关注能力较弱的幼儿。

4. 赞塔。

(1)幼儿折好单个的作品后，自主选择与多个同伴组合成宝塔。

(2)教师将幼儿的作品布置于背景图中，与幼儿共同欣赏、讲评。

指导语：

(1)你的宝塔有几层呀？和同伴一起合作快乐吗？

(2)你觉得哪座宝塔最好看？为什么？

★建议：这个环节让幼儿充分体会自主学习的快乐，并感受与同伴合作成功的喜悦。教师在点评作品技能方法的同时，要渗透情感态度的培养。

🐦 活动延伸

活动后，请未完成作品的幼儿在美工区继续练习，鼓励同伴互助，完成的作品可以丰富主题墙面，请家长为幼儿点赞。

🐦 指导建议

1. 鼓励家长与幼儿在家中开展折纸游戏，增加折纸技巧的练习。

2. 引导幼儿学会正确评价自己和同伴的作品，形成积极的心态。

附：活动资源

折叠宝塔步骤图

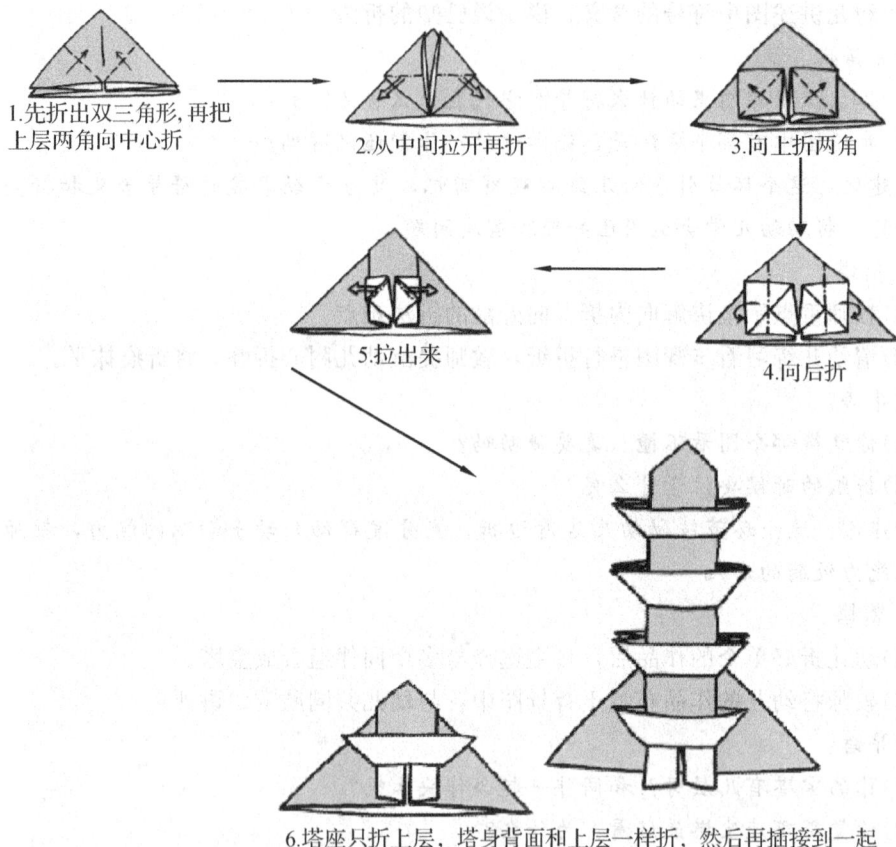

1.先折出双三角形，再把
上层两角向中心折

2.从中间拉开再折

3.向上折两角

5.拉出来

4.向后折

6.塔座只折上层，塔身背面和上层一样折，然后再插接到一起

全园活动：黄鹤传情　点赞江城
——全园亲子美育作品市集会(小、中、大班)

设计意图

全园亲子美育作品市集会以"黄鹤传情　点赞江城"为主题，让每个孩子都能找到自己的亮点，使每个孩子的个性潜能得到充分发挥。通过家园合作、师幼互动、亲子互动等形式，引领全园教师、幼儿及家长积极参与到感受美、表现美、创造美的过程中，让大家共同分享艺术的欢乐，弘扬中华传统文化，展现全园爱家乡、爱祖国的精神风貌。

活动过程

1. 市集筹备会。

幼儿园场景设置：江城风光穿越剧

将幼儿园大厅、走廊、操场分成三个板块，依次串联。板块一：江城历史文化风景的展现，例如黄鹤楼、龟山、楚城等风采；板块二：江城现代文化风景的展现，例如长江二桥、汉口江滩、轻轨地铁等风采；板块三：江城未来文化风景的展现，例如未来科技城、新能源大楼、湿地公园等风采。板块内容以照片、文字的形式展现，由幼儿当江城小导游，介绍江城美景。

2. 市集缤纷会。

小班市集会项目：萌照乐翻天

家长与幼儿选择一张与江城景点的合照，由各班教师布置成各具创意展板，幼儿可以介绍照片、景点背后的传说小故事，也可以亲子表演古诗吟诵、歌曲来展现江城风采。

中班市集会项目：爱心堡垒屋

家长与幼儿活动前收集可以拼搭的废旧材料，结合幼儿园准备的拼搭积木等材料，一起构思，一起拼搭最喜欢的江城标志性建筑，幼儿可以相互欣赏并猜猜建筑物的名称。

大班市集会项目：黄鹤传画意

大班幼儿运用绘画、粘贴、剪纸等多种艺术形式表现江城的美好风景，家长可以参与后期制作（过塑、镶框、裱定等），形成一幅幅艺术品。

3. 市集点赞会。

邀请家长委员会成员及社区代表组成市集专家团，欣赏各年龄组的亲子作品，为优秀的作品点赞，贴上"点赞卡"，最后以点赞卡的数量评选亲子美育作品市集会的最佳作品、创意作品、暖心作品等。

🌿武当山武术节🌿

武当山武术节即世界传统武术节，又称"世界传统武术锦标赛"，是目前世界武术界规模最大、规格最高、影响最广的大型体育盛会，被誉为"武术界的奥运会"。其中，第三届和第四届世界传统武术节分别于 2008 年和 2010 年在湖北省十堰市举办。

湖北省十堰市境内坐落着著名的武当山，武当山不仅拥有宏伟的道教古建筑群，而且保存了数以万计的宗教文物，武当太极也成功申报成为中国首批非物质文化遗产，武当以其"太极"文化魅力，吸引了全世界众多热爱和平、追求幸福的武当武术传承人，对弘扬中华武术传统，促进世界传统武术的交流，增进各国人民的友谊与团结，推动武术走进奥运会发挥了重要作用。

一、节日活动设计思路

所谓"一方水土养育一方人"，《幼儿园教育指导纲要（试行）》中指出：要充分利用社会资源，引导幼儿感受祖国文化的丰富与优秀，感受家乡的变化和发展，激发幼儿爱家乡、爱祖国的情感。浸染着武当"太极"文化的武术节，不仅体现了多元文化的交流、互动及彼此吸纳，更构建了色彩斑斓的湖北地域文化，"君自故乡来，应知故乡事"，沐浴着家乡的阳光雨露成长的孩子们更加应该进一步了解武当文化，了解中国功夫。

因此，我们利用本土资源，依托地域节日设计了"武当山武术节——中国功夫甲天下"主题活动，以"武当山武术节"为基点，以快乐体验和自主发展为理念，以情感交流为落脚点，合理利用"武术节"中的教育元素，构建了一种形式创新、资源整合、过程优化的节日教育新模式，让幼儿在武术游戏中体会中国传统文化的博大精深，在了解武当山风土人情中感受家乡道教名山的魅力。值得注意的是，实施过程中教师要明确，此节日活动的教育目标不单单是让幼儿通过交往、参与、体验获得知识、锻炼动作和技能，更应该着眼于如何让幼儿感受节日活动的精彩，增强做湖北人的自豪感，传承中华武术的精神和中国人民奋发向上的民族品格。

二、节日活动教育目标和内容

节日活动教育 总目标	1. 初步接触中国武术文化，感受武术魅力，有学习武术的兴趣。 2. 知道武当山是湖北道教名山，增强做湖北人的自豪感。 3. 能尝试用语言、艺术等不同形式表达自己对武术的认识和感受。
小班教育目标	1. 乐意参加武术节活动，感受与同伴交往的乐趣。 2. 欣赏武当山传说故事及武术表演活动。 3. 能在老师的提醒下遵守游戏规则。
小班活动内容	语言活动：张三丰的故事　　健康活动：梅花桩　　艺术活动：中国功夫 艺术活动：武术秀
中班教育目标	1. 积极与同伴愉快地参加武术游戏。 2. 学习武术操的基本动作。 3. 能说出常见武术动作的名称。
中班活动内容	健康活动：武术操　　科学活动：兵器大不同　　健康活动：中国功夫 艺术活动：武术小人
大班教育目标	1. 积极参加武术节的筹备工作，体验武术节带来的欢乐感受。 2. 了解武当山的太极文化，知道太极是中国武术的一种。 3. 能通过多种途径获得武当山武术节的相关经验，进一步了解武当山风俗。
大班活动内容	社会活动：参观武馆　　社会活动：武当山小导游　　健康活动：太极拳 语言活动：武当山传说
全园活动 教育目标	1. 感受武术嘉年华的活动乐趣。 2. 进一步了解武术文化，学习武术知识。 3. 能自觉遵守游戏规则，在游戏中体会合作和竞争的意义。
全园活动内容	武术嘉年华（小、中、大班）

三、武当山武术节系列活动方案——中国功夫甲天下

(一)精选活动

活动一：健康活动——梅花桩(小班)

活动二：健康活动——中国功夫(中班)

活动三：艺术活动——武术小人(中班)

活动四：社会活动——武当山小导游(大班)

全园活动：武术嘉年华(小、中、大班)

(二)环境创设

年龄段	创设建议
小班	主题环境：布置"中国功夫"主题墙。 活动区：语言区投放"武术"相关图书。
中班	主题环境：请家长和幼儿一起收集与武术相关的照片，可以是武术动作，也可以是武术人物等。 活动区：美工区创设"功夫小子"，引导幼儿用电线或者火柴制作武术小人。
大班	主题环境：请家长和幼儿收集武当山的相关材料，内容可以是挂历、图片、书籍、音像资料、实物等；在活动室设置四个展区：秀丽风光，浓郁风情，悠久历史，灿烂文化，协助幼儿将收集到的物品分类。 活动区：角色区创设"我是小导游"，鼓励幼儿通过游戏到四个展区参观，引导幼儿互相交流，进一步了解展品。

(三)活动方案设计与指导

活动一：健康活动——梅花桩(小班)

🐦 **活动目标**

1. 大胆参加体育游戏，不怕困难。

2. 练习在梅花桩上保持平衡行走。

3. 能在老师的提醒下遵守游戏规则。

🐦 **活动准备**

1. 知识经验准备：幼儿已有走独木桥的经验。

2. 环境材料准备：将五个旺仔牛奶罐绑在一起做成梅花桩(高度约为 8 厘米)，布偶若干，选择平整场地布置游戏场地。

🐦 活动过程

1. 开始部分。

热身运动《水果拳》。

2. 基本部分。

(1)提供材料，自由探索走梅花桩。

指导语：试一试在梅花桩上走一走。

★建议：把梅花桩分散放在场地中，让幼儿在"梅花桩"上行走，鼓励幼儿探索用安全的办法在木桩上走，不让自己掉下来。

(2)同伴学习，练习走梅花桩。

讨论：怎样走才能不从梅花桩上掉下来。

指导语：你是怎样走梅花桩的呢？有什么好方法，和小朋友分享一下。

★建议：请 1—2 名幼儿演示自己的方法，大家集中学习。

(3)分组练习，巩固连续走梅花桩。

指导语：请小朋友一个跟着一个走过梅花桩。

★建议：将梅花桩错落地摆成小桥，间隔 10 厘米的距离，幼儿分组练习走梅花桩，练习连续走。

(4)游戏活动：营救小动物。

指导语：小动物们被怪兽抓到河对岸了，我们必须走过梅花桩去救小动物。

★建议：要求幼儿一个跟着一个走过梅花桩，如果掉下来必须从起点开始重新走，小动物可用布偶，注意不要太大，便于幼儿拿着。

3. 结束活动：放松活动。

🐦 活动延伸

将梅花桩投放到户外运动区域，供幼儿自由练习。

🐦 指导建议

1. 加强对幼儿的安全保护与安全指导。

为幼儿选择平坦、开阔的运动场地，活动开始时先让幼儿做好运动前的热身，使幼儿身体逐渐进入运动状态。

2. 鼓励幼儿积极探索，大胆尝试。

教师设计难度层层递进的活动环节，把握每个孩子的最近发展区，如集体练习时可将能力不同的幼儿分组，采用老师个别辅导、同伴互相学习的方式帮助幼儿练习。一方面我们要重视发展幼儿的平衡能力，如怎样更好地保持身体的平衡，可张开双手等；另一方面我们不能忽视幼儿心理品质的培养，帮助幼儿克服畏惧的心理，大胆尝试。

活动二：健康活动——中国功夫(中班)

🐦 **活动目标**

1. 感受中国武术的博大精深，了解武术精神。

2. 尝试看图示探索武术的基本动作并大胆表演。

3. 能说出武术的基本动作名称：马步、握拳、立掌。

🐦 **活动准备**

1. 知识经验准备：家长可帮助幼儿了解中国武术，一起观看武当山武术节活动视频。

2. 环境材料准备：武术节比赛的视频，武术图谱，音乐。

🐦 **活动过程**

1. 激武趣。

(1)教师穿上武术练功服，引发幼儿观察。

指导语：老师今天的打扮有什么特别的地方吗？

(2)观看武当山武术节比赛视频，了解中华武术特点。

指导语：观看完视频后你有什么感受？

(3)教师总结。

指导语：这就是中华武术，动作刚劲有力，又灵活多变，它既是一项体育比赛项目，也是中国的国粹。

★建议：此环节旨在让幼儿感受中华武术的特点，教师要充分给予孩子讨论交流的时间。

2. 习武能。

(1)请幼儿回忆在视频中看到的武术动作。

指导语：刚才你看到武术节比赛中，武术运动员有哪些动作？

(2)幼儿自由模仿武术动作。

指导语：请你做一做看到的武术动作。

(3)看图谱，了解武术基本动作名称：马步、握拳、立掌。

指导语：每一个动作在武术里都有它们自己的名字，我们一起看图谱来学一学。

★建议：此环节旨在让幼儿体验武术动作，了解基本动作的名称，教师在活动前要对武术动作的要领进一步的了解，可将动作要领编成儿歌，便于幼儿理解和练习。

3. 知武德。

(1)引发幼儿讨论练武的目的。

指导语：练武有什么用呢？

(2)教师总结：防身、锻炼身体。

(3)讨论：小朋友之间打打闹闹是武术吗？

指导语：武术是一项历史悠久的文明运动，主要目的是锻炼身体，强健体魄。

★建议：此环节旨在让幼儿了解现代武术运动的真正意义，教师要帮助幼儿澄清武术不是打架，是强身健体、传承文化。

☙ 活动延伸

可编排武术操，让幼儿进一步练习武术动作。

☙ 指导建议

1. 教师选取"中国功夫"这一载体，通过有目的地引导，让幼儿感知中国文化，培养民族自豪感，贴近幼儿，能够引起幼儿的共鸣。

2. 在活动组织实施过程中分层目标要清晰，既为突破总目标服务，又为下一目标提供铺垫，使得活动很流畅，又要幼儿始终处于积极的主动学习中。

活动三：艺术活动——武术小人(中班)

☙ 活动目标

1. 乐于参加创作活动，大胆表现各种武术动作。
2. 尝试用木棒、圆纸片等材料拼摆出武术小人的身体动作。
3. 能用较完整的句子向同伴介绍自己的武术小人。

☙ 活动准备

1. 知识经验准备：幼儿已有粘贴的活动经验。
2. 环境材料准备：圆卡片纸、长短不一的木棒，双面胶。

☙ 活动过程

1. 看一看：欣赏导入，激发兴趣。

指导语：孩子们，今天老师给你们带来了几幅很有趣的武术图，想看吗？

★建议：激起孩子的探究兴趣，给予幼儿充分观察的时间。

2. 说一说。

(1)观察推进，感知动作。

指导语：出示贴好的武术小人，引导孩子观察：画上的人物在干什么？是用什么材料做的？

★建议：通过让孩子看一看、摸一摸，发现武术小人是用火柴棒和圆卡纸片拼成的各种武术动作，粘上双面胶进行固定的。

(2)模仿动作，积累经验。

指导语：请你动动身体，做一做武术动作。

★建议：请孩子模仿图上拼摆的武术小人的各种形态动作，为拼摆做铺垫。

3. 想一想：教师示范，学习方法。

指导语：看看老师怎样做的。

★建议：教师示范武术小人的制作过程，让幼儿细致地观察拼摆武术小人的过程：(1)用木棒、圆纸片拼摆出武术小人；(2)用双面胶固定。

4. 做一做：动手操作，分享成果。

指导语：请你用老师给你的材料拼摆出武术小人，让武术小人做出你喜欢的动作。

★建议：可先请一名幼儿摆出武术小人造型，教师根据姿势用磁性教具拼摆，然后，幼儿自由拼摆，教师巡回指导，鼓励幼儿尽量表现人的不同姿势和身体动作。

指导语：请你和小伙伴说一说自己拼摆的武术小人在做什么动作？并做一做。

★建议：请幼儿同伴介绍自己的运动小人，师生共同欣赏，引导孩子用完整的句子介绍自己的武术小人。

🐦 活动延伸

1. 鼓励孩子把自己摆的武术小人布置在主题墙上。

2. 在区角中投放材料供幼儿进行拼摆武术小人的活动。

🐦 指导建议

中班幼儿已经具备了一定的绘画技能，在一定技能的基础上幼儿能大胆表现自己的想法，他们会用各种艺术手段来表达自身的想法，武术小人是具有一定创造力的人，他们有特定的动作，本活动中幼儿可根据教师提供的材料发挥丰富的想象力和创造力，来设计一个个武术小人。

为了能更好地丰富幼儿的经验，可课前再铺垫一些武术视频欣赏，在下一阶段的活动中让幼儿用电线等更丰富的材料做武术小人，以便幼儿掌握关节的变化，能变换出更多姿态的武术小人！

🐦 参考图片

活动四：社会活动——武当山小导游(大班)

🐦 活动目标

1. 感受武当山风景美如画，体验作为一个湖北人的自豪感。

2. 了解武当山有特色的景点，知道武当山是道教的名山。

3. 能学做小导游，较连贯地介绍自己对武当山的认识。

活动准备

1. 知识经验准备：幼儿对武当山的著名景点已有了解。

2. 环境材料准备：布置"问道武当"主题环境，小小导游证，彩色小旗。

活动过程

1. 分享交流：我知道的武当山。

指导语：我们是哪里人？武当山在哪里呢？请你说说你知道的武当山。

★建议：前期要家长配合帮助收集武当山相关资料布置展板，给予幼儿充分分享的机会，建议可小组交流后，再请幼儿代表集体交流。

2. 欣赏讨论：我眼中的武当山。

指导语：你看到视频里说到了武当山哪些美丽的景点？你最喜欢什么地方？为什么？

★建议：播放"武当风光"，引导幼儿边看边找找认识的景点，对于著名景点，可暂停视频，让幼儿回忆它的名字。

3. 快乐游戏：我来说说武当山。

(1)认识导游。

指导语：武当山这么美丽，每年都会举办武当山旅游节，就连国外的朋友们都想来看一看，我们怎么让他们更好地了解武当山呢？

★建议：此环节讨论要引导幼儿回忆旅游经历，知道在我们的生活中，有一种人的工作就是带游客参观各个城市的景点，做这样工作的人叫"导游"，激发幼儿当小导游的兴趣。

(2)讨论导游的工作内容。

指导语：你知道小导游要做些什么吗？

★建议：教师要总结提炼导游的主要工作，即要为游客介绍景点，让客人喜欢上我们家乡。

(3)小组合作学做导游。

指导语：请四个小朋友一组依次游览活动室展区，介绍你知道的景点，要让"游客"们觉得我们武当山很美丽。

★建议：小组自由活动时，教师要观察幼儿的表现，当发现幼儿在学做小导游的过程中出现问题时，及时给予帮助和指导。

(4)小组选导游代表做讲解。

活动延伸

在角色区创设"我是小导游"，鼓励幼儿通过游戏到四个展区参观，引导幼儿互相交流，进一步了解武当山。

指导建议

1. 活动前注重幼儿收集、整理信息的能力培养。

现在的孩子们出去旅游的机会很多，经常接触到导游这一职业，生活中已经潜移默化地接受了一些导游职业特点，而对武当山的了解需要幼儿前期收集相关的图片、资料。作为大班幼儿，教师要注重对幼儿信息收集整理能力的培养。

2. 活动中注重以幼儿为主体的活动方式。

《幼儿园教育指导纲要(试行)》中要求幼儿园社会活动要"提供自由活动的机会，支持幼儿自主地选择和计划活动，并鼓励他们认真努力地完成任务"。在本次活动的实施过程中，教师要始终以幼儿为主体：给予幼儿充分交流讨论的时间，让幼儿进行小导游解说；对于能力较弱的幼儿，教师要注意及时给予帮助。

3. 活动总结环节应更注重情感的升华。

在最后总结的时候，教师不能仅仅停留在"小导游"这个层面上，要鼓励幼儿当好更多人的小导游，向大家介绍我们美丽的家乡，并激发幼儿建设更美丽的家乡的美好愿望，从而更深层次地发展幼儿热爱家乡、建设家乡的社会情感。

全园活动：武术嘉年华(小、中、大班)

🐦 活动目标

1. 感受武术嘉年华的乐趣，在游戏中体会合作和竞争的意义。

2. 进一步了解武术文化，学习武术知识。

3. 能自觉遵守游戏规则。

🐦 活动过程

1. 活动一：功夫电影乐园。

播放"功夫熊猫""功夫梦""麦兜响当当"等电影。

2. 活动二：武术秀广场。

(1)邀请武术运动员表演武术。

(2)中、大班幼儿太极表演。

3. 活动三："武动童年"游戏乐园。

(1)游戏一：推推乐。

①游戏准备：根据场地和游戏人数，相距1—2米的平行线若干组，幼儿两人一组，分成若干组，相向站立在线的两侧，做好准备。

②游戏方法：两人正对，两脚开立，微蹲或成马步。两人双臂前平举，手掌相接触。采用推、躲闪的方法使对方移动或失去平衡。

③游戏规则与要求：只允许用双方手掌推、拉、拨；先移动的一方为失败。

★建议：可以采用3局2胜制或5局3胜制的方法，决出胜负；另外还可以让失败者进行一些才艺表演。

（2）游戏二：紧急营救。

①游戏准备：准备宽阔的活动场地，幼儿自由散布到场地内。

②游戏方法：每组指派或推选出一人为"灰太狼"，其余人为"羊"。"灰太狼"设法抓"羊"，而"羊"要千方百计躲防，如难以逃脱时，可立即做出一个武术动作，表示安全脱险，但要保持动作姿势，直到被另一只"羊"营救（互相击掌，表示被救）。

③游戏规则与要求："羊"在做动作后，在被营救之前不能动，违者与"灰太狼"互换角色，如果被抓到也要互换角色。在规定范围内躲闪。

★建议：可以根据人数选出多名追者，以增加游戏的趣味性和难度。

（3）游戏三：攻占城堡。

①游戏准备与场地要求：相距5—10米的平坦场地上，分别放两个呼啦圈作为各方的城堡。

②游戏方法：根据幼儿人数，分成相等的两组，各方一路纵队或者有组织地站在城堡的后面，听到鸣哨后，每个队分别派一名队员展开搏杀，搏杀形式为"勾手（为剪子）、掌（为布）、拳（为石头）"，胜利者前行一步，失败者返回本队，马上再派一名队员与胜者决斗，直至攻至对方城堡（以一只脚踏入城堡）为最终胜利。

★建议：可以采用3局2胜制的方法决出胜负；失败队可以派代表或者集体进行才艺展示。

木兰山登山节

武汉市木兰山登山节是国家体育总局登山运动管理中心、中国登山协会、武汉市人民政府、湖北省体育局联合举办的全国群众登山健身大会，于每年的10月26日至28日在武汉市黄陂区著名的旅游胜地木兰山风景区隆重举行。本项活动从2002年开始，本着亲近自然、身心放松、身体力行的态度，确立了全民健身群众登山活动原则，成为在全国最具影响力的全民健身活动品牌之一。

一、节日活动设计思路

木兰山登山节是全国群众登山健身的大会，它以全国闻名的"田径之乡""武术之乡""体育先进县"黄陂作为依托，以接近大自然、身心放松、身体力行、增长见识为行动口号，打造出了"全民健身"的品牌。为了让孩子脱离一味的钢筋水泥的生活，多亲近自然，回归绿色，找回最初的快乐，我们设计了登山节的系列活动。

此次活动形式多样、内容丰富，有课堂内的，有集体参与的，还有亲子合作的形式。需要注意的是，活动过程中很多方面涉及孩子个性和能力的发展，老师和家长还要关注到个别能力稍差一点的幼儿，使其能够融入活动中，达到同锻炼共健康、创造积极阳光的生活方式的目标。

二、节日活动教育目标和内容

节日活动教育 总目标	1. 乐意参加户外体育活动，在活动中亲近自然，感受快乐。 2. 了解登山运动，学习简单的登山运动常识。 3. 有团队意识，在游戏中能够分工合作完成任务。
小班教育目标	1. 愿意和小朋友一起登山。 2. 在成人的指导下，友好地提出活动请求。 3. 能根据自己的兴趣选择相应的登山游戏。
小班活动内容	宝贝去登山
中班教育目标	1. 喜欢和小朋友一起玩儿登山的游戏，有经常一起玩儿的伙伴。 2. 对大家都喜欢的东西能轮流分享。 3. 知道接受任务要努力完成。
中班活动内容	山上宝物大收集
大班教育目标	1. 自己的事情自己做，不会的愿意学。 2. 活动时能与同伴分工合作，遇到困难一起克服。 3. 理解规则的意义，做了错事勇于承认。
大班活动内容	登山标志我知道　登山标志我设计
全园活动 教育目标	1. 对集体活动感兴趣，有积极参加的愿望。 2. 与同伴发生冲突时，能听从成人的劝解。 3. 自己的事情尽量自己完成，敢于尝试有一定难度的活动和任务。
全园活动内容	齐登山·共分享——从小爱锻炼（小、中、大班）

三、木兰山登山节系列活动方案

（一）精选活动

活动一：宝贝去登山（小班）

活动二：山上宝物大收集（中班）

活动三：登山标志我知道（大班）

活动四：登山标志我设计（大班）

全园活动：齐登山·共分享——从小爱锻炼（小、中、大班）

(二)环境创设

1. 主题墙面创设

"带着宝贝去登山"主题墙：用照片的形式展示亲子登山的过程，把小朋友和父母亲一起制作的登山小画报进行粘贴。

"登山寻宝"主题墙：教师画出木兰山的轮廓图，中间留白处粘贴孩子登山时候搜集到的各种各样的宝贝，旁边请家长进行注解。

"登山标志我设计"主题墙：教师制作一个大的登山节安全标志，留白处粘贴孩子自己设计的登山节安全指示的标志，同时附上孩子们介绍作品的照片。

"快乐登山 我参与·我健康"主题墙：粘贴亲子共同完成的任务卡片，还有登山过程中的精彩瞬间。

2. 区域活动创设

阅读区：科普一些关于登山和户外运动的书籍，同时投放亲子制作的"登山节小记"。

科学区：投放登山的安全标志图片，一些精彩和经典的镜头图片；人与自然，人与周围环境关系的示意图；提供简单的登山器械供幼儿操作。

美工区：提供各种操作工具和材料，开设"登山标志我知道""登山标志我设计"主题制作。

表演区：登山场景布置，请幼儿做好登山准备，学会合作。

建构区：开设"快乐登山"的主题搭建(以黄陂木兰山为背景)，提供图片参考。

(三)活动方案设计与指导

活动一：宝贝去登山(小班)

🐦 活动目标

1. 乐意参与登山活动，感受节日的快乐气氛。
2. 知道登山时要一个跟一个走，不能随便掉队。
3. 能够坚持和同伴一起走到终点，中途不放弃。

🐦 活动准备

1. 知识经验准备：知道登山的意思，进行过徒步运动。
2. 物质材料准备：木兰山的图片若干，登山的视频短片。

🐦 活动过程

1. 宝贝看登山。

(1)请小朋友说一说什么是登山节？

(2)教师出示图片和视频短片讲解登山节的由来。

指导语：

(1)小朋友们，你们知道什么是登山节吗？我们为什么要过这个节日呢？

(2)现在我们一起来看一看视频短片，看看大家是怎么过这个节日的。

★建议：这个环节首先让孩子讲述自己知道的有关登山节的事情，然后教师再进行补充和小结，要做到孩子在前、教师在后。

2. 登山我能行。

(1)请小朋友们分组讨论，登山前我们要做哪些准备呢？

(2)教师引导幼儿了解登山对我们的好处。

指导语：

(1)小朋友们，你们知道在山里走路要做哪些准备吗？我们一起来商量一下吧！

(2)登山是要在山里、树林里走路，因此我们可以亲近大自然，可以看见小动物和听见小动物的声音，还可以锻炼我们的身体哦！

★建议：这个环节主要是让幼儿了解为什么要登山和登山对我们的好处，请把重点放在对大自然的亲近和回归上。

3. 大家来登山。

(1)请小朋友讨论如果我们现在在登山，你应该怎么做？

(2)教师鼓励幼儿说出不掉队、一起走到终点等话语。

指导语：

(1)假如我们现在就在登山了，为了大家的安全，我们要怎么做呢？

(2)小朋友们可以排好队，牵一根长绳，每个人都抓着绳子，不边走边玩就不会掉队，不怕辛苦不怕累，大家就可以一起走到终点。

★建议：此环节重点要向小朋友宣传集体意识，鼓励他们要互相帮助和互相鼓励，这样才能一起走向终点。

✿ 活动延伸

1. 可以开展"宝贝爱登山"的主题绘画活动，请小朋友画一画自己喜欢的山和树。加深幼儿对登山节的主体印象。

2. 请家长在条件允许的情况下带孩子到公园或者安全的地方进行徒步运动，让孩子切身感受到行走的乐趣。

3. 征集"亲子登山小故事"，家长和孩子共同用照片和文字的方法分享登山过程中有趣或者有意义、感人的事情，培养亲子感情。

✿ 指导建议

1. 小班幼儿年龄小，对登山的概念认知较浅，所以我们在开展活动前可以把活动室进行简单的装饰，带入登山节的情景。

2. 找一些关于小动物登山的故事，幼儿容易移情，感受登山节的气氛，同时也能身临其境，体会登山的乐趣。

3. 活动的第三个环节是重点，教师可以在孩子讨论的过程中设置一些简单的障碍，同时强调集体意识，让他们更能积极开动脑筋，发展孩子的社会性。

活动二：山上宝物大收集(中班)

🐦 活动目标
1. 喜欢参与登山活动，感受登山的快乐。
2. 了解自己的"登山任务"，学习收集有趣、有意思的物品。
3. 能够对收集到的物品进行简单的分类整理和记录。

🐦 活动准备
1. 知识经验准备：幼儿对登山节的活动有一定了解。
2. 物质材料准备：登山路线图，山路图片若干，任务分配计划书，登山场地设置。

🐦 活动过程
1. 探一探路。
(1)幼儿自由讨论登山前的准备。
(2)教师引导幼儿学看路线图，并进行简单记录。
指导语：
(1)小朋友们，如果现在你是一名登山运动员，你在登山前要做些什么样的准备呢？
(2)路线的旁边会有提示的标记，我们要注意观察，比如一棵树、一条小河等。
★建议：这个环节主要教会小朋友怎么看简单的路线图，需要注意哪些地方，培养孩子初步感知空间的能力。
2. 寻一寻"宝"。
(1)幼儿分成若干小组看图片讨论，你觉得什么东西是"宝贝"？为什么？
(2)教师出示"任务"分配图，以小组为单位执行"任务"。
指导语：
(1)小朋友们，在山上有什么东西是你很想收集的吗？跟大家一起分享一下吧！
(2)现在我们大家一起来看一看我们的"任务"吧！希望大家可以团结互助，完成任务。
★建议：这个环节是活动的重点，主要是培养幼儿的团队合作意识和任务意识，只有在明确目标了以后才能更有努力的方向。
3. 理一理"材"。
(1)请幼儿把收集到的各种物品进行分类整理，并进行简单的讲解。
(2)教师指导幼儿进行简单的记录(主要以绘画的形式)。

指导语：

(1)现在请小朋友按照小组把收集到的"宝贝"进行简单的分类，选出一个人来做介绍吧！

(2)老师为小朋友们制作了一个"纪念册"，请把收集到的宝贝进行绘画记录吧！

★建议：这个环节主要是一个小小的归纳和总结，培养孩子进行简单分类的能力，同时发展孩子的动手能力。

☙ 活动延伸

1. 开展"我收集的登山宝贝"展示活动，把小朋友的绘画作品进行展览，让孩子对登山活动的内容有更丰富的记忆。

2. 条件允许的情况下带孩子去木兰山进行一次真实的登山活动，培养孩子不怕困难、勇敢的精神品质。

☙ 指导建议

1. 整个活动是在班级以活动室布置成登山场地开展的，所以教师在准备的时候尽量把主要的场景做得明显些，比如登山图里面的树和小河等。

2. 可以设计一些登山的小游戏，邀请爸爸妈妈参与，让孩子和家长共同完成，这样还可以增进亲子间的感情。

3. 邀请一些户外旅行的驴友讲述一些有关户外徒步旅行的事情，可以萌发幼儿体验大自然、喜欢运动的感情。

活动三：登山标志我知道(大班)

☙ 活动目标

1. 喜欢参与登山活动，有探索精神。

2. 知道必要的登山安全知识，学习看简单的路线图。

3. 能够了解人类与周围环境的关系，学会自我保护。

☙ 活动准备

1. 知识经验准备：小朋友有过假日和父母一起登山的经验。

2. 物质材料准备：登山标志若干，简单的路线示意图。

☙ 活动过程

1. 快乐登山我喜欢。

(1)请小朋友自由讲述自己的登山经验。

(2)教师鼓励小朋友大胆发言，和其他小伙伴们分享自己的体验。

指导语：

(1)小朋友们，在假日里你们和爸爸妈妈一起登过山吗？愿意和大家分享一下吗？

(2)在登山的时候我们应该怎么做？

★建议：这个环节主要是调动大家的前期经验，同时激发孩子们对登山这项运动的喜爱之情。

2. 登山知识不可少。

(1)小朋友们分成若干小组，自由讨论登山的时候怎么看标志牌，怎么看路线图。

(2)教师出示准备好的标志和路线图，帮助幼儿分析和梳理。

指导语：

(1)小朋友们，你们见过这些图片吗？知道它们的意思吗？

(2)现在老师来教你们怎么看这些图片和地图。

★建议：这个活动要对标志和地图的用处进行详细解释，同时还要孩子多重复，让他们有一个记忆的巩固。

3. 安全第一早知道。

(1)引导幼儿说一说除了要会看标志和地图外，我们还需要注意来自周围的哪些安全。

(2)引导幼儿说一说怎么做可以进行自我保护。

指导语：

(1)你们觉得登山的时候周围什么事情会给我们带来困难和危险？

(2)我们应该怎么做才可以躲避危险进行自我保护呢？

★建议：这个环节小朋友可能不太会联想到周围的环境和人类的关系，教师需要给孩子进行引导和讲解，让他们初步产生这种印象，同时在进行自我保护教育的时候要让幼儿多说，才能加深理解和记忆，教师主要负责梳理和归纳。

🐦 **活动延伸**

1. 开展"登山标志我知道"的主题绘画比赛，调动幼儿的各种经验，鼓励幼儿大胆联想。

2. 以"我的登山小故事"为主题进行故事演讲比赛。

3. 开展"登山寻宝"游戏活动，设计不同的游戏项目，让幼儿体验登山活动的丰富多样。

🐦 **指导建议**

1. 大班的小朋友无论是从语言表达能力、观察能力还是社会交往能力上来说都有很大的提高，接受新事物的能力也很强，所以，这样一节活动非常适合大班孩子的年龄特点。

2. 整个活动要以孩子为主体，特别是在第一个环节和第三个环节上，要充分调动孩子的各种经验，让他们想说、敢说并能得到积极应答，提高他们的语言表达能力和自豪感。

3. 可以适时地邀请班级里喜欢登山或者户外运动的家长来参与，效果会更好。

活动四：登山标志我设计（大班）

活动目标

1. 愿意参与登山活动，对登山标志感兴趣。

2. 理解标志的意思，有自己设计标志的欲望。

3. 能够设计属于自己的登山标志并能够大胆展示。

活动准备

1. 知识经验准备：幼儿有设计班级安全标志的经验。

2. 物质材料准备：幼儿自己收集的登山标志，勾线笔、蜡笔、水彩笔、剪刀、固体胶各若干。

活动过程

1. 标志设计我喜欢。

(1)请小朋友把自己收集到的登山标志拿出来和大家交流分享。

(2)教师引导小朋友说一说你喜欢这个标志的原因。

指导语：

(1)小朋友们，现在请你们把自己收集的登山标志拿出来，大家一起看一看、说一说吧！

(2)请小朋友说一说你为什么会喜欢这个标志呢？

★建议：这个环节主要是对小朋友们收集的登山标志进行认识和分析，教师可以请小朋友多说一说自己的想法。

2. 安全标志要牢记。

(1)请小朋友分组交流讨论，这些标志代表的意思。

(2)教师引导幼儿说一说设计标志的好处，激发孩子想要设计的愿望。

指导语：

(1)请小朋友都来说一说你知道哪些安全标志呢？它们有什么特别的意思？

(2)登山标志是为了给人们带来安全而设计的，你们想不想设计一款你想要提醒大家的安全标志呢？

★建议：本环节主要目的是在了解安全标志的含义和对登山者的好处上进行开展的，同时也是为了激发孩子们的创作灵感。

3. 登山标志我设计。

(1)请小朋友选择好自己所需要的工具进行创作，教师巡回指导。

(2)教师鼓励幼儿大胆地、完整地讲述自己创作的作品。

指导语：

(1)现在，你们一定迫不及待地想开始创作了，那么请选择好自己的工具开始吧！

(2)每个人的作品都很棒，现在请大家来说一说你是怎么想的吧！

★建议：这个环节是活动的重点，由孩子们把自己的想法变成手中的作品，作画的过程中教师不需要过多的参与，尽量让孩子发挥自己最大的想象和创造。

☞ **活动延伸**

1. 请小朋友把自己的作品进行二次装饰，在班级开展"标志设计我最棒"的活动，评选出最适合登山活动的标志，进行鼓励。

2. 可以在班级的美工区进行"登山风景我会画"的活动，鼓励幼儿把自己的所见所想进行绘画。

3. 为幼儿园设计"园内安全标志"，真正做到环境创设回归幼儿的本质。

☞ **指导建议**

1. 这节美术活动是在孩子对登山安全标志十分了解的情况下完成的，所以教师在前期经验里要让孩子非常熟悉和了解安全标志代表的意思。

2. 在作品创作的过程中教师需要做到"收放自如"，对能力强的孩子可以让他们自由创作，能力稍差的孩子还需要部分的引导和帮助。

3. 不能缺少作品的讲评环节，因为这是孩子对自己作品的一个回顾，同时也是发展语言表达能力的最好时候，还可以培养孩子在集体面前大胆表现的情感。

全园活动：齐登山·共分享——从小爱锻炼(小、中、大班)

☞ **活动目标**

1. 依托登山节的系列活动开展"齐登山·共分享——从小爱锻炼"亲子活动，萌发幼儿从小热爱大自然的美好情感和积极参与锻炼的好习惯。

2. 了解各自的"任务"后，亲子间能进行交流和工作分配。

3. 能够完成既定的目标，有一定的竞赛意识。

☞ **活动准备**

主持人讲解有关登山节的系列活动以及今天的亲子活动内容，按年龄段准备好的任务卡片，活动中的障碍设置关卡若干，游戏活动的奖品。

☞ **活动过程**

1. 主持人进行今天的活动内容讲解。

(1)主持人宣布今天的活动形式为亲子登山活动。

(2)请每个班级的老师发放活动任务卡。

(3)对家长和幼儿提出活动规则及要求。

★建议：这个环节是集中宣传亲子登山节的活动内容，主要是让家长和幼儿明白活动的形式是以竞赛的形式完成，所以遵守规则和要求是很重要的。

2. 各个班级的教师发放任务卡片，家长仔细阅读了解。

（1）请家长了解小班的任务为树皮拓印、中班的任务为"寻宝"、大班的任务为看图识路。

（2）每个场地安排专人盖章换取积分。

★建议：这个环节的重点在于任务卡的分析，小班只有一个提示，中班有三个，大班只有一张登山路线图，家长要多给孩子自己探索和解决问题的机会，尽量用鼓励和暗示的方法来引导孩子，使孩子更有兴趣参加活动。

3. 积分兑换奖品。

（1）幼儿带着自己任务卡上的积分进行礼品兑换。

（2）主持人进行活动总结，活动结束。

★建议：（1）能够完成活动得到积分的小朋友都值得鼓励，可以请他讲讲自己的小发现；（2）在礼品兑换的时候组织好家长和幼儿就座，注意安全。

❧ 三国赤壁文化旅游节 ❧

赤壁，作为中国历史上一场著名战争的发生地，本身就有很高的知名度和影响力。赤壁旅游资源丰富，名胜古迹众多，有中外闻名的三国古战场遗址赤壁名胜风景区、国家重点风景名胜区陆水湖，有富有大自然艺术殿堂之称的玄素洞、五洪山温泉，还有避暑休闲胜地雪峰山庄、民风淳朴的羊楼洞、明清石板街等，形成了"观赤壁、游陆水、探溶洞、宿雪峰、浴温泉"的旅游格局，于是三国赤壁文化旅游节孕育而生，它是湖北省文化底蕴最深的旅游节之一，是文化与旅游的完美结合，它充分挖掘三国赤壁文化内涵及独具特色的赤壁人文、山水旅游资源，展示奋发进取、团结和谐的精神风貌。

一、节日活动设计思路

现在的孩子，生活在一个非常狭小的环境内，对于家乡的认识可能仅仅局限于自己看到的、听到的。同时，因为现在的家庭大多只有一个孩子，自我意识也非常强，很少能想到别人、集体，更别说家乡、祖国了。当前形势下，让孩子产生爱自己的家乡情感，再到爱祖国的情感是很有必要的。当然，要达到这样的目标，一个单一的活动一定不够，因此，本书将三国赤壁文化旅游节作为一个活动的载体，开展了一系列丰富的认识家乡、了解家乡的主题活动，让幼儿感受家乡赤壁的人文文化、悠久历史以及现代赤壁的飞跃发展，并以此为傲，更加热爱家乡，热爱祖国。

二、节日活动教育目标和内容

节日活动教育 总目标	1. 初步认识和了解赤壁作为湖北省的一个县级城市的历史文化，以及丰富的旅游资源，从而感受湖北地灵人杰，更加热爱湖北，更加热爱我们的祖国。 2. 建立良好的亲子关系、师生关系和同伴关系。
小班教育目标	1. 感受和家人一起游赤壁的快乐。 2. 认识和了解赤壁金鱼岛上的一些小动物，知道要爱护、保护小动物。 3. 爱护、保护我们生活的环境，做一个文明宝宝。
小班活动内容	亲子游赤壁　好玩的金鱼岛　快乐的小动物　我的动物朋友
中班教育目标	1. 初步认识和了解赤壁悠久的历史文化，感受作为一个湖北人的骄傲。 2. 和家人一起游陆水湖，热爱陆水湖，保护陆水湖环境，同时增进和家人的感情。 3. 乐意与人交谈，介绍赤壁，介绍陆水湖。 4. 敢于尝试富有挑战性的活动和任务。
中班活动内容	我爱陆水湖　小小导游员　参观民俗村
大班教育目标	1. 感受赤壁的古文化和现代的发展变化，进一步增强爱家乡、爱祖国的情感。 2. 愿意和家人、好朋友分享制作赤壁旅游棋的快乐。 3. 能主动介绍讲述赤壁的发言，感受和好朋友一起进行抢答游戏的快乐。 4. 能倾听和接受他人的意见，能与同伴合作，协商解决矛盾冲突。
大班活动内容	有趣的赤壁方言　赤壁四季歌　赤壁古装情　家乡赤壁的茶文化 我爱赤壁，我爱湖北　未来的家乡——赤壁
全园活动 教育目标	1. 感受作为湖北人的骄傲，了解赤壁的历史和发展。 2. 布置大型赤壁游园展。 3. 喜欢和哥哥姐姐一起进行游戏，愿意和他人交往。 4. 能主动带着小、中班弟弟妹妹一起进行赤壁乐园的大型游园活动，具有初步的责任感。
全园活动内容	赤壁开心游(小、中、大班)

三、三国赤壁文化旅游节系列活动方案

(一)精选活动

活动一：好玩的金鱼岛(小班)

活动二：赤壁四季歌(大班)

活动三：有趣的赤壁方言(大班)

活动四：家乡赤壁的茶文化(大班)

活动五：我爱赤壁，我爱湖北（大班）

活动六：未来的家乡——赤壁（大班）

全园活动：赤壁开心游（小、中、大班）

（二）环境创设

1. 主题墙面创设

（1）"好玩的金鱼岛"：幼儿收集各种动物图片，布置成"金鱼岛"动物展，展示小朋友们收集的有关愚人节的常识和世界各地庆祝节日活动的图片。

（2）"赤壁亲子游"：将幼儿和家人一起游玩赤壁的照片制作成展板展示出来。

（3）"我爱陆水湖"：将幼儿收集的陆水湖图片制作成大型展板进行展示。

（4）"赤壁古今大不同"：将幼儿收集的赤壁名胜古迹图片以及反映现代发展变化的图片进行展示，感受赤壁的悠久历史以及飞速发展。

2. 区域活动创设

建构区：收集各类纸盒、小棒，设计自己喜爱的建筑，进行建构游戏"赤壁的古建筑"。

美工区：投放各色卡纸、彩笔、油画棒、剪刀、胶棒、双面胶、各种赤壁人文风光图片等，幼儿制作"赤壁旅游棋"，可进行棋类游戏。

语言区：收集三国和水浒故事小人书，了解赤壁故事。

表演区：可提供各种赤壁旅游名胜图片，开展"赤壁旅行团"角色扮演游戏；将幼儿和家人一起制作的赤壁盔甲进行"赤壁古装秀"展示。

（三）活动方案设计与指导

活动一：好玩的金鱼岛（小班）

活动目标

1. 喜爱动物，体验和小动物一起游戏的快乐。

2. 会认数字"3"，知道数字"3"的含义。

3. 能手口一致地点数 3 以内的物体，并能说出总数。

活动准备

1. 知识经验准备。

（1）幼儿已认识数字 1 和 2，能正确点数 2 以内物体，并说出总数。

（2）幼儿已认识一些常见小动物，能正确说出其名称。

（3）幼儿已去过金鱼岛游玩。

2. 环境材料准备。

课件金鱼岛大背景图一幅，金鱼岛环境布置，各种动物图片若干。

活动过程

1. 找找 1 和 2。

(1)幼儿到"金鱼岛"自由寻找数字 1 和 2。

(2)根据自己找到的数字寻找相应的小动物。

(3)幼儿互相介绍自己找到的动物朋友。

指导语：

(1)金鱼岛上有好多数字朋友在和我们捉迷藏，等我们去把它们找出来好吗？

(2)找到了吗？你能根据你找到的数字卡片上的数字去金鱼岛上邀请你喜欢的动物朋友并介绍给你的好朋友吗？

★建议：这个环节让幼儿在初入"金鱼岛"时自由寻找数字 1 和 2，正确点数 2 以内的小动物。

2. 认识数字 3。

(1)出示课件"金鱼岛"，认识数字 3。

(2)课件里哪些东西是 3 个，手口一致进行点数。

指导语：

(1)美丽的金鱼岛上来了新的数字朋友，你找到了吗？

(2)那你发现它藏在了哪里？

(3)你觉得 3 像什么呢？

★建议：这个环节引导幼儿寻找各种形态的 3，认识数字，通过课件画面的不断变换寻找出 3 个的物体，了解 3 的实际意义。

3. 寻找好朋友。

(1)幼儿根据教师出示的数字卡片在金鱼岛上找出数字卡片。

(2)幼儿根据小动物的叫声找出相应数字卡片。

(3)幼儿根据教师出示的数字卡片或听到的动物叫声进行找朋友游戏。

指导语：

(1)你能找出和老师手上卡片一样的数字卡片吗？

(2)你能根据听到的小动物的叫声找到相应的数字卡片吗？

(3)你能根据看到的卡片上的数字或者听到的动物叫声，来找到你的好朋友并一起抱抱吗？

★建议：这个环节层层递进提升难度，让幼儿进一步巩固认识数字 3，在游戏中获得快乐体验。

活动延伸

1. 将"金鱼岛"的环境布置与区域相融合，让幼儿进一步进行 3 以内点数游戏。

2. 将动物图片放入科学区，加深对小动物的认识。

🐦 指导建议

本教学活动内容以金鱼岛为载体,整个活动游戏化,活动层次分明,从复习1和2到数字3的认识学习,再到3的复习巩固,环节紧凑且自然递进;幼儿良好的常规是整个活动环节转换的依靠,这样才能保持活动秩序的井然。另外,这节活动的点数环节很多,一定要提醒幼儿大声手口一致地进行点数,然后说出总数。

🐦 参考图片

活动二:赤壁四季歌(大班)

🐦 活动目标

1. 喜欢赤壁,体验游赤壁的快乐。

2. 熟悉歌曲旋律,了解歌词内容,感受歌曲的节拍和情绪。

3. 能用学过的动作根据歌词表现作品的情感。

🐦 活动准备

1. 知识经验准备:幼儿已认识赤壁,了解赤壁的风土人情,名胜古迹,幼儿已认识猕猴桃。

2. 环境材料准备:《赤壁四季歌》MV,幼儿收集的赤壁特产和风土人情图片,《赤壁四季歌》图谱。

🐦 活动过程

1. 说赤壁。

(1)幼儿观看《赤壁四季歌》MV。

(2)讲述赤壁的自然风光和文化特色。

指导语:

(1)这是哪里? 你去过吗?

(2)说一说,赤壁的 MV 里有哪些你熟悉的地方? 画面里的那些人在干什么?

★建议:这个环节让幼儿通过观看 MV,优美的画面展现赤壁的自然风光和风土人情。

2. 听赤壁。

(1)欣赏《赤壁四季歌》MV，了解歌名。

(2)再次欣赏《赤壁四季歌》MV，进一步熟悉旋律。

(3)根据歌词内容摆放《赤壁四季歌》图谱，理解歌词内容。

指导语：

(1)歌曲叫什么名字？你听了这首歌曲有什么样的感受？

(2)歌曲唱了些什么？一共有几段？

(3)请按春夏秋冬顺序选择以下图片摆放好，朗诵歌词。

★建议：这个环节引导幼儿根据自己听到的、看到的，熟悉旋律，理解歌词内容，感受赤壁的美丽富饶。

3. 舞赤壁。

(1)看图片，分组创编动作。

(2)听乐曲，幼儿自由表演。

(3)品尝赤壁特产。

指导语：

(1)请各小组根据图片上的赤壁其中一个季节的内容编出相应的动作。

(2)请根据音乐旋律分组进行赤壁四季歌的表演。

(3)我们一起来品尝一下歌曲里唱到的猕猴桃和香香的绿茶。

★建议：这个环节引导幼儿根据歌词内容自由创编相应动作，最后品尝赤壁特产。

活动延伸

1. 分段学唱歌曲《赤壁四季歌》。

2. 创编歌词，绘画出更多不同季节的赤壁。

指导建议

这节音乐活动是在幼儿已经认识、了解赤壁的基础上开展的一个音乐活动，歌曲活泼欢快的节奏感染了每个幼儿，精美的 MV 为本节活动增色不少，而设计出最简单有效的提问让幼儿熟悉歌名，熟悉旋律，又设计了相对应的情景图谱帮助幼儿理解记忆歌词内容，帮助幼儿插上想象的翅膀，在音乐中高飞，幼儿和同组的好朋友一起根据歌词内容创编出简单的舞蹈动作，然后一起分享创作的快乐，一起品尝赤壁土特产，更加热爱赤壁，热爱湖北，感受作为湖北人的骄傲。

附：活动资源

《赤壁四季歌》视频网址，见 http://www.56.com/u38/v_NzA3OTA4MzU.html

赤壁四季歌

春天请到赤壁来，姑娘新茶已泡开，茶马古道羊楼洞，让你品出韵味来。

夏天请到赤壁来，碧波荡漾湖似海，清风送爽游陆水，鱼儿跳到船上来。

秋天请到赤壁来，满山果子喊你摘，看那中华猕猴桃，犹如那珍宝惹人爱。

冬天请到赤壁来，处处温泉暖胸怀，热气腾腾雪花飞，恰似春天梨花开。

四季请到赤壁来，惊喜不断有期待，身在世外桃源中，来了不想再离开。
赤壁请你来。

活动三：有趣的赤壁方言（大班）

🐦 活动目标

1. 爱家乡，对家乡方言感兴趣。
2. 学说简单的湖北、赤壁方言，理解其意义。
3. 能认真倾听同伴的讲话，大胆与同伴用方言进行交流。

🐦 活动准备

1. 知识经验准备：幼儿已向家长学习了解简单的赤壁方言，收集湖北方言、赤壁方言小资料，教师熟悉了解湖北方言和赤壁方言。
2. 环境材料准备：方言儿歌课件录音，赤壁笑话录音。

🐦 活动过程

1. 猜赤壁方言。

(1)教师说方言问好。

(2)幼儿互相用方言打招呼。

(3)幼儿猜方言比赛。

指导语：

(1)请小朋友说说老师刚才说的是什么意思？方言就是每个地方的语言，就是家乡话，来自不同地方的人讲的话不一样，刚才老师说的是赤壁方言。

(2)你会讲赤壁方言吗？你怎么说的？请讲给你身边的好朋友听听。

(3)请你猜猜看这几个小朋友说的方言是什么意思？

★建议：这个环节让幼儿初步了解方言，认识赤壁方言，对方言感兴趣。

2. 听方言儿歌。

(1)展示课件湖北方言儿歌《打铁》。

(2)学念湖北方言儿歌《打铁》。

指导语：

(1)我们一起来看看这首湖北方言儿歌《打铁》，能试着说说讲的什么吗？

(2)我们试着用赤壁方言念一下这首《打铁》的童谣。

★建议：这个环节从赤壁方言过渡到湖北方言，用童谣的形式引发幼儿说方言的兴趣。

3. 说各地方言。

(1)说说别的地方方言。

(2)欣赏方言笑话。

(3)正确使用普通话。

指导语：

(1)除了湖北方言，你还知道哪些地方的方言？

(2)请你们欣赏一个方言笑话，说说看为什么会闹笑话？

(3)大家还是使用普通话，大家都明白说的什么意思。

★建议：这个环节通过欣赏方言笑话，了解语言的重要性，方言会说、会听就行，最后还是使用普通话。

🐦 活动延伸

1. 学习湖北方言歌曲，如《龙船调》。

2. 收集全国方言资料，学念有趣的南北各地方言儿歌。

🐦 指导建议

方言是一种情结，维系着故土深情，是本土文化在每个人灵魂深处的沉淀。进行方言教育可以从多层面了解家乡的人文、建筑以及民风习俗，有利于传承和发扬地方文化，有助于传承本土文化特色。因此，本节特意选择了一些积极向上的、幼儿感兴趣的、幽默诙谐富有童趣的方言来作为此次教学的内容。让幼儿从熟悉赤壁方言，到了解湖北方言，进一步了解家乡的地方文化，感受各地方言的有趣，最后回归到普通话的使用。

🐦 附：活动资源

儿歌 打铁

张打铁，李打铁，

打把剪刀送姐姐。

姐姐留我歇一歇，

我不歇，我要回去学打铁。

活动四：家乡赤壁的茶文化（大班）

🐦 活动目标

1. 为家乡赤壁茶业的发展萌发自豪的荣誉感。

2. 知道砖茶行业是赤壁的支柱行业之一，了解砖茶的采制过程。

3. 能用清晰的语言表达出采茶、制茶的工艺程序。

🐦 活动准备

1. 知识经验准备：幼儿了解一些简单的茶知识，知道一段赤壁茶叶的广告。

2. 环境材料准备：提前与茶园、茶厂联系，做好参观万亩茶园和制茶厂的准备，各种茶叶若干。

🐦 活动过程

1. 采茶。

(1)参观万亩茶园。

(2)了解茶叶的采摘工序。

(3)学习采摘茶叶。

指导语：

(1)知道这片美丽如画的地方是哪里吗？让幼儿感受茶园的美丽。

(2)我们请采茶姑娘为我们介绍一下如何采茶。

(3)我们一起试试怎样采茶。

★建议：这个环节让幼儿在茶林里身临其境进行采茶的学习，并能实地练习怎样采茶。

2. 制茶。

(1)参观制茶厂。

(2)了解制茶工序。

(3)学习古式制茶。

指导语：

(1)我们现在到了哪里？待会儿进到制茶车间，小朋友不要乱跑、乱摸，保持安静。

(2)好大的制茶车间，机器化制茶，请这里的工人叔叔为我们介绍制茶的工序。

(3)我们一起来看看原来的人们是怎样制茶的吧，请制茶阿姨为我们讲讲她是怎么制茶的。

3. 品茶。

(1)播放茶叶广告。

(2)品尝刚才自己采摘的茶叶制作成的茶。

(3)将自己采摘制茶的成品带回家作为礼物送给家人。

指导语：

(1)现在请你们观看一段广告。广告中的茶叶有什么变化呀？

(2)我们请泡茶的阿姨给我们介绍一下该如何品茶。

(3)感谢茶园茶厂的叔叔阿姨送给我们的礼物，请你们带回家和爸爸妈妈一起分享你们劳动的成果，为爸爸妈妈介绍一下如何采茶、制茶。

★建议：这个环节引导幼儿说说、尝尝茶叶泡水后的变化，喝到嘴里的味道和感觉，并和家人分享今天采茶制茶的快乐。

活动延伸

1. 收集各种干茶叶，了解茶叶的种类。

2. 学习律动采茶舞。

3. 收集茶叶的小故事。

4. 创编茶叶广告。

指导建议

赤壁市茶叶生产历史悠久，茶文化历史底蕴深厚，是欧亚万里茶道源头。本活动在实地采茶、制茶实践的基础上认识、了解赤壁的茶文化，幼儿根据自己看到的、学到的，不仅用语言还能用身体动作表现出来，活动环节层层递进，幼儿与采茶、制茶的叔叔、阿姨都有良好的互动，和同伴之间也有良好的互动，不过值得一提的是一定在活动中提醒幼儿在采摘茶叶时注意安全，不要乱跑，制茶工艺比较严谨，不能到处触碰，品茶注意不要被水烫到，学会保护自己。

活动五：我爱赤壁，我爱湖北(大班)

活动目标

1. 热爱家乡湖北，以作为一个赤壁人为骄傲。

2. 知道家乡名称，了解家乡位置、民俗、名胜、特产。

3. 能大胆说出自己的所见所闻以及感受。

活动准备

1. 知识经验准备。

幼儿已了解一些赤壁的景点、建筑、街道，幼儿有下旅行棋的经验。

2. 环境材料准备。

(1)全国地图一幅，湖北地图一幅，赤壁本土录像。

(2)一张赤壁观光游览图，一张大四开左右的白纸，骰子和棋子。

(3)每组一张赤壁旅游棋谱。

活动过程

1. 观看地图。

(1)出示全国地图，找到湖北。

(2)出示湖北地图，找到赤壁。

指导语：

(1)这是一张我们中国的地图，你觉得外形像什么，找找湖北在哪里。

(2)这是我们湖北的地图，找找看我们家乡赤壁在哪里，它的外形像什么？

(3)这是一张我们赤壁的旅游地图，上面有哪些你熟悉认识的地方？

★建议：这个环节让幼儿学习观看地图，从大到小地观看，从而了解赤壁的地理位置。

2. 观看录像。

(1)观看赤壁录像，欣赏MV。

(2)讨论：录像里有哪些我们熟悉、认识的地方？有哪些特产？

(3)出示赤壁地图，说说著名景点、主要街道、有名建筑分别在哪里。

指导语：

(1)老师这儿有一段精美的录像和好听的歌曲。

(2)请问刚才你们在录像里看到了什么？歌曲里唱了些什么？

(3)这是一张我们赤壁的旅游地图，你熟悉、认识的地方在这张地图的什么位置？

★建议：这个环节引导幼儿把自己在录像中看到的、歌曲里唱到的大胆讲述出来，并在地图上找出其相应位置。

3.下棋旅行。

(1)出示棋谱，请幼儿在自己小组内看棋谱上讲解的见闻。

(2)幼儿分组进行"游赤壁"棋类游戏。

(3)为优胜者颁发土特产奖品，全班一起分享好吃的土特产。

指导语：

(1)以我们的幼儿园为起点开始旅游，把你在旅途中的见闻说出来。

(2)现在我们分小组进行"游赤壁"下棋游戏吧，自己协商好游戏规则再开始游戏。

(3)你知道我们赤壁有哪些特产吗？为我们的优胜者颁发奖品，这胜利的果实应该怎么办呢？大家一起分享吧！

★建议：这个环节引导幼儿在自己棋盘中找出景点、街道、建筑的位置，在游戏中加深认识和了解，通过奖品的颁发，大家一起分享品尝赤壁特产的快乐。

🐦 **活动延伸**

1.幼儿自己独立制作赤壁旅行棋，创编新的游戏规则，和同伴一起进行棋类游戏。

2.寻找赤壁景点解说词，进行赤壁旅行团游戏。

3.收集赤壁文化资料，感受赤壁的古文化。

🐦 **指导建议**

本次活动中的棋类游戏背景图版是以教师设计为主，幼儿提供相关景物、建筑、街道的图片，完成棋盘的制作，在整个活动中起到了画龙点睛的作用，将枯燥的家乡知识用游戏的形式呈现，幼儿有了学习的欲望。活动最后的土特产分享也是让幼儿能正确对待游戏中的输赢，大家一起分享胜利的果实。

活动六：未来的家乡——赤壁(大班)

🐦 **活动目标**

1.喜爱家乡，热爱家乡湖北、赤壁。

2.充分发挥想象，进行想象画。

3.能用自己喜欢的形式大胆展望家乡的未来。

🐦 **活动准备**

1.知识经验准备。

幼儿已初步了解赤壁的地理文化、风土人情、风光特产，有画想象画的经历。

2. 环境材料准备。

(1)幼儿各类绘画工具：勾线笔、水彩、油画棒、彩色铅笔、水粉笔。

(2)录像两段："古赤壁"与"今赤壁"。

🐦 **活动过程**

1. 说未来赤壁。

(1)看赤壁古今两段录像。

(2)自由讨论：未来的赤壁。

指导语：

(1)你看到了什么？(在讨论结束时告诉幼儿)这些都是什么建筑？能做什么？

(2)过去的赤壁真美，现在发展变化这么大，想一想，未来的赤壁会变成什么样呢？

★建议：这个环节让幼儿随心所欲、天马行空地自由想象，充分发挥幼儿的主动性，大胆与同伴交流自己心目中未来赤壁的样子。

2. 画未来赤壁。

(1)向同伴介绍自己的绘画想法和准备如何使用这些绘画工具。

(2)幼儿大胆作画，提醒幼儿注意画面布局。

(3)鼓励幼儿添画一些风景、人物。

指导语：

(1)请小朋友和你的好朋友说说待会儿作画准备使用哪些绘画工具？准备画些什么？

(2)小朋友大胆想象，注意画面的饱满。

(3)请绘画结束的小朋友再看看，把画面丰富一下。

★建议：这个环节鼓励幼儿大胆发挥想象，动手作画，在老师的鼓励下着色，让画面分布均匀。

3. 讲未来赤壁。

(1)向同伴介绍自己的作品。

(2)幼儿作品简评展示。

指导语：

(1)请把你绘画完成的作品向你的好朋友介绍一下。

(2)我们大家一起看看谁的作品画得最好，为什么？

★建议：这个环节引导幼儿学会从画面布局、颜色的搭配、想象的新颖等几方面来进行评价，用清晰的语言大胆地说出自己的想法。

🐦 **活动延伸**

1. 布置"古今赤壁"图片展和"未来赤壁"绘画展。

2. 将绘画工具投入美工区，幼儿继续绘画"未来的家乡湖北、未来的祖国"。

🐦 **指导建议**

经过了一系列的活动，幼儿对自己的家乡已经有了清晰的概念，并且也愿意去热爱家乡。在这个活动中，引导幼儿充分发挥他们的天性——爱想象，让孩子在现有对家乡的认识基础上，去尽情地构想，为家乡的未来描画出一幅幅美丽而神奇的蓝图，让他们对家乡的未来充满希望。

全园活动：赤壁开心游（小、中、大班）

🐦 活动目标

1. 感受和同伴一起游戏的快乐。
2. 在大型活动中了解赤壁的人文特产、风光特色。
3. 能大胆地参与游戏，乐意与人交往。

🐦 活动准备

1. 大班准备"古装 T 台秀"所需盔甲服装、制作的赤壁旅游棋、赤壁特产站台。
2. 中班准备大型布景"陆水湖""休闲屋""三国水浒一条街"。
3. 小班准备 5 个游乐项目"吹气球""两人三足""套圈""甩娃娃""钓鱼"所需材料。

🐦 活动过程

1. 以年级为单位，做好游园前的准备。

（1）介绍今天大型游戏的主题，大、中、小班幼儿按自己意愿选择参与游戏的工作人员角色。

（2）带领其余没有工作人员角色的幼儿参观活动场地，介绍游戏玩法。

★建议：本环节以活动准备为主，让幼儿通过准备和参观引发对参与游戏的兴趣。

2. 幼儿按自己意愿选择喜欢的游戏项目进行游戏。

（1）幼儿结伴选择自己喜欢的项目进行游戏，无论是观看表演还是进行游乐项目，参观游玩赤壁，都要注意遵守游戏规则。

（2）教师鼓励单个的幼儿邀请别的同伴一起参与到游戏中。

★建议：重点鼓励胆小幼儿大胆参与到游戏中，鼓励大、中班幼儿主动承担照顾小班弟弟妹妹的责任，带着他们参与到娱乐、旅游、表演游戏项目中。

3. 游戏结束，收拾活动用品，分享游戏的快乐。

（1）各班老师和小朋友一起收拾活动场地物品。

（2）回到自己班上讲述今天游戏中的趣闻趣事，和同伴分享自己的快乐。

★建议：本环节教师应注意引导小朋友一起收拾活动场地物品，然后鼓励幼儿大胆讲述自己在游戏中的表现和经历，和大家一起分享自己的快乐。

襄阳诸葛亮文化旅游节

"襄阳诸葛亮文化旅游节"的焦点应在文化底蕴的展示上，从庄重的诸葛孔明敬拜仪式，到集中展示古隆中非物质文化遗产的"隆中对"遗产，充分挖掘了中国古代历史人文的文化内涵对今人的启示教育意义。

一、节日活动设计思路

诸葛亮是中国传统文化中忠臣与智者的代表人物。其个人独特的人格魅力正是中国优秀传统文化的写照，需要我们去传承与发扬。那如何让这个深厚的历史人物融入当代，经典文学作品《三国演义》中的"空城计""木牛流马""三顾茅庐"等人们耳熟能详而有趣的故事，就能帮助孩子走近历史。所以，给小孩子讲历史，最重要的是好玩，讲得有趣，他们就会感兴趣；有了兴趣，才会去主动了解。

二、节日活动教育目标和内容

节日活动 教育总目标	1. 知道诸葛亮是三国时期的历史人物，初步了解诸葛亮及其相关的三国人物。 2. 感受中国传统历史文化的博大精深，萌发当中国人的自豪感。 3. 丰富对历史文化的了解，从优秀的历史人物身上习得优良品质。 4. 能积极主动参与资料的搜集、展示，愿意与同伴分享有关三国的各种资料与知识经验。 5. 乐意用不同的方式去了解和感受中国悠久的历史。
小班教育目标	1. 愿意听以诸葛亮为主角的历史小故事。 2. 知道诸葛亮是一个有智慧的人。
小班活动内容	诸葛亮的故事　三顾茅庐　放飞快乐
中班教育目标	1. 能尝试讲讲以诸葛亮为主角的历史小故事。 2. 能根据图片提供的信息大致说出《三顾茅庐》《空城计》的故事情节。 3. 愿意与他人谈论有关诸葛亮的故事。 4. 知道诸葛亮是一个有智慧的人。
中班活动内容	文房四宝　制作羽扇　空城计　三国英雄
大班教育目标	1. 知道诸葛亮文化节是为了纪念历史人物诸葛亮。 2. 了解有关诸葛亮的各种故事，愿意与同伴、家人、老师共同学习。 3. 能用绘画、美工等多种方式表达对诸葛亮的崇敬之情。

续表

大班活动内容	听评书——三国故事 "趣味三国"竞赛 排阵列队 故事《三顾茅庐》
全园活动 教育目标	1. 乐意参加诸葛亮文化节的庆祝活动。 2. 愿意与同伴、老师、家人交谈有关三国的故事和话题。 3. 能在活动中大方展示自己。 4. 能尽量用不同的语气、语调讲述三国历史小故事。 5. 愿意阅读有关三国的图书、图片。
全园活动内容	趣味三国(小、中、大班)

三、襄阳诸葛亮文化旅游节系列活动方案

(一)精选活动

活动一:三国英雄(中班)

活动二:故事《三顾茅庐》(大班)

活动三:排阵列队(大班)

活动四:"趣味三国"竞赛(大班)

(二)环境创设

1. 主题墙创设

教师创设"三国疆域"的地理背景墙,请家长和幼儿布置并丰富内容。

三国群英图:收集三国著名人物图片,如诸葛亮、刘备、曹操……

三国兵器展:青龙偃月刀、双龙剑……

诸葛亮发明展:孔明灯、木牛流马……

2. 区域活动创设

表演区:投放用废旧材料自制的三国人物面具,刀、枪等古代兵器,古琴、鼓、缶等乐器,配备相应的音乐(如《滚滚长江东逝水》),搭建一个古亭或是画一面古亭主题墙,供幼儿表演用。

图书区:增添《三国演义》连环画、故事图片、人物图片资料。

美工区:提供家长制作的古衣袍一到两件,让幼儿装饰,增添各类纸张材料、折纸示意图,供幼儿折船、做孔明灯、折叠帽。

(三)活动方案设计与指导

活动一：三国英雄(中班)

🐦 活动目标

1. 体验模仿活动的乐趣。

2. 学习观察不同人物的显著特征。

3. 能用不同的方式表现自己的观察。

🐦 活动准备

1. 知识经验准备。

幼儿已经对三国故事有一定的了解。

2. 物质材料准备。

(1)亲子制作的古代物品：如将军头盔、各类兵器(纸制)、盔甲衣冠等。

(2)手机、电脑。

(3)音乐《三国》。

🐦 活动过程

1. 找找。

(1)参观三国群英图，找找自己最喜欢的三国人物。

(2)幼儿自由地边参观边讲述。

指导语：同伴间说说最喜欢的英雄是谁？他有什么与别人不同的地方？

★建议：教师要鼓励幼儿大方地说，并能认真倾听别人的讲述。同时，教师要鼓励个别没有主动发表意见的孩子参与到谈话中来。

2. 扮扮。

(1)请幼儿自由选择合适物品。

(2)依照群英图中人物的形象对自己进行装扮。

指导语：仔细看看，这个人物是文臣还是武将，他戴着什么帽子？手上拿着什么兵器？

★建议：教师要尊重幼儿的选择，并鼓励幼儿共同装扮。

3. 秀秀。

(1)听音乐，幼儿自由摆造型，教师用手机随时进行拍照。

(2)将照片导入电脑，师生欣赏并评价。

指导语：鼓励幼儿同伴间共同合作摆出故事情节，如三顾茅庐、煮酒论英雄。

★建议：教师拍照要尽量照顾到全体幼儿，让每个幼儿都有机会看到自己的成果。

🕊 活动延伸

1. 将配套的装备投放在表演区，供孩子们表演用。

2. 回到家后，和家长一起制作三国群英册。

活动二：故事《三顾茅庐》（大班）

🕊 活动目标

1. 喜欢听中国历史故事。

2. 理解故事内容，积极感受故事中的人物特点。

3. 尝试用自己的语言描述故事中的人物特征。

🕊 活动准备

1. 知识经验准备：家长在家已经开展三国故事讲述活动，木偶剧排演《三顾茅庐》。

2. 物质材料准备：课件 PPT《三顾茅庐》，刘备的头冠、张飞的盔甲等供幼儿表演用。

🕊 活动过程

1. 听评书。

(1)倾听评书《三国演义》一小段，引发幼儿自由交流对《三国演义》的已有经验。

(2)师生共同小结。

指导语：你知道三国中的哪些人物？有些什么故事？

★建议：此环节教师要给幼儿2—3分钟时间，让幼儿尽情地说。

2. 看表演。

(1)幼儿安静观看木偶剧《三顾茅庐》故事表演。

(2)教师引导幼儿初步理解故事内容。

指导语：请告诉大家，故事中有哪几个人物？

★建议：此环节教师要鼓励幼儿自由、大方地发表自己对人物的已有认知。

3. 分析图。

(1)幼儿自由依据自己对故事的理解，展开交流和讨论。

(2)出示人物关系图，简单解读当时历史背景，帮助幼儿理解。

指导语：

(1) 刘、关、张是什么关系？各自是什么性格？从什么地方说明刘备的谦虚、张飞的急躁？

(2)为什么刘备三兄弟要去请诸葛亮？（出示人物关系图）

★建议：(1)此环节教师要借助图谱帮助幼儿理解刘备需要诸葛亮的帮助；(2)要帮助幼儿将零散的描述性语言进行梳理。

4. 看课件。

(1)幼儿再次观看PPT课件，从表情、动作来理解人物性格。

(2)分角色表演。

指导语：

(1)仔细看看张飞现在是不是涨红了脸，说明他心情是怎样的？

(2)关羽牵马就要走，说明他还愿意等吗？

★建议：提醒幼儿观察人物的动作、表情，来理解并简单描述人物的心情。

活动延伸

1. 回家把故事讲给家人听。

2. 语言区添加《三国演义》的评书磁带。

活动三：排阵列队(大班)

活动目标

1. 知道八阵图是诸葛亮的发明。

2. 学习依据八阵图的摆放，进行新的队列尝试。

3. 能有序地完成任务。

活动准备

1. 知识经验准备：知道诸葛亮是个很有智慧的人，他有许多发明。

2. 物质准备：PPT课件(古时战争的视频和介绍八阵图的视频)，连接小棍人手一盒、纸、笔工具，收集的八阵图张贴在活动室内。

活动过程

1. 看课件：排阵列兵。

(1)战争视频：了解战争的残酷。

(2)八阵图讲解视频：了解八阵图的历史来源。

小结：古时打仗时要排阵列兵，而孔明就是在指挥三军作战时发明了八阵图。

指导语：

(1)仔细观看，这些士兵在打仗前先做什么？

(2)战争为什么不好？

★建议：此环节教师要引领幼儿仔细观察，安静倾听课件中的讲解，帮助幼儿对历史事件有初步的了解。并要适时小结，感受和平的生活有多么美好！

2. 玩图谱：八阵图。

(1)观赏八阵图。

(2)自由结伴讲述。

(3)自主拼图。

(4)同伴小组看图列队。

指导语：

(1)一共有几个阵图？这些阵图像什么？

(2)小朋友可以自由选择愿意拼摆的阵图，拿出连接小棍，进行拼摆。

(3)要选出队长，依据图谱指挥小朋友站队。

★建议：(1)图谱分开粘贴在主题板上，让幼儿分散观察，有空间进行拼摆；(2)幼儿如果顺利地摆放成功，就再进行另一个尝试；(3)提醒幼儿小组列队时要有队长指挥。

3. 设计图：新的图谱。

(1)安静思考想设计什么样的图谱。

(2)自主尝试，先画出来再摆出来。

指导语：做事情要先想好了再做，这样才能又好又快地完成任务。

★建议：(1)此环节一定要提醒幼儿先想再画最后摆，不要盲目进行操作；(2)要给予幼儿一定的时间。

🐦 **活动延伸**

把八阵图和幼儿设计的图谱放入活动区，为幼儿后续游戏提供参考。

🐦 **附：活动资源**

八阵图是诸葛亮出山后自己创造的兵阵，他称之为八卦兵阵。士兵排列为八卦形，八门入，八门出。此阵不易破解，善于迷惑敌人。诸葛亮后来又多次改造此阵，并由兵阵演化为石阵、马阵。

活动四："趣味三国"竞赛(大班)

🐦 **活动目标**

1. 体验与父母一起玩游戏的乐趣。

2. 尝试用语言表述对三国的认知。

3. 能大方积极地面对挑战，敢于表现自己。

🐦 **活动准备**

1. 知识经验准备。

(1)幼儿与家长一起搜集三国的小故事和小成语。

(2)知识竞赛答题、抢答手掌、记分牌。

(3)幼儿已经玩过竞赛游戏，明确规则。

2. 物质材料准备。

(1)布置活动室环境，凸显三国古文化。

(2)参赛选手(幼儿与家长)做三国代表人物装扮。

(3)家长志愿者做诸葛亮装扮，为评委和记分员。

(4)古琴乐曲。

活动过程

1. 三国人物我知道。

(1)在悠扬的古琴乐曲中，做不同人物装扮的幼儿踱步入场。

(2)介绍、认识三个团队：吴国队、魏国队、蜀国队。

指导语：

(1)有请"三国英雄"入场。

(2)请你们依据他们的旗标，说出属于哪国？

★建议：提醒幼儿从武器、面貌来区别人物。

2. 三国知识我知道。

(1)看视频猜故事：观察三个不同的小视频短片，说出事件名称。

草船借箭、空城计、挥泪斩马谡。

(2)看图片猜故事：出示不同的图片，请选手依据图片内容说出事件名称。

桃园三结义、三顾茅庐、赤壁之战、舌战群儒。

(3)看物品找主人：出示不同的武器、道具，请选手找到主人。

羽毛扇——诸葛亮；青龙偃月刀——关羽；木牛流马——诸葛亮；孔明灯——诸葛亮。

(4)听词语猜人物：教师进行描述，请选手说出是哪个人物。

豹头圆眼——张飞；双手过膝——刘备。

★建议：此环节要提醒各位选手在游戏中要遵守规则。

3. 三国英雄我选出。

依据各队答题得分计算总分，选出三国英雄霸主。

第三章
园本化节日活动

在我国的课程管理体系中，将课程划分为三个管理层级，第一层级是国家课程，主要表现为国家层面的教育政策和发展规划，主要以文件形式呈现，例如《幼儿园教育指导纲要》和《3－6岁儿童学习与发展指南》，体现全国性的学前教育标准和发展要求；第二层级是地方课程，是由各省市根据本地的教育条件和发展需求，因地制宜地提供本地学前教育的发展目标和课程资源，如各省出台的学前教育发展规划和地方课程；第三层级就是园本课程，由各个幼儿园根据本园的发展规划和幼儿成长需求而进行独立设计或与其他园所联合设计而形成的课程资源。在本书的节日活动设计中，专门将园本节日活动呈现出来，是希望以此抛砖引玉，让更多的幼儿园根据本园优势，开展特色节日活动，打造出本园的办园特色。

第一节 "遇见材料，创造未来"艺术创想节

一、节日活动设计思路

为传播先进的幼儿美术教育理念，丰富幼儿美术创意活动，充分展示幼儿，搭建幼儿自我创作、分享创作成果的平台，我园每月的第二个星期五开展"遇见材料，创造未来"艺术创想节。通过开展具有时代特征和幼儿园特色的丰富多彩的艺术创想节活动，引领全园教师、幼儿及家长积极参与到感受美、表现美、创造美的过程中，通过家园合作、师幼互动、亲子配合等形式，让孩子、家长和教师共同分享艺术的欢乐，充分展示幼儿园艺术教育的成果。

二、节日活动教育目标和内容

节日活动教育 总目标	1. 通过开展具有时代特征和幼儿园特色的丰富多彩的艺术活动，展现师幼健康、积极、奋发向上的精神风貌，培养孩子健康的审美情趣和良好的艺术修养，丰富幼儿园文化生活。 2. 展示美术、音乐、语言等各领域特色教育教学成果，引领教师、幼儿及家长积极参与到感受美、表现美、创造美的过程中，通过家园合作、师幼互动、亲子配合等形式，让孩子、家长和教师共同分享艺术的欢乐，充分展示幼儿园艺术教育的成果，塑造本园的良好形象。 3. 以强化"品美教育"为重点，积极倡导和培育幼儿品行为礼仪、品传统文化、品自然生活。让讲文明、树新风蔚然成风，形成蓬勃向上、文明和谐的校园文化，使幼儿园成为幼儿喜欢、家长放心、社会满意的和谐校园，成为精神文明建设和引领社会和谐稳定发展的重要阵地。
小班教育目标	1. 乐于大胆操作、创造和表现，体验制作风车的乐趣。 2. 初步尝试观察风车制作示意图，制作风车。 3. 在奔跑中，探索发现让风车旋转的秘密。
小班活动内容	大风车
中班教育目标	1. 在共同制作、表演中体验合作的快乐，并从中获得成功的乐趣。 2. 初步了解皮影偶制作的相关材料，知道各种材料的用途以及皮影偶制作程序等。 3. 能自由操作皮影偶，进行简单的皮影表演。
中班活动内容	有趣的皮影戏　我的本领大
大班教育目标	1. 感受端午节赛龙舟的场景氛围，体验赛龙舟的快乐。 2. 能够按乐曲的节拍进行同伴协作赛龙舟活动。 3. 尝试合作游戏，初步理解合作游戏中相互默契配合的重要性。 4. 体验舞龙的乐趣，激发幼儿对龙文化的喜爱之情。 5. 尝试使用各种废旧材料创造性地制作龙的形象。 6. 具有一定的反应能力和动作的灵活性。
大班活动内容	赛龙舟　舞龙　彩虹色的花
全园活动 教育目标	1. 萌发环保意识，体验亲子制作的活动乐趣。 2. 自己动手制作喜欢的玩具，对幼儿园常规制作活动充满期待。 3. 进一步提高幼儿分工合作意识，通过大家的努力完成任务。
全园活动内容	"遇见材料，创造未来"（小、中、大班）

三、"遇见材料，创造未来"艺术创想节系列活动方案

(一)精选活动

活动一：大风车(小班)

活动二：有趣的皮影戏(中班)

活动三：我的本领大(中班)

活动四：赛龙舟(大班)

活动五：舞龙(大班)

活动六：彩虹色的花(大班)

全园活动："遇见材料，创造未来"(小、中、大班)

(二)环境创设

1. 主题墙面创设

(1)创设"遇见材料，创造未来"网络式环境；作品形式上突破传统儿童画的局限，从平面到立体发展，以"品美"为题材的平面、立体和综合作品。

(2)主题墙上展示幼儿的美术作品，布置"美丽的书签"展，张贴"修补图书方法记录"。

(3)室内挂饰：亲子制作摄影展优秀作品。

2. 区域活动创设

美工区：提供、修补破损图书，提供破旧的图书，胶棒，彩色纸，幼儿自由活动时修补、装订。自制故事书，提供各色彩纸、花边剪刀让幼儿制作图书。

表演区：能大方自信、清晰完整地讲述自己熟悉的故事。安静倾听他人讲述，懂得轮流、等待的重要。

益智区：尝试运用比较实验的方法进行操作体验，并正确记录实验结果。初步感知图书重量与力之间的关系。

图书区：幼儿选择自己喜欢的图书，安静阅读，感受阅读的快乐。投放幼儿自制图书，供幼儿自主阅读。

(三)活动方案设计与指导

活动一：大风车(小班)

❤ **活动目标**

1. 乐于大胆操作、创造和表现，体验制作风车的乐趣。

2. 初步尝试观察风车制作示意图，制作风车。

3. 在奔跑中，探索发现让风车旋转的秘密。

🕊 **活动准备**

1. 知识经验准备：幼儿有玩风车的经验，在生活中见过不同风车。

2. 环境材料准备：白纸、蜡笔、吸管、大头针，风车制作方法示意图。

🕊 **活动过程**

1. 欣赏歌曲，引出主题。

指导语：

(1)小朋友们玩过风车、喜欢风车吗？

(2)(出示各种风车图片)小朋友，看这是什么？

(3)(教师出示制作好的风车，吹风让风车转动)这么漂亮的风车，你们想要吗？今天老师就要来教小朋友做这个风车。

★建议：运用音乐及游戏导入法，让幼儿感受风车转转转的快乐。

2. 观察发现，找寻方法。

(1)用蜡笔在纸上作画，任意画出图形加以涂色。

(2)用剪刀沿着正方形纸上的黑线剪开。

(3)将剪开的四个角分别折向纸的中心点，用胶水固定住。

(4)将粘好的纸用一个大头针固定在吸管上即可。

指导语：风一吹，大风车就会旋转。小朋友你们知道风车是怎么制作的吗？那现在就请小朋友自己也来动手做一做吧！

★建议：引导幼儿通过多感官探索风车的制作方法，激发幼儿制作风车的兴趣。

3. 大胆尝试，动手操作。

(1)提出要求：在使用剪刀时要注意安全，沿着黑线剪。大头针的固定由家长和幼儿一同完成。

(2)在风车上画画，事先要构思好画什么，再下笔去画。

★建议：引导幼儿通过自由选择材料，尝试制作风车。注意在活动中提醒幼儿注意安全。

4. 游戏互动，分享快乐。

(1)请幼儿展示作品，幼儿相互欣赏风车，老师加以评价。

(2)幼儿说说风车还能怎么玩。

(3)随着音乐，幼儿一起展示自己是怎样玩风车的。

指导语：

(1)你觉得谁的风车最漂亮？为什么？

(2)你想怎么玩风车呢？

★建议：让幼儿随音乐玩风车转转转的游戏。

✿ **活动延伸**

在益智区增添风车的制作材料，鼓励幼儿根据已有经验制作风车。

活动二：有趣的皮影戏(中班)

✿ **活动目标**

1. 在共同制作、表演中体验合作的快乐，并从中获得成功的乐趣。

2. 初步了解皮影偶制作的相关材料，知道各种材料的用途以及皮影偶制作程序等。

3. 能自由操作皮影偶，进行简单的皮影表演。

✿ **活动准备**

1. 知识经验准备：幼儿已提前观看了皮影戏表演以及皮影动画片，了解了皮影戏的特点。

2. 环境材料准备：皮影戏录像一段，一块长白布，一盏探照灯，透明胶片、彩笔、绳子、小棒、剪刀。

✿ **活动过程**

1. 组织幼儿观看皮影戏，了解皮影戏的特点。

(1)请幼儿观看皮影戏，激发制作愿望。

(2)教师介绍皮影戏的由来和特点。

★建议：利用情景导入，激发幼儿参与活动的兴趣。

2. 教师讲解并示范皮影偶的制作方法。

(1)在透明胶片上画好自己喜欢的人物。

(2)将画好的透明胶片固定在小棒上。

★建议：让幼儿了解多种皮影偶的制作方法，为后面的制作活动打下基础。

3. 教师巡回指导幼儿制作皮影偶。

★建议：可利用角色对话的语言引导幼儿制作皮影偶。

4. 请幼儿展示交流并能自由操作自己制作的皮影偶。

5. 指导幼儿在白布前，通过探照灯的照射，操作皮影偶进行皮影戏表演。

✿ **活动延伸**

教师进一步引导幼儿探索操作皮影偶的方法，尝试合作进行有情节的皮影表演。

活动三：我的本领大(中班)

活动目标
1. 学习双脚行进跳，两人前后合作跳，锻炼腿部肌肉，掌握协调能力。
2. 体验活动的兴趣，并能勇敢地尝试各种挑战。
3. 让他们在有趣的活动中感受与他人合作的乐趣。

活动准备
1. 知识经验准备：能双脚合拢向前跳、向后跳。
2. 环境材料准备：布袋若干、音乐。

活动过程
1. 热身运动，激发幼儿的活动兴趣。

指导语：

(1)小朋友，今天天气真好，我们跟着音乐一起来做运动吧！现在听音乐跟老师做准备活动。

(2)小朋友，你们知道袋鼠宝宝是怎么跳的吗？有谁能来学一学？

★建议：让幼儿通过袋鼠宝宝跳这样的游戏形式做热身运动，能够很好地激发幼儿对活动的兴趣。

2. 探究布袋的玩法。

(1)自主探究。

指导语：你们以前和布袋玩过游戏吗？现在我们就和布袋来玩游戏吧！请你开动小脑筋，玩出与别人不一样的花样来！

(2)幼儿探索，老师辅导。

★建议：考虑到大班幼儿有自己的想法，活动中让幼儿自由探索，引导幼儿充分发挥想象的空间，调动他们参与活动的热情。

(3)学习袋鼠宝宝跳。

指导语：

(1)小朋友们，快来看，她跳得真像只袋鼠！请她为我们表演一下吧！

(2)还有谁有不同的玩法？其他幼儿观察她是怎么跳的？

(3)一起交流，演示后请她介绍是怎么想到这样跳的方法的。(介绍布袋)

小结：双脚并拢，起跳时膝盖稍弯，双臂自然放于胸口，前脚掌用力往上蹬，落地时轻轻着地。

★建议：这一环节幼儿能够自己探究袋鼠宝宝的跳法，学会这个新的本领，在学会新本领的基础之上不断地增加难度。

(4)集体练习：我们也来学做袋鼠宝宝跳。

★建议：这部分是活动的重点，利用布袋来组织孩子们活动，让幼儿尝试探索怎样跳得又稳、又轻、又快、又高；根据幼儿的不同情况加以引导鼓励：能力弱的可以多跳几次，直到战胜自己，克服恐惧心理；能力强的为他们加油鼓励，体现同伴间的相互关心。

(5)游戏：我的本领大。

交代游戏的规则和要求，与同伴合作，一个当妈妈，一个当宝宝，看看你们会完成什么样的游戏。

游戏"我的本领大"，妈妈带着宝宝绕过障碍物，如果碰到了障碍物就要重新开始。

★建议：这个环节能够让幼儿自主地与他人合作，学会与他人合作一起完成任务，遇到困难的时候会两个人一起想办法，培养了幼儿积极地想办法处理问题的能力，并且加强了幼儿挑战一些具有一定困难的游戏的能力。

3.结束部分。

指导语：

(1)放松运动：大家累吗？那把布袋脱下来放边上，跟我一起放松一下吧！

(2)整理布袋：今天你们学到了什么本领？等会儿把自己学到的本领告诉中、小班的小朋友。

❧ **活动延伸**

亲子活动玩沙袋。

❧ **指导建议**

和家人一起玩，体验不同的玩法，共同体验亲子乐趣！

活动四：赛龙舟(大班)

❧ **活动目标**

1.感受端午节赛龙舟的场景氛围，体验赛龙舟的快乐。

2.能够按乐曲的节拍进行同伴协作赛龙舟活动。

3.尝试合作游戏，初步理解合作游戏中相互默契配合的重要性。

❧ **活动准备**

1.知识经验准备：幼儿已经积累了有关划龙舟的相关经验。

2.环境材料准备：龙舟两条、龙鳞、课件、音乐。

❧ **活动过程**

1.游戏导入，激发幼儿兴趣。

播放《睡莲》音乐，随音乐玩荷花开游戏。

★建议：教师带领幼儿一起做音乐律动操，为后面的活动做铺垫。

2.视频刺激，了解端午节习俗。

(1)故事传说，初步了解端午节来历。

(2)播放视频，深入了解端午节主要习俗。

指导语：

(1)电影中讲的是中国的什么传统节日？你是怎么看出来的？

(2)小结：每年的五月初五，端午节时，人们都会吃粽子、插艾叶、赛龙舟。

★建议：及时鼓励幼儿发言，让更多的幼儿愿意在集体面前说话。

3. 创造表现，幼儿自主拼贴。

(1)出示龙舟，鼓励幼儿大胆表述制作方法。

(2)幼儿设计创作心目中的龙舟，教师巡回指导。

指导语：

(1)你是用什么方法和材料制作龙舟的？

(2)老师搜集了一些新方法和新材料供大家参考。

★建议：鼓励幼儿大胆选择材料，尝试用多种方法制作龙舟。

4. 音乐游戏，团结协作赛龙舟。

(1)引导幼儿分成两组，协商创编多人合作听音乐进行游戏的玩法。

(2)邀请同伴，教师共同参与游戏。

指导语：

(1)划龙舟比赛开始，请找到自己的好朋友，分两队站好在龙舟里。

(2)向前、向后，跟着龙珠转圈走。

(3)我们邀请客人老师来参加我们的游戏。

★建议：在此环节中，教师设置了三个小游戏，首先，幼儿初步练习简单的划龙舟的动作；其次，增添幼儿划龙舟的难度，跟随龙珠转圈走；最后，幼儿邀请客人老师参加我们的游戏。

5. 交流分享，结束活动。

指导语：现在我们去邀请小班的弟弟妹妹参加我们的游戏吧！

★建议：幼儿邀请小班的弟弟妹妹游戏，划龙舟离场。

🐦 **活动延伸**

和同伴一起探究不同的玩法。

🐦 **指导建议**

关注幼儿安全，教师适时介入。

活动五：舞龙(大班)

🐦 **活动目标**

1. 体验舞龙的乐趣，激发幼儿对龙文化的喜爱之情。

2. 尝试用各种废旧材料创造性地制作龙的形象。

3. 具有一定的反应能力和动作的灵活性。

🐦 **活动准备**

1. 知识经验准备：有跑、跳、蹲游戏的活动经验。

2. 环境材料准备：易拉罐、废旧的 PU 管线等。

🐦 **活动过程**

1. 创设情境，激趣导入。

(1)请幼儿一起将立体造型教玩具"龙"的半成品完成。

(2)进行热身运动。

★建议：小朋友在场外站成一队，手持龙灯，开始入场。

2. 学习舞龙，主动合作。

(1)学习舞龙动作。

(2)请幼儿拿起道具进行表演。

指导语：

(1)为了让舞龙的节目更精彩，现在请你们在不拿道具的情况下和我将舞龙的玩法练习一下吧！

(2)现在请每一队来为大家表演一下，看看练习得怎么样。

★建议：鼓励幼儿大胆地表演，活动自己的身体。

3. 激发思维，开拓创新。

通过设置障碍，让幼儿的动作更规范，合作更紧密。

★建议：设置障碍更增添趣味性，但是在游戏进行中教师一定要估计全体幼儿的感受，使他们都获得成功的体验。

4. 巩固练习，不断提高。

跟着音乐一起舞龙。

指导语：今天你们的表现简直太棒啦，让我们把最热烈的欢呼声送给我们自己吧！现在让我们变成一条巨龙，把所有精彩的动作串起来，听音乐，看龙珠，舞起来吧！

★建议：放《金蛇狂舞》的音乐，请小朋友跟随龙珠把前面所有的动作串起来表演一次。最后一段音乐时，退场。

🐦 **活动延伸**

活动结束后，投放到体育区供幼儿自由取玩。

活动六：彩虹色的花(大班)

🐦 **活动目标**

1. 乐于尝试看图讲述故事，创编故事。

2. 通过阅读绘本，能够大胆猜想并讲述故事内容，发展幼儿思维想象空间。

3. 增强幼儿乐于助人的意识，在接受到别人的帮助之后，懂得感恩，学习做一个乐于助人的人。

❀ **活动准备**

1. 知识经验准备：能看图用自己的语言进行讲述。

2. 环境材料准备：《彩虹色的花》PPT，音乐，图片若干。

❀ **活动过程**

1. 发散幼儿思维想象，带领幼儿知道故事的名字。

指导语：今天老师带来一朵特别的花，我们叫它什么好呢？给它起个名字吧！

★建议：教师给幼儿提供图片，让孩子可以直观地看见，会更容易说出来。

2. 观察画面内容，鼓励幼儿大胆表达自己的想法。

(1)出示 PPT 提问，鼓励幼儿大胆猜想并表达画面内容。

指导语：

(1)(幼儿观察画面)看到这幅画面，猜猜这朵彩虹花跟太阳之间发生了什么事？

(2)你认为彩虹色的花有怎样的愿望？你们觉得它是怎样实现自己的愿望的？

★建议：鼓励幼儿大胆在集体面前表现自己，对说得不对的孩子，教师也要鼓励、表扬。

(2)出示图四。

指导语：

(1)(幼儿观察画面)这幅画面上又有谁出现了呢？彩虹花会实现它的愿望吗？那跟老师一起看看，故事里怎么说的吧！

(2)小蚂蚁有没有去摘花瓣？它会用花瓣干什么呢？

★建议：鼓励孩子，告诉孩子帮助别人也是一种快乐。

(3)出示图五——请幼儿验证并鼓励幼儿大胆完整讲述画面内容。

指导语：小蚂蚁顺利过水洼了吗？它会对彩虹花说什么呢？彩虹花的心情是怎样的？

(4)出示图六——幼儿观察画面内容并猜想。

指导语：请小朋友观察一下，这幅画有什么变化吗？你们觉得蜥蜴和彩虹花之间发生了什么故事呢？

★建议：引导幼儿观察画面，大胆发表自己的建议。

(5)出示图七。

指导语：彩虹花有没有送给蜥蜴花瓣呢？蜥蜴用它干什么呢？穿着漂亮衣服参加舞会的蜥蜴会对彩虹花说什么呢？彩虹花的心情是怎样的？

★建议：鼓励孩子认真观察画面，说出自己看到的内容。

(6)出示图八——请幼儿观察画面变化并大胆讲述。

★建议：教师引导孩子看，孩子用自己的语言说。

(7)出示图九。

指导语：那我们一起来见证一下小老鼠是否有一把扇子？小老鼠有了扇子的心情是怎样的？它会对彩虹花说什么？彩虹花的心情是怎样的？

★建议：教师用拟人化的语言叙述。

教师指导语刚刚看到了前边一段故事，彩虹花都帮助了哪几个小动物呢？它愿意帮助它们吗？你认为彩虹花是一朵怎样的花？谁愿意说一说？下面又发生了两个小故事，这次老师请小朋友们讲一讲。

(8)出示图十、图十一。

指导语：请小朋友仔细观察画面内容，你认为发生了一件什么事呢？

★建议：教师在幼儿说不出来的时候，适时地引导。

(9)出示图十二、图十三。

指导语：小动物和彩虹花发生什么事情了呢？请小朋友们大胆猜想并讲一讲画面内容。

★建议：教师在幼儿说不出来的时候，适时地引导。

(10)出示图十四、图十五。

★建议：教师在幼儿说不出来的时候，适时地引导。

(11)教师讲述故事。

指导语：风吹走了最后一片花瓣，彩虹花是多么舍不得这最后一片花瓣呀！可是它已经没有力气了，寒冷的冬天马上就要夺取它的生命了，我们有没有办法救救它呀？那咱们继续听故事吧！

★建议：教师模仿儿童的语言讲述故事，让孩子们感受彩虹花的心情。

(12)出示图十六、图十七。

①教师讲述故事，出示图十六。

指导语：你认为又要发生什么新的故事呢？

②出示图十七继续讲故事。

指导语：谁能说说小动物们现在的心情是怎样的？

教师小结：别人帮助自己，接受到别人的帮助之后要学会感恩。

(13)出示图十八。

指导语：彩虹花又生长出来了，你们的心情是怎样的呀？植物的生命可以轮回，春天发芽，夏天开花，秋天落叶，冬天冬眠。

★建议：引导幼儿了解植物的生命发展规律。

3. 教师与幼儿一起完整地复述故事内容，可以是先分组讲述，再集体讲述。

★建议：(1)幼儿对部分图片讲述的时候需要教师介入，及时提醒幼儿；(2)对于能达到要求的幼儿及时给予表扬、鼓励。

🐦 **活动延伸**

1. 通过今天的故事，你在彩虹花身上学到了什么？

2. 如果你是彩虹花, 你会帮助谁? 怎么帮?

🐦 **指导建议**

幼儿园在六一儿童节时可以开展童话剧表演赛或者亲子阅读。

全园活动: "遇见材料, 创造未来"(小、中、大班)

🐦 **活动目标**

1. 萌发环保意识, 体验亲子制作的活动乐趣。

2. 自己动手制作喜欢的玩具, 对幼儿园常规制作活动充满期待。

3. 进一步提高幼儿分工合作意识, 通过大家的努力完成任务。

🐦 **活动准备**

1. 园方准备。

(1)提供生活中搜集的废旧纸质、布质、塑料的物品。

(2)班级教师通过博客形式向家长收集生活中的废旧材料。

(3)成立亲子DIY大赛活动策划小组, 确定人员安排。

(4)以教研组为单位, 制订活动方案。

2. 家长方面。

(1)每一位幼儿带一名家长入园, 家长熟悉孩子喜欢玩具的形状, 对怎样做玩具有一个初步的建构图形。

(2)自己带剪刀入园, 做好后自己带走, 收集做玩具需要的材料。

🐦 **活动过程**

1. 看一看, 欣赏照片展板, 激发共同制作玩具的愿望。

★建议: (1)找一找我的玩具, 想想要制作的玩具; (2)通过玩一玩别人的玩具, 观察比较玩具的外形; (3)通过玩玩具, 说说自己喜欢玩具的外形。

2. 设计"我喜欢的玩具图形", 分配任务, 各组根据自己的任务进行讨论。

★建议: (1)给幼儿提供纸、笔, 让幼儿建构自己喜欢的玩具; (2)亲子共同商定制作玩具需要的材料; (3)亲子共同选择需要的材料。

3. 做一做喜欢的玩具。

★建议: (1)家长指导幼儿分步骤做, 积极引导幼儿; (2)通过比一比、看一看的形式, 引导幼儿参与活动, 克服困难; (3)及时鼓励孩子, 帮助孩子一起完成手工制作活动; (4)共同体验亲子间活动的乐趣。

4. 比一比展示活动。

★建议: (1)在集体前展示自己的作品, 让幼儿感受制作活动的快乐; (2)及时鼓励孩子, 不挫伤孩子积极向上的心理; (3)投票选一选自己喜欢的玩具。

5. 评价、小结。

★建议：根据全园孩子作品展示，全园投票选出最佳玩具制作奖，幼儿园发奖品以此鼓励孩子积极参与制作活动。

🐦 附： **活动资源**

玩美创意图片展

玩美创意之 PV 管

玩美创意之灯泡

玩美创意之纸筒

玩美创意之纸箱

玩美创意之树枝

玩美创意之泡沫

第二节 "齐关心，共分享——保护地球从我做起"环保节

世界地球日（World Earth Day）在每年的 4 月 22 日，是一项世界性的环境保护活动。该活动最初在 1970 年由美国的盖洛德·尼尔森和丹尼斯·海斯发起，随后影响越来越大。活动旨在唤起人类爱护地球、保护家园的意识，促进资源开发与环境保护的协调发展，进而改善地球的整体环境。中国从 20 世纪 90 年代起，每年都会在 4 月 22 日举办世界地球日活动。本次活动依托世界地球日，根据幼儿的年龄、心理特点以及

可接受性水平，有目的、有计划地利用各种途径对幼儿进行环保教育，培养幼儿良好的环保意识，激发他们热爱自然、建设美好家园的情感。

一、节日活动设计思路

环境保护是我国的一项基本国策，从小对幼儿进行环保教育，有助于幼儿获得保护环境的技能，为幼儿的成长打下良好的基础。在《幼儿园教育指导纲要（试行）》中把"亲近动植物，观察、了解、照顾它们，具有热爱自然，珍惜自然资源，关心和保护环境的意识"列入内容和要求之中。当今的幼儿是 21 世纪的主人，是未来世界的缔造者。因此，如何唤起这些幼小心灵的环保意识，是至关重要的问题。

此次活动形式多样，有落实到日常活动的集体教学，有家长参与的亲子制作，有广场集会，有园外活动延伸，力求通过全方位的立体教学，让孩子、家长、教师，了解环保、支持环保、践行环保。

二、节日活动教育目标和内容

节日活动教育 总目标	1. 萌发幼儿热爱生活、保护地球的情感和责任心。 2. 了解粗浅的环保知识和环保小常识。 3. 能够从身边的小事做起，为保护地球妈妈出一份力。
小班教育目标	1. 知道 4 月 22 日是世界地球日。 2. 初步了解一些不好的生活习惯和生活方式会对环境造成危害。 3. 能够养成不乱扔垃圾等良好的行为习惯。
小班活动内容	垃圾有害不乱扔
中班教育目标	1. 喜欢参加环保活动，有初步的环境保护意识。 2. 在提醒下，能够节约用水，节约用电，拒绝使用一次性用品。 3. 能够用绘画、制作等形式表现对美丽环境、美好生活的向往和理解。
中班活动内容	对一次性筷子说 NO　美丽的森林
大班教育目标	1. 有主动参与环境保护的意识。 2. 初步了解人们的生活与自然环境的密切关系，知道尊重和珍惜生命，保护环境。 3. 能够在探究中与他人合作与交流。
大班活动内容	保护水资源　亲子制作—SHOW 出环保来
全园活动 教育目标	1. 依托世界地球日（4 月 22 日）开展环保节闭幕活动，萌发幼儿保护地球从我做起的情感。 2. 在各项活动中展示学习到的保护环境的基本知识。 3. 能够自觉养成良好的生活习惯和行为习惯，从小事做起，爱护环境。

续表

全园活动内容	1. 确定班级的环保口号，向现场的嘉宾、家长派发幼儿园自制的环保宣传单页。 2. 家长自由参观幼儿环保绘画展和家长自制环保布袋展。 3. 幼儿自制环保时装秀。

三、"齐关心，共分享——保护地球从我做起"环保节系列活动方案

（一）精选活动

活动一：垃圾有害不乱扔（小班）

活动二：对一次性筷子说 NO（中班）

活动三：美丽的森林（中班）

活动四：保护水资源（大班）

活动五：亲子制作—SHOW 出环保来（大班）

全园活动："齐关心，共分享——保护地球从我做起"环保节闭幕式（小、中、大班）

（二）环境创设

1. 主题墙面创设

"节水节电小能手"主题墙：用照片的形式展示幼儿节水、节电的瞬间，并请爸爸妈妈配上文字说明。

"美丽的森林"主题墙：教师画出森林的轮廓，中间留白处粘贴孩子作品。

"哭泣的地球"主题墙：教师制作哭泣的地球，留白处粘贴孩子收集的环境污染造成的危害的图片，下方粘贴环保金点子小组作业。

"环保标志我设计"主题墙：粘贴幼儿设计制作的环保标志，并评选出优秀作品。

2. 区域活动创设

阅读区：投放科普图书，引导幼儿理解环境与生活相互依存的关系。

科学区：投放节约用水、节约用电、环境污染、自然灾害等图片，提供简单的实验器械供幼儿操作。

美工区：提供各种废旧材料，开设"废旧材料巧制作""环保时装秀出来"主题制作，制作环保妙招卡。

表演区：投放环保时装表演的服装、道具、音乐等。

建构区：开设"现代垃圾场""环保节能车"的主题搭建。

(三)活动方案设计与指导

活动一：垃圾有害不乱扔(小班)

🐦 活动目标

1. 热爱生活，萌发幼儿初步的环保意识。

2. 初步了解垃圾的产生以及垃圾的危害。

3. 能够养成不乱扔垃圾的好习惯。

🐦 活动准备

1. 知识经验准备：幼儿已有不随意扔垃圾的意识。

2. 环境材料准备：乱堆乱放的生活垃圾、工业垃圾、建筑垃圾图片，家里的垃圾篓、公园的垃圾箱、街道的垃圾车等图片。

🐦 活动过程

1. 垃圾哪里来。

(1)幼儿观看乱堆乱放的生活垃圾、工业垃圾、建筑垃圾图片。

(2)教师引导幼儿看图并了解垃圾从哪里来。

指导语：

(1)你看到了什么？

(2)你在哪里见过这些垃圾？

★建议：这个环节根据小班幼儿生活实际经验，从生活垃圾开始，逐步了解建筑垃圾、工业垃圾。

2. 垃圾危害大。

(1)幼儿说一说垃圾的危害。

(2)教师引导幼儿了解垃圾对自身、他人、环境、健康等方面的危害，知道不能乱扔垃圾。

指导语：

(1)你看到这些垃圾时会有什么表现啊？

(2)你能说说垃圾对我们的危害吗？

★建议：这个环节重在让幼儿充分思考，大胆讲述，最后通过教师小结让幼儿充分认识垃圾的危害。

3. 垃圾要回家。

(1)幼儿找一找垃圾的家在哪里？

(2)教师通过图片引导幼儿观察，知道垃圾应该扔到指定的地方，让我们的环境更美丽，生活更健康。

指导语：

(1)垃圾是有害的，有了垃圾怎么办呢？

(2)垃圾的家在哪里？

★建议：对小班段的幼儿来说，只需要让孩子了解垃圾必须扔到指定的地方，如家里的垃圾篓、公园的垃圾箱、街道的垃圾车等就可以了，不需要了解垃圾的分类。

🐦 活动延伸

1. 带幼儿到幼儿园内走走、看看，将见到的垃圾送回它们的家。

2. 请家长配合，在生活中引导孩子爱护环境，不乱扔垃圾。

🐦 指导建议

1. 此活动尽量根据3—4岁幼儿年龄特点，从生活出发进行引导，再落实到生活中养成良好习惯。

2. 看一看、说一说的讲述环节很重要，应给予充分的时间。

活动二：对一次性筷子说NO(中班)

🐦 活动目标

1. 积极参加环境保护活动，有拒绝使用一次性筷子的意识。

2. 知道一次性筷子对环境造成的危害。

3. 能够在生活中自觉少用一次性筷子。

🐦 活动准备

1. 知识经验准备：认识和使用过一次性筷子。

2. 环境材料准备：环保公益广告《拒绝一次性筷子》，一次性筷子及其他方便餐具。

🐦 活动过程

1. 经验回顾，激发兴趣。

(1)幼儿根据自己的生活经验自由选择使用一次性筷子或其他餐具。

(2)教师鼓励幼儿自由选择，并说出自己的理由。

指导语：

(1)和爸爸妈妈外出吃饭时一般会选择什么样的筷子？

(2)你为什么会选择这样的筷子呢？

★建议：让幼儿根据自己的生活经验选择，大胆讲述，充分发挥幼儿的主动性。

2. 观看视频，集体讨论。

(1)幼儿观看环保公益广告《拒绝一次性筷子》。

(2)教师引导幼儿观后讨论，认识一次性筷子对环境的危害。

指导语：

(1)一次性筷子是用什么材料制作的？

(2)使用一次性筷子对环境有什么危害?

(3)大量砍伐树木对我们的环境有什么影响?

★建议:教师利用直观的形象引导幼儿理解抽象的环保概念,同时集体讨论环节提高了幼儿的思维和口语表达能力。

3. 联系生活,分享交流。

(1)幼儿说说生活中还会用到哪些一次性用品。

(2)教师展示幼儿提到的一次性用品,并帮助幼儿了解为什么要尽量少使用它们。

指导语:

(1)生活中我们还经常使用到的一次性用品有哪些?

(2)怎样能够减少一次性用品的使用呢?

★建议:教师尽可能准备多一些的一次性用品实物,帮助幼儿拓展思维,寻找解决的办法。

🐦 活动延伸

回家向爸爸妈妈宣讲使用一次性筷子的危害,自觉抵制使用并向亲戚、朋友宣传。

🐦 指导建议

1. 中班的孩子不一定能够把一次性筷子的使用和环境保护联系起来,所以观看视频及讨论是重要的切入点。

2. 本活动中有多次讨论、交流、分享,教师在引导时要注意让幼儿多发表自己的所见所得。

🐦 附:活动资源

环保公益广告《拒绝一次性筷子》,2015 年 3 月 31 日

详见 http://my.tv.sohu.com/us/229846586/74133673.shtml

活动三:美丽的森林(中班)

🐦 活动目标

1. 热爱美丽的森林,萌发保护环境的意识。

2. 学习表现树的外形并均匀涂色。

3. 能够大胆想象画出不同形状的树冠。

🐦 活动准备

1. 知识经验准备:有粗浅的人与自然、人与森林的关系的知识,活动前带幼儿外出多看看不同形状的树,会灵活使用油画棒涂色。

2. 环境材料准备:在阅读区提供与森林、树木有关的图片、绘本,在活动室布置"美丽的森林"主题墙面,留大面积空白粘贴幼儿作品,油画棒每人一盒。

活动过程

1. 谈话：我爱的森林。

(1)幼儿说说对森林的了解和人与森林的关系。

(2)教师结合拒绝使用一次性筷子等活动的开展，引导幼儿谈谈树木、森林对人和环境的重要性。

指导语：

(1)美丽的森林是什么样子的？

(2)如果森林里的树木都被砍伐了，对我们的生活会有什么影响？

★建议：教师重点引导幼儿在已有知识经验的基础上，讲述森林的重要性及过度砍伐造成的危害，萌发保护环境的意识。

2. 分享：不一样的树冠。

(1)幼儿描述不一样的树冠。

(2)教师引导幼儿回忆见过的或书本上树冠的样子、颜色。

指导语：

(1)你见过的树冠是什么形状的啊？

(2)树冠可以是什么颜色的呢？

★建议：引导幼儿描述树冠的大致形状，如圆形、三角形、方形等。尽量拓展幼儿的思维，说出不一样的形状和颜色。

3. 表现：画画、涂涂。

幼儿自由作画，教师提出绘画要求：先画树的外形，再涂色；多画一些树，尽量让每个树冠都不同。

指导语：

(1)你想画什么形状的树冠啊？

(2)在涂色时想想：你的美丽森林是什么颜色的？涂色时不要涂到外面哦！

★建议：鼓励幼儿画出不一样的树冠，提示幼儿在涂色时尽量涂厚一点，这样画面效果会更好。

4. 展示：美丽的森林。

(1)幼儿互相评价作品。

(2)教师将所有作品布置成主题墙"美丽的森林"，并引导幼儿从画面布局、树冠形状、颜色等方面进行评价。

指导语：

(1)你首先向大家介绍一下你的森林吧！

(2)再说说你印象最深刻的是谁的森林？为什么？

(3)我们要告诉所有的人：保护森林就是保护我们的家园！

★建议：在评价环节，教师一定要有目的地引导幼儿评价自己和他人的作品。最后通过主题墙升华环境保护的主题。

🐦 **活动延伸**

在美工区可以继续开展此活动，并提供更多的操作材料，丰富主题墙。

🐦 **指导建议**

1. 活动前可请家长带孩子去公园或户外仔细观察树冠的不同形状。

2. 切不可要求孩子的作品千篇一律，要让孩子从观察中感受到树冠不同的美。

活动四：保护水资源（大班）

🐦 **活动目标**

1. 萌发幼儿关心周围事物的积极态度和初步的环境保护意识。

2. 初步了解水污染的原因，知道水污染的危害。

3. 能够小组合作，共同完成任务。

🐦 **活动准备**

1. 知识经验准备：活动前请幼儿和爸爸妈妈讨论关于水资源的相关问题。

2. 环境材料准备：在科学区提供相关的图片，污染水资源样本，水资源污染图片，幼儿记录用的纸、笔。

🐦 **活动过程**

1. 比一比、看一看。

(1)幼儿观察教师收集到的污染水资源样本。

(2)教师引导幼儿用多种感官从样本的颜色、味道等方面进行观察、比较。引导幼儿理解什么是被污染的水资源。

指导语：这些样本有什么不同？

★建议：教师要鼓励幼儿运用多种感官自己找出样本的不同之处。

2. 想一想、说一说。

(1)幼儿分小组讨论水资源被污染的原因和危害。

(2)教师利用多幅图片帮助幼儿找到水资源被污染的原因。

指导语：

(1)水资源是怎样被污染的？它的危害是什么？

(2)如果没有了干净的水源，我们的生活会变成什么样子？

★建议：此环节可以采用小组推选代表的方式来分享讨论结果。梳理出污染原因有生活污水、工业废水的乱排放、生活垃圾的倾倒、剩余农药和化肥的流入、过度砍伐水源附近树木导致泥沙流入等。

3. 画一画、记一记。

(1)幼儿分小组完成保护水资源金点子示意图。

(2)教师引导幼儿在小组内用简单绘画的方式完成金点子示意图。

指导语：

(1)我们该怎样保护水资源呢？

(2)请每组小朋友动脑筋想办法，用绘画的方式把你们的金点子画下来。

★建议：此环节教师要引导幼儿组内讨论、分工、合作完成任务。

活动延伸

1. 将金点子示意图布置在科学活动区。

2. 向爸爸妈妈宣讲保护水资源的意义和做法。

指导建议

1. 此活动可以结合家乡的水资源——长江的现状进行分析、讨论。

2. 此活动一定要在前期做好相关知识经验准备，同时避免灌输难懂的科学道理。

活动五：亲子制作——SHOW 出环保来(大班)

活动目标

1. 体验和爸爸妈妈一起利用废旧物品制作环保服装并表演的乐趣。

2. 具有初步的环保意识，知道废旧材料也能再利用。

3. 能够根据材料的不同特性组合制作环保服装。

活动准备

1. 知识经验准备：看过时装表演秀，知道一些材料的循环使用能够保护我们的环境，减少污染。

2. 环境材料准备：时装表演秀 VCD 片段，家长自带废旧材料，剪刀、订书机、粘胶等辅助工具。

活动过程

1. 看秀讨论。

(1)幼儿观看时装表演秀 VCD。

(2)教师引导幼儿注意观察服装的颜色、款式、搭配的细节。

指导语：

(1)时装秀上的衣服都一样吗？

(2)它们在颜色、款式、搭配上都有什么特点？

★建议：这个环节的作用主要是激发幼儿的兴趣，开阔幼儿的思路，所以可让幼儿边看、边讨论、边思考。

2. 分享交流。

(1)幼儿向大家介绍自己带来的废旧材料。

(2)教师引导幼儿讲述自带材料的名称、原来的功用。

指导语：

(1)你和爸爸妈妈一起收集了哪些材料啊？

(2)说说它们原来的作用吧！

★建议：此环节教师要重点引导幼儿理解利旧利废的道理。

3. 共同制作。

(1)幼儿和家长一起制作环保时装。

(2)教师巡回指导。

提示语：

(1)和爸爸妈妈讨论一下做一件什么样子的服装啊？

(2)你打算用它做时装上的哪个部分呢？

★建议：教师要引导家长配合孩子的思路进行制作，充分发挥孩子的主动性。同时在这个过程中体会亲子制作的快乐。

4. 走秀展示。

(1)幼儿穿上自己亲手制作的服装上台表演。

(2)教师担任主持及旁白。

★建议：教师在主持时一定要说出服装的制作材料，让利旧利废的观念深入孩子的心里。

🐦 活动延伸

将更多的废旧材料投放到美工区让幼儿继续设计、制作环保时装。

🐦 指导建议

1. 分享交流环节很重要，能让幼儿真正感受到利旧利废的重要性，从而萌发保护环境的意识。

2. 引导家长在制作的环节中一定不能代替孩子思维、代替孩子制作。

全园活动："齐关心，共分享——保护地球从我做起"
环保节闭幕式(小、中、大班)

🐦 活动目标

1. 依托世界地球日(4月22日)开展环保节闭幕活动，萌发幼儿保护地球从我做起的情感。

2. 在各项活动中展示学习到的保护环境的基本知识。

3. 能够自觉养成良好的生活习惯和行为习惯，从小事做起，爱护环境。

🐦 活动准备

1. 每班确定一条环保节宣传口号，并制作成条幅挂于幼儿园教学楼走廊外。

2. 在园内幼儿美术室布置幼儿环保绘画展。

3. 在园内操场布置家长自制环保布袋展。

4. 搭建环保时装秀舞台。

5. 每位到场嘉宾、家长一份幼儿园自制环保宣传单页。

🕊 活动过程

1. 晨间活动，宣布闭幕式开始。

(1)主持人宣布"齐关心，共分享——保护地球从我做起"环保节闭幕式开始。

(2)主持人带领每班喊出自己班级的环保口号。

(3)向现场的嘉宾、家长派发幼儿园自制的环保宣传单页。

★建议：这个环节是集中宣传幼儿园环保宗旨，扩大宣传效果的重点，是将环保意识深入家庭、社区的重要手段。

2. 家长自由参观幼儿环保绘画展和家长自制环保布袋展。

(1)在活动现场公布绘画比赛和制作比赛的结果。

(2)每个场地安排专人引导、讲解。

★建议：这个环节分为两个部分，体现出孩子、家长的共同参与。参观人数众多，注意安全。

3. 幼儿自制环保时装秀。

(1)园长致闭幕词并宣布绘画比赛及制作比赛的结果。

(2)幼儿分年级展示自制环保时装。

★建议：(1)主持人在介绍每一件服装时一定要强调服装的制作材料，突出环保的理念；(2)组织好幼儿就座，家长在指定位置观看，注意安全。

🐦 第三节 "春溢幸福"健康节

一、节日活动设计思路

《3—6岁儿童学习与发展指南》中指出，成人应"满足幼儿生长发育的需要"，"创设温馨的人际环境，让幼儿充分感受到亲情和关爱，形成积极稳定的情绪情感"。我们改变了传统的幼儿健康教育观念，从幼儿的身心发展规律出发，以家园共育的方式开展亲子健康节的活动，让幼儿获得更加有趣、全面和科学的健康教育。

教育家陶行知先生认为：健康是生活的出发点，也就是教育的出发点。亲子健康节，以"春溢幸福"为主题，为孩子、家长和老师创造一个良好的合作氛围，营造一种积极向上、勇于拼搏的健康精神，让孩子和家长在亲子活动中感受健康活动的快乐，推广和传播有趣的亲子游戏促进幼儿健康成长。

二、节日活动教育目标和内容

节日活动教育总目标	通过形式多样的亲子健康游戏，满足幼儿身心健康发展的需要；让幼儿和家长共同体验活动的快乐，增强亲子之间的情感交流，更好地达到家园健康教育的同步。
小班教育目标	1. 通过丰富有趣的亲子健康活动帮助幼儿更快融入集体，适应幼儿园生活。 2. 教师和家长共同关注幼儿体能和肢体动作的发展，提高幼儿平衡走、双脚交替走、向上抛球等动作发展技能，以及用笔涂鸦、熟练用勺、沿边剪线等手的动作技能。 3. 用游戏的形式增进幼儿与父母之间的亲子关系，体验家庭的温馨与幸福。 4. 家园共育将健康教育渗透于生活，培养幼儿按时起床、坚持午睡、不挑食、饭前便后洗手等良好的生活与卫生习惯。
小班活动内容	亲子运动会　和爸爸一起玩游戏　身体骨碌碌
中班教育目标	1. 在活动中大胆地表达自己的内心感受，当情绪不高兴时能较快缓解。 2. 教师和家长共同关注幼儿体能和肢体动作的发展，提高幼儿匍匐钻爬、助跑跳跨、自抛自接球等动作发展技能，以及勾画简单图形、用筷子吃饭、沿边剪图形等手的动作技能。 3. 用游戏的形式增进幼儿与父母之间的亲子关系，体验家庭的温馨与幸福。 4. 家园共育将健康教育渗透于生活，培养幼儿自己穿脱衣服、鞋袜、扣纽扣、整理自己物品等基本的生活自理能力。
中班活动内容	亲子运动会　我的心情故事　好玩的泡沫垫
大班教育目标	1. 通过活动让幼儿体验即将成为小学生的成就感和幸福，并提前感受小学学习与幼儿园生活的不同，帮助幼儿更快适应新的环境。 2. 教师和家长共同关注幼儿体能和肢体动作的发展，提高幼儿四肢交替攀爬、跳绳、连续拍球等动作发展技能，以及勾画线条平滑的图形、使用简单的劳动工具和用具等手的动作技能。 3. 用游戏的形式增进幼儿与父母之间的亲子关系，体验家庭的温馨与幸福。 4. 家园共育将健康教育渗透于生活，培养幼儿根据冷热自己增减衣物、系鞋带、按类别整理自己物品等基本的生活自理能力。
大班活动内容	亲子运动会　春天里的徒步旅行　"中国风·幸福情"毕业汇演　怎样移动身体
全园活动教育目标	1. 通过形式多样的亲子健康游戏，满足幼儿身心健康发展的需要。 2. 在亲子健康活动的准备与实施过程中鼓励幼儿大胆表现自己、挑战自己，懂得与同伴合作。 3. 在健康节活动中幼儿和家长有集体荣誉感，遵守规则，体验亲子健康游戏的快乐。 4. 增强亲子之间的情感交流，更好地达到家园健康教育的同步。
全园活动内容	"春溢幸福"亲子健康节(小、中、大班)

三、"春溢幸福"健康节系列活动方案

(一)精选活动

活动一：亲子运动会(小班)

活动二：和爸爸一起玩游戏(小班)

活动三：我的心情故事(中班)

活动四：春天里的徒步旅行(大班)

活动五："中国风·幸福情"毕业汇演(大班)

全园活动："春溢幸福"亲子健康节(小、中、大班)

(二)环境创设

1. 主题墙面创设

(1)设计健康节主题海报。收集各类运动健将的图片和文字，介绍明星运动员，激发幼儿参与活动的积极性。

(2)设计"我爱运动"主题墙，通过幼儿的图画和问卷调查表等多种形式，展现幼儿喜欢的民间游戏、集体游戏和运动项目。

(3)制作徒步旅行的主题板块，通过旅行前的计划书、我们的路线图、徒步旅行摄影展等多个板块，展示幼儿在徒步旅行活动中的收获和成长。

(4)根据季节设计"春天里我们喜欢的运动"，鼓励幼儿用绘画、折纸、粘贴等多种形式表现。

2. 区域活动创设

运动区：根据幼儿的喜好家园共同制作：踩高跷、风筝、跳竹竿、玩沙包、自制飞盘等多种体育自制器械。

美工区：大班为幼儿提供各种运动剪影图，幼儿尝试玩你摆动作我来画的游戏，学画剪影画"运动小人"。中班为幼儿提供心情卡，鼓励幼儿用画表情的方式表达自己的心情。小班利用废旧纽扣请幼儿为运动小人穿上好看的衣裳。

建构区：鼓励幼儿在徒步旅行的活动中，了解武汉的名建筑。

(三)活动方案设计与指导

活动一：亲子运动会(小班)

🐦 **活动目标**

1. 通过活动让幼儿体验运动的快乐，培养幼儿活泼开朗的个性，增进亲子之情。

2. 督促家长关注孩子的体能发展，培养幼儿对体育活动的爱好，建立良好的运动习惯。

3. 在竞赛活动中培养孩子和父母遵守游戏规则、共同克服困难取得胜利的精神。

活动准备

1. 知识经验准备：幼儿有和父母一起游戏的经验，对运动会的项目家长和幼儿都有一定的练习和了解。

2. 环境材料准备：游戏道具、奖品、活跃气氛的物品，布置活动场地，相关人员的安排。

活动过程

1. 活动流程。

(1)主持人开场。

(2)开幕式进场(各班幼儿与家长并列成两路纵队进场，在主持人的带动下喊出我们的运动口号)。

(3)园长致辞，家长代表和幼儿代表宣誓。

(4)亲子热身活动：和爸爸妈妈玩身体游戏，如钻山洞、抬花轿、荡秋千。

(5)亲子运动会比赛项目。

抢阵地(亲子)　报纸运球(亲子)　穿大鞋(亲子)

亲子二人行(亲子)　种花(亲子)　巧口吃糖(亲子)

(6)和超人老师一起放松活动。

(7)颁奖仪式，各班代表领奖。

(8)各负责人整理物品，打扫场地卫生。

2. 活动要求。

(1)宣传准备。

①每个班级提前两周在班级召开家长动员会。

②介绍活动时间和流程，公布运动会比赛项目和比赛规则，家长和孩子可以提前练习。

③要求家长理解自己孩子的表现，相信自己的孩子是最棒的，为孩子加油、助威，积极肯定孩子的表现；别的家长和孩子比赛的时候也要热烈鼓掌加油；提示孩子要遵守游戏规则。做到友谊第一、比赛第二。

④遵守会场秩序，不丢垃圾，不到处走动，不跑到前面照相或录像，告知家长幼儿园已为孩子们请了专业照相和录像人员。

(2)游戏中所需物品由各项目组织人负责准备。

(3)游戏场地、音响、话筒由保教组负责安排。

(4)各班教师组织好当天幼儿安全、卫生、护理等一日常规活动。

3. 事故应急处理。

(1)活动期间如发生突发情况，由安全领导小组统一指挥，在场所有教师要管理好幼儿，稳定情绪，注意避免随意奔跑，互相冲撞拥挤。

（2）购备医药用品，应急处理意外事件。

（3）各班应及时了解本班幼儿身心健康情况，若发现患病或不适宜者应及时安排休息。

（4）如发生意外伤害，在场教师应马上向安全小组汇报，并负责及时把伤员送到临时医务处，或直接送医疗所、医院治疗。有关教师应设法通知伤员家长到医院了解情况，协同医治、妥善处理。

🐦 活动延伸

每周选一天，邀请家长进班和幼儿共同参与有趣的体育游戏，提高家长对幼儿体育教育的价值认识。

🐦 指导建议

在体育活动中动作技能和运动强度要充分考虑到幼儿的年龄特点和发展规律，我们选择了适合小班幼儿游戏的材料，利用"一物多玩"的形式，鼓励家长们集思广益，和幼儿创新出更多、更有趣的玩法，不仅增进了亲子之间的关系，也提高了家长对幼儿体育教育的全新认识，帮助家长们在家里利用生活中的物品指导幼儿进行体育游戏。

活动二：和爸爸一起玩游戏（小班）

🐦 活动目标

1. 通过和爸爸一起游戏，感受冬季户外体育锻炼的乐趣，体验和爸爸一起玩游戏的快乐。

2. 通过和爸爸玩不同的游戏，初步学习各种游戏的方法。

3. 能主动与爸爸交流，表达对爸爸的喜爱之情。

🐦 活动准备

1. 知识经验准备：有在家和爸爸玩游戏的经验。

2. 环境材料准备：和爸爸玩游戏的体育器材，擦汗毛巾，便于户外运动的衣裤，"勇敢宝贝"奖牌，音乐《北风爷爷别神气》。

🐦 活动过程

1. 游戏"猜猜是谁的爸爸"，激发幼儿和爸爸一起快乐活动的兴趣。

玩法：爸爸们背对幼儿，幼儿通过观察爸爸的服装等特征，说出今天参加幼儿园晨间户外活动的爸爸都有谁。

指导语：你是怎样猜出是谁的爸爸的？引导幼儿较清楚地讲述猜出是谁的爸爸的方法。

★建议：这个环节给参加活动的爸爸准备一样的外套，增加幼儿游戏的难度和趣味性。

2. 夸夸爸爸本领大。

(1)夸夸爸爸本领大,请幼儿夸夸自己的爸爸,说说爸爸会什么运动项目。

(2)和爸爸玩游戏,请个别幼儿和爸爸示范在一起玩的游戏。

指导语:

(1)你的爸爸有什么本领?并请当天参加活动的爸爸展示本领,体验爸爸的运动本领大,有自豪感。

(2)谁愿意和爸爸表演一下你们在家里玩的游戏?

★建议:这个环节鼓励幼儿与爸爸游戏,特别是能主动与爸爸展示本领的幼儿应该给予表扬。

3. 冬天不怕冷,和爸爸一起游戏,体验爸爸的爱。为孩子和爸爸们提供户外晨间活动的器材,鼓励爸爸带领孩子开展"钻山洞""跳房子""开汽车""坐飞机"等适合在冬季户外开展的游戏。

指导语:

(1)坐在爸爸腿上什么感觉?被爸爸高高地举起来,有什么感觉?

(2)爸爸陪宝贝一起玩,心情怎样?

★建议:这个环节,鼓励爸爸带着孩子们一起热身,开展有趣的户外游戏,让孩子们体验在寒冷冬天开展体育锻炼的乐趣。

4. 放松活动:我给你来捶捶背,你为我来揉揉腿。

运动结束,在轻柔的音乐中,爸爸为孩子们揉揉胳膊,摆摆手,宝贝们帮爸爸捶捶肩。

指导语:小朋友们和爸爸一起玩得真开心,看爸爸有多辛苦,赶紧给爸爸一个大大的拥抱,告诉爸爸辛苦啦!爸爸们,拥抱每一个孩子,告诉你有多爱他!

★建议:这个环节鼓励孩子和爸爸互相交流情感,说说自己的心里话,增进父亲与孩子的感情。

5. 为爸爸表演节目——《北风爷爷别神气》。

老师带领幼儿表演《北风爷爷别神气》,请爸爸为今天参加晨间早锻炼的宝贝颁发"勇敢宝贝"奖牌。

指导语:

(1)和爸爸一起游戏,小朋友们还怕北风爷爷吗?

(2)以后每天我们都会邀请喜欢运动的爸爸来园参加我们的早锻炼,玩各种有趣的游戏,孩子们一定要早早来园玩游戏哦!

★建议:这个环节可以邀请活动的爸爸为幼儿颁发奖牌,鼓励每一个孩子积极参加晨间锻炼。

　　🐦 **活动延伸**

每天晨间锻炼鼓励爸爸们留下与幼儿一起锻炼游戏,发挥爸爸在亲子教育中的作用。

活动三：我的心情故事(中班)

活动目标

1. 了解自己的心情变化，能大胆地表达自己的内心感受。

2. 初步尝试用绘画的方式记录自己的心情。

3. 能倾听同伴讲述自己的心情，会用恰当的方式表达自己对同伴的帮助和爱心。

活动准备

1. 知识经验准备：已经阅读过绘本《各种各样的脸》，画过各种常见的表情，会唱歌曲《表情歌》。

2. 物质材料准备：表情动画PPT(喜、怒、哀、愁)，每张桌上摆放彩笔和教师自制空白心情卡。

活动过程

1. 导入活动：音乐表演《表情歌》。

指导语：

(1)小朋友，你有心情不好的时候吗？

(2)你会告诉自己的好朋友吗？

(3)是说出来好还是不说好呢？不想说可不可以不说？

(4)有什么办法可以让我们的心情变好？

★建议：教师可以讲一个班级小朋友的心情故事导入活动，引起幼儿共鸣。

2. 认识我们班的心情树和心情卡。

指导语：

(1)老师也为小朋友们想了一个办法，在我们班种了一棵心情树，每一片树叶都代表我们班的一个小朋友和老师。每片树叶下面可以悬挂自己的心情卡，就好像把自己的心情对一个人诉说，心情就会好些。

(2)如果你不愿意说自己的心情，你可以把你的心情卡放进心情树的树洞里，心情树洞不能随便打开，我们要尊重小伙伴的心情秘密。

★建议：这个环节教师可以先将自己的心情卡悬挂在自己的头像下面，邀请自己的小伙伴打开自己的心情卡，猜猜老师的心情小故事。

3. 记录自己的心情小故事。

(1)出示心情卡，讲解怎样记录自己的心情故事，如自己伤心难过的时候可以画一张哭泣的表情在心情卡上。

(2)引导幼儿说一说自己今天的心情。

(3)引导幼儿观察表情动画PPT，讨论每一种表情是什么心情。

(4)幼儿记录自己的心情卡，教师观察幼儿的绘画，了解幼儿的心情和原因。

指导语：

(1)你今天的心情怎么样？为什么？

(2)你想用哪张表情表达自己今天的心情？

★建议：这个环节让幼儿自己观察表情动画PPT，鼓励幼儿按自己的想法记录自己的心情故事。教师要注意观察引导，鼓励幼儿说说自己的内心想法。

4.悬挂心情卡讲述自己的心情故事。

(1)幼儿自愿选择悬挂心情卡或者将自己的卡放入树洞。

(2)引导幼儿讲述自己的心情故事。

(3)鼓励幼儿帮助自己心情不好的朋友变得心情好。

指导语：

(1)谁愿意与大家分享自己的心情？猜猜卡片上画的是什么心情？你是怎么看出来的？

(2)你能用完整的语言讲述自己的心情故事吗？把自己的心情讲出来感觉怎么样？

(3)下面听的小朋友是怎么想的？如果你的小伙伴心情不好，我们怎么帮助他？

★建议：这个环节教师要尊重幼儿的意愿，鼓励幼儿讲述自己的心情故事，也可以将自己的心情故事放入树洞不讲。启发幼儿思考当朋友心情不好时我们如何帮助好朋友。

5.小结我们的心情故事。

(1)鼓励幼儿心情不好的时候最好说出来，这样会得到好朋友的关心和帮助。

(2)引导幼儿总结让心情变好的好办法(看书、玩玩具、唱歌、跳舞、去游乐场等，都能忘掉烦恼。)

指导语：

(1)当我们心情不好的时候可以和自己喜欢的人说一说，这样就会有朋友安慰我们，心情就会好一点。

(2)当我们心情不好的时候，除了说出来、画出来，还有别的办法吗？

(3)我们找到了这么多让心情变好的方法，大家以后都可以试一试。但是如果你的好朋友心情不好不想说的时候，可以不说，要尊重你的朋友。

★建议：这个环节教师帮助幼儿梳理让心情变好的方法，学会调整自己的心情，并能理解和帮助自己的朋友。

　　活动延伸

在班级心情树的区域设计成班级的心情故事园，提供彩色笔、心情卡、舒适的抱枕和毛绒玩具，幼儿可以在这里记录自己的心情故事，也可以和自己的好朋友分享自己的心情。

活动四：春天里的徒步旅行(大班)

🐦 活动目标

1. 通过活动热爱自己的家乡，并感受与同伴、家长及老师共同活动的快乐。
2. 初步了解家乡武汉(江汉桥、月湖和琴台大剧院)的美丽景色和优美传说。
3. 能与同伴友好相处，帮助他人，有一定的环保意识。

🐦 活动准备

1. 知识经验准备。

(1)活动前家长、老师和孩子一起收集相关的资料，了解相关的故事。

(2)活动前进行安全教育。

(3)教师熟悉整个线路，并绘出线路图。

(4)邀请相关家长做家长助教，如请了解景点的家长做导游介绍景点；请会弹古筝的家长为孩子表演《高山流水》；请个别家长参与"寻宝"游戏的前期准备。

2. 环境材料准备。

(1)穿便于活动的衣服和鞋子，背一个双肩包装食物和水。

(2)准备古琴台、琴台大剧院、月湖、江汉桥的资料及图片。

(3)准备"寻宝"游戏的材料。

(4)请家长和孩子准备亲子游戏的风筝等。

🐦 活动过程

1. 徒步旅行的谈话活动。

(1)讨论外出要注意的事项。

(2)讨论怎样和同伴相处。

(3)讨论怎样保护环境。

(4)了解徒步旅行的线路。

指导语：

(1)我们准备去琴台大剧院徒步旅行，孩子们，我们要注意些什么？

(2)在外出的活动中，怎么和同伴相处，发生了矛盾怎么办？

(3)我们带了很多的食品和水，吃完东西后的食品袋和瓶子怎么办呢？

(4)出示徒步旅行的线路图，并提问"你们会看线路图吗？"

★建议：这个环节让幼儿自行讨论外出的注意事项，形成规则，并尝试学习看路线图。

2. 徒步旅行。

(1)江汉桥：选取江汉桥中的江汉一桥为参观地点，通过看桥、走桥和家长的介绍，了解江汉一桥的历史，了解我们武汉人民的勤劳勇敢。

指导语：请大家边走边看，江汉一桥有什么特点？你能在桥上看到什么？

★建议：这个环节鼓励幼儿观察江汉一桥的特点，表达自己看桥、走桥的感受。

(2)月湖公园：观察月湖公园的主要景象，感受春天动植物的变化，并与以前月湖公园图片相对比。了解近几年武汉市对月湖进行的水质净化和改造工程。鼓励孩子关心环境、爱护环境。

(3)教师介绍高山流水遇知音的故事，特邀弹古筝的家长演奏《高山流水》，感受源远流长的楚文化，激发对家乡的热爱之情。

指导语：

(1)进入月湖公园，小朋友们和爸爸妈妈一起找一找，春天在哪里？

(2)月湖公园以前的照片和现在一样吗？你们更喜欢哪个？

(3)听了爷爷弹奏的古筝曲《高山流水》，小朋友们有什么感受？

★建议：这个环节引导幼儿发现春天植物的变化，并通过介绍月湖的变化、欣赏古筝曲和亲子活动，使幼儿更加热爱家乡，增进生生之间、师生之间、父子之间、母子之间、爷孙之间的感情。

(4)亲子活动：放风筝，让孩子、家长、老师沟通交流，互相帮助，体验快乐。

指导语：孩子们，在这么美的月湖，拉上你的朋友，拉上你的爸爸妈妈或爷爷奶奶，一起放飞你们的心情吧！

★建议：这个环节幼儿自由与同伴一起放风筝、一起照相，让幼儿在大人的帮助

下将风筝放飞起来，感受成功的喜悦和与同伴一起踏青的快乐！

(5)琴台大剧院：幼儿和家长自由参观大剧院，孩子们看一看、摸一摸、找一找，零距离感受大剧院优美的设计和宏伟的建筑。

邀请工作人员介绍大剧院，结合我们的楚文化和高山流水遇知音的传说了解大剧院的设计理念，感受家乡武汉日新月异的变化。

指导语：小朋友们，你知道琴台大剧院的外形像什么吗？它有哪些其他人不知道的小秘密？和爸爸妈妈一起看一看，摸一摸，找一找，问一问，看谁发现的琴台大剧院的小秘密最多。

★建议：这个环节让幼儿通过看一看、摸一摸、找一找、问一问，零距离感受琴台大剧院的优美设计和文化内涵。

(6)亲子游戏：寻宝。

家园共同寻找事先藏好的有关武汉小知识的宝藏。

指导语：孩子们，我们来到了藏宝藏的地方，你们想办法找到宝藏，答对上面的问题有奖品哦！现在可以出发了！

★建议：这个环节幼儿在活动前已经对武汉的小知识有一定的了解，在藏宝活动中主动去寻找并能想办法解决问题。

(7)分享活动：分享食物，关心他人，并懂得保护环境、不乱丢垃圾。谈谈自己徒步旅行的感受。

集体在琴台大剧院前合影留念。

指导语：

(1)这么美的公园，我们分享美食的时候要注意什么？

(2)谁来说说，今天徒步旅行的感受？你有最快乐和难忘的小故事与大家分享吗？

(3)活动中有谁和你分享？你获得了谁的帮助？

★建议：这个环节引导幼儿和同伴、家长一起分享食物，孩子们的感情变得更加亲密，鼓励保护环境不乱扔垃圾，鼓励幼儿表达自己对活动的感受。

🕊 **活动延伸**

在语言区为孩子提供各种武汉名胜古迹的图片以及武汉的标志性建筑，鼓励幼儿大胆争当小小播报员，向大家介绍"美丽的江城武汉"。

在美工区为孩子提供多层次的材料，鼓励孩子用多种形式表达自己在活动中的所见所闻。

活动五："中国风·幸福情"毕业汇演(大班)

🕊 **活动目标**

1. 在活动中体验人生第一次毕业的成就感和幸福。

2. 通过活动产生对幼儿园生活的怀念及对小学生活的向往。

3. 在活动的准备与实施过程中敢于表现自己，挑战自己，懂得与同伴合作。

🕊 **活动准备**

1. 知识经验准备：教师在沟通交流中抓住幼儿的兴趣点，结合园所文化形成毕业典礼的主题；幼儿在活动过程中勇于挑战自己，有责任心、自信心，做事有毅力，能够与同伴合作完成各项任务。

2. 环境材料准备：活动场地的布置，各班节目道具及服装。

🕊 **活动过程**

1. 制订方案(3月3日—3月22日)。

阶段目标：把握活动核心价值，确定活动基调，厘清思路，制订出一份优质方案。

分步骤实施：

(1)3月3日—3月10日：结合我园幼儿培养目标，借鉴以往毕业典礼方案，在幼儿已有经验的基础上，基本确立活动核心价值、目标和基调。

(2)3月10日—3月15日：通过与园领导、活动负责人、大班组教师讨论，厘清活动思路，明晰各阶段目标，各班自主申报节目并通过级组审议后确定，制订初稿。

(3)3月15日—3月20日：园领导、活动负责人审议毕业典礼方案。

(4)3月22日：毕业典礼方案定稿。

2. 组织实施(3月25日—6月15日)。

阶段目标：以我园健康特色为基础，以幼儿为主力军，幼儿、教师、家长通力合作，在物质和心理等各方面做好毕业典礼的准备工作。

分步骤实施：

(1)3月25日：大班年级组组织学习活动方案，明晰活动目标和核心价值，了解活动思路，明确分工及责任人。

(2)3月26日—4月30日：各班在班级节目确定后，利用一日活动的区域游戏、晨间谈话、每周的自主活动等环节与幼儿一起进行节目的各项准备(道具、角色、服装、配音等)。

(3)5月6日—5月30日：确定主持人、主持稿定稿、所有录音到位、所有节目的背景视频及幼儿活动照片准备到位。

(4)6月10日：节目审核，年级组讨论提出修改意见。

(5)6月15日：节目联排，确定毕业典礼节目单。

3. 演出活动(6月21日—6月23日)。

阶段目标：围绕"中国风·幸福情"大班毕业典礼演出，进一步激发幼儿对幼儿园的热爱，鼓励幼儿大胆展示自己的才艺，感受与小伙伴共同成长的快乐。

分步骤实施：

(1)6月18日：节目彩排。

(2)6月23日：毕业典礼演出。

4. 整体编排意图。

(1)节目的核心思想与园所理念及幼儿发展目标相结合。

(2)节目的内容与园所项目相结合。

(3)节目的内容与幼儿的一日生活紧密结合。

幼儿是活动的主体，所以本次活动内容来源于幼儿的一日生活。我们将幼儿在园时的一日活动变成一个个生动有趣的节目，让幼儿的在园生活简单明了地呈现在每个人眼前，如歌曲联唱、舞蹈《悄悄话》等。

🐦 **活动延伸**

请家长来园探讨参加本次毕业汇演的感受以及孩子入园以来三年幼儿园生活的感受与总结。

★建议：毕业典礼的节目以本园的幼儿培养目标为核心，以园所的特色课程为抓手，以幸福成长为基调，将幼儿在幼儿园的生活、游戏、运动、学习等，通过语言类、歌舞类、乐器类的节目形式汇聚成一台由幼儿全程参与的他们自己的毕业典礼。

全园活动："春溢幸福"亲子健康节(小、中、大班)

🕊 活动目标

1. 通过活动让幼儿体验运动的快乐，培养幼儿活泼开朗的个性，增进亲子之情。

2. 督促家长关注孩子的体能发展，为孩子的将来建立良好的运动习惯。

3. 在健康节活动中幼儿和家长有集体荣誉感，遵守规则，共同完成亲子展示活动，大力推广亲子游戏。

🕊 活动准备

1. 知识经验准备。

幼儿：会熟练地呐喊出本次活动的口号"我运动我健康，健康宝宝就是我；我快乐我幸福，幸福伴随你和我"！

家长：理解孩子的表现，相信自己的孩子是最棒的，为孩子加油、助威，积极肯定孩子的表现；其他年级组家长和孩子比赛的时候也要热烈鼓掌加油；提示孩子要遵守游戏规则。做到友谊第一、比赛第二。遵守会场秩序，不丢垃圾，不到处走动，不跑到前面照相或录像，各班邀请两名家长专业照相和录像人员。邀请新闻媒体安排采访。

2. 环境材料准备。

场地布置，活动横幅、照相机、摄像机、班牌、奖状、游戏相关道具，饮水处、医疗处、主席台。

3. 事故应急处理。

(1)活动期间如发生突发情况，由安全领导小组统一指挥，在场所有教师要管理好幼儿，稳定情绪，注意避免随意奔跑，互相冲撞拥挤。

(2)购备医药用品，应急处理意外事件。

(3)各班应及时了解本班幼儿身心健康情况，若发现患病或不适宜者应及时安排休息。

(4)如发生意外伤害，在场教师应马上向安全小组汇报，并负责及时把伤员送到临时医务处，或直接送医疗所、医院治疗。有关教师应设法通知伤员家长到医院了解情况，协同医治、妥善处理。

人员安排表：

岗位	工作内容
总指挥	负责人员和物资的总协调、流程总把控、意外事情处理、授奖等。（负责人：××）
副总指挥	协助总指挥检查人员和物资准时到位，推进活动的顺利进行，组织授奖。（负责人：××）
年级组负责人	负责本年级组展示活动和游戏的组织、评判、人员分工、道具准备。（负责人：××）
主持人	主持活动流程，把每个环节流畅串联在一起。（负责人：××）
音响师	负责音响设备及所有音乐的播放。（负责人：××）
摄像师	负责摄录这个活动场景，有重点有全面。（负责人：××）
保健医	负责活动中出现的意外小事故、小伤口的处理。（负责人：××）
门卫	负责收票，防止活动中孩子单独出园，不是本园家长擅自出入幼儿园。（负责人：××）
总分统计	负责统计各个年级组现场活动分数统计。（负责人：××）
饮水处	负责操场两边的两个饮水处的饮水安全。（负责人：××）
楼道安全	进退场楼道安全。（负责人：××）

🐦 **活动过程**

1. 幼儿入园早餐并整理衣服妆容。

8：50各班家长在下午班教师带领下将椅子摆放在指定位置，家长入座。（各班排家委会成员负责协调疏通工作。）

2. 亲子健康节。

(1)开场舞。

(2)园长致辞。

(3)大班年级组展示评比。

大班幼儿整队入场，幼儿喊健康节口号。家长、幼儿列队进场。

操前舞：幸福拍手歌　广播体操：世界真美好

游戏展示：两人三足、袋鼠接力

(4)主持人现场采访家长活动感受。

(5)中班年级组展示评比。

中班幼儿整队入场，幼儿喊健康节口号。家长、幼儿列队进场。

操前舞：open your dream　广播体操：字母操

游戏展示：踩高跷、舞龙

(6)小班年级组展示评比。

小班幼儿整队入场，幼儿喊健康节口号。家长、幼儿列队进场。

操前舞：握握手，抱一抱　广播体操：身体韵律操

游戏展示：小鱼游、开火车

（7）现场计票环节，主持人带领全场现场互动舞蹈《小苹果》。

（8）颁奖仪式：园领导颁奖，各班家长和幼儿代表领奖并请个别幼儿发表获奖感言。

（9）家长为其他年级组投票，并填写活动反馈表和问卷调查。

（10）各负责人整理物品，打扫场地卫生。

🕊 **活动延伸**

成立户外游戏"爸爸小分队"，邀请热爱运动、乐意与幼儿和老师一起开展户外游戏活动的爸爸们轮流参与我们的户外自主游戏，彰显幸福幼儿园健康特色，鼓励爸爸们参与幼儿教育，体会亲子游戏的快乐。

★建议：亲子运动会在形式上充分体现了趣味性、观赏性、教育性和互动性，家长和幼儿色彩鲜艳的着装、整齐的队列及标准的操节动作，每个年级组有趣的亲子游戏，都体现了家长对积极参与体育运动的态度及对健康活动教育价值的认识。

🕊 **第四节 "青花"艺术节**

中国的瓷器历史悠久，而世界认识中国也是从瓷器开始的，China 是瓷器的代名词。青花瓷，简称"青花"，是中国瓷器的主流品种之一，它浓缩着中国传统文化艺术，以其质地精良、明净素雅享誉海内外，有着水墨画浓淡相宜的天然神韵，给人一种淡雅的视觉美感，被誉为中国的"国瓷"。青花瓷烧制过程分为淘炼胎土、制胚、绘画、罩釉。原始青花瓷于唐宋已见端倪，成熟的青花瓷则出现在元代景德镇的湖田窑，明代青花成为瓷器的主流，清康熙时发展到了顶峰。青花瓷作为一种文化符号，是中国文化的象征，具有深远的思想文化价值。

一、节日活动设计思路

硚口区水厂路幼儿园紧紧围绕"绿色启蒙，奠基多彩人生"的办园理念，逐步形成了"艺术"的办园特色。实践中发现，中国的传统文化慢慢地被人们摒弃、遗忘，而中国人更热衷于追求外国的文化。因此，我园觉得传承和发扬中国文化也是幼儿园教育的重要任务。青花艺术是中国劳动人民的结晶，青花的内涵是幼儿艺术教育不可忽视的资源宝藏。我园将其与本园特色相结合，逐步形成了"青花坊"的园本课程，慢慢形成了"青花"艺术节，通过系列活动，让孩子们感受中国民族青花的文化，增强大家的民族自尊心和自豪感。

二、节日活动教育目标和内容

节日活动教育 总目标	1. 了解青花文化，激发民族自豪感。 2. 欣赏青花作品，感受青花独特的艺术美。 3. 鼓励幼儿积极想象，大胆创作。
小班教育目标	1. 乐于参加青花艺术活动，感受活动的乐趣。 2. 初步了解青花作品蓝白相间的特点。 3. 了解不同青花瓷器的特点，并能说出其名称。
小班活动内容	蓝白之美　青花瓷宝贝　菊花纹　青花蔓藤　美丽的青花拖鞋　青花版画 青花手帕
中班教育目标	1. 积极参与青花艺术活动，体验创作的乐趣。 2. 认识常见的青花纹饰，了解其特点。基本区分主题纹饰与辅助纹饰。 3. 掌握单一纹饰的画法，并能在立体的物品上进行简单的创作。 4. 了解青花瓷不同的时代特征，鼓励小朋友大胆发表自己的想法。
中班活动内容	青花笔筒　美丽的青花蛋　莲花纹　青花蝴蝶　点彩青花　青花瓶换装记 青花朵云龙纹盘
大班教育目标	1. 愿意与同伴分享自己的艺术作品和美感体验。 2. 尝试多种创作形式，感受与同伴合作的快乐。 3. 了解青花纹饰的特点，能在不同材料上进行青花创作，体验成功的乐趣。 4. 能与他人相互配合，也能富有个性化地自主表现。
大班活动内容	青花釉里红折扇　青花人物纹饰　青花旗袍　青花灯笼　青花刮花　青花总动员 纸浆造型
全园活动 教育目标	1. 让家长和孩子体验亲子活动的快乐，感受中国传统艺术的美。 2. 进一步了解中国的青花文化，并能用各种方式大胆地、富有创意地表现。 3. 鼓励孩子大胆地与他人交流，在家长的指导下能运用一定的技巧说服他人。
全园活动内容	"蓝与白的魅力"青花艺术节(小、中、大班)

三、"青花"艺术节系列活动方案

(一)精选活动

活动一：蓝白之美(小班)

活动二：青花瓶换装记(中班)

活动三：青花旗袍(大班)

活动四：青花总动员(大班)

全园活动："蓝与白的魅力"青花艺术节(小、中、大班)

(二)环境创设

1. 主题墙面创设

"青花发展史记"：收集关于青花发展的历史，按时间由远及近的顺序布置到墙面上，感受青花发展的历程，感受青花的美。

"我家的青花"：寻找家里和青花有关的物品，用照片记录下来或将实物带到幼儿园，与同伴用不同形式布置出来，感受青花在生活之中的存在。

"我眼中的青花"：展示小朋友们用独特的方式表现自己心中对青花的理解。

2. 区域活动创设

功能区：在"青花坊"中青花盘悬挂在墙面上，青花瓶和小朋友们的青花作品分别搁置在展示架上(此区域为公共活动场所)。

美工区：将各种蓝色的材料、纸张、收集的废旧物品投放到区域中，孩子们可创意制作作品。

表演区：收集青花的服饰、饰品等，也可将美工区已完成的可适用于表演的作品放置此区域，供幼儿自由装扮，开展时装秀、儿童剧等表演。

(三)活动方案设计与指导

活动一：蓝白之美(小班)

活动目标

1. 乐于参加谈话活动，感受青花的美。

2. 能通过找一找活动，发现青花花纹和图案的不同。

3. 能够简单地表达自己的想法。

活动准备

1. 知识经验准备：小朋友们到过"青花坊"，曾看过青花瓷器。

2. 环境材料准备：PPT 课件，电子白板，一次性纸盘，蓝色油性笔，青花盘若干。

3. 教学环境准备：幼儿园功能区域的"青花坊"，班上将青花盘陈列在活动室四周。

活动过程

1. 参观"青花坊"。

(1)带着小朋友进入幼儿园的功能室感受"青花坊"的美。

(2)观察"青花坊"的瓷器。

(3)引导小朋友发现"青花"的秘密。

指导语：

(1)你们知道这是哪里吗？你的第一感觉是什么？

(2)这里都有些什么？

(3)它和我们平时看到的瓶子和盘子有什么不同？它有什么颜色？

★建议：艺术环境要给小朋友们带来视觉的冲击，欣赏实物的过程中寻找到青花的最大特点，就是只有蓝、白两种颜色。

2. 寻找"青花盘"。

(1)组织小朋友们回到活动室。

(2)每个小朋友找一个自己最喜欢的青花盘。

(3)说说自己的青花盘，并找找与同伴的盘子不同的地方。

(4)教师归纳青花瓷器的花纹、图案的特点。

指导语：

(1)你们每人去拿一个青花盘，说说你为什么喜欢这个盘子？

(2)盘子上有些什么颜色？画了些什么？

(3)请你们找一找和其他小朋友的盘子有什么不一样的地方？

★建议：教师重点引导孩子观察花、鸟、人物、山水等他们感兴趣和熟悉的图案。

3. 观看PPT。

(1)引导幼儿了解除了青花瓷外，还有很多青花的物品。（青花布、青花扇……）

(2)引导幼儿感受青花的美。

指导语：

(1)你们在什么地方见过青花的图案？

(2)它美吗？美在哪里？

★建议：在本环节，可以播放《青花瓷》的歌曲或者中国较为古典的音乐，增强欣赏的意境。

指导要点：

活动前创设清秀、典雅的环境，让小朋友感受和欣赏青花的美；提供多样的材料让小朋友选择、观察，自主地参与到活动中。

✥ **活动延伸**

1. 将收集的青花物品在活动室内有序地摆放，创设出青花的艺术环境。

2. 请小朋友们和爸爸、妈妈收集青花的资料、图片，找找每件作品的小秘密。

活动二：青花瓶换装记(中班)

活动目标

1. 尝试通过给瓶子换装，体验成功的快乐。

2. 在欣赏活动中发现主题纹饰和辅助纹饰的特点。

3. 能够动手在立体的瓶子上进行装饰。

活动准备

1. 知识经验准备：已对青花有一定的认识。

2. 环境材料准备：空塑料饮料瓶若干，洗净消毒，白色丙烯，废旧报纸，蓝色油性笔，PPT课件。

3. 教学环境准备：活动场地周围布置成青花展。

活动过程

1. 瓶子变一变。

(1)出示塑料瓶，引导幼儿将它变成白色的。

(2)小朋友们动手操作，教师指导，提醒他们注意保持干净。

指导语：

(1)美丽的青花瓶把我们班装点得这么美，但是这是借来的，小朋友们想不想让我们班也变得这么美呢?

(2)青花瓶的特点是什么?

(3)现在的材料只有塑料瓶，丙烯颜料，怎么变呢?

★建议：发挥小朋友的主动性，让他们自己想办法能变废为宝。小朋友们刷完后将瓶子集中放在地上铺有报纸的地方，在瓶子晾干的过程中，进行下面的环节。

2. 观察说一说。

(1)播放PPT，小朋友观察瓷瓶的花纹。

(2)引导小朋友认识和区分主题纹饰和辅助纹饰。

(3)通过PPT，欣赏各种青花作品。

指导语：

(1)说说瓷瓶的花纹在什么位置? 它们的花纹分别是怎样的?

(2)不同位置的花纹有什么不同吗?

(3)你能找到哪是主题纹饰，哪是辅助纹饰吗?

★建议：主题纹饰主要出现在瓶子的主要部分，辅助纹饰主要是用在瓶子的边饰或口沿，以及肩部与足部，或用作不同纹饰之间的间隔。

3. 动手做一做。

(1)布置小任务。

(2)小朋友自由装饰瓶子。

指导语:

(1)如果画错了,怎么办?

(2)一定想好画的图案再动笔,不然不好更改。

★建议:教师可以多准备一些备用的瓶子,能力强的小朋友可以多装饰几个,如果有小朋友对自己作品不满意,可以更换新的瓶子装饰。

4. 大家评一评。

(1)请小朋友说说自己最喜欢的作品,并阐述理由。

(2)商量作品放置的位置,装点教室。

指导语:

(1)你最喜欢谁的作品?为什么?

(2)你们觉得这些作品放在班上的什么地方最好?

★建议:可以请孩子们多刷一些塑料瓶子,放到班级活动区域内,作为区域活动的材料之一。

指导要点:

教师应注意孩子们的个体差异,在表现美的环节,要让能力强和能力弱的孩子有自主的选择。教师要以鼓励的语言评价孩子的作品。

☙ 活动延伸

请小朋友注意收集废旧的瓶瓶罐罐,清洗干净并消毒,可以作为孩子们操作的活动材料,在活动区域指导小朋友将生活中的废弃物变成可利用的材料。

活动三:青花旗袍(大班)

☙ 活动目标

1. 感受中国传统工艺和服饰的美,主动参与制作活动。

2. 了解基本的印染方法。

3. 基本能制作出一件旗袍作品。

☙ 活动准备

1. 知识经验准备:小朋友对中国传统服装旗袍有了解,认识宣纸及其特征。

2. 环境材料准备:一件青花旗袍,印染的视频,蓝色颜料稀释,方形宣纸,剪刀,蓝色油性笔。

3. 教学环境准备:周围悬挂宣传画(模特身穿旗袍)。

☙ 活动过程

1. 欣赏各式各样的旗袍。

(1)欣赏四周的宣传画,引起小朋友的兴趣。

（2）引导小朋友讨论旗袍的服饰特点。

（3）出示青花旗袍，引导小朋友观察交流旗袍的颜色、图案。

指导语：

（1）模特身上穿的是什么衣服？为什么觉得它漂亮？

（2）旗袍和我们穿的衣服一样吗？怎么不一样？

（3）你们看看今天老师带来的是什么？它和模特身上的旗袍有什么不同？

★建议：本环节主要是引导小朋友观察旗袍的主题图案，以及袖子、领子、衣襟、下摆等地方的辅助花纹，作为制作旗袍的经验铺垫。

2. 印染花纹各异的布料。

（1）提出印染布料的小任务。

（2）观看印染的视频，并知道这种传统的民间工艺叫印染。

（3）交流布料印染的方法，学着用折叠的方法印染。

（4）请小朋友用蓝色印染出美丽的青花图案，印染好后悬挂晾晒。

指导语：

（1）制作旗袍需要什么？我们这儿只有宣纸，怎么办呢？

（2）你们知道吗？民间有种传统的工艺叫印染，你们见过吗？

（3）你们可要认真看看布料的花纹是怎样印染出来的。

（4）这儿有白色的宣纸，你们觉得怎样才可以印染出好看的各式各样的花纹？

★建议：本环节的重难点是让小朋友们能运用不同的折叠的方法，印染出不同的花纹。

3. 制作千姿百态的旗袍。

（1）将晾干的"面料"按自己的想法裁剪，并能用油性笔完善自己的旗袍作品。

（2）相互欣赏同伴的作品。

指导语：

（1）你心目中最美的旗袍是什么样子的？你能做出来吗？

（2）你最喜欢哪个同伴的作品，为什么？

★建议：本环节教师可以启发小朋友们设计各式各样的旗袍，也可以中西合璧，充分发挥他们的想象力和创造力。

指导要点：

如果小朋友的能力较强，可以在第三环节制作旗袍时，让他们自由组合，用大家印染的"布料"共同制作一件旗袍，后期还可以开展"青花旗袍秀"的时装表演活动，让孩子们在一系列的活动中做做玩玩，体验参加活动的快乐。

🕊 **活动延伸**

将操作的材料投放到美工区域，还可以提供不同质地的纸张放入科学区域，引导小朋友进行"纸的吸水性"试验。

活动四：青花总动员(大班)

🐦 活动目标

1. 喜欢和同伴们一起商量制作，并感受合作的乐趣。
2. 能对各种材料进行联想组合，设计富有创意的青花瓶。
3. 能与同伴们讨论商量完成作品，并尝试有计划地按需取材。

🐦 活动准备

1. 知识经验准备：小朋友们对青花瓷的图案和花纹的分布规律有一定的了解。
2. 环境材料准备：蓝色的材料(超轻黏土、毛线、羽毛、绳子、餐巾纸、即时贴、树叶、小钻石等)，双面胶、糨糊等，共同收集各式各样的玻璃瓶子。
3. 教学环境准备：幼儿园功能区"青花坊"。

🐦 活动过程

1. 观察欣赏，导入主题。

(1)小朋友们自由观察欣赏"青花坊"的各种瓷器。

(2)说说自己喜欢的青花瓷。

(3)出示材料，激发小朋友对瓶子创作的愿望。

指导语：

(1)这里有你们喜欢的青花瓷吗？为什么喜欢它？

(2)这儿有一个玻璃瓶，你能做出一件青花瓷吗？

(3)如果你做一件青花瓷，会需要什么材料呢？

★建议：小朋友们在观察青花瓷时，可配一些较古典的中国音乐，让他们利用多种感官感受中国传统文化的美。

2. 合作构思，按需取材。

(1)引导小朋友分组，并规划制作场地。

(2)各自到自己的制作场所，讨论制作的图案、花纹，商量所需的材料，分工制作。

(3)教师分组指导。

指导语：

(1)今天我们需要的是小朋友们集体完成的作品，你可以选择你喜欢的同伴们一起制作。并选择一个场地作为你们的操作间。

(2)请你们讨论：主题花纹和辅助花纹用什么样的图案？

(3)请小组商量：图案需要什么材料？需要多少？(请小朋友们按需拿取材料)

(4)你们小组怎样分工？

★建议：这是本次活动的重点之一，主要是发展小朋友们的社会性能力，教师到每一组间接地参与指导，将主导权让给孩子。

3. 分工合作，大胆制作。

(1)教师在想象和技能上给予小朋友们鼓励和指导。

(2)允许小朋友适当地换取材料。

指导语：

(1)除了用这种材料你们觉得还可以用什么？能否想办法让它立体起来？怎样做可以又快又省力，又好看呢？

(2)如果你们还需要其他的材料可以换取。

★建议：设置换取的环节是给孩子们一个修改自己计划的机会。教师尽量通过提问的方式让孩子们自己想办法。

4. 欣赏作品，相互介绍。

(1)请每组的小朋友介绍作品的名称，并简单表述作品。

(2)引导小朋友们联想。

指导语：

(1)请每一组小朋友介绍你们的作品的名称，并且说一说是怎样表现的。

(2)除了可以在玻璃瓶上装饰，你觉得还可以在哪些废旧的物品上装饰呢？

★建议：本环节除了评价外，还通过联想来拓展小朋友们的经验，同时也能达到增强他们环保意识的目的。

指导要点：

本次活动虽然是以青花为载体的艺术活动，在技能技巧上涉足不多，主要是调动孩子们的已有经验。而在能力上根据大班小朋友的年龄特点，将能与同伴分工合作、协商完成任务、有计划地实施作为重点，发展小朋友们社会性的能力。

🕊 **活动延伸**

1. 将材料投放到活动区域。

2. 请幼儿回家和爸爸妈妈一起利用废旧物品装饰一件青花作品，美化班级环境。

全园活动："蓝与白的魅力"青花艺术节(小、中、大班)

🕊 **活动目标**

1. 让家长和孩子体验亲子活动的快乐，感受中国传统艺术的美。

2. 进一步了解中国的青花文化，并能用各种方式大胆地、富有创意地表现。

3. 鼓励孩子大胆地与他人交流，在家长的指导下能运用一定的技巧说服他们。

🕊 **活动准备**

1. 全园的活动方案，包括各岗人员详细分工。

2. 根据各班艺术作坊的主题布置富有特色的大门。

3. 将青花的发展历史分段，用喷绘的形式展示到幼儿园的操场围墙上。

4. 搭建走秀台。

5. 一份大的场地分布图张贴到大门口，每位家长一份全园活动场地分布图。

6. 各班根据自己的主题，准备丰富的材料；并准备形式独特的宣传表演。

🕊 **活动过程**

1. 准备活动，调动家长和小朋友参与活动的积极性。

(1)家长带领孩子在教师的指引下就座于指定地方。

(2)热身互动：全园师生、家长共跳"青花瓷"舞蹈。

★建议：此环节一定要注意各班的人员分工，如引领家长到指定位置、就座家长的持续维护、家长签到、分发活动场地分布图、孩子的安全等要分工到人。

2. 活动开始，各方代表讲话。

(1)主持人宣布"蓝与白的魅力"青花艺术节正式开始。

(2)园长致艺术节开幕词。

(3)家长代表讲话。

(4)小朋友代表讲话。

★建议：选择乐于参加、大胆表现的家长和孩子。需提前与家长交流沟通，做好发言的准备。也需提前与小朋友代表的家长联系，让孩子活动前将讲话准备好。

3. 宣传阶段，各班用不同方式展示班级活动内容。

(1)"蓝与白的魅力"展示秀。播放古典的音乐，秀一秀青花瓷、青花盘、青花饰品、青花服装等。

(2)各班可用舞蹈、现场制作、展板说明等不同形式向家长讲解各班的活动内容及制作方法。

★建议：各班用短小精悍的语言表演或陈述，规定各班不能超过2分钟。

4. 讲解要求，让家长和孩子了解活动形式。

(1)主持人介绍活动时间。制作时间10：00—10：50，换购时间11：00—11：30。

(2)介绍活动形式。家长可根据各班老师的讲解和介绍，自由选择艺术作坊活动。

(3)介绍场地分布。请家长拿出活动场地分布图，主持人重申一遍。

(4)介绍换购环节。请家长鼓励孩子大胆地与他人交流，引导孩子用适当的方法与别人换购，能让孩子体验到成功感。

★建议：可以建议家长在选择活动内容时，如果某些场地人数众多，为了安全，请他们主动调节。

5. 分散活动，教师指导家长和孩子进行创作。

★建议：家长和孩子人数众多，行政人员一定要分工仔细，有固定人员负责各层的疏导及安全。教师不限定创作作品的数量。在这个时间段，安排人员在操场上布置出若干个展示小舞台。

6. 换购活动，可将自己的作品和他人交换。

（1）家长可鼓励孩子在小舞台上展示自已的作品。

（2）家长还可鼓励孩子进行多次交换。

★建议：这给孩子搭建了大胆展示自我、大胆与他人交流的舞台，提醒家长不要包办代替，而让本次的活动失去意义。

7. 结束活动，家长和孩子安全离开幼儿园。

🕊 **活动延伸**

各班可安排的活动内容：青花服装、青花旗袍、青花饰品、青花毛笔、青花笔筒、青花罐、青花瓷瓶、青花盘、青花手套、青花鞋子、青花吊饰……

第五节 "布一样的精彩"艺术节

一、节日活动设计思路

《幼儿园教育指导纲要（试行）》中提出"充分利用社会资源，引导幼儿实际感受祖国文化的丰富与优秀"，"适当向幼儿介绍我国各民族和世界其他国家、民族的文化，使其感知人类文化的多样性和差异性，培养理解、尊重、平等的态度"。我园地处于武昌区粮道街胭脂路"胭脂衣坊"——集服装加工、布匹销售于一体的特色市场，布与幼儿的生活息息相关，是幼儿日常生活中熟悉的经验领域，蕴藏着丰富的教育资源，可以为幼儿提供一个广阔的探索空间。因此，我们立足地域特色，设计了"布一样的精彩"艺术节。

遵循《3－6岁儿童学习与发展指南》中所列的幼儿年龄特点与发展规律，幼儿具有乐于探索、学习和创造的天性，"布一样的精彩"艺术节的出发点就是利用"布"元素，让幼儿操作简单工具，对各种形态的具有可塑性的布、线等物质材料进行加工、改造，制作出可视的、可触摸的多种艺术形象，培养幼儿的想象力、创造力和审美能力。艺术节活动应注重通过多种教育手段的互动来达到艺术教育的目的。实施中，教师要理解并积极鼓励幼儿与众不同的表现方式，注意不要把艺术教育变成单一的技能技巧的训练和技艺知识的传授。

二、节日活动教育目标和内容

节日活动教育总目标	1. 积极参与感受美、表现美和创造美的活动，共同分享艺术的快乐。 2. 尝试操作简单工具，对各种形态的具有可塑性的布、线等物质材料进行加工、改造，创作艺术作品。 3. 能耐心细致地完成布艺制作。

续表

小班教育目标	1. 喜欢欣赏不同布的色彩和图案，感受布艺作品的美。 2. 认识简单的布贴画的工具和材料，并学习使用。 3. 能选择喜欢的废旧布料，粘贴成型。
小班活动内容	可爱的毛毛虫　托马斯小火车
中班教育目标	1. 积极参加布艺活动，耐心完成作品。 2. 了解蜡染布的生产过程，感知蜡染工艺的不同图案。 3. 能剪出简单的形状（竖条、横条、方形、圆形、三角形等）。
中班活动内容	海底世界
大班教育目标	1. 喜欢用自己的方式进行布艺创作。 2. 尝试使用刺绣等工具和材料。 3. 能与同伴协作完成布艺作品。
大班活动内容	巧手 DIY　巧手十字绣　蜡染花手帕
全园活动 教育目标	1. 体验布艺 DIY 活动亲子合作的乐趣，增进亲子之间的感情。 2. 增进家长对幼儿园课程的了解，促进家园之间的沟通交流。 3. 进一步提高幼儿阅读和讲述能力。
全园活动内容	"布一样"的书——亲子 DIY 大赛（小、中、大班）

三、"布一样的精彩"艺术节系列活动方案

（一）精选活动

活动一：海底世界（中班）

活动二：巧手 DIY（大班）

活动三：巧手十字绣（大班）

活动四：蜡染花手帕（大班）

全园活动："布一样"的书——亲子 DIY 大赛（小、中、大班）

（二）环境创设

1. 主题墙面创设

开辟布艺主题栏：在班级主题墙中开辟以布艺为主题的布艺展示墙，定期更换布艺作品，可以是幼儿布艺作品的展示，也可以是教师或家长制作的布艺作品。

布置布艺长廊：将幼儿和教师的布艺作品，按照主题的需要装饰幼儿园的楼道、走廊，并且定期进行更换，把这些作品用数码相机拍摄下来制成光盘，作为幼儿园布艺教学资源进行保存。

布艺园报(专刊)：将师幼的优秀作品、教师的教学心得、家长对幼儿布艺的体会刊登于布艺园报上，进行宣传、交流。

2. 区域活动创设

美工区：投放碎布。

科学区：提供不同材料的布。

布艺坊：投放蜡染工具、颜料、绣线、网格布。

(三)活动方案设计与指导

活动一：海底世界(中班)

🐦 活动目标

1. 体验布贴画活动带来的乐趣。

2. 初步了解制作布贴画的基本方法，尝试用碎布粘贴小鱼的形象。

3. 能耐心细致地进行粘贴制作。

🐦 活动准备

1. 知识经验准备：了解布贴艺术特点和表现形式，熟悉布贴画的制作方法，幼儿有观察过小鱼的经验。

2. 环境材料准备。

(1)教具：信封，《海底世界》PPT，手绘海底世界图，海底世界布贴画。

(2)学具：布贴画工具材料(颜色、花纹不同的碎布若干，彩色笔，胶水，16开卡纸人手一份，罩衣、报纸等)。

3. 教学环境准备：幼儿呈半圆形围坐，操作台4张摆布在侧面，便于操作评价。

🐦 活动过程

1. 活动导入，激发兴趣。

(1)播放《海底世界》PPT，激发幼儿活动兴趣。

指导语：听，这是什么声音？美人鱼姐姐给小朋友送来了一封信！

(2)教师出示两幅画，欣赏并感受布贴画的表现手法所产生的独特美。

指导语：请小朋友们仔细观察，这两幅画有什么不同？哪个地方不一样？它是用什么材料做成的？

(3)师幼小结。

师：这种画我们把它叫作布贴画，它主要是由我们日常生活中的碎布粘贴做成。

★建议：教师出示两幅画，一幅是手绘海底世界图，一幅是海底世界布贴画，引导幼儿观察发现两幅画材料的不同，丰富幼儿的审美经验。

2. 自由探索，提炼经验。

(1)幼儿自由说说布贴画的制作方法。

指导语：这么漂亮的布贴画是怎么制作出来的呢？

(2)观看布贴画的制作视频。

指导语：你们看到老师是如何进行布贴画制作的？用了哪些工具？

(3)师幼小结。

第一步：设计图样，教师告知幼儿设计的是鱼。

第二步：选择各种形象的碎布，便于幼儿理解，可与幼儿商量怎么设计鱼，用什么形状做鱼的身体，鱼尾巴选择什么材料等。(设计至少 2 条不同形状的鱼)

第三步：粘贴。

第四步：添画。根据自己的画面添画水草、石头等，组成一幅海底世界画。

★建议：通过观看视频引导幼儿探索总结出布贴画的制作方法，教师要给予充分的探索和讨论的时间。

3. 尝试操作，分享欣赏。

(1)师生共同讨论，提出操作要求。

挑选自己喜欢的碎布，懂得谦让不争抢；胶水涂在布上，并涂抹均匀；注意保持画面干净整洁。

(2)幼儿自由制作，教师巡回指导。

(3)分享作品。

★建议：用语言和肢体动作激发幼儿大胆想象制作，体验创造的快乐。对设计精巧、有进步的幼儿及时给予鼓励。针对能力较弱的幼儿进行个别指导。

🕊 活动延伸

1. 将材料投放到美工角，让幼儿用碎布拼贴其他物品。

2. 科学区域中提供不同材料的布，引导幼儿运用各种感官比较不同材料的布。

🕊 指导建议

1. 活动前，和幼儿一起利用瓜子壳、树叶等废旧的物品制作粘贴画装饰和美化活动室，营造温馨、和谐的氛围。

2. 根据幼儿的生活经验，与幼儿共同确定布贴画的活动主题，引导幼儿围绕主题展开想象，进行艺术表现。

3. 让幼儿充分想象自己动手制作，尝试将碎布摆在桌子上，摆成自己想要的图案。而不是对幼儿进行千篇一律的训练，以免扼杀其想象与创作的萌芽。

★活动二：巧手DIY(大班)

🐦 活动目标

1. 愿意欣赏各种手绘T恤，积极动手，大胆地进行创意设计。

2. 尝试使用丙烯颜料在T恤上进行绘画。

3. 能用欣赏的眼光评价同伴的作品。

🐦 活动准备

1. 知识经验准备：使用过马克笔在布上进行绘画。

2. 环境材料准备：创意T恤作品图片(可做成PPT)，纯白T恤(幼儿人手一件)，丙烯颜料＋调色盘(每组一套)，马克笔，排笔(幼儿人手一支)，不宜打翻的洗笔桶(每组一个)，纸板，夹子，抹布，废纸团。

🐦 活动过程

1. 感受欣赏：让幼儿欣赏各种创意T恤作品图片

指导语：接下来我们一起来看一看这些美丽的T恤。

★建议：观看时可以让幼儿自由地和旁边的小伙伴交流自己的想法。

2. 互动讨论。

指导语：刚才小朋友们欣赏到这么多漂亮的T恤，你知道它是怎么制作出来的吗？你觉得它美吗？美在哪里？请你和身边的小朋友讲一讲。

★建议：鼓励幼儿和旁边的小朋友进行交流讨论，可请小组长进行总结发言。

3. 自由创作：幼儿分组进行操作，教师巡回指导。

指导语：刚刚欣赏了这么多美丽的T恤，相信小朋友们也很想自己动手做一件属于自己的T恤吧？现在我们都是小小设计师，请小朋友们自己动手制作我们的T恤吧！

★建议：对个别能力弱的幼儿进行颜料使用方式的指导，鼓励幼儿大胆地创作，发现幼儿创作的作品不一样时，及时表扬，增强幼儿创作的信心。

4. 展示交流：展示幼儿作品，互相欣赏交流。

指导语：请你说说你觉得哪件T恤很美？美在哪里？

★建议：鼓励幼儿大胆地评价同伴作品，互相欣赏发现作品美的地方。

🐦 活动延伸

1. 亲子小活动：可以请幼儿在家中也和父母一同制作亲子T恤。

2. 毕业纪念活动：请幼儿在好朋友的T恤背后签上自己的名字或者画上属于自己的符号，穿上自己的T恤，集体合影，作为毕业的纪念。

🐦 指导建议

教师在活动过程中多鼓励幼儿与同伴交流，分享自己的想法和创意。在延伸环节中，建议可以把活动放在6月底进行，创作完成后，作为幼儿园毕业的纪念T恤，在毕业之际发给幼儿。

❤ **参考图片**

活动三：巧手十字绣(大班)

❤ **活动目标**

1. 欣赏十字绣作品的美，感受民间艺术的魅力，体验动手绣十字绣的乐趣。

2. 学习十字绣的基本绣法：走直线、走斜线。

3. 能手眼协调的用安全针绣出简单的图案。

❤ **活动准备**

1. 知识经验准备：初步了解十字绣。

2. 环境材料准备：十字绣课件，古筝曲，环保网布，粗线，安全针。

❤ **活动过程**

1. 绣品欣赏，激发兴趣。

(1)观看课件，了解作品风格和特点。

(2)交流讨论，探讨作品图案和制作。

指导语：

(1)刚才小朋友们欣赏的图案美吗？美在哪里？

(2)想想这些漂亮的作品是用哪些材料制作出来的？

★建议：鼓励幼儿和旁边的小朋友进行交流讨论，并请小组长进行总结发言。

2. 视频解疑，感知了解。

(1)结合课件将绣的"十字"放大旋转，让幼儿仔细观察，知道十字绣的作品是通过一个个小小的十字组合而成的。

(2)播放十字绣视频，让幼儿认识十字绣的作品所需材料：绣布、绣针、绣线。

指导语：想想刚才看到的漂亮十字绣作品用到了哪三种材料？

(3)播放十字绣视频，让幼儿初步了解十字绣的基本绣法：走直线和走斜线。

指导语：请小朋友回忆下刚才视频中绣针是怎样走的呢？

3．探索绣法，图示理解。

(1)播放示意图两遍，从箭头、颜色、虚实线等方面知道针走的路线，箭头表示针要走的方向，实线表示针在上面走，虚线表示针在下面走。

(2)幼儿边念儿歌边用手势模拟针的走法，巩固记忆。

★建议：引导幼儿学习儿歌总结针走的规律，伴随儿歌掌握绣针的方法。

4．动手操作，合作提升。

(1)教师提出合作绣的要求。

(2)请两名幼儿一起合作绣十字绣。

★建议：鼓励幼儿互助合作绣十字绣，提示对方绣针的走法，大胆想象，制作简单的十字绣图案。

5．作品展示，分享快乐。

(1)赏析作品。

(2)分享交流。

★建议：鼓励幼儿大胆地评价同伴作品，互相欣赏发现作品的美。

🕊 **活动延伸**

班级布衣坊中投放各种各样十字绣物件及十字绣图案，进一步激发幼儿对十字绣的喜爱及操作兴趣。

🕊 **指导建议**

让幼儿在多功能一体机上玩一玩十字绣的 Flash 游戏，体验在生活中、电脑上玩十字绣的乐趣。刚开始学习十字绣时，可让十字绣社团的家长志愿者参与到教学活动中助教，指导幼儿安全使用工具。

🕊 **附：　活动资源**

自编儿歌

针儿找起点，小小针儿走啊走，

从下往上走，走成一斜线，

走啊走，从上往下走，走成一直线。

活动四：蜡染花手帕(大班)

🕊 **活动目标**

1．愿意参加美术蜡染活动，对蜡染活动感兴趣。

2．初步了解"画蜡－染色－晾干"蜡染基本方法。

3．能大胆在白手帕上创作简单的蜡染作品。

🐦 **活动准备**

1. 知识经验准备。

(1)教师：了解蜡染及其传统文化内涵和表现形式，熟悉蜡染的制作过程。

(2)幼儿：听过有关蜡染的民间故事。

2. 环境材料准备。

(1)教具：蜡染手帕PPT，蓝花布，各种蜡染蓝花布做成的实物。

(2)学具：蜡染工具材料(记号笔、水粉笔、蓝钢笔水、白手帕、抹布、报纸等)。

(3)空间：幼儿呈半圆形围坐，操作台4张摆放在侧面，便于操作评价。

🐦 **活动过程**

1. 欣赏、激趣。

(1)观看蜡染手帕PPT，欣赏、交流。

指导语：你最喜欢哪一幅蜡染手帕作品？为什么？

(2)出示两个手帕——白手帕和蜡染手帕。

指导语：仔细看看，两个手帕有什么不同？让我们一起变魔术，把这块白色的手帕变成好看的、有颜色和图案的蜡染手帕。

★建议：重点指导幼儿感受蜡染手帕的美，发现蜡染手帕与普通手帕的区别。

2. 感知、操作。

(1)探讨蜡染。

指导语：这么漂亮的蜡染手帕是用什么工具制作出来的呢？

(2)观看蜡染。

指导语：看一看手工坊的阿姨们是如何进行蜡染制作的？使用了哪些工具？

★建议：帮助幼儿厘清蜡染的三个步骤：画蜡、染色、晾干。

(3)示范蜡染。

①用记号笔在白色的棉布上设计花纹。

②用白色的油画棒给花纹涂色。

③用水粉笔蘸上蓝色钢笔水刷上底色。

④将染好的作品夹在绳子上晾干。

(4)制作蜡染。

①用语言激发幼儿尝试蜡染的兴趣。

②请幼儿介绍蜡染工具及使用方法。

★建议：教师补充需要注意的事项及操作要求。

③幼儿挑选工具及喜欢的染色颜料。

④幼儿自由地制作，教师巡回地指导。

★建议：提醒幼儿画蜡及上色时注意卫生，针对能力较弱的幼儿进行个别指导。

3. 赏析、分享。

将幼儿作品夹在绳子上展览，大家自由评价。

★建议：引导幼儿大胆讲述制作过程并和同伴分享作品所要表达的意思。教师耐心倾听并给予及时回应和鼓励。

🐦 活动延伸

科学区域中提供蜡、纸杯、水粉颜料等材料供幼儿操作实验，进一步了解蜡的特性。

🐦 指导建议

和幼儿一起美化活动室，营造温馨、和谐的氛围。操作过程中可为幼儿提供丰富的材料，幼儿自主选择，用喜欢的方式制作，展开想象进行艺术表现，教师不做过多干涉。本活动可分两课时完成。

全园活动："布一样"的书——亲子 DIY 大赛(小、中、大班)

🐦 活动目标

1. 体验布艺 DIY 活动亲子合作的乐趣，增进亲子之间的感情。
2. 增进家长对幼儿园课程的了解，促进家园之间的沟通交流。
3. 进一步提高幼儿的阅读和讲述能力。

🐦 活动准备

1. 园方。

(1)师幼共同制作活动海报，对家长进行布艺亲子 DIY 活动的宣传，准备奖状和奖品。

(2)班级教师和家长可搜集关于布艺 DIY 制作的材料、图片，通过 QQ 群分享给家长，为家长参加活动给予一些提示和帮助。

(3)成立亲子 DIY 大赛活动策划小组，确定人员安排。

(4)以年级组为单位制订活动方案，策划小组进行审议。

2. 家长方面。

(1)幼儿回家和自己的父母一同商量如何制作一本图书，制作什么类型、什么样式的图书，如何让自己的图书既美观又耐看。

(2)收集照片、剪报和孩子们自己绘制的一些简单的图画等，制作图书所需要的材料。

🐦 活动过程

1. 征集活动：以班级为单位，由教师组织开展"亲子自制图书活动"，征集优秀作品。

★建议：(1)图书内容可以是家长根据孩子的兴趣自编小故事，也可以是以某个故事为参照进行仿编，或者是某个经典的小故事等；(2)图书的页面以布作为主要材料，可以把布上的图片剪贴下来，进行创编；(3)请家长为图书配上简短的文字故事，文字内容也可以把孩子的语言记录下来；（4）自制的 DIY 图书要有封面、扉页、内页、封底。

2. 展览活动：全园开展"布一样"的书——亲子 DIY 展览。

（1）展览：在幼儿园大厅布置主题为"布一样"的书——亲子 DIY 展览，全园家长和幼儿可领到十枚五角星粘贴图。

（2）参观：展览时间为期两周，家长可带领孩子自由参观阅读。

（3）投票：为你最喜欢的亲子 DIY 图书投上一票。

★建议：在制作过程中让孩子与家长共同配合、参与，享受亲子合作的快乐。此外，书面语言是一本书的灵魂，而幼儿的自制图书不能像成人书籍那样具备高度的文字概括性和纯粹的书面语言表达方式，它应体现幼儿的真实想法及其年龄段特有的语言表达方式，并充分展现幼儿时期童言稚语的魅力。

3. 颁奖典礼：根据全园家长和幼儿投票结果评选出优秀作品，颁发奖状、奖品。

★建议：评选以鼓励为主要目的，不要挫伤家长和孩子的活动热情和兴趣。

第六节　"我乐我分享"分享节

杜威认为，最好的教育就是"从生活中学习""从经验中学习"。大自然、大社会都可以作为课程的出发点，都可以让幼儿直接到其中去探究。真实情境中的实践，可以成为有利于幼儿发展的、有机的、生动的经验体系。生活是一种实践、一种参与、一种体验。武昌中南路幼儿园围绕"崇尚自然，享受成长"的办园理念，积极倡导"童真"的绿色教育理念，强调课程以儿童为中心，以儿童自己的方式去感知、发现，让幼儿成为学习的主人，成为知识经验的主动建构者。

"分享"是我园着力打造的课程文化活动，为了让分享理念深入每一个幼儿的心灵，让分享行为成为每一个幼儿的自觉行动，让分享精神成为每一个幼儿的自主意识，我园每年轮流以"花草伴、乐分享""好习惯、乐分享""爱劳动、乐分享""甜蜜蜜、乐分享"等为主题，以分享节为活动平台开展活动，让每一位幼儿成为活动的主角，在活动中实现智慧共享、和谐共享、快乐共享，从而丰富我园幼儿的课程文化活动，拓展幼儿的生活空间，丰富其生活体验，让幼儿在分享中快乐成长。

活动口号：我分享，我快乐，我成长

一、节日活动设计思路

大自然是促进幼儿健康成长不可或缺的重要因素。幼儿通过与大自然的亲密接触，能够感受到大自然的变化，并从大自然中获得感动。由此，幼儿对大自然的兴趣就会提高，感受也会变得丰富。据此本园开展了"花草伴、乐分享"这一主题活动，旨在让幼儿在亲近大自然、大自然探秘等活动中，进一步增进对大自然的了解，激发热爱大自然的情感，促进人与自然的和谐共处，以真正影响幼儿心灵，提升幼儿素质。

二、节日活动教育目标和内容

节日活动教育总目标	1. 喜欢接触大自然，对周围的很多事物和现象感兴趣。 2. 了解和认识周围生活中常见的虫、草。 3. 能通过观察、比较与分析，发现并描述不同常见虫、草的特征及相关知识。
小班教育目标	1. 对周围常见花草感兴趣，感受和花草做游戏的乐趣。 2. 了解狗尾巴草、牵牛花、竹子、含羞草、向日葵等常见花草植物的名称。 3. 初步了解和体会花草植物和人们生活的关系。 4. 能仔细观察，发现常见花草的明显特征。
小班活动内容	亲亲花草　花草戏　花草画　请花草回家
中班教育目标	1. 喜欢观察昆虫，感受小昆虫与人们生活的关系。 2. 初步了解周围生活中常见昆虫的外形特征及生活习性。 3. 能用图画或其他符号进行简单的记录。 4. 能进行观察比较、大胆交流，发现常见昆虫间的相同与不同。
中班活动内容	虫虫大集合　虫虫事　虫虫的秘密　虫虫书
大班教育目标	1. 喜欢动手动脑寻找问题的答案，感受虫草探秘的乐趣。 2. 丰富了解关于常见虫、草的知识。 3. 初步了解人们生活与虫、草等的密切关系，懂得保护大自然。 4. 能与同伴合作交流，以各种方式进行调查，收集信息。
大班活动内容	虫草会　虫草小问号　虫草服　虫草的故事
全园活动教育目标	1. 乐于和家长一起参与活动，体验自我发现、自我表现的乐趣。 2. 尝试以各种方式表达交流对虫、草的认识。 3. 能自主选择游戏，大胆地进行展示活动。
全园活动内容	虫草乐园(小、中、大班)

三、"我乐我分享"分享节系列活动方案

(一)精选活动

活动一：花草戏(小班)

活动二：虫虫事(中班)

活动三：虫草会(大班)

全园活动：虫草乐园(小、中、大班)

(二)环境创设

1. 主题墙面创设

"虫草 QQ 群"：展示幼儿和家长一起收集的各种虫、草图片。

"虫草大变身"：展示幼儿和家长一起用花草进行的小制作，以及他们用各种废旧材料制作的搞怪小昆虫。

"虫草小问题"：及时以语言或图片等方式简单记录幼儿关于虫、草方面的问题。

"虫草网"：以图片方式展示收集到的关于虫、草的知识。

2. 区域活动创设

种植区：丰富种植区，和幼儿一起种植含羞草、牵牛花、向日葵等。

美工区：家长和幼儿一起收集各种花草植物叶进行美工活动；以虫、草为主题进行搞怪创意画；利用纸、橡皮泥等各种材料制作虫、草。

科学区：提供各种虫、草以及相关材料供幼儿观察，并鼓励幼儿及时记录自己的发现。

图书区：针对各年龄段幼儿的特点，丰富关于虫、草的图书。

(三)活动方案设计与指导

活动一：花草戏(小班)

🐦 **活动目标**

1. 愿意亲近植物，感受花草植物带来的乐趣。

2. 了解狗尾巴草、牵牛花、竹子等常见花草植物的名称。

3. 能大胆参与，按照提示进行花草游戏。

🐦 **活动准备**

1. 知识经验准备：活动前家长带幼儿到户外观察了解周围生活中的常见植物。

2. 环境材料准备：活动前了解狗尾巴草、牵牛花、竹子等花草植物比较集中的地方，并清理好活动场地。

🐦 **活动过程**

1. 小花草，我来了。

(1)自由观察。教师带领幼儿到户外，观察交流幼儿园及周边的花草。

(2)集中观察。通过看一看、摸一摸，认识狗尾巴草、牵牛花、竹子等各种常见植物，了解它们的名称。

指导语：

(1)小朋友们，看一看花草地里的植物，你们认识它们吗？(鼓励幼儿自由观察、自主交流)

(2)瞧，这是什么？（引导幼儿依次观察、认识狗尾巴草、牵牛花、竹子等常见植物，并说出名称）

★建议：这个环节引导幼儿充分观察，通过亲近植物、亲身感知，认识了解各种常见花草植物。

2. 小花草，和我玩。

(1)花草认领。请幼儿找一找自己喜欢的花草朋友，和它在一起。

(2)花草游戏。引导幼儿和花草一起做游戏。（幼儿先和自己的花草朋友玩游戏，然后可以换一个花草朋友玩游戏）

狗尾巴草游戏：毛毛虫、相扑。

竹叶游戏：竹叶糖、竹叶船。

牵牛花戏：降落伞、编花环。

指导语：

(1)请小朋友们找一个自己喜欢的花草，走到它身边，叫一叫它的名字，和它做朋友。（教师播放《找朋友》的音乐，让幼儿自由寻找花草朋友）

(2)小花草会做好玩的游戏，我们和它一起玩吧！

★建议：这个环节在幼儿自己找到花草朋友后，3位教师分别进行分组指导：一是了解幼儿对花草的认识，帮助幼儿正确说出花草的名称；二是指导幼儿和花草做游戏。

🐦 **活动延伸**

1. 找朋友。幼儿继续寻找生活中常见的花草植物。

2. 做游戏。幼儿和花草植物一起做游戏。（树叶面具、树叶拓印画、树叶哨子等）

🐦 **指导建议**

此活动旨在让幼儿走进大自然，认识了解大自然的花草植物，感知花草游戏的乐趣。因此，教师在组织活动之前和之后，应联合家长力量，带领幼儿多出外走一走、看一看，引导幼儿发现植物的不同特征，尝试和花草做各种游戏。

🐦 **附：活动资源**

竹叶游戏

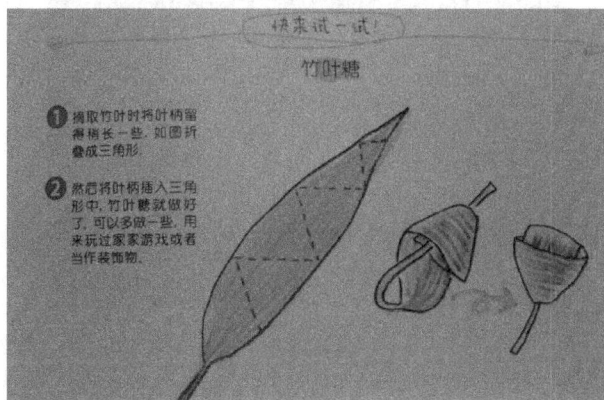

竹叶糖

竹叶船

狗尾巴草游戏

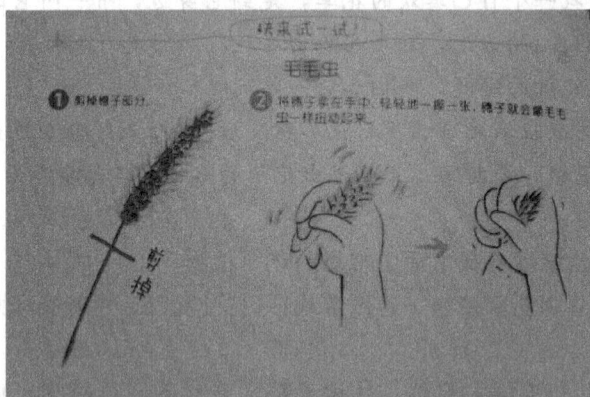

毛毛虫

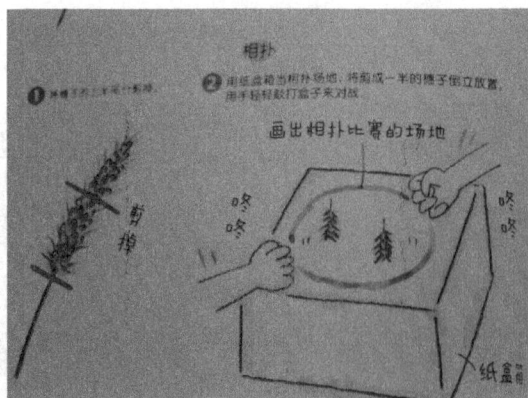

相扑游戏

（摘自［日］出原大的《一年四季的花草游戏》）

活动二：虫虫事(中班)

🐦 活动目标

1. 愿意分享自己的发现，感受小昆虫与人们生活的关系。

2. 初步了解蚯蚓、蚂蚁、蜗牛等小昆虫的外形特征及生活习性。

3. 能大胆交流，并用图画的方式简单记录小昆虫的故事。

🐦 活动准备

1. 知识经验准备：活动前进行"我的虫虫"调查，了解蚯蚓、蚂蚁、蜗牛等昆虫的外形特点及生活习性。

2. 环境材料准备：《虫虫的故事》记录纸，各种彩色纸和橡皮泥，各种废旧材料，图书角投放关于昆虫的故事书，视频展台。

🐦 活动过程

1. 虫虫的邀请。

(1)分组话题。幼儿以相同昆虫为主题，进行"我的虫虫"分组交流，交流自己的调查表，丰富认识。

(2)集中交流。运用视频展示台，边展示边介绍，分享蚯蚓、蚂蚁、蜗牛等小昆虫的生活习性。

指导语：

(1)关于小昆虫，小朋友们都有自己的发现。那么，同样是蚯蚓，你们的发现一样吗？有什么不一样？其他的小昆虫呢？

(2)请蚯蚓组的小朋友上来介绍一下你们的发现。(其他的昆虫组依次进行)

★建议：这个环节要让幼儿充分交流，从组内交流到组际交流，让幼儿尽情说、仔细听，在交流中不断丰富彼此对昆虫的认识与了解。

2. 虫虫的故事。

(1)幼儿收集和创编关于虫虫的故事，并以推荐故事书、绘画记录等方式进行呈现。

(2)制作"虫虫故事版"。先运用纸、橡皮泥等材料制作虫虫的 QQ 像，再利用纸盒等废旧材料将虫虫的 QQ 像和虫虫的故事合制成"虫虫的故事版"。

指导语：

(1)小昆虫有许多有趣的故事，请小朋友们去找一找，说给好朋友听！

(2)有的小朋友自编了小昆虫的故事，那就请你画下来，讲给大家听吧！

★建议：这个环节可以鼓励幼儿结伴进行，合作完成。

3. 虫虫的聚会。

(1)集中展示"虫虫的故事版",布置会场。

(2)幼儿负责介绍自己"虫虫的故事版"。(包括虫虫的名称和故事)

★建议：这个环节让幼儿分组进行，一部分幼儿介绍，一部分幼儿自由参观。同时可以视情况评选最佳"讲解员"。

活动延伸

1. 鼓励幼儿回家向成人介绍小昆虫的故事。

2. 师生共同丰富区角材料。(虫虫画室、虫虫观察角、虫虫剧场等)

指导建议

本次活动以小昆虫为主题，引导幼儿观察昆虫、交流发现、讲述故事，借助同伴间的互动，不断丰富自己对昆虫的了解。活动前，教师应在活动室内创设昆虫观察角，来引发幼儿对昆虫的关注，并随时记录幼儿的发现和问题。活动后，教师应丰富昆虫观察角，鼓励幼儿间继续交流、不断发现，来满足幼儿探索的欲望。

附：活动资源

蚯蚓也称"地龙""曲蟮"。我们常见的蚯蚓是环毛蚓，生活在潮湿、疏松、富含有机物的土壤中。身体柔软，长而圆，由多个体节组成，体表富有黏液。体节上生有刚毛，蚯蚓就是靠刚毛钉住地面以及体壁肌肉的舒缩，身体波浪式的向前蠕动。感觉器官不发达，没有听觉，眼也已经退化，只有感光细胞，但对光的刺激有敏锐的反应。当身体受到损伤后，再生能力比较强。蚯蚓在土壤中生活，能使土壤疏松，它的粪便能使土壤肥沃。蚯蚓还可以作饲料、食品和药材，对人类的益处很大。

蜗牛喜欢在阴暗潮湿、疏松多腐殖质的环境中生活，昼伏夜出，最怕阳光直射，对环境反应敏感。喜钻入疏松的腐殖土中栖息、产卵、调节体内湿度和吸取部分养料，喜潮湿怕水淹。小蜗牛一孵出，就会爬动和取食，不要母体照顾。蜗牛觅食范围非常广泛，主食各种蔬菜、杂草和瓜皮；农作物的叶、茎、芽、花、多汁的果实；各种青草青稞饲料、多汁饲料、糠皮类饲料、饼粕类饲料均食。

蚂蚁一般体形小，颜色有黑、褐、黄、红等，体壁具弹性，光滑或有毛。口器咀嚼式，上颚发达。蚂蚁一般都会在地下筑巢，地下巢穴的规模非常大。它有着良好的排水、通风措施。蚂蚁是用分泌物的气味来进行交流的，由于它们平时都生活在一个蚁巢中，所以这种交流方式比其他膜翅目的昆虫发育得要好，一个蚂蚁如果发现了食物，它就会在回家的路上留下一路的气味，其他的蚂蚁就会沿着这条路线去找食物，并不断地加强气味。如果这里的食物被采集完了，没有蚂蚁再来，气味就会逐渐消散。如果一只蚂蚁被碾碎，就会散发出强烈的气味，立即引起其他蚂蚁警惕，都处于攻击状态。有的种类的蚂蚁还会散发一种迷惑敌人的气味。

活动三：虫草会(大班)

活动目标

1. 积极参与分组活动,感受虫草探秘的乐趣。

2. 丰富了解关于常见虫、草的知识。

3. 能与同伴合作,以各种方式进行调查收集信息。

活动准备

1. 知识经验准备:曾进行过收集信息的活动,有相关的调查经验,会用符号或图画的方式记录信息。

2. 环境材料准备:邀请卡若干张,常见虫、草图片若干,《虫草大探秘》记录单、《虫草》PPT。

活动过程

1. 虫草组组团。

(1)观看图片。幼儿观看《虫草》PPT,回忆认识常见虫、草。

(2)商讨主题。集体商讨确定大家感兴趣和需要了解的6-8种虫、草名称,教师进行记录。

(3)自由分组。鼓励幼儿按照自己的兴趣和爱好,选择主题,寻找同伴。

指导语:

(1)小朋友们,知道它们叫什么名字吗?(引导幼儿回忆并说出虫、草的名称)

(2)虫草有许多秘密,你们知道吗?想知道谁的秘密呢?

★建议:这一环节教师要鼓励幼儿自主选题、选组,要特别关注内向和意向不明确的幼儿,给予适当的帮助。

2. 虫草大探秘。

(1)自主调查。幼儿按自选主题,以问家长、看图书、上网搜、户外寻等各种方式调查了解关于虫、草的知识,并记录。

(2)组内交流。鼓励幼儿在组内交流,丰富关于对调查主题的认识。

指导语:

(1)虫、草大探秘开始了,我们怎么样才能收集到更多的关于虫、草的秘密呢?(鼓励幼儿讨论交流各种调查收集信息的方式)

(2)大家有许多关于虫、草的发现,我们一起来分享一下吧!

★建议:这个环节着重鼓励幼儿以各种方式进行调查收集,完成时间不要局限于一个集体活动时间,而是根据幼儿需要可延长至1-3天完成。

3. 虫草答疑会。

(1)师生一起用虫、草图片布置答疑会场。

(2)邀请小、中班幼儿到会，自由参观，自主提问，大班幼儿进行现场答疑。

指导语：欢迎小弟弟小妹妹来到我们的虫、草答疑会，这里有许多虫、草的图片你们可以看一看，有不认识或感兴趣的问题，就问一问身边的哥哥姐姐，他们会告诉你。

★建议：这个环节可以给大班的哥哥姐姐戴上帽子、胸牌或袖章等，以明示答疑员的身份。对于能力强的幼儿可推荐当导游员。

🐦 **活动延伸**

邀请家长来答疑会，参与活动。

🐦 **指导建议**

本活动针对大班幼儿的年龄特点，让他们自主选择感兴趣的主题，小组合作，运用各种方式调查收集昆虫的信息。这一过程是幼儿自我学习、自我发现、自我建构的过程，在此基础上进行分享交流，极大地肯定了幼儿学习发现活动，让他们感受到探究的乐趣。

全园活动：虫草乐园（小、中、大班）

🐦 **活动目标**

1. 乐于和家长一起参与活动，体验自我发现、自我表现的乐趣。
2. 尝试以各种方式表达交流对虫、草的认识。
3. 能自主选择游戏，大胆地进行展示活动。

🐦 **活动准备**

1. 知识经验准备：幼儿已初步了解关于常见虫、草的知识。
2. 环境材料准备：亲子制作虫、草服，安排服装秀的舞台和观众席，做好音乐、场地、背景等各项准备工作，亲子制作蚯蚓迷宫、蚂蚁棋等游戏材料。

🐦 **活动过程**

1. 虫草坊。

分别以6个班级为单位，开放虫草坊的游戏，家长和幼儿一起自主选择游戏进行。

小一班：狗尾巴草坊——亲子开展狗尾巴草的游戏。

小二班：竹叶坊——亲子开展竹叶的游戏。

中一班：牵牛花坊——亲子开展牵牛花的游戏。

中二班：蚯蚓坊——亲子开展蚯蚓迷宫的游戏。

大一班：蚂蚁坊——亲子开展蚂蚁棋的游戏。

大二班：蜗牛坊——亲子开展装扮蜗牛的游戏。

★建议：6个班均有明显的虫草坊的提示牌，各班三位老师分别带领一个幼儿负责一个游戏区，指导家长和幼儿有序进行。同时要提醒家长注意安全，安排好进、出口方向，组织家长和幼儿有秩序的进行自选活动。

2.虫草秀。

(1)准备秀：家长帮助幼儿用自制虫、草服进行装扮。

家长和幼儿以班级为单位分别入场入座。

(2)虫草秀：首先，小班幼儿和家长一起有序进行亲子虫草秀。

其次，中、大班幼儿有序进行虫草秀。

★建议：全园性的虫草秀活动，应安排好表演人员上场和退场的方向，并提醒后面的表演班级提前做好上场准备，保持活动的连续性。

🐦 **指导建议**

本次全园性的活动主要分两个环节进行，先自选进行跨班的虫、草游戏活动，再集中进行展示活动。因为本次活动是在各班幼儿对虫、草有了初步了解之后进行的，所以幼儿在选择游戏时更有自己的想法，家长应充分相信和尊重幼儿的选择。同时虫、草秀活动中可以让幼儿辅以各种道具(如昆虫的食物等)进行表演，让表演活动更加生动，让幼儿在活动中进一步体验虫、草活动的乐趣。

第七节　"书香溢童心"读书节

书籍是全世界的营养品，生活里没有书籍，就好像天空没有阳光；智慧里没有书籍，就好像鸟儿没有翅膀。对于幼儿来说，书籍是一个神奇、幻想、多姿多彩的世界。鲜明的主题、生动的情节、绚烂的画面、富有个性的主人翁无不深深吸引着孩子们。每一本书里都会有一个自己，书给孩子的童年带来无穷无尽的欢乐与梦想。

一、节日活动设计思路

《幼儿园教育指导纲要(试行)》指出："利用图书、绘画和其他多种方式，引发幼儿对书籍、阅读和书写的兴趣，培养前阅读和前书写技能。"教育家发现，阅读是最基本的学习能力，儿童的阅读能力与未来学习成绩有着密切关系。3—6岁是一个人阅读能力发展的关键期。每年的4月23日是世界阅读日，幼儿园本着"与好书为伴，构建书香校园"的主导思想，充分挖掘教育价值，给予幼儿更多接触优秀文学作品的机会，引导家长加深对儿童早期阅读的关注。4—6月，全园通过读书漂流、家庭书屋摄影展、亲子读书日记、书香爸妈进课堂等系列活动，不断激发幼儿的阅读兴趣，培养良好的阅读习惯，提升幼儿口语表达及拓展性思维能力，让幼儿、家长、教师在阅读分享中感受读书的乐趣，传递乐读、善读的主流价值观。

幼儿阅读的目标价值是不变的，创新变革的是活动的载体。我们会依据实际情况进行灵活调整，注重引导幼儿积极互动，注重发挥家园的交互作用，让孩子们爱上阅读！

二、节日活动教育目标和内容

节日活动教育 总目标	1. 喜欢看图画书，积极参与多种阅读分享活动，懂得爱护图书。 2. 感受不同文学作品的语言美、画面美。 3. 能够安静倾听，积极回应，大胆表达自己的阅读体验和想象。 4. 学会细致观察画面，发现文字语言与画面、其他符号的对应关系。 5. 有良好的阅读习惯。
小班教育目标	1. 对图书感兴趣，喜欢听故事，主动要求成人讲故事、读图书。 2. 能在成人帮助下，按顺序观察画面，理解故事的主要情节，并用口头语言将图画书的主要内容表达出来。 3. 学习正确看书的方法，懂得爱护图书。
小班活动内容	好饿的小蛇（绘本故事） 多彩的图画书（综合）
中班教育目标	1. 喜欢把听过的故事或看过的图书讲给别人听。 2. 能有序、细致地阅读连续画面的图书，辨析作品主要人物特征，体会作品所表达的情绪情感。 3. 认识各种各样的书，了解书的结构及功能。
中班活动内容	小猪的爱情（绘本故事） 书中的数字朋友（科学） 参观社区图书馆（社会实践）
大班教育目标	1. 积极参与文学作品的学习、欣赏，感受文学作品的美和思想内涵。 2. 愿意合作、分享、交流，能运用语言、绘画、制作等形式进行想象表征。 3. 能根据故事的部分情节或图书画面的线索猜想故事情节的发展。 4. 进一步了解画面和文字的对应关系，尝试制作6－8页图画书。
大班活动内容	我就是喜欢我（绘本故事） 我的图画书（艺术） 书签DIY（艺术） 快乐的图书快递员（健康） 修补图书（社会）
全园活动 教育目标	幼儿：激发阅读兴趣，培养阅读习惯，提升阅读能力，体验阅读分享的乐趣。 家长：营造家庭读书氛围，关注幼儿的早期阅读能力培养，提升亲子阅读质量。 教师：广泛阅读、拓展视野、提高文学修养。 幼儿园：积极构建书香校园、推进校园文化建设。
全园活动内容	亲子嘉年华 快乐读书季（图书漂流会、书香爸妈进课堂、家庭书屋摄影展、快乐童话剧场等）

三、"书香溢童心"读书节系列活动方案

(一)精选活动

活动一：好饿的小蛇(小班)

活动二：多彩的图画书(小班)

活动三：小猪的爱情(中班)

活动四：书中的数字朋友(中班)

活动五：我就是喜欢我(大班)

活动六：书签DIY(大班)

活动七：快乐的图书快递员(大班)

全园活动：亲子嘉年华　快乐读书季(小、中、大班)

(二)环境创设

1. 主题墙面创设

(1)创设"我们的图书好朋友"网络式环境；张贴各种奇特的书，有关书的文字、图片信息。

(2)主题墙上展示幼儿搜集的书签，布置"美丽的书签展"，张贴"修补图书方法记录"。

(3)室内挂饰：家庭书屋摄影展优秀作品。

(4)家园栏增设家庭阅读、心得分享专栏，好书推荐专版。

(5)增设"故事小明星"榜。

2. 区域活动创设

美工区：创意DIY

(1)幼儿书签制作：学习用多种材料制作不同形状的书签，感受合作完成作品的乐趣。

(2)修补破损图书：提供破旧的图书，胶棒，彩色纸，幼儿自由活动时修补、装订。

(3)自制故事书：各色彩纸、花边剪刀供幼儿制作图书。

表演区：幼儿故事PK赛

(1)能大方自信、清晰完整地讲述自己熟悉的故事。

(2)安静倾听他人讲述，懂得轮流、等待的重要。

益智区：我和图书比力气

(1)尝试运用比较实验的方法进行操作体验，并正确记录实验结果。

(2)初步感知书的薄厚与力之间的关系。

图书区：幼儿读书汇

(1)选择自己喜欢的图书，安静阅读，感受幼儿阅读的快乐。

(2)投放幼儿自制图书，供幼儿自主阅读。

建构区：小小图书馆

提供积木、木板及辅助材料，供幼儿搭建

3.家长、社区资源运用

(1)家长积极配合开展图书漂流工作，为幼儿准备三本图书进行换购，并及时填写姓名、班级。

(2)提醒幼儿每周一早上把图书漂流袋带回班级，离园时把新的图书漂流袋带回家。

(3)每天幼儿朗读图书漂流袋里的图书，一周内必须读完。

(4)提醒孩子管理好图书，若造成图书缺损或丢失，需修补或重新购买。

(5)书香爸妈进课堂，朗读图书，每天请一位家长为全班幼儿朗读故事。

(6)参观社区图书馆。

(三)活动方案设计与指导

活动一：好饿的小蛇(小班)

🐦 **活动目标**

1.喜欢听故事，感受故事诙谐、有趣的情节。

2.初步理解故事内容，学说短句：变成一条××蛇。

3.能用较清楚的语言大胆说出自己的想法。

🐦 **活动准备**

1.知识经验准备：有与父母共同阅读的初步经验；对小蛇的生活习性有所了解。

2.物质材料准备：课件《好饿的小蛇》，Flash动画，音乐等；苹果、香蕉、菠萝、小树等图片。

🐦 **活动过程**

1.导入活动，引出故事。

(1)出示绘本PPT，引导幼儿观察，激发幼儿的兴趣。

(2)幼儿观察图片，提问：这是谁？鼓励幼儿模仿小蛇走路，调动情绪。

指导语：

(1)看看这位新朋友是谁？小蛇的身体是什么样子的？它是怎么走路的？

(2)小蛇好饿好饿啊，怎么办呢？好饿的小蛇找到食物了吗？

★建议：教师引导幼儿仔细观察画面，模仿小蛇走路时扭动身体的样子，借助经验拓展谈话，感受角色的有趣性。

2.欣赏PPT，理解内容。

(1)观察图片，鼓励幼儿说出画面表达的情景。

(2)模仿体验，小蛇吃了什么食物，就变成什么形状。

(3)想象表达，并与同伴交流。

指导语：

(1)好饿的小蛇扭啊扭，咦，它发现了什么？这是一个什么样的苹果？猜猜好饿的小蛇看到苹果会怎么做？(幼儿自由想象)

(2)小蛇吃了苹果以后变成了一条苹果蛇。那么，吃了香蕉的小蛇肚子会变成什么形状？

(3)奇怪呀，小蛇是怎么把小树吃下去的？

★建议：(1)采取直接引出、猜谜、猜想等方式，依次出示PPT，帮助幼儿理解故事内容。(2)鼓励幼儿模仿小蛇进行吞咽香蕉的动作，通过夸张、形象的表演，让幼儿体验"香蕉蛇"的幽默与滑稽。(3)教师积极鼓励幼儿发挥想象，大胆表现小蛇吃了菠萝、香蕉、大树可能变成的样子，感受作品的有趣性。

3.完整欣赏，体验表达。

(1)通过PPT完整欣赏故事，鼓励幼儿随情节用动作表达小蛇身体的变化。

(2)交流体验：你们喜欢故事里的小蛇吗？你想对故事中的小蛇说什么？

指导语：

(1)小蛇一共吃了哪几样东西？先吃了什么？后吃了什么？

(2)小结：这条好饿好饿的小蛇看见什么吃什么，吃了什么形状的东西，肚子就变成了什么形状，真好玩。

★建议：引导幼儿仔细观看动画，思考：小蛇一共吃了哪几样东西？先吃了什么？后来又吃了什么？鼓励幼儿大胆想、大胆说。此环节可根据幼儿表达经验，先两个人交流，再集体分享经验。

4.迁移经验，习惯教育。

(1)听音乐，模仿小蛇吃东西。

(2)引导幼儿学习吃东西的正确方法。

指导语：

(1)听，这是什么声音？为什么小蛇会发出这样的声音？

(2)我们平时是怎么吃东西的？我们吃东西的时候要细嚼慢咽，如果啊呜一口吞下去，小肚子会撑坏的。

★建议：结合幼儿生活实际，帮助幼儿建立正确的饮食习惯，不挑食，自己动手吃东西。

附：活动资源

绘本故事 好饿的小蛇

第一天，一条好饿的小蛇扭来扭去，在树林里散步。忽然，它发现了一个圆圆的苹果。猜猜看，好饿的小蛇会怎样？

第二天，好饿的小蛇又扭来扭去在散步。它发现了一根黄色的香蕉。于是，它一口把香蕉吞了下去……

第三天，它又发现了一个三角形的饭团。它饿极了，"啊呜—咕嘟"一下就吞下了肚子……

第四天，它发现了一串紫色的葡萄。它迫不及待地一口吃了下去……"啊呜—咕嘟"，啊，真好吃。

第五天，好饿的小蛇惊喜地找到了一个带刺的菠萝……"啊呜——咕嘟"，啊，真好吃。

第六天，有大收获了。这回，它发现了一棵结满红苹果的树。你猜猜看，好饿的小蛇会怎样？它继续扭来扭去地爬上树。然后……张开了大嘴……结满红苹果的树呢？小蛇变成了一棵树。

"啊，真好吃。"好饿的小蛇再也不饿了，擦擦嘴扭来扭去地走了。

活动二：多彩的图画书（小班）

活动目标

1. 喜欢看图画书，愿意表达自己的阅读经验，体验集体阅读的乐趣。

2. 发现图书种类的多样与有趣，学习一页一页地有序翻看图书。

3. 爱护图书，不乱撕、乱扔。

活动准备

1. 知识经验准备。

(1)有初步阅读的经验，知道看书的基本顺序。

(2)能在成人帮助下，知道自己收集书的名称和故事内容。

2. 环境材料准备。

(1)教师自带大书《想吃苹果的鼠小弟》。

(2)引导幼儿、家长收集不同种类的书。

(3)制作PPT，收集几种比较特殊的书信息图片（如布书、立体书、镂空书、折叠书、盲文书籍等）。

活动过程

1. 话题导入、阅读欣赏。

(1)参观图书展览会，看一看，翻一翻，引导幼儿发现图书的多种类别。

(2)教师介绍自己的书，观察封面、封底、扉页等画面内容，激发幼儿听图书故事的兴趣。

指导语：

(1)今天我们一起来参观图书展览会，请找一找这些书中有没有你喜欢的书呢？

(2)这些书和你平时看的书一样吗？有什么不同？（如立体图书、照片形式的图书、文字故事为内容的图书等）

(3)老师带来的这本大书，从封面上你发现了什么？

(4)想知道到底鼠小弟吃到苹果了吗？我们一起读一读这本书。

★建议：教师积极参与，并鼓励幼儿大胆观察、交流自己的发现，充分感知发现图书的多样和有趣。集体阅读时，注意提示幼儿读书应当从前往后、一页一页地翻看。

2. 交流分享、体验多样。

(1)幼儿介绍自己带来的图书，清楚介绍书名及书中主要角色。

(2)幼儿讲讲自己还知道哪些比较特别的图书。

指导语：

(1)书中都藏着有趣的故事，谁愿意来介绍自己的书呢？（介绍图书名称和大概内容）

(2)除了朋友们介绍的这些书，你还看到过什么样特别的书？

★建议：幼儿介绍图书时，针对能力差异，教师适宜帮助，利用 PPT 随机展示幼儿提到的特别的书，鼓励幼儿大胆表达自己的阅读经验。

3. 自主阅读、迁移经验。

(1)交流自己的阅读体验。

(2)创设情境：书宝宝哭了。

(3)幼儿找到自己的图书，与同伴自由交换图书阅读，巩固正确的阅读方法。

指导语：

(1)你喜欢和谁一起看书，为什么？

(2)书宝贝为什么哭了？我们怎样爱护图书，在看书时应该注意什么？

(3)请你找到自己喜欢的书，和伙伴交换着看，也要爱惜朋友的书。

★建议：鼓励胆小的幼儿按意愿参与图书交换。幼儿自由阅读时，教师参与并注意观察幼儿的阅读习惯，是否会按顺序一页一页地翻看。

🐦 **活动延伸**

1. 引导幼儿继续交流：你还见过什么样的书，哪些人喜欢看这本书？

2. 在图书角中，幼儿继续探究书中的秘密，发现目录、数字等相关信息的作用。

3. 班级开展图书漂流活动，引导幼儿懂得爱护朋友的书。

活动三：小猪的爱情(中班)

活动目标

1. 喜欢看图书，积极交流自己对故事画面的理解和想象。
2. 理解故事的情节和画面的线索，初步感受合适的才是最好的。
3. 能细致地观察画面，大胆猜测故事情节的发展，并用语言清晰、完整地表达。

活动准备

1. 知识经验准备。
(1)幼儿有初步的阅读经验，对关于"爱"的话题感兴趣。
(2)对常见动物主要外形特征和生活习性有基本的认识。
2. 环境材料准备。
(1)绘本《小猪的爱情》，书中6—9页订成的小书若干本，书架。
(2)故事PPT课件，音乐《雨的印记》。

活动过程

1. 引出故事，导入主题。
(1)出示字卡"爱"，引发幼儿兴趣，说一说什么是"爱"。
(2)出示绘本《小猪的爱情》，观察封面，猜测故事情节。
指导语：
(1)这是什么字？你们知道什么是"爱"吗？
(2)谁和谁之间会有爱情？
(3)这是一只怎样的小猪，它在想什么？猜一猜猪哥哥会找一个怎样的、特别的女朋友？
★建议：帮助了解朋友之间、家人之间、师生之间都有爱，爱包括友情、亲情、恩情。鼓励幼儿依据经验充分表达自己的猜测，教师不加以评价，保护幼儿的想象力。
2. 集体阅读，积极猜测。
(1)翻看绘本1—5页，仔细观察画面，想象画面外的内容。
(2)请幼儿模仿角色对话表演，理解角色心理变化。
(3)分组阅读绘本6—9页，幼儿大胆表达自己的想法，发现小动物在生活习性、外形特征上的差异。
指导语：
(1)小鱼妹妹喜欢干什么？小鱼妹妹会答应猪哥哥的请求吗？为什么？
(2)猪哥哥怎样请求小蜜蜂的？小蜜蜂为什么不同意呢？它是怎么想的？
(3)长颈鹿适合做猪哥哥的女朋友吗？为什么？
★建议：集体阅读时，注意引导幼儿观察画面细节，培养幼儿细致观察的习惯；

小组阅读时，教师随机观察幼儿的参与度，提醒幼儿一页一页有序翻看图书，可以边看边小声讲述。

3. 迁移经验、展开联想。

(1)猜一猜猪哥哥还有可能遇到了谁？如果它们生活在一起会发生什么有趣的事？

(2)验证幼儿猜测，猪妹妹出现，理解故事结尾。

(3)展开讨论，帮助幼儿理解合适的才是最好的道理。

指导语：

(1)猪哥哥到底找到女朋友了吗？谁做它的女朋友比较合适呢？

(2)到底谁才适合猪哥哥呢？谁来了？你从哪里看出是猪妹妹的？

★建议：提醒幼儿依据猪哥哥的生活习惯和外形特征进行判断，清晰表达自己的想法。

4. 完整欣赏，理解故事。

(1)利用 PPT，教师完整讲述故事。

(2)回忆故事主要情节，帮助幼儿理解适合自己的，才是最好的。

指导语：

(1)为什么猪哥哥要找猪妹妹做女朋友？

(2)你认为猪哥哥和猪妹妹会幸福吗？为什么？

🐦 **活动延伸**

1. 将故事书《搬过来搬过去》放到图书角内，进一步帮助幼儿理解"合适的才是最好的"道理。

2. 创编故事情节，幼儿可将自己创编的故事内容以图画书的方式绘制、装订。

🐦 **附：活动资源**

故事 小猪的爱情

一天早上，猪哥哥带着自己的愿望，满脸洋溢着幸福的喜悦，出门寻找特别的女朋友啦！

不一会儿，猪哥哥来到了小河边，看见了一条小鱼："你好，鱼小姐，你可以做我的女朋友吗？"鱼小姐想了想问："请问，你会游泳吗？你能一直待在小河里，永远陪着我吗？""哦，真的不行，那就算了吧！"猪哥哥转身离开了。

走着走着，一只蜜蜂嗡嗡嗡地飞来，猪哥哥想：呵呵，蜜蜂"嗡嗡嗡"的歌声真好听，好特别哦，邀请她做我的女朋友吧！"嗨，你好，蜜蜂小姐，你能做我的女朋友吗？""我们不合适，我喜欢在天空中不停地嗡嗡嗡飞舞，会影响你休息的。"蜜蜂说着飞走了。

就在这时，猪哥哥遇上了长颈鹿，心想：噢，长颈鹿的脖子最长，好特别哦！就是她了。于是他踮起脚尖，仰起头问："嗨，你好，长颈鹿小姐，你能做我的女朋友吗？"长颈鹿弯下长长的脖子，对猪哥说："我们？不合适吧，你不觉得我太高了吗？""哦，那就算了吧！"猪哥哥离开了。

这时，猪哥哥又遇见了大象，心想：大象的个头最大，还能保护我，好特别哦，就找她做我的女朋友吧。他举起手中的鲜花说："嗨，你好，大象小姐，你能做我的女朋友吗？"大象看了看站在脚边的猪哥哥说："我们？可是和你比起来，我这么健壮，关键是我已经有男朋友了！"猪哥哥想想也有道理："哦，那就算了吧！"转身就走了。

"难道找个特别的女朋友，就这么难吗？到底谁才是合适的呢？"……

找来找去，兜了一大圈，猪哥哥还是找到了"自家人"。其实幸福就在你的身边，合适的才是最好的。猪哥哥终于找到了适合自己的猪妹妹，瞧，他们生活在一起多幸福啊！

（故事PPT，见http://so.redocn.com/ppt/707074b1b3beb0cdbcc6accfc2d4d8.htm）

活动四：书中的数字朋友（中班）

🐦 活动目标

1. 对图书充满兴趣，喜欢探索图书中相关信息。
2. 知道图书中的数字作用很大，有各种不同的用处。
3. 能大胆发表自己的意见，对数字有敏感性。

🐦 活动准备

1. 知识经验准备。
(1)对数字的排列规律有初步经验。
(2)对图书的基本结构和作用有所了解，喜欢探究。
2. 环境材料准备。
(1)幼儿读物若干本，有关条形码的录像活动过程。
(2)将幼儿收集来的图书投放到图书区。
(3)记录纸、笔。

🐦 活动过程

1. 谈话：我的书朋友。
(1)介绍自己最近最喜欢看的一本书。
(2)集体交流关于书的基本结构，正确读书的方法。
指导语：
(1)你们最近都喜欢看什么书呀？谁能介绍一下书的名称和故事内容？你为什么喜欢？
(2)为什么人们都喜欢读书？怎样才是正确的读书方法呢？
(3)书由哪几部分组成，它们的作用是什么？
★建议：帮助幼儿理解正确的读书方法不仅要一页一页翻看，还要注意保持眼睛和书本的距离。幼儿介绍书的结构时，教师可随机展示，帮助幼儿直观地了解书的组成部分，如封面、封底、扉页。

2. 探究：数字朋友的秘密。

(1)了解目录中数字的作用，请幼儿尝试根据目录查找书中的内容。

(2)分组操作，找一找书中有数字的地方，并记录下来。

(3)理解不同地方的数字所代表的意思不同。

(4)观看录像，了解条形码的作用。

指导语：

(1)目录有什么作用？目录中的数字代表什么？数字是怎样排列的？

(2)假如没有目录，人们翻阅时会遇到哪些麻烦？

(3)书中还有哪些地方也有数字？这些数字分别代表什么意思？

(4)条形码在书的什么地方？为什么要贴条形码？

★建议：此环节可利用一本大书引导幼儿观察数字的位置、排列，知道这些数字有的表示页码，有的表示价格，还有的表示顺序，它们为人们的生活提供了很多方便。

3. 竞赛：看谁找得快。

(1)第一次游戏，教师报页码，幼儿找对应的故事。

(2)第二次游戏，教师报故事序号，幼儿找页码，同组的小朋友之间相互检查。

(3)为胜利队颁奖，拓展经验。

指导语：

(1)书中的数字有着不同的作用，你们会看这些数字吗？

(2)我们一起来比一比，看谁找得又快又对。

★建议：游戏竞赛可分组、分男女生进行，通过记录每一次的竞赛成绩，激励幼儿积极参与，体验数字的重要。游戏时，可变化指导语"请翻到第四个故事""请找到比10大1的那一页"，增强趣味性，感知书中数字有序排列的作用。

🐦 **活动延伸**

开展读书日记活动，请幼儿记录下每天阅读的页码数，发现书越厚，数字就会越多、越大。

活动五：我就是喜欢我(大班)

🐦 **活动目标**

1. 喜欢故事猜想，感受故事的神奇和趣味。

2. 理解故事，依据画面内容想象情节，并大胆表达自己的想法。

3. 懂得每个人都有自己的长处，学会欣赏自己，对自己有信心。

🐦 **活动准备**

1. 知识经验准备。

(1)具有一定的推理和猜想能力。

(2)能用语言表达自己的理解和想象。

2.环境材料准备。

(1)故事大书和故事PPT。

(2)将反映故事中间部分内容的小图片做成一大张，供小组阅读使用。

🕊 活动过程

1.夸一夸。

(1)请幼儿介绍自己的本领。

(2)夸一夸好朋友的本领和优点。

指导语：

(1)小朋友们，你喜欢自己吗？为什么？

(2)你有好朋友吗？你的好朋友有什么本领你很喜欢？

★建议：幼儿介绍自己的本领时，教师给予充分肯定，让幼儿充满自信。

2.看一看。

(1)出示书《我就是喜欢我》，引导幼儿认识书名，观察封面的汉字和图画。

(2)出示故事PPT，欣赏故事前半部分。

(3)分组阅读，观察小图片，猜测故事的过程发展。

指导语：

(1)青蛙在干什么？它会对自己说什么呢？它现在的心情是怎样的？

(2)青蛙看到会飞的小鸭后，它做了什么？心情怎样？

(3)青蛙学做蛋糕成功了吗？从哪里看出它失败了？

(4)不断失败的青蛙还自信吗？请仔细观察小图片，和同组的伙伴交流，想一想青蛙听了野兔的安慰之后又明白了什么道理呢？

★建议：此环节重点引导幼儿联系前后画面，通过对故事书中动物的动作、神态的观察，理解故事内容，感受遭受失败后的沮丧，结合幼儿的生活经验进行情感的迁移，大胆猜测青蛙的心理活动。

3.说一说。

(1)完整欣赏故事，进一步理解故事内容，感受青蛙的心理变化过程。

(2)迁移经验，懂得悦纳自己。

指导语：

(1)故事里的青蛙分别向小鸭、小猪、野兔学了什么本领？它真是一只笨青蛙吗？

(2)你想对故事中的青蛙说什么？

(3)你们喜欢自己吗？什么时候会更喜欢自己呢？

★建议：老师引导每个孩子都能发现自己的优点：运动、劳动、礼貌、卫生等。懂得每个人都有优点和缺点，每个人都和别人不一样。用响亮、自信的声音夸自己："我喜欢自己，我最棒！"

活动延伸

主题墙中设置专版"我就是喜欢我",鼓励幼儿画出自己的优点并展示。

附：活动资源

"呱呱呱……"青蛙在池塘边一边叫,一边看着水里映出来的自己。他高兴地想:我会游泳,会跳得很远很远,我还会"呱呱呱"地大声喊,我还穿着绿色的衣裳。想着、想着,青蛙大声地喊起来:"我是最漂亮,最能干的青蛙!"

野鸭听见青蛙在喊,就问他:"你会飞吗?"野鸭拍着翅膀飞起来,飞得很高很高,又落到青蛙身边。青蛙向前跑几步,拼命地想飞起来,可是,他没有翅膀,怎么也飞不起来。

青蛙心里难受,他到好朋友小松鼠家去。青蛙问小松鼠:"你会飞吗?"小松鼠说:"我没有翅膀,当然不会飞。"小松鼠飞快地爬到树上采下果子扔给青蛙,神气地说:"可是,我会爬树,谁也没有我爬得快。"青蛙也像松鼠那样抱住大树往上爬。四条腿一起蹬,蹬了半天也没有爬上去。

青蛙更难受了,他往好伙伴山羊家走去,山羊正在家里看书。青蛙问:"你会爬树,还是会飞?"山羊说:"我不会爬树,也不会飞。""那,你会干什么呢?""我会看书呀!"山羊指着书上的字说:"你瞧,这两个字是'山羊',这两个字呢,是'青蛙'。"山羊骄傲地说:"我会认很多很多字呢!"

"我不会爬树,不会飞,又不会认字。你们都比我能干,我什么也不会。"青蛙太难受了,他忍不住哭起来。

山羊笑着对青蛙说:"你会游泳,会青蛙跳,还会'呱呱呱'地唱歌,你的绿衣服特别漂亮。你是漂亮、能干的青蛙。我们大家都喜欢你。"

"是啊,我就是青蛙,会做青蛙做的事儿,朋友们都喜欢我,我也喜欢我自己。"青蛙回到池塘边,又"呱呱呱"地大声喊叫,"呱呱呱"地大声唱起歌来。

你到池塘边听一听,青蛙是不是在高兴地"呱呱呱"呢?

（根据迈克斯．范尔斯杰丝《我就是喜欢我》改编）

活动六：书签 DIY（大班）

活动目标

1. 喜欢制作书签,感受书签工艺品的多样和艺术美。

2. 初步了解书签的特征和用途,尝试用多种材料制作不同形状的书签。

3. 能借助经验,用线描画和涂色等装饰方法制作书签,大胆表现。

活动准备

1. 知识经验准备。

(1)对书签的作用有所了解。

(2)有初步装饰作品的经验。

2.环境材料准备。

(1)收集各种材料、不同造型的书签工艺品：树叶书签、丝绸书签、金属书签等。

(2)PPT展示多种多样的书签。

(3)制作书签的各种材料、背景音乐。

🕊 活动过程

1.经验交流。

(1)出示读书节幼儿园赠送的书签，读一读上面的名言，引发幼儿的兴趣。

(2)师生交流书签的作用，介绍自己曾见过的书签。

指导语：

(1)这是什么？书签有什么作用？如何使用？

(2)你还见过什么样的书签？它是什么样子的？

★建议：通过实物欣赏及PPT展示，帮助幼儿感受书签的丰富多彩和工艺的精巧。

2.观察欣赏。

(1)展示几种比较特别的书签，发现书签材质的多样。

(2)观察书签上的图案，了解分类：书法类、绘画类（人物、动物、花卉……），感受书签也是一种艺术品。

(3)提出开展书签展览会，请幼儿制作书签参赛。

指导语：

(1)老师收集的这些书签漂亮吗？有什么特别的地方？

(2)猜猜这几种书签是怎样做出来的？需要哪些材料？

(3)书签上为什么有不同的图案和文字？

★建议：引导幼儿发现不同书签的形状美、色彩美，知道书签的功能不仅仅是记录书的阅读，也是一种艺术品。

3.自主创作。

(1)请幼儿设计书签，包括形状、材料、图案等，为自己的书签设计一个有意义的图案。

(2)自由选材进行制作，教师巡回指导。

指导语：

(1)你准备怎样设计书签？你觉得应该在书签上设计什么样的图案？为什么？

(2)制作时注意先想好，再动手，注意保持桌面干净。

★建议：鼓励幼儿借助经验，大胆设计书签，在形状、材料、图案上体现自己的特点。提示幼儿操作时注意安全用剪刀，主动收拾材料。

4.分享交流。

(1)将完成的书签布置在展示台上。

(2)师生评价，请幼儿解释自己设计的想法和图案含义，选出自己最喜欢的作品。

(3)将书签送给弟弟、妹妹。

指导语：

(1)你最喜欢哪一个作品，为什么？

(2)我们把制作的书签赠送给弟弟、妹妹吧，并告诉他们多读书才会更聪明。

★建议：评价时充分发挥幼儿的主动性，引导幼儿从造型设计、画面创意、作品整洁等方面进行评价。注意观察作品，发现幼儿的创意想法，及时给予肯定。

☞ **活动延伸**

1. 将幼儿设计制作的书签赠送给弟弟、妹妹。

2. 在美工区投放各种书签，充实各种制作的辅助材料，鼓励幼儿继续创作。

活动七：快乐的图书快递员（大班）

☞ **活动目标**

1. 感受竞赛游戏的乐趣，敢于挑战并乐于展示分享。

2. 探究同伴合作搬运物体的多种方法，尝试手掌着地爬行前进，提高肢体力量与平衡能力。

3. 能遵守规则，相互协作共同完成游戏。

☞ **活动准备**

1. 知识经验准备：对快递员的工作有所了解。

2. 环境材料准备：书籍若干本，图书漂流袋人手一个，场地上画好起点和终点；活动操及竞赛的音乐。

☞ **活动过程**

1. 开始部分：热身活动操"快乐邮递员"。

(1)幼儿听音乐入场呈四路纵队。

(2)在教师的引导下，幼儿进行走、跑、跨跳、上下举放、左右摆动等热身活动。

指导语：今天快递员叔叔请假了，但是有一批书急着要送出去，你们愿意帮忙吗？我们一起来活动身体吧！

★建议：带操时教师要情绪饱满，调动幼儿的参与热情，注意充分活动身体的各部分。

2. 基本部分：游戏《快乐的图书快递员》。

(1)试一试，请两个人合作前进，前进过程中一位小朋友的脚不能挨地。

①幼儿两人一组，尝试两人合作前进的方法，根据教师指示的线路行进，体验不同的合作方式。

②教师巡回指导，启发幼儿尝试不同的玩法并提醒注意安全。

③幼儿分小组展示不同的合作游戏方法，集体练习。

指导语：想一想什么办法能快速到达目的地，而且一位同伴的脚不能接地面。

(2)玩一玩，幼儿两人一组运送图书，要求幼儿运送过程中小朋友脚不能挨地，手不能碰书。

①幼儿自由往返练习，教师巡回观察并指导个别组游戏，提醒幼儿注意安全。

②集中交流运送的方法等问题，邀请个别组示范并组织集体练习。

③学习难点动作：幼儿手掌着地爬行前进，同伴站在身后双手托起幼儿双脚似推小车状伴随前行。

指导语：我们学会了合作前进的方法，现在我们来玩一玩图书运送。

(3)比一比，行进过程中，不仅手不能碰到书，脚不能挨地，还要绕过障碍物。

①组织幼儿分组按规定动作进行图书运送，比一比哪一队运得又快又稳。

②在场地上设置不同难度的障碍，比一比哪一队能平稳地搬运通过。

指导语：今天我们来做一个快乐的图书快递员，请两个人合作前进，但必须做到前进过程中小朋友脚不能挨地。

★建议：每一环节不断对幼儿提出新的挑战，不断激发幼儿的活动兴趣，注意提醒幼儿运动中的安全。

3. 结束部分：放松游戏《快乐的小货车》。

(1)跟随教师进行拍打放松，使身心得到放松。

(2)师生评价活动中遵守规则、幼儿合作、积极参与、完成任务等表现，愉快结束。

指导语：小朋友们变成一辆小货车，两个人坐在上面一起开着去送货吧。

★建议：放松运动时，注意重点放松四肢。

🐦 **活动延伸**

可利用户外运动时，进一步开展此游戏，将一本书变成两本书，向幼儿提出新的挑战。

全园活动：亲子嘉年华　快乐读书季(小、中、大班)

❧ 分享交流篇 ❧

🐦 **活动一：图书漂流会**

活动准备

幼儿园每位孩子统一赠送漂流袋，家长为孩子准备3本书。

活动形式

开展全园性的图书漂流活动，在一周内和爸爸妈妈一起阅读完图书漂流袋中的 3 本图书。幼儿每周一带回图书漂流袋与其他幼儿进行交换，小班一周漂流一次，中、大班可一周漂流两次。教师注意督促幼儿抓紧时间阅读朋友的书，并在规定的漂流日将书籍带回幼儿园，培养幼儿诚信品质。

活动二：藏书展览会

活动准备

1. 发放家长调查问卷或召开家长会，向家长介绍该活动的意义和做法，争取家长的理解和支持。

2. 家长自愿报名参展，帮助幼儿准备好参展的图书，并事先指导幼儿熟悉书名及内容。

活动形式

组织家长、教师收集各类书籍，参与者赠送"书展纪念券"。每天定时开放书展，教师和幼儿轮流做管理者，管理好图书及借阅工作，借阅时在纪念券上留下班级和姓名。记录下借阅次数最多的书籍，书展结束时，清理图书，对最受欢迎的书籍提供者进行鼓励。

活动三：书香爸妈进课堂

活动准备

下发告家长书，征集热心人士。预约班级及时间，做好人员的登记及评价。

活动形式

每周一、三、五的下午 4：00—4：20，请爱好阅读的家长到各班为孩子们朗读、讲述故事。教师及时进行家长讲述故事情况的评价，为全园评选提供依据。

亲子创意篇

活动一：家庭书屋摄影展

活动准备

收集家庭阅读环境的相关照片，每个家庭 1—2 张。

活动形式

以家庭为单位，拍摄亲子夜读的场景、家庭藏书的书屋等 1—2 张作品交到幼儿园，着重从环境打造、摄影技术上组织家委会成员进行评选。各班将优秀作品制作成艺术展板进行宣传展示。

活动二：制作小图书

活动准备

幼儿具有一定的创编能力，对故事书结构有所了解。

活动形式

幼儿自制图书评选：小班幼儿做四页书、中班幼儿做六页书、大班幼儿做八页书。内容与制作材料由幼儿选择。

建议活动流程：大量阅读图书→想一个故事→动手绘制→成人帮助记录文字→制作封面封底并装订→在班级或小组朗读自制图书→年级朗读自制图书。将制作的图书投放到图书角，供幼儿自主阅读分享。

🐦 活动三：快乐童话剧场

活动准备

表演相关道具、音乐自备。

活动形式

班级推选两个童话剧，可以是幼儿的，也可以是亲子的，参与全园性评选。幼儿表演的童话剧目，服装、道具、音响均由班级教师准备，每个节目准备100字简介，积极吸引家长参与，提高师生、家长的参与度。

❧ 社会实践篇 ❧

🐦 活动一：参观图书馆

活动准备

1. 联系好参观的地点，确定参观路线。

2. 教师与工作人员做简单准备。

3. 参观前向幼儿介绍参观地点并提出参观要求。

活动形式

家长、教师共同带领幼儿参观社区图书馆。通过参观幼儿应积极了解图书馆的用途，了解阅读及借还书的规则，感受图书馆阅读的氛围。重点引导幼儿观察参观书库中的书按类别一排排整齐的摆放，向幼儿介绍一些书名。教师办理借书卡，幼儿观看感受借阅图书的过程。参观结束，有意识进行谈话及照片、图画的整理。

🐦 活动二：图书换购会

活动准备

在家长同意下，每位幼儿自带3—5本图书参与交换活动。

活动形式

全园幼儿以大带小的形式分割地带，进行换购、挑选，提高书籍的使用率。教师鼓励幼儿大胆宣传、推荐自己的图书，主动寻找自己最喜欢的图书，进行交流，体验合作、分享、交流的愉悦。

🕊 **附：活动资源**

书香溢童心　好书伴成长
——珞幼百步亭分园读书节活动方案

一、指导思想

读书是一个人必须具备的一种能力，也是现代社会生活中一个人获得成功的基础。3—8岁是一个人阅读能力发展的关键期。所以，培养儿童早期阅读能力，是我们给孩子人生发展最好的精神食粮。为此，我们幼儿园特举办幼儿读书节活动，以开阔教师眼界、拓展知识面，使幼儿养成多读书、乐读书、读好书的习惯，引领和推动幼儿园读书活动的蓬勃开展，促进幼儿园文化建设。

二、活动目标

1.营造浓浓的读书氛围，促进幼儿园书香校园建设。

2.通过阅读活动，使广大教师的思想道德和专业技能得到更大的提高，涌现出更多的阅读先进分子，让书成为教师成长的伴侣。

3.鼓励幼儿接触优秀儿童文学作品，引发对书籍、阅读的兴趣，培养幼儿良好的阅读习惯，为幼儿的终生学习打好基础。

4.调动家长积极参与阅读的兴趣，增强家长的读书意识和对早期阅读重要性的认识，进一步改善家庭的阅读环境，培养幼儿早期阅读行为习惯。

三、活动主题

让读书成为习惯　让书香伴我成长

四、活动过程

(一)第一阶段：策划启动阶段(3月1日——4月8日)

1.制订读书节活动方案。

2.营造园内浓厚的读书氛围。

(1)重点创设班级读书角——营造班级阅读氛围，开展"好书推荐"活动。

(2)向全园教师、幼儿、家长发出读书节活动倡议书，并制作宣传海报、横幅等。

(3)拓展幼儿阅读空间，利用广告架张贴图书故事内容，供幼儿阅读。

(4)利用晨练、起床、户外体育活动等时间滚动播放幼儿儿歌、古诗、歌曲、散文故事等内容。

3.幼儿园"书香溢童心"第一届幼儿读书节LOGO征集(以班级为单位，向幼儿及教师征集。幼儿园评选出一、二、三等奖)。

4.举行读书节启动仪式。营造书香校园的浓厚氛围，拉开读书节的序幕。

(二)第二阶段：组织实施阶段(4月8日——5月20日)

1. 教师读书活动。

(1)根据幼儿园读书节活动进行讨论沙龙。

(2)开展一次教师读书体会沙龙。

(3)让广大教师利用课余时间读一些有利于身心健康的书籍，保持好心态，以积极的态度投入教学实践中。

(4)利用幼儿园教师随笔专栏，把获得的更多阅读体会、知识与大家共享。

2. 班级读书活动。

(1)完善阅读区：每位幼儿从家里带图书和小朋友分享交流。

(2)带领幼儿参观书店(图书馆)，让幼儿感受书的魅力。

(3)大、中、小班各开展有关"书"的主题活动。

(4)拟订家园阅读计划表，按各年龄段推荐书目。

(5)各班结合日常活动，保证每天5—10分钟的幼儿阅读时间。

(6)要求教师午睡前给幼儿讲一个经典的故事。

(7)每天午餐前十分钟，班内安排1—2名幼儿做小小广播员。

(8)家长现场观摩集体阅读活动。(结合家长开放日)

3. 幼儿读书活动。

(1)建议家长带幼儿到书店、图书馆、网上购书，拓展读书渠道。

(2)在孩子生日或节日时，以书为礼物。

(3)每天睡觉前半小时定为"幼儿阅读时间"，每天陪幼儿读一篇儿歌，看一篇经典故事。

(4)根据阅读的内容，幼儿口述，家长记录活动，每星期上交幼儿园一篇。

(5)每周五家庭间开展家长幼儿阅读交流活动，并进行好书推荐。

4. 全园性活动。

(1)家庭书屋摄影大赛。

(2)图书漂流活动。

(3)图书换客汇。

(4)师生故事大赛。

(5)幼儿阅读征文。

(6)亲子童话剧场。

(三)第三阶段：总结表彰阶段(5月20日——5月31日)

汇总各项活动情况，召开总结表彰大会。评选出书香班级、书香家庭、书香宝贝，并结合六一儿童节进行表彰。

总之，读书是终生的事情，读书应重在平时，此次"读书节"只是推波助澜，让阅读成为一种习惯，让读书成为我们生活的一部分，让"读书节"成为我园一个园本特色节日。幼儿园全体师生将以此为契机，共同捧起书本，走进知识的海洋，走进书的天地，让浓浓的书香飘满我们的幼儿园！

3－6岁儿童早期阅读活动指导要点

3－4岁	4－5岁	5－6岁
1. 让孩子学会正确看书的方法，学会爱护图书。 2. 用口头语言将图画书的主要内容说出来，按顺序观察画面，理解故事的主要情节。 3. 认读标志、符号，开始感受语言和其他符号的转换关系。 4. 主动要求成人讲故事、读图书。喜欢跟读韵律强的儿歌、童谣。	1. 阅读连续画面的图书，辨析故事中的人物关系和主要情节，简单讲评故事中的人物及其行为。 2. 整理图书，学习图书和文字的一般常识，模仿制作图画书。 3. 能随着作品的展开产生喜悦、担忧等相应的情绪反应，体会作品所表达的情绪情感。 4. 喜欢把听过的故事或看过的图书讲给别人听。	1. 能根据故事的部分情节或图书画面的线索猜想故事情节的发展。 2. 了解画面和文字的对应关系，引导孩子改编、续编故事，概括作品大意。 3. 读不同形式的文学作品，让孩子注意文学作品中词汇、语言的规范用法。 4. 幼儿合作制作图画书。 5. 对看过的图书、听过的故事能说出自己的看法。

珞幼百步亭分园

书香溢童心　读书节　　　征集活动

教育家多罗西·怀特说："儿童读物是孩子在人生道路上最初看到的书，是人在漫长的读书生涯中所读到的书中最重要的书。"一个孩子从阅读中体会到多少快乐，将决定他的一生是否喜欢读书。结合我园开展的"前书写前阅读"十二五市级课题，通过一年多深入的课题研究，我园基本形成了富有特色的幼儿园绘本阅读课程模式及体系。为了进一步推进阅读活动在幼儿园以及每个家庭的深入、持之以恒地开展，以"书香溢童心"为主题的第一届幼儿园读书节拉开了帷幕。现面向广大教师及幼儿征集读书节LOGO。

一、活动主题

"书香溢童心"读书节 LOGO。

二、活动对象

在园教师及幼儿。

三、活动时间

3 月 13—20 日

四、作品要求

1. 内容积极向上，样式新颖，图案富含象征意义，能体现在快乐中阅读、在阅读中成长。

2. 作品应构思精巧，简洁明快，色彩协调，健康向上，有独特的创意，易懂、易记、易识别，有强烈的视觉冲击力和直观的整体美感，有较强的思想性、艺术性、感染力和时代感。

3. 应征作品必须是作者原创，如参考别的作品来创造，需写明作品元素借鉴来源。

4. 作品可以手绘，也可以用电脑软件绘制，并附上矢量图及所用字体，并在图下附上创作灵感，作品寓意、说明，借鉴来源。

五、奖项设立

3月22日下午，由教师及各班家委会成员参与投票，并根据得票数的多少设立特等奖1名(作品将作为读书节活动LOGO)，一等奖、二等奖、三等奖获奖率达征集作品总量的30%。

望广大教师及幼儿积极参与到此次活动中！

珞幼百步亭分园办公室

珞幼百步亭分园

书香溢童心　读书节　　　介绍

	图案：由书屋、书本、心形、烛火组成。小小书屋，书香四溢，迷人的香气充满我们渴望知识的心灵。 寓意：五色书籍象征五彩童年，也寓意幼儿发展的五大领域，幼儿共读，走进书的五彩世界，点燃孩子善思的烛火。

备注：此作品由2013年中二班王恩桐家庭提供。

珞幼百步亭分园 书香溢童心 读书节
亲子阅读家长调查表

亲爱的家长朋友们：

感谢您积极参与到我园的"书香溢童心"读书节活动中来，现就活动中亲子阅读情况向您做如下调查。

1. 您认为亲子阅读重要吗？它的重要性体现在哪里？

2. 您经常与孩子进行亲子阅读吗？一周几次，每次多长时间？

3. 您对我园前期"书香溢童心"读书节活动的意见与后期活动开展的建议？

班级：　　　幼儿姓名：　　　家长签名：

亲子阅读十招妙计

最适书香能致远，幼儿共读乐盈盈。为了让孩子享受阅读的乐趣，在阅读中获得成长，我们诚恳地邀请您加入到我们的读书行列中来，营造书香家庭，开展幼儿共读。

1. 让这件重要的事情首先变得美妙
2. 相对固定时间，以便习惯的养成
3. 幼儿共读的形式以出声朗读为主
4. 不要将幼儿共读的过程变成认字的过程
5. 不要过早责令孩子独立阅读
6. 不要在孩子开心游戏的时候命令他去阅读
7. 不要以为幼儿共读是妈妈的事情
8. 幼儿共读贵在坚持
9. 与孩子平等地聊书
10. 适当拓展阅读时空

书香溢童心 读书节幼儿阅读卡

班　级：　　　　　　　　　　　　幼儿姓名：

序号	幼儿阅读书籍名称	阅读时间时长（注明时间段）	共读家长签名（注明与孩子的关系）	幼儿阅读效果	借阅时间	归还时间

亲子家庭读书锦囊

第四章
民族节日活动

我国是一个多民族的国家，五十六个民族五十六朵花，每个民族都有自己的特色，每个民族都有自己独特的节日，从中挑选出一些知名的民族节日活动，丰富幼儿对各种节日的认识，并提供丰富的民族节日庆祝活动，使幼儿体验不同民族节日的差异性和趣味性，是非常有价值的事。

第一节　傣族——泼水节

泼水节是傣族最隆重的节日，也是傣族的新年，相当于公历的四月中旬，一般持续 3～7 天。第一天傣语叫"麦日"，与农历的除夕相似；第二天傣语叫"恼日"；第三天叫"叭尼玛"。节日那天，傣族男女老少穿上节日盛装，"浴佛"完毕，人们就开始相互泼水，表示祝福，希望用圣洁的水冲走疾病和灾难，换来美好幸福的生活。

一、节日活动设计思路

泼水节是傣族最盛大的节日，蕴藏着宝贵的教育资源。以此节日活动为契机，让幼儿感知人类文化的多样性和差异性，培养理解、尊重、平等的态度，对于孩子的社会性发展具有重要意义。通过《我是傣族小朋友》《美丽的小孔雀》《傣族，欢迎您》《泼水节大狂欢》等活动的开展，让幼儿从不同层面了解傣族风俗习惯，体验泼水节的快乐；让幼儿学会尊重来自不同种族、民族、地区的儿童，学会公平对待具有不同宗教信仰、语言、文化的儿童，学会与他们分享快乐。在开展此类民族节日教育活动中，教师要善于将网络资源、家长资源进行整合，共同收集资料，进行知识经验的积累，才能取得很好的活动效果。

二、节日活动教育目标和内容

节日活动教育 总目标	知道泼水节是傣族的节日，体验泼水节的快乐。
小班教育目标	1. 愿意参加泼水节的活动。 2. 喜欢傣族音乐和傣族的舞蹈。 3. 能模仿学唱傣族歌曲。 4. 能跟随傣族音乐做身体动作。
小班活动内容	柳树姑娘　两只小象　我是傣族小朋友
中班教育目标	1. 愿意并主动参加泼水节活动。 2. 愿意参加傣族唱歌、律动、舞蹈表演活动。 3. 能按自己想法游戏，与同伴合作完成傣族风情馆。 4. 能运用绘画、手工制作表现傣族的民俗。
中班活动内容	傣族风情馆　美丽的小孔雀　傣族新家　小孔雀轻轻跳
大班教育目标	1. 愿意与大家分享关于傣族的知识。 2. 学习接纳、尊重傣族人的生活方式和风俗习惯。 3. 能用律动和简单的舞蹈动作表现傣族舞蹈。 4. 能用自己制作的美术作品布置班级环境。 5. 知道傣族是中国 56 个民族之一，各民族要互相尊重、团结。
大班活动内容	傣族，欢迎您　比迈　我眼中的泼水节
全园活动 教育目标	1. 愿意参加幼儿园的泼水节活动。 2. 知道泼水节是傣族的节日。 3. 体验傣族节日的快乐。
全园活动内容	泼水节大狂欢（小、中、大班）

三、泼水节系列活动方案

（一）精选活动

活动一：我是傣族小朋友（小班）

活动二：傣族风情馆（中班）

活动三：美丽的小孔雀（中班）

活动四：傣族，欢迎您（大班）

活动五：比迈（大班）

活动六：我眼中的泼水节（大班）

全园活动：泼水节大狂欢（小、中、大班）

（二）环境创设

1. 主题墙面创设

"傣族，欢迎您"主题海报展：提供"傣族欢迎您"的汉字作为主题墙的背景，幼儿自由设计构图。

"我眼中的泼水节"幼儿绘画作品展：把茂密的丛林作为背景，选择绿色装饰画框，是傣族文化的一种体现。

"傣族人在哪里"：选择中国地图做背景，对傣族人居住的地方进行标注，明确地理位置，理解少数民族的意思。

2. 区域活动创设

图书区：投放关于傣族风俗的绘本。

美工区：提供各种材料让幼儿进行美工活动，设计傣族服装，制作傣族小包等。

娃娃家：收集傣族的各类物品，让幼儿游戏。

音乐区：投放有关傣族的音乐、演出服装让幼儿表演，例如《金孔雀》《月光下的凤尾竹》。

傣族风情馆：建构傣族风情馆，让幼儿进行角色游戏。

（三）活动方案设计与指导

活动一：我是傣族小朋友（小班）

❧ **设计意图**

通过泼水节活动的开展，让幼儿发现傣族的服装和我们的不同，在了解傣族服饰特点后，让幼儿尝试穿戴傣族服装，在浓郁的傣族音乐的伴奏下舞蹈，体验当傣族小朋友的快乐感觉。

❧ **活动目标**

1. 愿意尝试穿戴傣族服装。

2. 根据自身性别选择傣族服装。

3. 能跟随傣族音乐做身体动作。

❧ **活动准备**

1. 知识经验准备：共同收集傣族服装的图片。

2. 物质材料准备：傣族服装的 PPT，与幼儿人数相同的傣族演出服。

❧ **活动过程**

1. 了解傣族服装。

（1）观看不同的傣族服装的 PPT。

（2）老师总结傣族服饰的特点。

指导语：

（1）这件傣族服装是谁穿的？你从哪里知道是女生的服装？

（2）傣族男生的服装有哪些特点？女生呢？

★建议：这个环节让幼儿仔细观察服装的图片。要能正确区分男生服装和女生服装，老师帮助幼儿总结：男生是包头、短衫、长裤；女生是短衫、筒裙。

2. 穿戴傣族服装。

（1）幼儿自由选择傣族服装穿戴。

（2）教师进行个别指导。

指导语：

（1）先清楚自己是男生还是女生，再去拿相应的衣服。

（2）小朋友之间要互相帮助哟！

★建议：选择服装时，老师应让幼儿自己挑选，不要过多干涉。在巡视过程中，若发现问题可以通过语言或者生生互动，让他们自己去解决问题。

3. 傣族服装表演。

（1）幼儿听音乐跳舞。

（2）教师葫芦丝演奏。

指导语：让我们跟随音乐一起舞蹈吧！我来吹奏葫芦丝，请你们来伴舞。

★建议：让幼儿在《月光下的凤尾竹》的音乐声中，穿着漂亮的傣族服装尽情地舞蹈，感受傣族舞蹈韵味。教师葫芦丝的演奏，激发幼儿高层次的兴趣点，让幼儿了解傣族文化的多样性。

❤ **活动延伸**

1. 班级美工区中提供傣族服装或者傣族小包的图片让幼儿涂色。

2. 班级角色扮演区中投放傣族演出服，供幼儿游戏。

活动二：傣族风情馆（中班）

❤ **设计意图**

随着泼水节活动的深入开展，幼儿对傣族文化的了解日益加深，他们萌发了建构傣族风情馆的想法。为了帮助幼儿实现这个想法，发动家长收集不同的成品及半成品材料，师生共同分组制作，合作完成任务，体验成功感。

❤ **活动目标**

1. 乐意参加傣族风情馆建构。

2. 能根据自己的意愿选择不同组别。

3. 学习合作，完成傣族风情馆建构。

活动准备

1. 知识经验准备：已了解傣族风俗习惯，有建构的经验。
2. 物质材料准备：各类半成品材料若干，关于傣族的图画资料。

活动过程

1. 傣族风情馆展现傣族文化。

教师通过提问，引导幼儿回忆傣族的风俗习惯。

指导语：

(1)傣族风情馆是哪个民族的？

(2)傣族有哪些特别的风俗习惯？

★建议：教师在这个环节要尽可能地挖掘幼儿已有的知识经验。通过师生互动、生生互动让幼儿进行经验的分享和交流。

2. 讨论傣族风情馆的划分。

(1)商定傣族风情馆的分组。

(2)幼儿根据自己的意愿选择组别。

指导语：

(1)傣族风情馆分为几个小组合适？

(2)竹筒饭是怎样的？可以用什么物品替代？

★建议：这个环节教师要充分尊重幼儿的意愿，分组不宜太多。

美食区重点：制作竹筒饭；美工区重点：自制傣族小包、傣族服装；表演区重点：孔雀舞。教师提供的材料应以半成品为主，鼓励幼儿想象替代品为宜。

3. 师生共同建构傣族风情馆。

(1)幼儿商讨区域的摆放位置。

(2)选择最适宜的方式建构。

指导语：表演区设置在这边，你们觉得行吗？为什么你觉得不合适？

★建议：这个环节教师要相信幼儿可以完成任务，不要过早干预。要放手让幼儿学会讨论、合作、共同建构，获得成功感，更能体会到团队的力量。

活动延伸

幼儿可以在傣族风情馆进行游戏。

活动三：美丽的小孔雀(中班)

设计意图

在傣族人民心目中，孔雀是幸福吉祥的象征。"孔雀舞"是"泼水节"中浓墨重彩的一笔。通过欣赏教师孔雀舞表演，可以激发幼儿兴趣，大胆尝试用动作去表现孔雀不同的姿态，体会傣族舞蹈独特的韵味。

🐦 **活动目标**

1. 乐意了解傣族的风土人情。

2. 学习孔雀舞的手势、基本动作。

3. 能尝试跳孔雀舞。

🐦 **活动准备**

1. 知识经验准备：熟悉音乐《月光下的凤尾竹》(词/倪维德；曲/施光南)及视频《雀之灵》。

2. 物质材料准备：音乐《月光下的凤尾竹》《傣族风情》的视频，孔雀头饰及服装一套，孔雀羽毛头饰人手一份。

🐦 **活动过程**

1. 了解傣族的风土人情。

(1)观看视频，欣赏傣族风景。

(2)师生总结傣族特色文化。

指导语：你看到了什么？你最喜欢什么？

★建议：通过观看视频，教师引导幼儿说出内容，归纳总结：竹林、吊脚楼、亚洲象和孔雀，泼水节活动，都是傣族的特色。

2. 欣赏孔雀舞。

(1)欣赏老师跳孔雀舞。

(2)学习孔雀舞的手势、动作。

指导语：

(1)这么美的音乐把谁引来了？

(2)它在做什么呢？让我们一起来看一看。

★建议：这个环节老师戴上孔雀头饰，穿上孔雀裙舞蹈，给孩子以美的感受；通过自身的示范更能让幼儿直观学习。

3. 尝试跳孔雀舞。

(1)幼儿戴上头饰和老师一起来跳舞。

(2)请个别幼儿来表演。

指导语：

傣族有美妙的音乐，有秀美的景色，有漂亮的孔雀，傣族欢迎你！

★建议：这个环节给幼儿发放孔雀羽毛头饰，调动幼儿的积极性，认真主动地舞蹈，感受傣族文化，师幼可跟随音乐跳出活动室结束。

🐦 **活动延伸**

1. 班级美工区中，幼儿可自由设计孔雀的羽毛头饰。

2. 班级表演区中，投放傣族音乐《月光下的凤尾竹》，让幼儿自由表演。

活动四：傣族，欢迎您(大班)

设计意图

幼儿已认识了傣族，了解了傣族人民的居住地、服饰特征和风俗习惯。怎样让更多的人了解傣族？本次活动从幼儿的视角出发，通过请幼儿与同伴合作制作宣传海报的形式，让更多的小朋友和家长去了解傣族，走进傣族文化。旨在培养幼儿理解、尊重少数民族风俗习惯的态度，使其感知人类文化的多样性。

活动目标

1. 乐意参加傣族宣传海报的活动。
2. 采用多种形式制作傣族宣传海报。
3. 能与同伴合作，完成海报的制作。

活动准备

1. 知识经验准备：了解傣族文化，已有制作宣传海报的经验。
2. 物质材料准备：收集各类傣族的图片，绘画工具人手一套，不同材质的汉字"傣族，欢迎您"活动区中各种半成品材料若干。

活动过程

1. 讨论宣传傣族的形式。
(1)出示一封信，交代任务。
(2)师生讨论宣传傣族的形式。
指导语：
(1)傣族小朋友请我们帮忙，怎样让更多的人了解傣族？
(2)我们自己动手能帮助傣族小朋友做些什么？
★建议：要帮助傣族小朋友，他们会有很多的想法，譬如摄像、拍照、上网等；老师的第二问题的追问让幼儿的想法变得更加实际，要从幼儿自身现有的能力出发考虑，逐渐引导幼儿达成共识，制作宣传海报，可以让更多的小朋友和家长看见。
2. 制作傣族宣传海报。
(1)幼儿分组讨论，构思布局。
(2)幼儿选择材料，分工合作。
指导语：
(1)你们这组的想法是什么？
(2)这里有不同的材料和汉字，你们可以根据需要来选择。
★建议：幼儿以小组为单位制作宣传海报，教师应考虑幼儿差异性，提供不同大小的海报尺寸供幼儿选择；在幼儿制作过程中，给予个别指导。

3．商议海报张贴位置。

（1）请每组派一个幼儿代表讲述宣传画的内容。

（2）讨论张贴海报最合适的地方。

指导语：

（1）请你来介绍一下这张海报的内容。

（2）海报贴在什么地方能让更多的人看到？

★建议：这个环节师生共同讨论张贴海报的位置是为了让更多的小朋友和家长看到海报的内容，明白宣传的作用。海报张贴在幼儿园大门口为宜。

活动延伸

1．带领小朋友代表去幼儿园大门口张贴傣族宣传海报。

2．开展我是傣族小导游的活动。

活动五：比迈（大班）

设计意图

《3—6岁儿童学习与发展指南》中指出，要引导幼儿学习用平等、接纳和尊重的态度对待差异。我们以泼水节为契机，让幼儿知道泼水节是傣族的节日；了解泼水节的由来，引发幼儿对傣族以及傣族文化的兴趣，帮助幼儿感知文化的多样性和差异性，理解人们之间是平等的，应该互相尊重，友好相处。

活动目标

1．知道泼水节是傣族的节日。

2．了解泼水节的来历。

3．对傣族风俗习惯产生兴趣。

活动准备

1．知识经验准备：我国是个多民族的国家，幼儿知道自己的民族。

2．物质材料准备：视频，故事的PPT。

活动过程

1．知道泼水节是傣族的节日。

（1）观看视频，了解泼水节。

（2）知道是傣族的节日。

指导语：

（1）如果把水故意泼在你身上，你感觉怎样？

（2）这个地方是哪里？为什么他们互相泼水还这么开心？

★建议：通过直观形象的视频展示，让幼儿感受到泼水节的快乐。师生共同分析人们的动作、服饰的不同，初步感知地域的差异性。

2. 了解泼水节的来历。

(1)教师讲述关于泼水节的小故事。

(2)知道泼水节是傣族的新年,时间是 4 月中旬左右。

指导语:汉族和傣族过新年的时间是不一样的。

★建议:这个环节教师要通过生动的讲述让幼儿初步感知民族文化的差异性。

3. 了解傣族的风俗习惯。

(1)学说简单的傣族语言,激发幼儿兴趣。

(2)观看视频,了解傣族独特的风俗习惯。

指导语:

(1)傣语的"第一天"怎么说?

(2)傣族还有哪些习俗和我们是不一样的?

★建议:激发幼儿对傣族的兴趣,最好从语言的模仿学习逐步地深入。泼水节傣语叫"比迈",第一天傣语叫"麦日";第二天傣语叫"恼日"(空日);第三天是新年,叫"叭尼玛"。引导幼儿明白虽然习俗不同,但是人们之间是平等的,应该互相尊重,友好相处。

🐦 活动延伸

1. 班级图书角中投放关于傣族的绘本。

2. 班级音乐角中让幼儿欣赏傣族的音乐。

🐦 附:活动资源

远古的时候,有个魔王作恶多端,人们都恨透了他,想了很多办法都没有把他杀死。后来,魔王抢来七个姑娘做他的妻子。聪明的七姑娘从魔王口里打听到他的致命弱点,即用魔王的头发勒魔王的脖子,才能将他置于死地。七姑娘趁魔王熟睡时,拔下他的头发一勒脖子,魔王的头就滚了下来。可是头一掉在地上,地上就燃起大火,姑娘一抱起头,大火也就熄灭。为了避免大火燃烧,她和六个姐姐轮流抱住魔王的头,一年一换。每年换人的时候,人们都给抱头的姑娘泼水,冲去她身上的血污,洗去她一年的疲劳,为新的一年能消灾除难而祈祷。从此形成了送旧迎新的泼水节。

活动六:我眼中的泼水节(大班)

🐦 设计意图

泼水节,是傣族最盛大的节日。本活动通过绘画的形式让幼儿去表现傣族泼水节快乐的情景。鼓励幼儿大胆想象,画出傣族小朋友的动作和表情,以及服饰特点,展现他们对傣族文化的了解,并让幼儿在相互交流过程中学习正确地评价同伴的作品。

🐦 活动目标

1. 愿意用绘画的方法表现泼水节的情景。

2. 能大胆地画出人物的不同站位、动作和表情。

3. 学习正确地评价同伴的作品。

☞ **活动准备**

1. 知识经验准备：对泼水节有一定了解，已有人物、节日类的绘画经验。

2. 物质材料准备：关于节日的绘画作品若干，绘画工具幼儿人手一套。

☞ **活动过程**

1. 回忆泼水节的情景。

指导语：

(1)泼水节给你印象最深的是什么？

(2)怎样能把欢乐氛围表现出来？

★建议：这个环节教师通过提问引导幼儿回忆泼水节的情景。启发幼儿在绘画中要通过人物的表情和肢体动作，表现泼水节的快乐。

2. 绘画表现泼水节情景。

(1)合理安排画面，表现活动情景。

(2)幼儿自由绘画，教师巡回指导。

指导语：

(1)参加泼水节的人很多，怎样安排画面合适？

(2)你觉得用什么颜色能表现热闹的泼水节呢？

★建议：在绘画环节，教师提醒幼儿注意画面的布局，体现近大远小的原则；知道选择暖色调去表现热闹的场景，并能均匀涂色，保持画面的干净整洁。

3. 展示幼儿绘画作品。

(1)幼儿以组为单位互相评议。

(2)每组推选一幅作品进行全班分享。

指导语：

(1)你认为这幅画哪里画得好？有好的建议吗？

(2)每个小组推选一幅作品让全班的小朋友来学习。

★建议：这个环节非常的重要，但是容易被老师忽视。学习正确地评价同伴的作品，对幼儿尤其重要。在评价的过程中，既能看到别人的优点，也能提出自己的想法，在生生互动的过程中让幼儿得到提高。

☞ **活动延伸**

把全班幼儿的作品装订成画册《我眼中的泼水节》，幼儿可互相翻看、学习。

全园活动：泼水节大狂欢(小、中、大班)

设计意图

泼水节是傣族人民最隆重的节日。通过傣族风情馆参观、傣族歌舞秀、泼水大狂欢等环节，给幼儿提供一个展示的舞台，让幼儿能更深入地了解傣族文化，在游戏中体验泼水节的快乐，感受节日的喜悦。学习用平等、接纳和尊重的态度对待差异，感知文化的多样性和差异性。

活动目标

1. 愿意参加幼儿园的泼水节活动。

2. 知道泼水节是傣族的节日。

3. 体验傣族节日的快乐。

活动准备

1. 知识经验准备：了解泼水节的由来，中、大班幼儿准备傣族歌舞。

2. 物质材料准备：幼儿园门口张贴傣族宣传海报，幼儿园播放傣族音乐，每个幼儿带一把水枪或者水桶来园，并准备一套更换的衣服。

活动过程

1. 请大班部分幼儿身穿傣族服做迎宾员。

★建议：这个环节营造了浓郁的傣族氛围，大班幼儿有一定的任务意识，足以胜任。但是考虑到幼儿的年龄特点以及入园时间长短，可以分几组轮换，让更多的孩子有锻炼的机会。

2. 参观傣族风情馆。

(1)请大班部分幼儿做傣族小导游。

(2)带领中小班的弟弟妹妹参观，介绍傣族风土人情。

★建议：通过小导游的讲解，弟弟妹妹对傣族的风俗习惯有了进一步的了解。孩子天性好奇，应该允许幼儿动手摸一摸、看一看，给予充足的时间，不宜太快。

3. "我眼中的泼水节"主题画展。

★建议：幼儿参观画展，教师应引导幼儿学会正确地评价绘画作品，提高鉴赏能力。

4. 欣赏傣族歌舞秀：中、大班幼儿舞蹈表演，小班幼儿欣赏表演。

★建议：这个环节设计让中、大班的幼儿有了大胆表现的机会，给小班幼儿一个直观、生动的展示。教师也可以进行葫芦丝等乐器或者是舞蹈表演，丰富节目的内容。

5. 泼水节大狂欢。

(1)教师组织幼儿到户外活动场地。

(2)幼儿一边相互说祝福的话，一边用水枪或者水桶泼向同伴。

(3)组织幼儿回班级寝室更换衣服。

★建议：这个环节以幼儿的体验和游戏为主。考虑天气、温度、幼儿的身体素质情况决定幼儿游戏的时间，不宜过长，确保幼儿健康。

活动延伸

1. 组织幼儿观看傣族的大型歌舞表演。
2. 家长带幼儿去云南的西双版纳旅游。

第二节　汉族——花朝节

花朝节，简称花朝，是汉族传统节日，流行于东北、华北、华东、中南等地。农历二月十二为百花生日。节日期间，人们结伴到郊外游览赏花，称为"踏青"。姑娘们剪了五色彩笺，取了红绳，把彩笺结在花树上，称为"赏红"，各地还有"装狮花""放花神灯"等风俗。还要到花神庙去烧香，以祈求花神降福，保佑花木茂盛。

一、节日活动设计思路

春回大地，万物复苏，草木萌青，百花齐放。《3－6岁儿童学习与发展指南》中提出：每个幼儿心里都有一颗美的种子，在大自然和社会文化生活中萌发幼儿对美的感受和体验，丰富其想象力和创造力，引导幼儿学会用心灵去感受和发现美，用自己的方式去表现和创造美。为了让幼儿感受多彩的民俗文化，了解"花朝节"的由来，将围绕主题"花花世界"在大、中、小班分别开展各种赏花、品花、护花等活动，让幼儿感受花朝节美的氛围，亲身体会民俗，了解民俗文化，同时激发幼儿爱护花木、保护植物的美好情感，促进幼儿手、眼、脑协调发展。让幼儿关注到自己的形象美、语言美和行为美，养成良好的文明习惯，与家长共同创建整洁、美丽的校园环境。

二、节日活动教育目标和内容

节日活动教育总目标	1. 感受花朝节带来的快乐，并乐于用不同的形式加以表现。 2. 了解花朝节是汉族传统节日，知道一些花朝节中的民风民俗。 3. 能尝试用语言、艺术等不同形式表达对花朝节的认识与感受。
小班教育目标	1. 了解杜鹃花与玫瑰花的颜色及形状。 2. 通过肢体游戏感应歌曲中的快板、慢板。 3. 在创编花的造型中感受春天的美。
小班活动内容	赏花　美丽的花

续表

中班教育目标	1. 乐意观察，感受节日带来的快乐。 2. 了解花朝节习俗和传统，认识植物的组成部分。 3. 能说出常见花的名称，并较清楚地讲述见闻，表达感想。
中班活动内容	花的使者 花儿好看我不摘
大班教育目标	1. 能大胆想象，创造性地在花上面进行绘画。 2. 大胆发挥想象能力，在花上进行创意改编。 3. 体验情景式绘画的乐趣，培养幼儿大胆的绘画表现力。
大班活动内容	花儿创意舞会
全园活动 教育目标	1. 乐意参与集体游园活动。 2. 增进亲子间的关系，拓宽视野。 3. 能与他人互相配合与独立表现。 4. 进一步了解花朝节的民风民俗。
全园活动内容	花花世界游园会（小、中、大班）

三、花朝节系列活动方案

（一）精选活动

活动一：赏花（小班）

活动二：美丽的花（小班）

活动三：花的使者（中班）

活动四：花儿好看我不摘（中班）

活动五：花儿创意舞会（大班）

全园活动：花花世界游园会（小、中、大班）

（二）环境创设

1. 主题墙面创设

创设"花卉小知识""花卉墙""花的图片""花的小制作""各种各样的花"等主题墙面。

2. 区域活动创设

在美工区中投放花瓣、花茎、各种彩纸、固体胶、花卉图片；科学区中投放自制的花卉板让幼儿进行点数；图书区投放花卉相关书籍；角色区投放汉族服饰、花玩偶让幼儿进行角色扮演。

（三）活动方案设计与指导

活动一：赏花(小班)

🐦 活动目标

1. 了解杜鹃花与玫瑰花的颜色及形状。
2. 通过肢体游戏感应歌曲中的快板、慢板。
3. 在欣赏花的造型中感受春天的美。

🐦 活动准备

1. 知识经验准备：了解过杜鹃花和玫瑰花的颜色及形状。
2. 环境材料准备：挂图，各色杜鹃与玫瑰幻灯片，塑料花，风车花，呼啦圈，CD。

🐦 活动过程

1. 故事引导。

指导语：

(1)小草在阳光仙子和风姑娘的帮助下，慢慢地长大了。这时候，春姑娘带着她漂亮的彩带来了，她把彩带一扬，啊！不仅小草长大了，看，还有很多漂亮的花都开了。

(2)花的颜色可真多！都有些什么花呢？

2. 认识花。

指导语：小朋友，你们想去花园赏花吗？让我们一起去看看吧！

杜鹃花(放映幻灯)

★建议：这个环节可以让幼儿观察，教师介绍杜鹃花的别名、颜色，并告诉幼儿杜鹃花在每年的春天才会开。

玫瑰花(放映幻灯)

指导语：

(1)花园里的杜鹃花真美，我们再看看，还有什么花呢？

(2)谁认识这种花？

★建议：这个环节观看幻灯，教师介绍玫瑰花的叶子、枝干，并知道玫瑰花有哪些颜色。

3. 花的游戏。

(1)手腕花。

指导语：

(1)春姑娘给小朋友带来了很多花，你们喜欢花吗？

(2)我们一起来和花做游戏吧！

★建议：这个环节教师清唱，快板部分幼儿依乐句在自己不同肢体部位开花，慢板部分变成花仙子依乐句左右摇摆。

(2)风车花。

(3)花朵与蝴蝶。

指导语：

(1)风车花好玩吗？

(2)蝴蝶仙子闻到了花香，也飞了过来，原来蝴蝶和花朵是好朋友，你们有没有好朋友呢？

🕊 **活动延伸**

请两名幼儿示范，一名幼儿扮演花朵，快板部分变不同花的造型。另外一名扮演蝴蝶，快板部分花朵蹲下，蝴蝶围着花朵绕飞，全体幼儿表演。

活动二：美丽的花(小班)

🕊 **活动目标**

1. 通过折纸活动锻炼手部小肌肉的灵活性。

2. 学习将正方形的纸对折成三角形，发展空间想象能力。

3. 体验活动带来的乐趣。

🕊 **活动准备**

1. 知识经验准备：之前对折纸进行尝试过。

2. 环境材料准备：创意绘本，彩纸每人若干，每组一瓶胶水，教学 VCD，手工背景大图一张。

🕊 **活动过程**

1. 出示大挂图《美丽的花》，引导幼儿注意观察。

指导语：

(1)小朋友们看到了什么样的画面呢？

(2)小蜗牛和蜗牛爸爸在干什么呢？

鼓励幼儿大胆地发言。

指导语：中午的时候，小蜗牛和爸爸在篱笆旁的花朵下美美地睡上一觉。瞧，小蜗牛和爸爸睡得多香呀！我们可以添上更多的、漂亮的花朵，让小蜗牛和爸爸睡得更香甜。激发幼儿的创作热情。

2. 教师示范折花的步骤。

3. 教师进行现场指导，提示把折好的花用胶水粘贴在篱笆上。

4. 对幼儿的作品进行集中展示，把这些花做成一个大花园，让幼儿为自己的成就感到高兴。

🕊 活动延伸

每个幼儿折一朵最美的花，贴在大挂图上，大家齐心协力完成一幅美丽的图画，增强幼儿的协作能力。

🕊 附：活动资源

童谣

小小纸，四方方，我们把它来对折。

看看谁的手最巧，鲜花贴在篱笆上。

活动三：花的使者(中班)

🕊 活动目标

1. 愿意大胆与同伴交流种植经验，体验种植的乐趣。

2. 了解各种花的名称，认识植物的根、茎、叶。

3. 能按步骤进行简单的种植活动。

🕊 活动准备

1. 知识经验准备：幼儿在生活中见过成人简单的种植活动。

2. 环境材料准备：风信子、迎春花、郁金香等带有根的植物，小铲子、花盆、水桶等种植工具，音乐《春天来了》。

🕊 活动过程

1. 跳一跳，感受百花争艳的特征。

(1)幼儿跟随音乐《春天来了》，进行表演游戏"百花开"，用动作自由表现花的特征。

★建议：教师无须规定动作，可让幼儿先自行听音乐，随着音乐起舞，用肢体表达对音乐的理解。

(2)教师引导幼儿用语言描述自己喜欢的花的特征，了解各种花的名称。

2. 看一看，了解植物的基本结构。

(1)引导幼儿观察风信子、迎春花、郁金香等植物，说说它们的特点。

★建议：教师从外观、颜色等方面来引导。

(2)教师小结：这些植物是由根、茎、叶等部分组成的。

★建议：教师可组织小游戏让幼儿上前指指哪里是植物的根、茎、叶。

3. 说一说，初步了解。

(1)教师：小朋友们，春天的花是不是很美呀？那让我们一起去种花吧！

(2)教师示范讲解种花的步骤。

(3)鼓励幼儿复述方法，并分享自己以前的种植经验。

★建议：幼儿分享经验时可请其当小老师上前操作。

(4)教师进行经验梳理并总结，让幼儿初步掌握正确的种植方法。

4. 种一种，体验种植花的乐趣。

(1)请幼儿自由选择植物，分组开展种花游戏，教师观察指导。

(2)幼儿交流自己是运用什么方法去种小花的，分享劳动的快乐。

(3)活动自然结束。

活动延伸

1. 创建种植区可供幼儿随时观察养护自己种植的小花，并进行观察记录。

2. 在表演区中投放歌曲《春天来了》，培养幼儿的乐感和节奏感。

指导建议

鼓励幼儿大胆尝试种植的方法，让他们感受种植的快乐与辛苦。

活动四：花儿好看我不摘(中班)

活动目标

1. 感受各类花卉的美丽。

2. 懂得花儿好看不能摘的道理。

3. 能大胆讲述自己爱惜花朵的行为。

活动准备

1. 知识经验准备：幼儿了解基本的社会行为规范。

2. 环境材料准备：一盆已被摘坏的花，图片"花儿好看我不摘"。

活动过程

1. 看一看：感受花卉被破坏的心情。

(1)教师出示一盆已被摘坏的花卉，让幼儿观察。

(2)组织幼儿讨论：被摘坏的花卉，你觉得好看吗？为什么？

2. 说一说：让幼儿说说自己的想法。

(1)出示图片"花儿好看我不摘"。

指导语：花园里开了许多美丽的花儿，小朋友在花园里做什么？如果是你在花园里，你会怎样做呢？

(2)教师朗诵儿歌《花儿好看我不摘》，幼儿倾听。

3.教师讲述一些场景，幼儿说出自己的观点。

场景一：一位小朋友和爸爸妈妈一起在公园里踏青赏花，看见花坛里有许多好看的花，就随手摘了几朵准备带回家；另外一位小朋友在绿色的草坪上跑来跑去。

场景二：一位小朋友看见有人爬上了桃花树，就劝说他让他下来，告诉他不要伤害树木。

场景三：有一位小朋友看到了自己喜欢的花，只是上前闻了闻，并没有用小手去摘花，还对爸爸妈妈说我们要爱护花草树木。

4.演一演：体验爱护花草树木的情感。

(1)教师带领幼儿朗诵儿歌《花儿好看我不摘》，并共同表演。

(2)引导幼儿思考：在日常生活中我们应该怎样爱惜花朵？

🐦 **活动延伸**

家园共育：幼儿可以和爸爸妈妈一起外出去看大型花卉展览，知道更多花卉名称，更深入了解花儿好看不能摘的道理。

🐦 **指导建议**

多让幼儿阐述自己的观点，教师只起引导作用，让他们大胆说出自己的内心想法。

🐦 **附：活动资源**

儿歌 花儿好看我不摘

花园里，花儿开，

红的红，白的白。

花儿好看我不摘，

大家都夸我真乖。

活动五：花儿创意舞会(大班)

🐦 **活动目标**

1.能大胆想象，创造性地在花上面进行绘画。

2.大胆发挥想象能力，在花上进行创意改编。

3.体验情景式绘画的乐趣，培养幼儿大胆的绘画表现力。

🐦 **活动准备**

1.知识经验准备：已有在花上面进行创意绘画的经验。

2.环境材料准备：《花仙子之歌》的磁带、轻音乐、作品展示背景，花的胸饰每人一个，彩色卡纸、记号笔人手一套，各种各样的材料纸若干。

🕊 活动过程

1. 听《花仙子之歌》入活动室。

指导语：

(1)你们喜欢花吗？今天也让我们成为一朵美丽的花儿，好吗？

(2)来，花宝贝们，让我们一起动起来吧！

2. 出示花宝宝，谈话引出课题。

指导语：

(1)我们都是美丽的花儿，瞧，这又是什么呢？

(2)为什么说它是花宝宝而不是花爸爸或是花妈妈呢？

3. 师生共同在花上创作，进行《花儿创意舞会》。

4. 教师将幼儿创意好了的花儿装饰在衣服上，进行花儿舞会秀。

5. 活动结束。

🕊 附：活动资源

妈妈，你可知道，花儿们也喜欢开舞会。雷哥哥是出色的音响师，"轰隆隆"是它在伴奏，花儿们在风姐姐的指挥下，翩翩起舞。它们的粉丝可多了，草弟弟草妹妹们围成一簇又一簇，合着花儿的动作，一起摆动。

全园活动：花花世界游园会(小、中、大班)

🕊 活动目标

1. 感受集体过花朝节的快乐。

2. 知道花朝节是民族传统节日，了解花朝节主要的风俗习惯。

3. 能够积极参加花朝节里的各项庆祝活动。

🕊 活动准备

1. 知识经验准备。

对各种花卉名字有一定了解，活动前已了解活动流程。

2. 环境材料准备。

(1)各班教师提前发放入场券，制作班级花车，每名幼儿与爸爸妈妈一起制作花环入场使用，并准备一张自己与喜欢的花卉的合影照片。

(2)园内准备物品：花籽、小礼品、花瓶、花车，各种材质颜色的纸张、花卉科普墙、游园顺序编码。

(3)各年级负责的游戏项目：大班——亲子制作漂亮的花，中班——我会插花，小班——许愿树(事先准备的花卉合影照片背面写上祝福语，挂到许愿树的树枝上)。

活动过程

1. 找一找，认识与自己相关的花卉名称及特征，并进行游园活动。

(1)幼儿与爸爸妈妈凭入场券入园，幼儿头上必须佩戴自制花环。

(2)凭花环可领取一份"花籽"。

(3)找到花卉科普墙，识别出自己的"花籽"的名称，告诉负责教师"幸福像牡丹花/茉莉花/(花籽的花种)……一样"。抽取游园顺序编码。

2. 玩一玩，与爸爸妈妈一起享受花朝节各项活动带来的乐趣。

(1)幼儿与爸爸妈妈凭游园顺序编码，寻找各项活动地点。

(2)各年级游戏负责教师分别组织活动：亲子制作漂亮的花、我会插花、许愿树。

3. 赏一赏，齐心协力我最棒。

(1)每个家庭参加完游园编码上的活动后，带上作品回到各自班级。

(2)与班级教师一起共同装饰班级花车。

4. 我爱我园花花世界。

全园集中，共同展示各班制作的花车，幼儿获得节日小礼品。

活动延伸

回家后和家人探究出更多的关于花朝节的美丽小制作。

指导建议

活动前，通过积极的宣传，家长非常重视此次活动，利用家长资源收集和准备资料，让家长们期待此次的活动；活动中，讲明每个制作过程，让家长与幼儿共同制作各种关于花的作品，让幼儿感受节日带来的快乐，成为会合作的小能手。

第三节　蒙古族——那达慕节

一、节日活动设计思路

那达慕是蒙古语的译音，意思为"娱乐"或"游戏"，是蒙古族的传统活动，也是一种传统体育活动。那达慕节是草原上一年一度的传统盛会。通过借助"那达慕节"帮助幼儿了解蒙古族文化的多元性，培养幼儿对多元文化的理解与尊重。幼儿园通过开展具体的、丰富多彩的、富有生命力的教育内容展现蒙古族文化的角度，让幼儿心情愉悦地获得知识，开阔视野，激发孩子们热爱祖国的情感，使原本抽象的民族文化在幼儿眼中具体生动起来，帮助幼儿更好地理解蒙古族的文化，进而培养他们热爱多民族祖国的情感。

二、节日活动教育目标和内容

节日活动教育总目标	利用蒙古族文化，促进幼儿全面发展，充分发挥和展示蒙古族文化的魅力和价值。
小班教育目标	1. 感知蒙古族音乐的风格和情绪，体验挤奶的乐趣。 2. 初步学习挤奶律动，能随着音乐做挤奶的动作。 3. 能够表达自己对蒙古族的认识。
小班活动内容	音乐活动：我是小小的挤奶员
中班教育目标	1. 初步了解蒙古族的传统礼仪，体会蒙古礼仪的热情、好客。 2. 学说日常生活中蒙古族的礼貌用语。 3. 初步了解那达慕节的相关知识。 4. 积极地表达自己对内蒙古的认识，萌发民族自豪感。
中班活动内容	社会活动：到额吉家做客　社会活动：热闹的那达慕节
大班教育目标	1. 学习运用不同材料装饰蒙古袍，表现蒙古服装的特点。 2. 练习四散追捉，提高动作的灵敏性。 3. 喜欢蒙古族音乐，尝试用蒙古族舞蹈基本动作表现歌曲。 4. 能够语言连贯、清楚地讲述蒙古人的生活。
大班活动内容	艺术活动：蒙古服饰坊　健康活动：我是草原小骑手　音乐活动：我的美丽蒙古
全园活动教育目标	1. 喜欢参加体育活动，感受那达慕节的热闹场面。 2. 建立初步的团队意识和竞争意识，懂得在活动中要合作、谦让、遵守规则。 3. 勇于克服困难，增强动作的协调性和灵活性。
全园活动内容	"那达慕"运动会（小、中、大班）

三、那达慕节系列活动方案

（一）精选活动

活动一：音乐活动——我是小小的挤奶员（小班）

活动二：社会活动——到额吉家做客（中班）

活动三：社会活动——热闹的那达慕节（中班）

活动四：艺术活动——蒙古服饰坊（大班）

活动五：健康活动——我是草原小骑手（大班）

活动六：音乐活动——我的美丽蒙古（大班）

全园活动："那达慕"运动会（小、中、大班）

(二)环境创设

1. 主题墙面创设

(1)主题墙以蒙古族特色的花纹图案装饰，张贴具有游牧文化特色的画面。

(2)搜集蒙古族的服装，布置成"蒙古服饰坊"展板。

(3)制作调查表，和家长共同收集关于蒙古人生活习俗的资料。

2. 区域活动创设

(1)利用挂历纸等废旧材料制作蒙古族服饰。

(2)在音乐区听蒙古族音乐、创编舞蹈。

(3)体育区投放一些器械，可供幼儿参与"赛马""投掷"等活动。

(三)活动方案设计与指导

活动一：音乐活动——我是小小的挤奶员(小班)

🐦 **活动目标**

1. 感知蒙古族音乐的风格和情绪，体验挤奶的乐趣。

2. 初步学习挤奶律动，能随着音乐做挤奶的动作。

3. 能够表达自己对蒙古族的认识。

🐦 **活动准备**

1. 知识经验准备：教师带领幼儿认识蒙古族，对蒙古族的生活有一定了解。

2. 环境材料准备：蒙古族音乐"挤奶舞"，蒙古人生活的视频（主要是在草原放牧的场景）、图片（可从网络上查找）。

🐦 **活动过程**

1. 欣赏视频，导入活动。

(1)播放视频，了解蒙古族在草原放牧的生活。

(2)教师引导幼儿观察蒙古人挤奶的场景。

指导语：

(1)你们知道这是哪个民族吗？

(2)他们在干什么？他们是怎么挤奶的？你能用你的动作模仿一下吗？

★建议：这个环节主要是让孩子初步了解蒙古人的生活，重点引导幼儿观察蒙古人挤奶的动作。

2. 欣赏音乐，教师表演律动《挤奶》。

(1)欣赏音乐《挤奶舞》，引导幼儿感受音乐中欢快的节奏。

(2)教师示范表演律动《挤奶》，鼓励幼儿认真欣赏，尝试用动作自由表现。

指导语：

(1)你们喜欢这个音乐吗？你们听了这个音乐有什么感觉？

(2)这是蒙古族的音乐，你们猜一猜刚才老师表演蒙古人在干吗？老师表演了几个动作？你能学一学吗？

★建议：这个环节引导幼儿感受蒙古族音乐的特点，并能用语言和动作大胆地表现出自己的感受。

3. 学习律动《挤奶》。

(1)引导幼儿聆听音乐，感受节奏的变化和特点。

(2)鼓励幼儿初步有节奏地表现各种挤奶的动作。

(3)听音乐，完整地表演律动《挤奶》。

指导语：

(1)挤奶员是怎么挤奶的？都做了哪些动作？我们一起学一学吧！

(2)小朋友们，让我们一起听着音乐给奶牛挤奶吧！

★建议：这个环节让幼儿初步感受音乐中重复的段落，通过观看老师表演知道音乐分为三段，鼓励幼儿能够创造性地表演律动。

活动延伸

1. 将音乐《挤奶》投放到表演区，让幼儿能够继续表演。

2. 在日常生活中，收集一些蒙古人生活的图片，让幼儿继续熟悉和了解蒙古人的生活特点。

指导建议

教师可利用PPT和视频的现代信息技术，让幼儿通过了解和表现蒙古族人民的生活点滴，鼓励幼儿大胆地表现与表达自己的想法。

活动二：社会活动——到额吉家做客(中班)

活动目标

1. 感受蒙古人好客的热情，体会蒙古族交往礼仪中的热情、好客。

2. 学说日常生活中蒙古族的礼貌用语。

3. 初步了解蒙古族的传统礼仪。

活动准备

1. 知识经验准备：活动前了解蒙古族相关知识。

2. 环境材料准备：蒙古族图片 PPT，哈达、小点心若干，视频资料(蒙古人招待客人的视频)，做几个蒙古包的图片，贴在教室里，布置成蒙古人的家。

活动过程

1. 欣赏 PPT，感受蒙古人的生活。

(1)观察图片，了解蒙古人的基本生活。

(2)教师用导游的身份和语气与幼儿对话，激发幼儿参与活动的热情。

指导语：

(1)你们知道这是哪里吗？他们是什么民族？

(2)今天老师要带你们去蒙古人的家中做客，你们知道怎么做客吗？

★建议：这个环节通过多种图片的展示，帮助幼儿进一步深化对蒙古族的认识，调动幼儿去蒙古人家做客的激情。

2. 观看视频，了解蒙古人待客礼仪。

(1)引导幼儿仔细观察视频中蒙古人招待客人的场景。

(2)请幼儿模拟献哈达。

指导语：

(1)蒙古人是怎么招待客人的？你是从哪里看出来的？猜一猜"赛拜努"是什么意思？

(2)你们知道哈达是什么吗？它有什么作用？

★建议：这个环节通过观看视频，让幼儿感受到蒙古人待客的礼仪。幼儿能够运用已有的知识经验说一说对蒙古人的认识。

3. 游戏：到额吉家做客。

(1)引导幼儿来到"蒙古包"门口准备做客。

(2)教师扮演主人，用简单的蒙古语招待小客人。

指导语：

(1)你们知道蒙古人是怎么招待客人的吗？

(2)刚才主人说的蒙古语，你知道是什么意思吗？让我们一起来学一学吧！

★建议：这个环节是通过游戏帮助幼儿亲身感受蒙古人待客礼仪，并尝试学说一些简单的"你好""再见"等蒙古语，增强幼儿对蒙古族文化的兴趣。

活动延伸

1. 家长和幼儿可继续搜集关于蒙古族的一些生活礼仪知识分享交流。

2. 在生活区或者表演区投放哈达等物品，鼓励幼儿在游戏中进一步感受蒙古人的传统礼仪。

指导建议

这个活动需要幼儿前期对蒙古族的一些传统礼仪有一定的了解，可以让幼儿活动前做一些调查。活动中教师可营造氛围，采取游戏的形式，运用到生活中，充分感受到蒙古族人民好客的热情。

附：活动资源

蒙古人招待客人视频，见 http：//travel. cntv. cn/2014/09/25/VIDE1411583398
139290. shtml？ ptag＝vsogou

蒙古人招待客人的图片

活动三：社会活动——热闹的那达慕节(中班)

活动目标

1. 喜欢那达慕节，感受蒙古人的生活和内蒙古的风光。

2. 初步了解那达慕节的相关知识。

3. 积极地表达自己对内蒙古的认识，萌发民族自豪感。

活动准备

1. 知识经验准备：活动前幼儿观看过许多赛马比赛的视频。

2. 环境材料准备："那达慕"大会的短片，摔跤、骑马、射箭的图片，蒙古服饰、
配饰、哈达若干，自制篝火台一个，幼儿围成半圆坐在篝火前。

活动过程

1. 内蒙古旅行，导入活动。

(1)幼儿观看中国地图，找到内蒙古在地图上的位置。

(2)播放音乐，模仿骑马围着教室走一圈坐下。

指导语：

(1)最近我们观看了一个"马背上的民族"的视频，谁知道这是哪个民族？你能在地
图上找到内蒙古在什么地方吗？你知道蒙古人过节是怎么样的吗？

(2)小朋友们，让我们一起骑马去美丽的大草原参加蒙古族著名的那达慕节吧！

★建议：这个环节通过去内蒙古旅行，增强幼儿了解蒙古人生活的意愿。鼓励幼
儿大胆地表达自己对蒙古人生活的认识，调动幼儿参与的热情，积极地投入活动中。

2. 欣赏短片"那达慕"大会。

(1)引导幼儿仔细观看短片中热闹的场景。

(2)幼儿自由讨论短片中的比赛项目。

(3)教师介绍那达慕节的知识。

指导语：

(1)你们看到蒙古人是怎么庆祝节日的？刚才的短片里他们都在做什么？你都看到哪些比赛项目？

(2)你最喜欢哪一项活动？为什么？

(3)"那达慕"是蒙古语的音译，代表"娱乐、游戏"的意思，也表示丰收季节的喜悦之情。在"那达慕"大会上会有摔跤、骑马和射箭比赛，被称为"男儿三艺"竞技。

★建议：这个环节让幼儿自由观看、交流，充分发挥幼儿的主动性。并鼓励幼儿相互介绍，积极地表达自己的想法。

3. 游戏：热闹的那达慕节。

(1)幼儿选择合适的道具，扮演蒙古人。

(2)播放音乐，幼儿围在篝火前表演。

指导语：

(1)今天，我们来到了内蒙古参加那达慕节，请你们选择一件道具装扮起来，开始我们的篝火宴会吧！

(2)随着动听的音乐，我们一起模仿他们的活动项目，小骑手是怎么骑马的？蒙古舞是怎么跳的？

★建议：这个环节教师在幼儿动作的模仿过程中，不要过多的演示，鼓励幼儿相互学习，生生互动，让孩子们在游戏中体会那达慕节的气氛。

4. 献哈达，活动结束。

(1)幼儿围坐成半圆，交流感受。

(2)教师代表蒙古人献哈达。

指导语：

(1)热闹的"那达慕"大会结束了，小朋友们，你们玩得开心吗？和小朋友说一说你都参加了哪些项目？

(2)热情的蒙古人非常欢迎我们小朋友到来，最后将他们蒙古人最圣洁的哈达送给你们这些尊敬的小客人。

★建议：这个环节主要是让幼儿交流刚才游戏的感受，通过最后的献哈达再次了解蒙古人对朋友的礼仪。

🐦 **活动延伸**

1. 家长可以和幼儿一起继续了解关于那达慕节上的一些风俗和活动项目。

2. 可利用户外活动增加一些竞技比赛项目，如赛马、射箭等。

🐦 **指导建议**

这个活动中如果没有蒙古族服饰，教师可以用一些丝带或者腕带代替。教师要注重通过游戏，激发幼儿的学习兴趣，特别是在模仿环节不要过多的示范，鼓励幼儿大胆地表现出蒙古人那种豪迈的热情。

🐦 **附：活动资源**

那达慕节视频短片，见

http：//v.17173.com/v_102_616/NzgxMjkwNg.html？ptag＝vsogou

http：//v.17173.com/v_102_614/MTU4MjM1OTM.html？ptag＝vsogou

那达慕节活动图片

活动四：艺术活动——蒙古服饰坊(大班)

🐦 **活动目标**

1. 体验装饰蒙古袍、穿着蒙古袍跳舞的乐趣。

2. 学习运用不同材料装饰蒙古袍，表达出蒙古袍服装的特点。

3. 丰富对蒙古袍的认识，能与同伴合作进行创作。

🐦 **活动准备**

1. 知识经验准备：活动前幼儿收集各种不同的蒙古袍图片。

2. 环境材料准备：不同的蒙古袍两件(男女各一件)，蒙古族音乐，录音机，人手一把剪刀，双面胶，各类装饰性材料(皱纹纸、海绵纸、蜡光纸等)以及幼儿收集的各类废旧碟片、糖纸、碎布等，白色的没有装饰的蒙古袍6件。

🐦 **活动过程**

1. 出示图片，介绍蒙古袍。

(1)相互交流，请幼儿介绍自己带来的图片。

(2)将图片收集布置成展板。

指导语：

(1)你们带来的图片都是哪个民族的？他们的服装跟我们的有什么不同？

(2)和你旁边的小朋友说一说蒙古袍有什么特点？它的花纹图案是什么样的？

★建议：这个环节可以让幼儿自由地观察、思考、介绍，发现蒙古袍服饰的特点。根据幼儿的表述，教师再进行经验梳理。

2. 介绍操作材料和要求。

(1)介绍各种材料。

(2)提出制作和装饰的要求。

指导语：

(1)这里有许多的材料，怎样利用这些材料装饰蒙古袍？请你介绍一下你的想法。

(2)装饰的时候要注意商量合作，粘贴的时候要粘牢。

★建议：这个环节应让幼儿充分观察材料的特点，可以更好地去操作，不至于操作时无从下手。

3. 装饰蒙古袍。

(1)出示白色蒙古袍，请幼儿思考如何装饰。

(2)分组讨论，选择装饰材料。

(3)鼓励幼儿在制作时能相互合作，取长补短。

指导语：

(1)怎样设计才能体现蒙古袍的服饰特点？

(2)和你小组的小朋友商量一下，选择什么材料？怎么分工？

★建议：这个环节教师在幼儿操作时可以巡回指导，鼓励每组幼儿选择不同的材料进行装饰。

4. 评价总结，展示服饰。

(1)每组请一个幼儿介绍自己组设计的蒙古袍。

(2)教师积极肯定幼儿作品，增强幼儿自信心，体验成就感。

(3)播放音乐，模特与设计师手拉手，大胆展示。

指导语：

(1)每组选出一位代表，说说你们组的创作意图和选用材料。

(2)听音乐，穿上蒙古袍一起来表演吧！

★建议：这个环节要鼓励幼儿大胆地表达自己的想法，让每个人都有成功感。

🕊 **活动延伸**

1. 将制作好的服装投放到表演区，供幼儿表演蒙古舞蹈。

2. 在美工区可以继续投放蒙古族服饰的一些素材，让幼儿运用不同材料装饰。

🕊 **指导建议**

活动前可以让幼儿设计蒙古帽等饰品，积累创造的经验。在活动中的欣赏环节教师要注重利用语言充分地表达自己对蒙古袍的认识，并关注幼儿的操作过程，适时地给予帮助。

🕊 **参考图片**

活动五：健康活动——我是草原小骑手(大班)

🕊 **活动目标**

1. 积极参与竞赛活动，体验合作的快乐。

2. 练习四散追捉，提高动作的灵敏性。

3. 能与同伴协调、合作地进行游戏，遵守游戏规则。

🕊 **活动准备**

1. 知识经验准备：游戏前给幼儿讲讲草原风景、牧民生活，观看有关的图片和录像，学习跑马步等舞蹈步法及游戏中的儿歌。

2. 环境材料准备：场地上有两个大圈，一个是"草场"，一个是"牧场"，音乐《我是草原小骑手》、蒙古族歌曲《Rocky Mountain》，马和骑手标志若干，周围场地布置成草原(做一些立体的草场背景图)，增设一些障碍物，如小河、矮墙、田埂等。

🕊 **活动过程**

1. 热身活动。

(1)观察周围环境，导入游戏主题。

(2)播放音乐，教师带领幼儿听音乐活动四肢，学习骑手生活的基本动作，如摔跤、骑马、扬鞭等。

指导语：

(1)小朋友们，看看我们来到了哪里？大草原上都有什么？

(2)小牧民们，今天天气这么好，我们一起放马吧！

★建议：这个环节主要是导入活动，做好体育活动前的准备，通过模仿小骑手的动作活动四肢。

2. 奔向牧场。

(1)幼儿两人一组，开始游戏前的准备。

(2)听口令集体排队绕过障碍物跑步进"草场"。

指导语：

(1)小朋友们两人一组，一人当马，一人当牧民，分别佩戴标志，准备开始游戏了。

(2)来，小骑手们一起骑马在草原上奔跑吧！前面有个小山坡挡住了我们的去路，怎么过呀？一起去试试吧！

★建议：这个环节可以让幼儿尝试合作游戏，练习两人一组向前跑。要求是"小骑手"一手牵着"马"的衣服，一手举起做扬鞭骑马的动作。在闯过障碍物时教师要关注幼儿游戏情况，要求是两人在不放手的情况下一起越过障碍物。

3. 游戏：放牧。

(1)教师介绍游戏的玩法与规则。

(2)游戏前一起念儿歌，马四散在"草原"上吃草，小牧民独自或数人一起跳舞或做游戏。听到教师喊："大风来了！"马儿就要受惊四散奔跑，小骑手要追赶、寻找自己的马。找到马儿后"骑"马在"牧场"上走动，待马儿全部找到后结对归去，游戏结束。幼儿念儿歌，开始游戏。

(3)重复游戏时可交换游戏伙伴。

指导语：刚才小骑手太厉害了，一下就把马都赶回了牧场。现在请你们交换小伙伴，再玩一次游戏吧！

★建议：这个环节教师要强调游戏的规则，在注重体育游戏活动量的同时，也要注意观察孩子游戏的情况，加强幼儿的安全教育。

4. 交流评价，放松结束。

(1)听音乐，幼儿围着圈圈做放松动作。

(2)教师进行活动小结。

指导语：

(1)优美的蒙古族音乐响起来了，让我们一起听音乐跳起来吧！

(2)小骑手们今天真厉害，一匹马都没走散，游戏时也能遵守游戏规则，学会保护自己和小马，你们都是勇敢的草原小骑手！

★建议：这个环节的音乐可以选择舒缓的蒙古族音乐，让幼儿自然地听着音乐放松身体。

🕊 活动延伸

1. 户外活动中继续开展游戏，根据幼儿的熟练程度增加难度。

2. 在体育角自制"小马"开展体育活动。

❀ 指导建议

活动中教师要积极鼓励幼儿表现蒙古人放牧时的场景，关注幼儿两两合作跑的合作能力及动作发展，游戏过程要由易到难，逐渐增加游戏的难度，激发幼儿对活动的兴趣和积极性。

❀ 附：活动资源

蒙古族儿歌

青青的草儿，蓝蓝的天，骑马奔跑在草原上。

马儿马儿你累了，你去吃草，我游玩。

活动六：音乐活动——我的美丽蒙古(大班)

❀ 活动目标

1. 喜欢民歌《我的美丽蒙古》，感受蒙古族音乐的优美和欢快。
2. 熟悉乐曲旋律，尝试用蒙古族舞蹈基本动作表现歌曲。
3. 连贯、清楚地讲述蒙古人的生活。

❀ 活动准备

1. 知识经验准备：幼儿活动前听过一些蒙古族音乐，知道一些蒙古族舞蹈的基本动作。
2. 环境材料准备：音乐《我的美丽蒙古》《我是草原小牧民》，大草原美景的PPT。

❀ 活动过程

1. 欣赏课件，了解蒙古草原的风情。

(1)播放课件，引导幼儿感受蒙古草原的美丽。

(2)分组交流对蒙古草原的认识。

指导语：

(1)今天老师给小朋友带来一些图片，我们一起看一看吧！

(2)谁来说一说你都看到了什么？你们喜欢蒙古草原吗？你最喜欢的是什么？

★建议：让幼儿通过PPT的展示充分地感受内蒙古草原的美，并鼓励幼儿用语言表达对民族文化的热爱。

2. 欣赏音乐《我的美丽蒙古》

(1)幼儿欣赏音乐。

(2)观看草原美景的PPT，再次欣赏音乐。

指导语：

(1)今天老师给小朋友带来了一首好听的音乐，小朋友认真听听这是哪个民族的音乐，你有什么感觉，好像看到了什么？

(2)现在我们一起到蒙古大草原去看一看，看看那里的人们都在做什么？

★建议：这个环节让幼儿感受到蒙古族音乐中所表达出来的优美，可以分组让幼儿说一说对这首歌曲的感受，猜一猜这首歌曲表达的含义。

3. 再次欣赏，自由编舞。

(1)幼儿听音乐分组进行舞蹈创编。

(2)每组在集体面前进行展示。

指导语：

(1)这首歌是用蒙古语演唱的，表达了蒙古族人民有趣的生活，如果你是蒙古人，你想做什么事情？

(2)请每一组的代表说一说你用动作表达着蒙古人在做什么？

★建议：这个环节鼓励幼儿说说、跳跳，感受歌曲的性质。特别是教师要引导幼儿运用已有蒙古舞的基本动作的经验进行创编。

🐦 活动延伸

1. 将歌曲投放到音乐区继续表演。

2. 日常生活中可以收集更多的经典的蒙古族音乐开展欣赏活动。

🐦 指导建议

这个活动建立在幼儿对蒙古族舞蹈和音乐有一定认识的基础上，通过 PPT 的演示和音乐的伴奏，让幼儿感受到蒙古舞的特别之处。教师要理解和尊重幼儿在欣赏时手舞足蹈、即兴模仿等行为，幼儿主动介绍时要积极给予回应和鼓励。在活动中注意关注幼儿体验交流合作的快乐。将蒙古族文化贯穿于艺术领域中。

🐦 附：活动资源

《我的美丽蒙古》儿歌视频，见 http：//www.9ku.com/erge/shipin/1837.htm

全园活动："那达慕"运动会(小、中、大班)

🐦 活动目标

1. 喜欢参加体育活动，感受那达慕节的热闹场面。

2. 有初步的团队意识和竞争意识，懂得在活动中要合作、谦让、遵守规则。

3. 勇于克服困难，增强动作的协调性和灵活性。

🐦 活动准备

1. 知识经验准备：幼儿活动前认识蒙古族那达慕节活动。

2. 环境材料准备：创设热闹的会场气氛，用彩旗、气球装点赛场环境，参赛卷(上面印有竞赛项目图)，运动项目比赛道具、指示牌，每班幼儿要佩戴一个有蒙古族特征的标记(服饰、配饰均可)。

🐦 活动过程

1. 运动员进场，升旗。

（1）各班小运动员队伍，在进行曲中整齐有序地进入运动场，参加庄重的升旗仪式。

（2）运动员代表和园长讲话。

2. 团体操表演和竞技比赛。

（1）各年龄段蒙古族团体操表演。

（2）"草原三艺"竞赛。

小班组：

①小马运粮。

游戏规则：幼儿10人为1组，站在起点线上，将沙包放在头上，保持身体平衡将水果运到对面的小房子里，中途掉下的捡起放好继续前进。先完成任务队为胜。

②小牧民。

游戏规则：幼儿10人为1组，站在起点线上，将小羊玩偶放在幼儿后背上，哨声响起第一名幼儿开始爬过地垫，爬至终点接着爬回将小羊玩偶交给第2名幼儿。先结束队为胜。

中班组：

①放马。

材料：羽毛球拍、梅花桩4组，筐一个、球10个。

游戏规则：幼儿手拿羽毛球拍，赶着球在规定的跑道绕过障碍走，最后，必须赶到指定的筐里，然后跑回起点，将球拍交给下一名幼儿。先完成的队伍获胜。

②草原勇士。

材料：扁担、纸箱、独木桥、跨栏、沙包20个、筐1个。

游戏规则：每人持装有沙包的扁担通过平衡木跨过跨栏，走到终点将沙包放在指定筐内，然后返回起点交给下一名小朋友。

大班组：

①大草原上赛马。

规则：运动员双手持马头的竹竿，置胯下绕障碍奔驰前进，先到达终点则获胜。

②套马。

规则：一组幼儿穿越障碍（小河、草地），拿一个呼啦圈套在另一个幼儿身上，然后两人同时返回起点则获胜。

3. 颁发奖品，活动结束。

在音乐的伴奏下，颁发奖品，并为获奖的班级代表奉上哈达。

　　附：**活动资源**

蒙古族舞曲《那达慕之歌》（词/田耳；曲/罗丁）可以从网络上查找。

第四节 壮族——三月歌圩

三月歌圩亦称三月三歌节，是壮族的传统节日。节日期间，家家户户都会做五色糯饭、染彩色蛋来欢庆节日。歌节有特定的聚会场所，一般在离村舍不远的空地上进行，用竹子和布匹搭成歌棚，接待外村的歌手。著名的歌圩有巴马的盘阳河畔、都安的棉山、田阳的乔业、田东的仰岩、宜山的下涧、柳州的鱼峰山等。而在歌圩场四周，摊贩云集，民间贸易活跃。在歌圩日，小伙子和姑娘们都穿上节日盛装，男携礼物，女揣绣球，成群结队涌向歌圩地点。歌圩的高潮是擂台赛，歌手们相继上台献艺，有老歌手，也有初登歌台的新秀，人们歌唱着新生活，歌唱着甜蜜的爱情，而最具传奇色彩的歌手是大家熟知的刘三姐。歌节不仅是民族文化的盛会，亦是民族经济交流的盛会。

一、节日活动设计思路

农历"三月三"又称"三月三歌圩节""歌仙节"，是壮族的传统歌节。相传是为纪念刘三姐而形成的民间纪念性节日。这一天，家家户户做五色糯饭、染彩色蛋、抛绣球欢度节日。中国是多民族国家，壮族是第二大民族，"三月歌圩"类似于汉族的春节，因此让幼儿了解"三月三"壮族的歌圩节，是引导幼儿认识壮族的好途径。由于壮族的"歌圩节"活动多在户外进行，受地理位置和文化服饰等方面的限制，在幼儿园开展"三月歌圩"的活动，可以选取其中的重要活动元素，结合幼儿园班级活动特点，以"纪念""游戏"和"互动"作为切入点，创造必要的条件，让孩子们在游戏中感受壮族的文化。此次"三月歌圩"的活动，我们在小班开展了"奇妙五彩糯""彩蛋来相会"活动，中班开展"童趣对歌会""运动彩球乐"活动，大班开展"歌圩PK赛""装扮壮族娃"的活动，让幼儿体验节日的欢乐及感受壮族的民族风情。体现《3—6岁儿童学习与发展指南》社会领域中"利用民间游戏、传统节日等，适当向幼儿介绍我国主要民族的文化，帮助幼儿感知文化的多样性和差异性"的要求，让孩子们在游乐中了解壮族的重大节日。

二、节日活动教育目标和内容

节日活动教育 总目标	1. 对民族文化感兴趣，喜欢歌圩节浓浓的节日气氛。 2. 了解壮族的文化及重大节日，感知文化的多样性和差异性。 3. 能积极参与"三月歌圩"的系列活动。

小班教育目标	1. 愿意与小朋友一起活动。 2. 乐于观看、欣赏同伴的作品。 3. 感知糯米染色的奇妙，了解壮族人民的智慧。 4. 能用简单的线条、色彩装饰蛋壳。
小班活动内容	奇妙五彩糯　彩蛋来相会
中班教育目标	1. 乐意与同伴展开对歌，体验对歌的乐趣。 2. 熟悉对歌的演唱形式，初步体验对歌时一问一答的特点。 3. 尝试用抛、接、顶、传、滚等多种方法玩彩球。 4. 能将彩球抛入 1.2 米高的篮球架。
中班活动内容	童趣对歌会　运动彩球乐
大班教育目标	1. 体验赛歌活动的有趣，萌生对壮族歌圩文化的喜爱之情。 2. 了解"三月歌圩擂台赛"，初步尝试制订本班的歌圩 PK 赛规则。 3. 了解壮族服饰的特点，尝试设计壮族特色的服饰花纹。 4. 能在家长帮助下用设计好的配饰装扮自己。
大班活动内容	歌圩 PK 赛　装扮壮族娃
全园活动 教育目标	1. 体验民族文化的多样性及亲子活动的乐趣。 2. 感受壮族文化传统和重大节日。 3. 了解"三月歌圩"的主要活动形式。 4. 能参加与主题相关的体验活动。
全园活动内容	"三月歌圩"亲子游园乐(小、中、大班)

三、歌圩节系列活动方案

(一)精选活动

活动一：奇妙五彩糯(小班)

活动二：彩蛋来相会(小班)

活动三：童趣对歌会(中班)

活动四：运动彩球乐(中班)

活动五：歌圩 PK 赛(大班)

活动六：装扮壮族娃(大班)

全园活动："三月歌圩"亲子游园乐(小、中、大班)

(二)环境创设

1. 主题墙面创设

板块一：壮族有名的自然风景如"象鼻山"及壮族的干栏式建筑。

板块二：壮族"三月歌圩"中的活动图片，如"五色糯米饭""染彩色蛋""抛绣球""歌圩赛"等，帮助幼儿了解"三月歌圩"。

板块三：壮族的民族服饰。

板块四：刘三姐的传说，帮助幼儿了解"三月歌圩"的由来。

2. 区域活动创设

图书区：投入有关刘三姐的故事书，了解历史。

科学区：投入红蓝草、黄饭花、枫叶、紫蕃藤这些植物的汁、糯米，幼儿可以用彩色汁自己浸泡糯米，观察变色过程。

体育区：投入自制彩球，可以用抛、投、接等多种玩法玩球。

美工区：投入彩笔、美工蛋壳，引导幼儿装饰蛋壳。

表演区：投入壮族民族服饰和头饰，幼儿可以装扮自己开展歌圩游戏。

角色区：在"食品街"或"餐厅"中投放五彩糯的模型，开展角色游戏。

(三)活动方案设计与指导

活动一：奇妙五彩糯(小班)

🐦 **活动目标**

1. 体验品尝五彩糯米饭的快乐。

2. 感知糯米染色的奇妙，了解壮族人民的智慧。

3. 能说一说品尝五彩糯米饭的感觉。

🐦 **活动准备**

1. 知识经验准备：听过关于刘三姐的故事，初步知道壮族有一个节日"三月歌圩"。

2. 环境材料准备：将枫叶、黄饭花、红蓝草、紫蕃藤这些植物榨成汁，洗净的糯米、碗、勺、芝麻、白糖若干，五个电饭煲，榨汁机，五彩糯的图片。

🐦 **活动过程**

1. 认识五彩糯。

(1)出示五彩糯的图片，请幼儿看一看，说一说，有哪几种颜色？

(2)介绍五彩糯是壮族的特色食品，在"三月歌圩"节日时，壮族家家户户都要吃这种食品。

指导语：

(1)小朋友们知道这是什么吗？这碗糯米饭有哪几种颜色？

(2)你们知道哪里的人喜欢吃五彩糯吗？过什么节的时候吃？

★建议：本环节的重点是让幼儿知道五彩糯和壮族的关系。

2. 奇妙的染料。

(1)分别出示枫叶、黄饭花、红蓝草、紫蕃藤，介绍给幼儿认识。

(2)用榨汁机分别榨出枫叶、黄饭花、红蓝草、紫蕃藤的汁，了解这些植物的汁是天然的染料，可以用来做五彩糯米饭。

(3)将糯米分成五份，其中的四份分别放入彩色汁中，观察染色的奇妙过程。

指导语：

(1)老师这里有一些植物，你们认识吗？它们是什么颜色的？

(2)看看榨出的汁是什么颜色？你们知道这些不同颜色的汁有什么用吗？

★建议：引导幼儿知道不同颜色的植物可以榨出不同颜色的汁，重点指导幼儿观察糯米的染色过程。

3. 品尝五彩糯。

(1)用五台电饭煲煮糯米饭。

(2)幼儿自由盛取五色糯米饭，可加入芝麻、白糖增添风味。

(3)品尝五彩糯。

指导语：

(1)猜猜我们煮出的糯米饭是什么颜色的？

(2)大家想吃五色糯米饭吗？大家可以在五彩糯米饭中加芝麻、白糖调调味。

★建议：电饭煲煮饭的过程中幼儿可以欣赏关于"三月歌圩"的视频。幼儿自由盛取五色糯米饭时要注意安全和卫生(先洗手)。

4. 交流：美味五彩糯。

请幼儿说一说自己品尝五彩糯的感受。

指导语：

(1)五彩糯与我们平时吃的米饭有什么不同？

(2)你感觉五彩糯好吃吗？为什么？

★建议：指导幼儿交流对于品尝五彩糯的感受，答案可以多样，重点是来自幼儿的自我感受。

　🕊 **活动延伸**

在区角投放各色黏土，让幼儿制作"五色糯米饭"。

　🕊 **指导建议**

本活动中，教师要将"五彩糯是壮族特色食品"告诉幼儿，这样才是大主题下的小活动，而不是单纯的食品尝活动。在教案中采用榨汁机这个现代工具现场榨汁给孩子们看，教师也可以展示舂、捣等传统工具，让幼儿舂一舂、捣一捣、挤一挤，感受传统榨汁工艺。

🐦 **附：活动资源**

    五彩糯米饭俗称五色饭，是壮族引以为豪的标志性食品，因糯米饭呈黑、红、黄、紫、白五种颜色而得名，是壮家用来招待客人的传统食品。农历三月三，壮族家家户户都喜欢做五色糯米饭吃，以作赶歌圩食用，或祭祖祭神之用。他们选好优质糯米，采来紫蕃藤、黄饭花、枫叶、红蓝草，浸泡出汁液，分别拌糯米，然后合而蒸之，不仅色彩斑斓，而且味道香醇，象征生活美好。

活动二：彩蛋来相会（小班）

🐦 **活动目标**

1. 乐意与同伴交换彩蛋。

2. 尝试装饰蛋壳，欣赏同伴的作品。

3. 能用简单的线条、色彩装饰蛋壳。

🐦 **活动准备**

1. 知识经验准备：有过在纸上装饰水果的经验。

2. 物质材料准备：视频，范例，煮熟的鸡蛋、水彩笔、黏土若干。

3. 环境材料准备：主题墙中有壮族碰彩蛋的图画。

🐦 **活动过程**

1. 视频：壮族的五彩蛋。

指导语：我们一起来看看壮族哥哥姐姐在过节日"三月歌圩"时，会怎样装饰煮熟的鸡蛋。

★建议：教师可以讲解碰五彩蛋是壮族"三月歌圩"活动中的一个重要活动。

2. 欣赏已装饰好的蛋壳范例。

(1)请幼儿欣赏几种不同装饰图案的鸡蛋。

(2)介绍今天的活动：装饰彩蛋。

(3)请幼儿说一说自己想怎样装饰蛋宝宝。

指导语：

(1)今天我们也学壮族小朋友，画彩蛋，用彩蛋交朋友。

(2)请你们想一想自己想怎样装饰彩蛋？

★建议：教师范例中的图案和线条是幼儿能够达到的，不必局限于视频中的复杂图案，在幼儿作画前要给幼儿一个思考的时间。

3. 幼儿装饰蛋壳，教师巡回指导。

(1)提出作画要求：轻拿轻画，图案尽量画得和别人不同。

(2)教师巡回指导，重点指导能力较弱的孩子。

(3)收拾水彩笔。

指导语：

(1)小朋友们，我们拿蛋宝宝和绘画的时候要轻一点，保护好蛋宝宝的壳。

(2)孩子们，想一想，要让你装饰的蛋宝宝跟别人的不一样哟！

★建议：提出具体的操作要求，可以让鸡蛋尽量保持完整。教师巡回指导时要多采用启发式的指导。

4. 互动：换彩蛋，交朋友。

(1)小组间幼儿相互欣赏同伴的作品。

(2)幼儿间找朋友，交换彩蛋。

指导语：

(1)请你看看周围小朋友的蛋宝宝，好看吗，上面画了什么？

(2)孩子们，请你们带着彩蛋去找朋友，找到了，两个人互相交换彩蛋。

★建议：重点引导幼儿关注同伴的作品，并从中有收获，受到启发。交换彩蛋环节充分尊重孩子的想法。

　🐦 **活动延伸**

将交换回来的彩蛋带回家，送给家人。

　🐦 **指导建议**

本活动是艺术活动和社会活动的综合，教师在执教过程中，要注意引导幼儿作画的兴趣，让幼儿自由思考、绘画、表现。在欣赏环节中，可打破小组间的界限，采用自由欣赏和集体欣赏相结合的方式。交换彩蛋的环节，教师可根据本班幼儿的实际能力，加入一些语言的要求，如请你做我的好朋友，好吗？……同时教师在活动的结尾要呼应活动开头的壮族的"三月歌圩"活动，给活动以完整感。

活动三：童趣对歌会(中班)

　🐦 **活动目标**

1. 乐意与同伴展开对歌，体验对歌的乐趣。

2. 熟悉对歌的演唱形式，初步体验对歌时一问一答的特点。

3. 能将已学的歌曲用对歌的形式表现。

🐦 **活动准备**

1. 知识经验准备：请家长帮助幼儿收集、了解"三月三"节日的活动内容，已学歌曲《大馒头》《谁的耳朵长》《夏天的雷雨》《幼儿园什么多》。

2. 环境材料准备：视频电影《刘三姐》中的经典对歌片段《什么结子高又高》，歌圩节活动的课件。

🐦 **活动过程**

1. 播放歌圩节活动的课件，和幼儿一起观看其热闹的场景。

(1)播放课件。

(2)教师讲解。

指导语："三月三"这一天，壮族人民会举行盛大的"歌圩"活动，"对歌"是其中主要的演唱形式。

★建议：教师在本环节主要让幼儿感受对歌的热闹和有趣。

2. 欣赏电影《刘三姐》中的经典对歌片段《什么结子高又高》，了解对歌。

(1)幼儿欣赏《什么结子高又高》，知道对歌时一问一答的特点。

(2)幼儿分两组学习对歌《什么结子高又高》。

指导语：

(1)这首歌跟我们平时唱的歌曲有什么不同？

(2)这种一问一答的唱歌方式叫对歌，我们一起来学学吧！

★建议：本环节主要引导幼儿感受对歌的形式，教师可结合图片、身体动作帮助幼儿理解歌词。

3. 童趣对歌会。

(1)鼓励幼儿用已学过的歌曲用对歌的形式来唱。

(2)幼儿思考有哪些歌曲可以用对歌的形式唱。(《大馒头》《谁的耳朵长》《夏天的雷雨》《幼儿园什么多》等)

(3)幼儿分组对歌。

指导语：

(1)我们可以把平时学的歌曲也用对歌的方式来唱，请大家想一想哪些歌曲里面有问答的，可以唱成对歌？

(2)小朋友们分成X组，一组唱一首歌曲。

★建议：指导幼儿用一问一答的形式演唱适合的歌曲。

4. 对歌表演。

(1)小组表演。

(2)个别表演。

指导语：

(1)哪一组小朋友愿意到前面来表演对歌？

(2)请两个小朋友来表演对歌，谁愿意？

★建议：进一步提高幼儿对歌的兴趣和熟练度。

☞ **活动延伸**

在家中，与家庭成员展开对歌活动。

☞ **指导建议**

活动中，学习对歌的形式只是一个途径，不是本活动的终点。教师要在幼儿学会对歌的基础上，引导幼儿感受对歌的乐趣。活动前，教师就可以在语言活动中开展《问答歌》的游戏，初步感受对歌的特点；活动中，可要求孩子们边对歌边增添动作，这样形式更加有趣味；活动后，还可以引导孩子在熟悉的歌曲中仿编歌词，形成新的对歌，这也符合"三月歌圩"对歌自由快乐的精神。

☞ **附：活动资源**

《大馒头》歌曲，出自南京师范大学出版社《幼儿园音乐教育活动丛书》。

《谁的耳朵长》歌曲，出自武汉出版社《武汉市幼儿园补充教材　音乐》。

《夏天的雷雨》歌曲，出自武汉出版社《武汉市幼儿园补充教材　音乐》。

《幼儿园什么多》歌曲，出自武汉出版社《武汉市幼儿园补充教材　音乐》。

活动四：运动彩球乐(中班)

☞ **活动目标**

1. 感受玩彩球的乐趣。

2. 尝试用抛、接、顶、传、滚等多种方法玩彩球。

3. 能将彩球抛入1.2米高的篮球架。

☞ **活动准备**

1. 知识经验准备：听过关于壮族"三月歌圩"中抛彩球的活动。

2. 环境材料准备：彩球每人一个，自制投篮架4个(1米高)，奖品若干。

☞ **活动过程**

1. 准备活动：自编彩球操。

(1)幼儿拿彩球站成半圆。

(2)教师带领做彩球操，活动全身。

指导语：

(1)今天我们用彩球做游戏，请小朋友们每人拿一个彩球站成半圆。

(2)我们一起来做做彩球操吧！

★建议：幼儿自己拿活动材料，养成良好的户外活动习惯。彩球操帮助幼儿活动开身体的各部分，为游戏活动做准备。

2. 自由玩彩球。

(1)幼儿自由探索各种方法玩彩球。

(2)交流自己的玩法。

(3)学习别人的玩法再次玩彩球。

指导语：

(1)请小朋友们用自己的方法玩彩球。

(2)请大家说一说，你们是用什么方法玩彩球的？

(3)小朋友们说了这么多玩彩球的方法，现在我们用同伴的方法再玩一次彩球。

★建议：引导幼儿多用不同的方法玩彩球，同时会相互学习新玩法。

3. 游戏：彩球投篮。

(1)请一名幼儿演示彩球投篮：双手举球，向上跳起，抛入篮球架中。

(2)幼儿分组练习。

(3)彩球投篮比赛。

指导语：

(1)现在我们玩个新游戏：彩球投篮。

(2)我们开始彩球投篮比赛吧！

★建议：篮球架的高度要适宜，确保幼儿游戏成功。

4. 结束活动：传彩球。

(1)幼儿站成两排，依次向前传彩球，第一名幼儿将彩球放入大筐中。

(2)活动结束发奖品。

指导语：

(1)请小朋友们从后往前传彩球，最前面的小朋友将球放入大筐中，这样球就收好了。

(2)现在给彩球投篮比赛胜利的队发奖品！

★建议：通过传彩球的游戏养成幼儿收拾游戏材料的习惯，注意指导幼儿传球过程中的转身节奏感。

🐦 **活动延伸**

体育区角中，用记录表记录彩球的多种玩法，供幼儿玩耍时参考。

🐦 **指导建议**

"运动彩球乐"是整个"三月歌圩"主题活动中最好发挥的活动。教师可以将各种玩球的游戏都融入"彩球乐"的主题中来。如幼儿能力强可以相互抛接球或举办简单的足球赛都是可以的，只要幼儿快乐、有兴趣，都能开展，但比较机械的拍球比赛，由于等待时间太长不适合放在本主题中。

活动五：歌圩 PK 赛(大班)

活动目标

1. 体验赛歌活动的有趣，萌生对壮族歌圩文化的喜爱之情。

2. 了解"三月歌圩擂台赛"，初步尝试制订本班的歌圩 PK 赛规则。

3. 能按规则开展歌圩 PK 赛。

活动准备

1. 知识经验准备：初步有对歌的经验。

2. 环境材料准备：记录表，笔，主题墙上有"三月歌圩"的对歌图片，壮族"三月歌圩擂台赛"的视频，奖品(彩球、彩蛋)。

活动过程

1. 了解"三月歌圩擂台赛"。

观看壮族"三月歌圩擂台赛"的视频，讨论。

指导语：

(1)今天我们看一段有趣的视频，里面有一个关于唱歌的擂台赛。

(2)壮族的哥哥姐姐、叔叔阿姨是怎样开展歌圩擂台赛的？

★建议：了解壮族"三月歌圩"的风情和热闹。

2. 尝试制订本班的歌圩 PK 赛规则。

(1)建议在班上开展歌圩 PK 赛。

(2)幼儿制订规则，教师记录。

预设规则：第一次比赛的形式是对歌，小朋友分两组，两组从第一个小朋友开始对歌，哪一组没有对上就扣一分，扣三分为输，获胜组成员获美工彩蛋。

第二次比赛的形式是赛歌，小朋友自愿比赛唱歌，每两个小朋友之间选出一名优秀者，最后获胜的小朋友是歌王。歌王奖励一个彩球，每个参赛者奖励一个美工彩蛋。

(3)幼儿读记录表，再一次熟悉规则。

指导语：

(1)我们小朋友们想不想在班上开一个歌圩 PK 赛呀？

(2)大家开动脑筋，我们一起制订班级歌圩 PK 赛的规则吧！

★建议：教师在自己的预设规则下，注意吸纳幼儿好的建议。

3. 歌圩 PK 赛。

(1)对歌 PK 赛。

(2)歌王 PK 赛。

指导语：

(1)班级歌圩 PK 赛开始，请小朋友分成两组，第一轮比赛——对歌。

(2)第二轮比赛开始，歌王PK赛。

★建议：对歌PK赛的曲目可以是幼儿学过的适合问答形式的歌曲，歌王PK赛中，幼儿可以自由发挥，唱自己熟悉的歌曲，还要提醒幼儿注意倾听。

4.发奖品。

根据幼儿比赛结果发奖品。

指导语：

(1)请对歌PK赛的获胜组上台领奖，奖品——美工彩蛋。

(2)请歌王上台领奖，奖品——彩球。

🐦 **活动延伸**

将PK赛的游戏规则放在表演角中，幼儿在区角活动中还可以继续展开PK游戏。

🐦 **指导建议**

歌圩PK赛规则交给大班幼儿自己制订，尊重幼儿的想法。在活动中如果幼儿出现倾听不够好的情况，可以先停下活动，给已产生的优胜者发奖品，吸引幼儿继续参加活动。本活动还可以打破班级限制，与平行班开展歌圩PK赛，形成年级主题活动。

活动六：装扮壮族娃（大班）

🐦 **活动目标**

1.体验与家长一起装扮自己的乐趣。

2.了解壮族服饰的特点，尝试设计壮族特色的服饰花纹。

3.能在家长帮助下用设计好的配饰装扮自己。

🐦 **活动准备**

1.知识经验准备：幼儿去博物馆观赏壮族服饰，幼儿有走秀的经验。

2.环境材料准备：壮族服饰花纹图片或实物，长方形纸条，水彩笔，双面胶，幼儿穿宽松的白色或纯彩色衣裤，戴头巾、腰带。

🐦 **活动过程**

1.好看的壮族服装。

(1)回忆博物馆中的壮族服饰的特点。

(2)出示壮族服饰花纹图片或实物，引导幼儿欣赏服饰上的花纹。

发现：有规则的连续的正方形、三角形、"凸"字形和点状、圆形等花纹，特点是连续图案。

指导语：

(1)你们在博物馆中看到的壮族服装有什么特点？

(2)这里有壮族服装的花边，请你们观察一下上面花纹的特点。

★建议：本环节的重点是让幼儿发现壮族服饰花纹是连续延展的，花纹元素是常见的图案。

2. 一起来设计。

(1)提出今天的任务：和爸爸妈妈一起设计头巾和腰带的花纹，装扮自己。

(2)幼儿与家长一起设计创作。

指导语：请小朋友和爸爸妈妈商量一下，设计头巾和腰带的花纹，一定要有壮族花纹的特点哟！

★建议：引导幼儿自己动脑筋设计，动手绘画，家长在一旁给予语言指导，家长不能包办代替。

3. 装扮壮族娃。

(1)家长帮助孩子将画好的花纹粘在头巾和腰带上。

(2)幼儿间相互欣赏。

指导语：

(1)请爸爸妈妈帮你们的孩子粘好花纹。

(2)请大家欣赏一下其他小朋友装饰好的服装，像不像壮族娃？有趣吗？

★建议：装扮整理服饰可由幼儿和家长共同完成，引导小朋友欣赏他人装扮的同时感受活动的快乐。

4. 壮族娃娃秀。

小朋友们打扮成壮族娃娃，在班上的地毯上走秀。

指导语：我们把自己打扮得这么漂亮，现在来展示一下自己吧！

★建议：指导幼儿走秀时可做一些壮族舞蹈中的简单动作，如射箭、采茶、弓步等。

🕊 活动延伸

在班级中教简单的壮族舞蹈，节日时幼儿穿上自制服饰进行表演。

🕊 指导建议

本活动要邀请家长参加，是本次"三月歌圩"主题活动的重要活动，让孩子在装扮中体验壮族风情。活动前家长需要带孩子参观壮族民族服装，活动中家长可以指导孩子设计创作。

如果不邀请家长参加，可以将设计绘画环节和壮族娃娃秀环节分成两个课时活动，分次完成，幼儿活动时间会更充裕。

全园活动："三月歌圩"亲子游园乐(小、中、大班)

🕊 活动目标

1. 体验民族文化的多样性及亲子活动的乐趣。

2. 感受壮族文化传统和重大节日，了解"三月歌圩"的主要活动形式。

3. 能参加与主题相关的体验活动。

活动时间

阴历三月三或前后时间。

活动准备

1. 知识经验准备。

幼儿及家长对壮族"三月歌圩"有一定了解。

2. 物质材料准备。

(1)自助五彩糯：蒸好的五彩糯米饭，碗、勺、芝麻、白糖若干。

(2)绘彩蛋：煮熟的鸡蛋、彩笔若干。

(3)彩球进军：投篮架两个、彩球若干。

(4)跳竹竿：竹竿摆成不同形状。

(5)歌圩大 PK：麦克风、两边擂台。

(6)壮族娃娃秀：壮族儿童服装。

(7)各区准备体验券若干。

(8)全园准备礼品若干(略多于幼儿人数)。

3. 环境材料准备。

幼儿园分成六个活动区域，两个在班级内，活动内容分别是"自助五彩糯""绘彩蛋"，四个区域在操场上，活动内容分别是"彩球进军""跳竹竿""歌圩大PK""壮族娃娃秀"，设"礼品兑换处""导游图"。

活动流程

1. 园长(活动负责人)介绍本次活动意义及规则。

2. 幼儿和家长凭游戏券进入园内游戏(教师可提前发给幼儿)。

★建议：各区域有醒目标识，入园处有导游图。

3. 家长带领幼儿根据兴趣选择活动区游戏，每玩完一个区可以得到一张体验券。

各游戏区玩法：

自助五彩糯：幼儿自助盛取五彩糯米饭，调味，和家长一起品尝。

绘彩蛋：在煮熟的鸡蛋壳上装饰花纹。

彩球进军：将彩球投入投篮架中，两球可换取体验券。

跳竹竿：连贯地跳出大小竹竿格。

歌圩大PK：挑战唱歌的小朋友，完整唱出一首歌。

壮族娃娃秀：用壮族儿童服装装扮自己后，在T台上走秀。

★建议：如区域内孩子较多，提醒家长带领孩子耐心等待。

4. 兑换礼品：幼儿凭三张以上体验券可到大厅兑换一个精美礼品。

★建议：指导幼儿和家长排好队，兑换礼品后离园。

🕊 活动延伸

可将以上活动作为幼儿公共游戏区域活动，有计划、有组织地带幼儿玩耍。

🕊 指导建议

本活动是一次全园性质的亲子民俗体验活动，在活动前要做好周密的准备工作，各班教师通过各种方式告知家长游戏规则和注意事项，有的游戏项目还可以提前请幼儿做准备，这样孩子们会玩得更高兴。在活动项目上还可以开展"互赠礼物""歌圩小电影""编织小香包"等，根据各园的人数和场地灵活安排。全园活动中安全工作一定要重视，除园内安保人员外还可邀请家长志愿者维持秩序。

第五章
国外知名节日活动

随着科技的快速发展和全球化进程的进一步推进，世界变得越来越小，各国人们之间的关系也变得越来越紧密，不同国家的生活方式、文化习俗也越来越相互贯通，就像中国的春节在越来越多的国家流行，而圣诞节在中国大众生活中一点也不陌生一样。在地球就是一个大村落的观念中，幼儿的成长不仅需要本国本土的文化熏陶和传承，还应了解国际社会生活中的文化样式，扩大文化视域。因此，本章专门挑选了几个有代表性的国外节日，提供大家喜闻乐见的节日活动，供教师们参考。

第一节 圣诞节

圣诞节（Christmas）又称耶诞节，是西方的传统节日，在每年12月25日。圣诞节是一个宗教节，因为把它当作耶稣的诞辰来庆祝，故名"耶诞节"。大部分的天主教教堂都会先在24日的平安夜，亦即12月25日凌晨举行子夜弥撒，而一些基督教会则会举行报佳音，然后在12月25日庆祝圣诞节。这天人们会欢聚在一起进行节日的装扮，成年男子会装扮成圣诞老人给孩子送礼物，大家通过互赠圣诞卡、吃圣诞大餐等庆祝活动，这都使圣诞节成为一个普天同庆的日子。

一、节日活动设计思路

《3—6岁儿童学习与发展指南》中指出，幼儿园应适当向幼儿介绍我国主要民族和世界其他国家和民族的文化，帮助幼儿感知文化的多样性和差异性。而圣诞节又是西方国家最重要的节日，就像中国的春节一样重要。因此，在幼儿园开展圣诞节的活动，对幼儿是非常有帮助的。每年"圣诞节"总会唤起孩子们对圣诞老人的好奇和期待。我们将透过"快乐圣诞节"的主题，为孩子们提供一次充满"爱、希望和想象"的学习之旅。

在幼儿园开展圣诞节的活动，应该注重幼儿愉悦情绪的体验，选取合适的切入点，引领幼儿参与圣诞节的活动。通过主动探索、自主选择、多元表现等活动方式，感受到节日的快乐气氛和丰富多元的文化知识，体验与老师、同伴、家人共庆圣诞节的欢乐氛围，向他们表达自己的爱。

二、节日活动教育目标和内容

节日活动教育总目标	1. 感受西方节日的文化和节日的气氛，乐于参加相关的庆祝活动。 2. 进一步了解圣诞节的相关知识，知道圣诞节是西方的节日。 3. 能通过多种形式表达自己在圣诞节活动中的体验感受。
小班教育目标	1. 初步感受节日的欢乐气氛，体验节日的快乐，感受人们相互之间的友好与祝福。 2. 引导幼儿了解圣诞节简单的庆祝方式，并能积极参与节日庆祝的一些活动。 3. 能用一定的方式表达自己的快乐情绪。
小班活动内容	神奇的圣诞礼物　多彩的圣诞袜　圣餐会　装饰圣诞树　美丽的圣诞帽
中班教育目标	1. 保持愉快的情绪参与节日的各种活动，体验西方节日的快乐。 2. 进一步了解有关圣诞节的故事及各种庆祝方式。 3. 能够用较完整的语言清楚地表达自己的感受和理解，并能用自己的方式表达对他人的爱。
中班活动内容	圣诞的故事　糖果大派送　圣诞雪娃娃　堆雪人　松枝画　佩佩的圣诞节
大班教育目标	1. 积极愉快地参与节日的相关活动，感受西方节日的不同。 2. 学习用多种手段记录自己的节日活动内容，尝试用绘画、表演、手工制作等多种手段表现和表达自己在节日里的观察与感受。 3. 能主动参与节日活动的策划，能与家人一起通过多渠道收集与节日相关的资料。
大班活动内容	圣诞金点子屋　铃儿响叮当　立体圣诞卡　圣诞派对道具制作　圣诞舞会
全园活动教育目标	1. 体验与家人共同参与节日活动的快乐，增进亲子之间的感情，促进家园共育。 2. 让幼儿了解圣诞节的有关风俗，感受西方文化，体验西方节日欢乐的氛围。 3. 通过活动，提高幼儿艺术表现、语言表达、社会交往等方面的能力。
全园活动内容	圣诞姜饼彩绘节（小、中、大班）

三、圣诞节系列活动方案

（一）精选活动

活动一：神奇的圣诞礼物（小班）

活动二：多彩的圣诞袜（小班）

活动三：圣诞的故事(中班)

活动四：糖果大派送(中班)

活动五：圣诞金点子屋(大班)

活动六：铃儿响叮当(大班)

全园活动：圣诞姜饼彩绘节(小、中、大班)

(二)环境创设

1. 主题墙面创设

以"快乐圣诞节"为主题设计以下几个板块：我知道的圣诞节(幼儿与家长收集的有关圣诞节的图片、调查记录)；圣诞活动集锦(照片、文字资料)；圣诞作品展(绘画、手工作品)。

2. 区域活动创设

美工区：投放各种纸张、颜料、彩笔、卡纸、剪刀等，创设"圣诞礼品店"。

图书区：提供圣诞节的绘本或故事书。

建构区：提供废旧纸盒、积塑玩具等材料，供幼儿搭建圣诞树、圣诞雪房子等。

(三)活动方案设计与指导

活动一：神奇的圣诞礼物(小班)

🐦 活动目标

1. 喜欢圣诞礼物，在找找、拆拆中感受圣诞节的快乐气氛。

2. 尝试用各种办法拆开礼物盒。

3. 能大胆地表达自己的意愿和想法。

🐦 活动准备

1. 知识经验准备：幼儿对圣诞节有初步的了解。

2. 环境材料准备：邀请教师或家长扮演圣诞老人，各种不同材料包装的礼物幼儿人手一份，例如可用盒子、纸袋、布袋、上锁的小箱子等包装各种小礼物。(注：也可请家长提前准备)

🐦 活动过程

1. 说礼物。

(1)说一说自己想要的圣诞礼物。

指导语：马上要过圣诞节了，你想要什么礼物？

★建议：了解幼儿的心愿，引导幼儿学会用"我想要×××礼物"的句式表达。

(2)看一看圣诞老人带的礼物。

教师请出神秘客人——圣诞老人(家长或老师扮演)。

指导语:他是谁?你们喜欢他吗?为什么?看看他今天给我们带来了什么礼物?

★建议:介绍完圣诞老人后,可请圣诞老人多与幼儿互动交流,握握手、抱一抱、说一说等。

(3)游戏:圣诞礼物躲猫猫。

请幼儿闭眼,圣诞老人在活动室各个地方藏好礼物。

★建议:如果幼儿人数较多,可活动前先藏好一部分礼物。

2. 找礼物。

(1)提出找礼物的要求:每人只能找一份,只能在活动室内找。

(2)幼儿在活动室自由寻找礼物。

指导语:今天,圣诞老人为大家准备了礼物,我们一起说:"礼物礼物快出来!咦,怎么还不出来呢?"原来,礼物也要和我们玩游戏了,我们要在活动室的每个地方仔细找一找。记住了每个小朋友只能找一份哟!

★建议:教师可放音乐,引导幼儿边说边四处找礼物,在观察引导幼儿寻找礼物的过程中寻问:你在哪里找到的礼物?让幼儿大胆地表达出来。

3. 拆礼物。

(1)引导幼儿观察圣诞礼物的包装。

指导语:每个小朋友都找到圣诞礼物了吗?礼物是装在哪里的?你们可以看一看、摸一摸、闻一闻、说一说你的发现。

★建议:教师注意引导幼儿运用多种感官感受礼物包装的不同,例如包装的材料不同,有的是铁盒,有的是纸袋、布袋等,有的摸起来是毛毛的、硬硬的、软软的等。

(2)说一说拆礼物的方法。

指导语:说一说你的礼物怎样才能拆开?

★建议:教师注意观察,选择不同类型的礼物包装,引导幼儿讨论,找到拆开的方法。

(3)幼儿自由探索拆礼物。

指导语:这个包装的里面藏着什么呢?我们打开看看吧!

★建议:教师观察幼儿拆礼物情况,引导幼儿自己动手尝试用各种办法拆礼物,根据幼儿的情况,适时指导帮助。

(4)教师小结:礼物盒不一样,打开的方法也是不同的,有的是拉链,拉一下就打开了;有的是搭扣,要用力拉开;也有的是纽纽棒,要纽开;也有的是盒子,要用手拆开。今天,我们都学会了自己打开盒子,拿到了礼物,真棒!

4. 分享礼物。

(1)与同伴分享圣诞礼物。

指导语:把你的礼物给同伴看看,相互说一说,你的礼物是什么?你喜欢吗?

(2)与圣诞老人一起唱圣诞祝福歌,结束。

★建议：教师鼓励幼儿大胆地用歌声和语言表达自己的谢意和祝福，并与同伴一起分享收到礼物和祝福的快乐。

✎ **活动延伸**

1. 将不同材质的包装袋、包装盒投放在区角中，幼儿继续练习拆东西。

2. 鼓励幼儿自己动手为家人、同伴制作圣诞礼物。

✎ **指导建议**

本活动应针对小班幼儿的年龄特点，借圣诞礼物这一载体，充分激发幼儿参与活动的积极性，让幼儿在说一说、找一找、拆一拆的游戏中，感受圣诞节的快乐气氛。

✎ **参考图片**

活动二：多彩的圣诞袜(小班)

✎ **活动目标**

1. 乐意参与圣诞袜的装饰活动，体验自己装饰圣诞物品的乐趣。

2. 学习用绘画、粘贴、拓印等方式装饰圣诞袜。

3. 能自主选择自己喜欢的方式进行装饰。

✎ **活动准备**

1. 知识经验准备：幼儿对圣诞袜有初步的了解，有过装饰物品的经验。

2. 环境材料准备：课件《漂亮的圣诞袜》，活动室分成圣诞袜绘画区、粘贴区、拓印区三个装饰加工区，白色袜子幼儿人手一双，水彩笔、各种粘贴、各种印章若干。

✎ **活动过程**

1. 圣诞袜唯品会。

(1)创设情境，谈话引出活动。

指导语：圣诞节来了，有很多漂亮的圣诞袜要买，让我们一起来看看吧！

(2)请幼儿观看PPT课件《漂亮的圣诞袜》。

指导语：说说自己喜欢哪双圣诞袜？为什么？它美在哪里？是用什么方法装饰的？

★建议：教师引导幼儿观察并欣赏不同图案、不同装饰方法的袜子。

2. 圣诞袜加工厂。

(1)出示白色的圣诞袜，激发幼儿装饰的兴趣。

指导语：怎样让这双白色的圣诞袜变得更漂亮？

(2)引导幼儿观察装饰圣诞袜的材料，介绍各种材料的操作方法。

绘画材料：彩色笔；操作方法：运用彩色笔，在圣诞袜上绘画进行装饰。

粘贴材料：各种小粘贴；操作方法：运用各种小粘贴，贴在圣诞袜上进行装饰。

拓印材料：各种小印章；操作方法：运用各种小印章，在圣诞袜上拓印进行装饰。

★建议：教师分别向幼儿介绍所提供的材料，并演示其使用方法。

(3)幼儿自由分组，装饰圣诞袜。

指导语：今天我们圣诞袜的加工厂里有很多白色的圣诞袜，请小朋友们用自己喜欢的方式进行装饰加工，让圣诞袜变得更漂亮，有更多的人来买。

★建议：将活动区分成三个加工区(绘画区、粘贴区、拓印区)，幼儿可根据自己的意愿自由选择。教师进行个别指导，鼓励幼儿大胆装饰。

3. 圣诞袜展览会。

(1)展示幼儿作品，引导幼儿相互欣赏。

指导语：说说你最喜欢哪双圣诞袜？为什么？它是用什么方法进行装饰的？

★建议：鼓励幼儿大胆地说出自己的想法，引导幼儿感受、体验袜子装饰不同的美。

(2)游戏：圣诞袜专卖店。

指导语：今天，小朋友们的圣诞袜装饰得太美了，我们把这些装饰好了的圣诞袜投放到圣诞袜专卖店去卖，好吗？

★建议：教师可根据幼儿的兴趣，决定是否开展此环节，也可以作为延伸活动开展。

🐦 **活动延伸**

1. 将白色的袜子继续投放到美工区角，让幼儿尝试不同的装饰方法。

2. 将装饰好的圣诞袜投放到"圣诞袜专卖店"的角色区，开展角色游戏。

3. 可开展亲子圣诞袜的制作活动，为家人制作圣诞袜，增进感情。

🐦 **指导建议**

本次活动贯穿"圣诞袜"这一主线开展，通过欣赏不同装饰风格袜子的美，激发幼儿创作的欲望，知道并了解可以用绘画、粘贴、拓印等不同方式装饰圣诞袜，并能自主选择自己喜欢的方式进行创作。在幼儿自主创作的过程中，教师应不做过多干预或把自己的意愿强加给幼儿，在幼儿需要时再给予具体的帮助。

参考图片

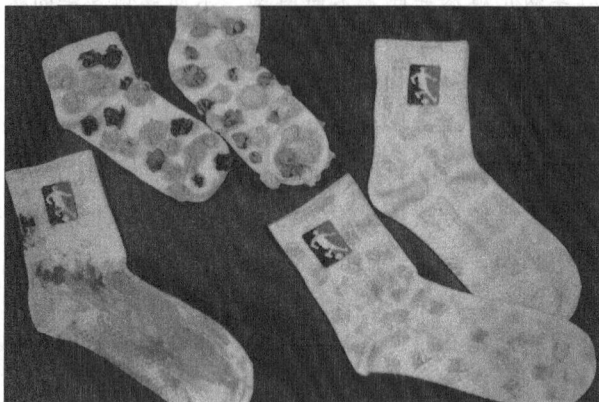

活动三：圣诞的故事(中班)

活动目标

1. 感受绘本的意境美，体会人与人之间爱的重要性。

2. 了解绘本故事的内容和情节，知道圣诞节是庆祝耶稣的诞生。

3. 能用较连贯的语言讲述绘本故事的主要内容。

活动准备

1. 知识经验准备：对圣诞节有一定的了解。

2. 环境材料准备：《圣诞的故事》绘本的 PPT，《圣诞快乐》的背景音乐。

活动过程

1. 封面导入，初步感受画面表达的爱。

指导语：今天老师带来一个关于圣诞节的绘本故事。这是书的封面，你看到了什么？感受到了什么？

★建议：引导幼儿仔细观察画面中有些什么，表现的是怎样一个场景。

2. 欣赏绘本，理解故事内容。

(1)播放绘本 PPT(1—4)，讲述故事。

指导语：这是怎样一个家庭？天使来到他们家干什么？

★建议：帮助幼儿了解"天使"来到人间的意义。

(2)播放绘本 PPT(5—14)，继续讲述故事。

指导语：约瑟夫和玛利亚得去伯利恒交税，住旅店发生了一件什么事？

(3)播放绘本 PPT(15—21)，猜测故事的发展。

指导语：婴儿小耶稣出生后，来了三位智人，猜猜会发生什么事？

★建议：引导幼儿猜测故事的发展，了解每年的圣诞节都是庆祝耶稣的诞生，是因为他带来了上帝对世人的爱。

(4)完整欣赏绘本，整体感受故事。

3.经验迁移，体验亲情。

(1)体会故事中家人间的爱，大胆表述对自己家人的爱。

(2)听《圣诞快乐》音乐，互相拥抱，感受同伴之间的爱。

活动延伸

1. 将绘本继续投放到活动区，幼儿练习完整看图讲故事。

2. 把《圣诞的故事》讲给家人或其他班的小朋友们听。

指导建议

《圣诞的故事》是外国的绘本，教师要注意引导幼儿仔细观察画面，结合画面讨论故事内容，学习建立画面与故事内容的联系，和幼儿一起讨论绘本中的情节，引导幼儿有条理地说出故事的大致内容和所表达的情感。

附：活动资源

圣诞的故事

很久很久以前，有个木匠叫约瑟夫，和他的妻子玛利亚，住在拿撒勒城市里。他们有一个小房子，一头小毛驴，但是他们没有孩子。

一天，一个天使出现在玛利亚面前。那是天使加百利。"上帝选中了你做他儿子耶稣的母亲。"天使对玛利亚说。这使玛利亚很高兴。不久以后，约瑟夫和玛利亚得去伯利恒交税。"这是个很长的旅程。"约瑟夫说。"但你可以骑着我们的小毛驴去。"于是他们出发了。当玛利亚和约瑟夫到了伯利恒的时候已经很晚，他们很累。小旅馆里没有房间了，但是旅馆老板说他们可以在马槽里休息。所以他们去那里休息了。在马槽里有一只牛，一只羊羔，一只山羊，一只鸽子。动物们很友好。他们让玛利亚用他们的干草当床。就在那一天小宝宝出生了。玛利亚为了他的温暖把他包起来。由于没有婴儿床，所以玛利亚把他放在了马槽里。在附近的田野里，正在放羊的牧羊人看到了天空中出现了天使。天使对他们说："告诉你一个好消息，今晚在伯利恒，一个婴儿降生在马槽。他叫耶稣，他是我们的主。"牧羊人去看了马槽里的婴儿，他们充满着喜悦。牧羊人在小耶稣前跪下，然后他们出去告诉人们天使说的关于小婴儿的事。

在遥远的东方住着三位智者。他们看到一颗新星出现在了天空中。三位智者知道他们的主——耶稣，出生了。所以，三个智者随着星星的指引出发了。星星带着他们到了伯利恒。星星在马槽的正上方停下了。智者们进入了马槽。他们看到了约瑟夫、玛利亚和他们的新生儿。他们在小婴儿前跪下，给了他黄金、奶和药材。所有的人都充满了快乐，甚至连马槽里的动物都感受到了小婴儿有多么特别。

现在每年的圣诞节我们都庆祝耶稣的诞生，因为他给我们带来了上帝对世人的爱。

活动四：糖果大派送(中班)

❦ 活动目标

1. 体验用糖果排序的乐趣，乐于与同伴分享糖果的甜蜜和圣诞节的快乐。

2. 学习将两至三种糖果按照一定的规律排列。

3. 能发现和用语言表述物体排序的规律。

❦ 活动准备

1. 知识经验准备：幼儿有过简单排序的经验。

2. 环境材料准备：大口袋一个(里面装有六小袋糖果，分别装有棒棒糖、棉花糖、水果糖三种糖果若干)，分类所用小筐若干。

❦ 活动过程

1. 糖果回家。

(1)猜一猜：是什么礼物？

指导语：圣诞节到了，圣诞老人给我们送来了一大袋礼物，猜猜里面是什么？

★建议：教师可以抖动袋子，发出声音，帮助幼儿正确猜出里面的物品是糖果。

(2)看一看：糖果的种类。

指导语：圣诞老人给我们送来了一大袋糖果，看一看有哪几种。

★建议：将糖果放到每组幼儿的桌上，请幼儿自主发现并找出糖果的种类。

(3)分一分：送糖果回家。

指导语：圣诞老人来的时候太匆忙，把糖果混放在了一起，请你们分别将糖果按照棒棒糖、棉花糖、水果糖三种送它们回自己的家。

★建议：引导幼儿以小组为单位将糖果按三类分别放在三个盘子里。

2. 糖果排队。

(1)练一练：自由练习按一定规律给糖果排队。

指导语：请你们任意选择两种糖果按一定的规律给糖果排队。

★建议：排序由易到难，先请幼儿选择两种糖果自由探索练习，可根据幼儿能力进行指导，能力弱的可以按ABAB、ABBABB、AABAAB进行排序，能力强的可以按ABABBABBB、ABAABAAAB等规律排序。

(2)说一说：介绍自己糖果排队的规律。

指导语：你是按照什么规律给糖果排队的？

★建议：此环节不仅让幼儿会摆，还要幼儿会说。尽量让全班幼儿都有表达的机会，可先请个别幼儿在集体前发言，再让其他幼儿在小组中发言。

(3)找一找：找出同伴糖果排队的规律，并会接着往下排。

指导语：请你找一找小组同伴糖果排队的规律，并按照他的规律接着往下排。

★建议：引导幼儿发现并学习不同规律的排序。

（4）排一排：将三种糖果按新的规律重新排队。

指导语：刚才我们是用两种糖果练习排队的，现在运用三种不同的糖果按一定的规律进行排队。

★建议：引导幼儿探索用三种不同的糖果按一定的规律进行排队，根据幼儿能力的强弱给予指导，可按 ABCABC、ABCCABCC、ABBCCCABBCCC、ABCAABBC-CAAABBBCCC 等规律进行排序。

3. 糖果分享。

请幼儿选择一种自己喜欢的糖果吃，并与同伴一起分享糖果的甜蜜。

指导语：你们今天表现得真棒！圣诞老人为了奖励你们，现在每人可以选择一颗自己最喜欢的糖吃。

★建议：提醒幼儿讲卫生，将糖纸扔到垃圾桶内。

4. 糖果派送。

请幼儿将余下的糖送给幼儿园其他班的小朋友们吃。

指导语：糖果好吃吗？圣诞老人委托我们将余下的糖果送给其他班的小朋友们吃，让大家共同分享糖果的甜蜜和圣诞的快乐。

★建议：进行分享和情感教育。

🕊 **活动延伸**

1. 可将糖果继续投放到区角，也可适当增加糖果的种类，让幼儿练习排序。

2. 圣诞节期间，可与其他班级联合开展活动，共同感受和分享节日的快乐。

🕊 **指导建议**

幼儿数学活动学习的核心是激发学习的兴趣，重操作练习。因此，此活动应注重引导幼儿通过直接感知、实际操作进行排序学习，不应该对幼儿进行灌输和强化练习。同时，通过与同伴之间的互动学习，引导幼儿观察发现糖果新的规律排序，从而激励幼儿自己尝试创作出新的排列规律。整个排序活动在操作练习中是由易到难，由两种糖果的排序到三种糖果的排序，是层层递进的，教师可针对自己班级幼儿的最近发展区安排合适内容。

🕊 **参考图片**

活动五：圣诞金点子屋(大班)

🐦 活动目标

1. 体验与家人共同收集圣诞节资料的乐趣，丰富对圣诞节的认识。

2. 学习自主策划圣诞节的方案。

3. 能够大胆说出自己想法，并能与小组成员共同协商讨论。

🐦 活动准备

1. 知识经验准备：与爸爸妈妈一起收集关于圣诞节的相关图片、物品等相关资料。

2. 环境材料准备：《快乐圣诞节》课件，策划活动方案所需白纸和笔。

🐦 活动过程

1. 交流活动：我知道的圣诞节。

(1)分组交流。

指导语：马上就到圣诞节了，小朋友们和爸爸妈妈一起收集了很多关于圣诞节的资料，与小组同伴说说你对圣诞节都有哪些了解？

★建议：鼓励每位幼儿大胆发言，各组推选一名幼儿在集体前交流。

(2)集体交流。

指导语：请每组选一名代表来说说你对圣诞节有哪些了解？

★建议：各组代表发言后，小组其他成员可以补充。

2. 展示活动：我看到的圣诞节。

(1)用课件展示圣诞节的场景。

指导语：圣诞节是一个怎样的节日？在圣诞节大家都做些什么？

★建议：幼儿自由交流讨论，教师请个别幼儿讲述。

(2)教师小结：圣诞节是西方人的节日，圣诞节在他们眼里就像我们的春节一样重要。到了圣诞节，人们要装饰漂亮的圣诞树，圣诞老人坐着雪橇给小朋友送礼物，人们会互相祝福。

3. 策划活动：我想过的圣诞节。

(1)提出要求：策划圣诞节活动。

指导语：你们想过一个有意思的圣诞节吗？

(2)幼儿分组进行策划，并画出活动内容。

(3)组长介绍本组方案。

(4)幼儿和教师进行投票选出最佳方案。

(5)将选出的方案粘贴在活动室里和大家分享。

🐦 活动延伸

1. 幼儿分组制作活动需要的道具和装扮。

2. 按活动方案开展圣诞节的庆祝活动。

🐦 **指导建议**

《圣诞金点子屋》活动适合在大班开展，教师应该积极鼓励幼儿参与圣诞节活动的策划，改变教师安排、幼儿执行的模式，让幼儿感觉到他们也是集体中的主人，也应该积极投入集体讨论、策划中，最后共同商议活动方案，进一步提高幼儿的积极性。

🐦 **参考图片**

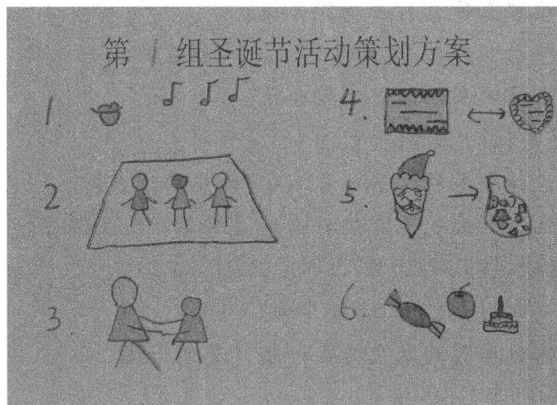

活动六：铃儿响叮当（大班）

🐦 **活动目标**

1. 感受音乐欢快热烈的情绪，体验圣诞节愉悦的节日气氛。

2. 熟悉歌曲旋律，尝试用肢体和打击乐器协调地为歌曲伴奏。

3. 能与同伴合作创编合适的节奏并表演。

🐦 **活动准备**

1. 知识经验准备：幼儿已会唱歌曲《铃儿响叮当》，幼儿有过打击乐的经验。

2. 环境材料准备：各种打击乐器若干，歌曲《铃儿响叮当》音乐。

🐦 **活动过程**

1. 表演唱《铃儿响叮当》。

指导语：快过圣诞节了，我们一起坐着雪橇唱着《铃儿响叮当》去参加圣诞晚会吧！一定要把你们的快乐唱出来。

★建议：教师与幼儿根据音乐节奏拍手进活动室，初步感受音乐的欢乐气氛。

2. 节奏乐《铃儿响叮当》。

(1)徒手创编节奏。

指导语：这首歌曲是几拍子的？请你们根据四拍子强、弱、次强、弱的规律，用手或身体的其他部位拍出与音乐相配的节奏。

★建议：引导幼儿运用四拍子节奏的规律来创编。

(2)集体尝试跟着音乐徒手练习创编的节奏。

指导语：我们一起把创编的节奏配上音乐，看看合不合适？

★建议：教师可将幼儿创编的节奏记录下来，适当的时候，可以提示幼儿。

(3)讨论并选择合适的打击乐器。

指导语：这首歌曲配上什么打击乐器合适？

★建议：教师引导幼儿根据歌曲的特点选择合适的打击乐器，例如选择小铃、铃鼓、串铃、三角铁等音质较高的乐器比较合适。

(4)配打击乐器演奏《铃儿响叮当》。

指导语：请你们选择合适的乐器练习演奏《铃儿响叮当》。

★建议：引导幼儿将创编的节奏用打击乐器演奏，反复练习。

(5)完整演奏节奏乐《铃儿响叮当》。

指导语：请大家一起用乐器演奏《铃儿响叮当》。

★建议：将选择同种乐器的幼儿排在一起，避免干扰。

3. 表演秀《铃儿响叮当》。

(1)分组合作表演：将幼儿分成两组，一组表演唱歌，一组打击乐伴奏，进行表演。

指导语：现在就让小朋友一部分坐上雪橇唱歌，一部分用乐器伴奏，我们一起去参加圣诞晚会。

★建议：引导幼儿坚持自己小组的演唱或节奏，不受对方影响，并能保持速度一致。

(2)两组交换再次表演。

(3)听《铃儿响叮当》的音乐，做滑雪橇的动作出活动室。

🐦 **活动延伸**

创设圣诞节背景，进行音乐舞蹈表演。

🐦 **指导建议**

《铃儿响叮当》这首歌曲是圣诞节人们非常熟知的一首歌曲，教师应该和幼儿一起参与到唱歌、表演、创编节奏乐中去，共同分享音乐活动的乐趣，感受歌曲所表达出圣诞节的欢快情绪。在幼儿创编节奏乐时，教师多倾听并支持幼儿的创作表现，鼓励他们大胆表现。

附：活动资源

《铃儿响叮当》

[美]彼尔彭特 词曲

邓映易 译配

1= G 4/4

```
5. | 5 5 3 2 1 5. | 5 5 | 5 5 3 2 1 6. | 6
```
冲　破　大风雪，我们　坐在雪橇上，快
在　一两天之前，我想　出外去游荡，那位
如今　白雪铺满地，趁这　年青好时光，带上

```
6 4 3 2 6. | 6 | 5 5 5 4 2 3 1 5 | 5 5 3 2 1 5. | 5
```
奔跑过田野，我们　欢笑又歌唱；马儿　铃声响叮当，令人
美丽小姑娘，她　坐在我身旁；那　马儿瘦又老，它
心爱的姑娘，把　雪橇歌儿唱；有　一匹栗色马，它

```
5 3 2 1 6. | 6 | 6 4 3 2 5 5 5 | 5 | 6 5 4 2 1. 0
```
精神多欢畅，我们　今晚滑雪真快乐，把　滑雪歌儿唱。
命运多灾难，把　雪橇撞进泥塘里害得　我们遭了殃。
日行千　里，我们　把它套在雪橇上就　飞奔前　方。

```
‖: 3 3 3 3 3 3 3 | 3 5 1 2 3 — | 4 4 4 4. 4 4 3 3 3 3
```
叮叮当，叮叮当，铃儿响叮当，　今晚滑雪多快乐，我们

1.
```
3 2 2 1 2 5. :‖
```
坐在雪橇上。

2.
```
5 5 4 2 1.
```
坐在雪橇上。

全园活动：圣诞姜饼彩绘节（小、中、大班）

活动准备

1. 环境准备：幼儿园及各班进行圣诞节的环境布置，以小、中、大年龄组安排好相应的活动场地。

2. 材料准备：小班组姜饼饼干、中班组姜饼小人、大班组姜饼小屋若干（根据幼儿人数准备），不同颜色的糖霜及裱花袋若干。

活动过程

1. 开场篇：姜饼大派送。

教师扮演圣诞老人向幼儿赠送圣诞礼物——姜饼。小班幼儿赠送姜饼饼干，中班幼儿赠送姜饼小人，大班幼儿赠送姜饼小屋。

2. 活动篇：姜饼彩绘秀。

小班组：姜饼饼干彩绘秀

中班组：姜饼小人彩绘秀

大班组：姜饼小屋彩绘秀

家长与幼儿一起，分别在不同形状的姜饼饼干上、姜饼小人上、立体的姜饼屋上，用不同颜色的糖霜装入裱花袋，挤出点、线以及各种图案进行装饰。

3. 展示篇：姜饼创意展。

将幼儿与家长共同制作的姜饼进行展出，并评出优秀作品。

4. 分享篇：姜饼棒棒哒。

亲子共同分享姜饼的美味，互相赠送礼物和祝福，感受圣诞节快乐的气氛。

第二节　感恩节

每年 11 月的第四个星期四是感恩节。感恩节是美国人民一个独创的节日，也是美国人合家欢聚的节日，因此，美国人提起感恩节总是倍感亲切。美国人过感恩节主要是家人团聚，然后是大家一起享受丰盛的节日晚餐。在感恩节的夜晚，家家户户都大办筵席，物品之丰盛，令人咋舌。在节日的餐桌上，上至总统，下至庶民，火鸡和南瓜饼都是必备的。因此，感恩节也被称为"火鸡节"。

一、节日活动设计思路

感恩教育既是一种人文教育，又是一种情感教育。教育幼儿知恩、感恩、报恩和施恩，滴水之恩当涌泉相报是感恩文化的体现。此次活动主要是让幼儿尝试着以感恩的心去对待周围的一切，我们的周围会因"爱"而更加和谐、更加温馨、更加美好。让幼儿能怀着感恩的心去回味生活中父母养育自己的点点滴滴，知道应该对他人的帮助和付出表示感谢。在感恩节的系列活动中我们通过让幼儿在社会实践、美工制作、歌曲表演、接受和赠送贺卡等活动中感受与朋友互赠礼物的快乐，促使幼儿学会并懂得感恩。只有懂得感恩的人，才会懂得珍惜自己的生活，获得他人更多的爱心。

二、节日活动教育目标和内容

节日活动教育 总目标	1. 了解世界上其他国家和民族的文化，知道感恩节是美国等西方国家的节日。 2. 感知文化的多样性和差异性。 3. 尝试着以感恩的心去对待周围的一切，知恩、感恩、报恩和施恩。
小班教育目标	1. 知道每年 11 月的第四个星期四是感恩节。 2. 了解吃火鸡是美国感恩节的一项重要内容。 3. 能够在成人的提醒下知道关心身边的人。
小班活动内容	可爱的火鸡先生
中班教育目标	1. 感知世界文化的多样性和差异性。 2. 感受被他人帮助的感动和快乐。 3. 知道我们应该对他人的帮助和付出表示感谢，并学会感恩。 4. 能够用诗歌、表演等形式表达知恩、感恩的情感。
中班活动内容	帮助他人就是帮助自己　感恩的心
大班教育目标	1. 知道报恩，了解和体会父爱和母爱。 2. 懂得在感恩节到来之际，用自己的方式感谢父母的养育之恩。 3. 接纳、尊重与自己不同的生活方式和习惯。
大班活动内容	爱的礼物　温暖的家　保护蛋宝宝
全园活动 教育目标	1. 将感恩的种子播撒在幼儿的心田，体验感恩的美好，享受感恩节的庆祝活动。 2. 了解感恩节的来历、感恩节的特色食物与象征物，知道感恩节是表达谢意的日子。 3. 能感恩父母，感恩一切关心和帮助自己的人！用一颗感恩的心面对未来的生活！
全园活动内容	1. 抱抱日活动。 2. 欢庆感恩节歌曲表演。 3. 家长自由参观幼儿感恩画展。 4. 感恩美食共分享。

三、感恩节系列活动方案

(一)精选活动

活动一：可爱的火鸡先生(小班)

活动二：帮助他人就是帮助自己(中班)

活动三：感恩的心(中班)

活动四：爱的礼物(大班)

活动五：温暖的家(大班)

活动六：保护蛋宝宝(大班)

全园活动："学会感恩，与爱同行"感恩节(小、中、大班)

(二)环境创设

1. 主题墙面创设

"保护蛋宝宝"主题墙：让孩子们自己动手制作一张感恩卡片，将想对爸爸妈妈说的话写在卡片里，粘贴在"感恩墙"上进行分享。

"爱的礼物"主题墙：把孩子们制作的感恩卡以结对子的形式布置到"感恩墙"上进行分享。

2. 区域活动创设

美工区：在区域中投放制作感恩卡的材料，让幼儿能不断尝试创作出更优秀的感恩卡作品。

表演区：在表演区贴一些关于手语的图片供幼儿去模仿，并了解其表达意思，进行歌曲表演。

图书角：在区域活动中组织幼儿进行表述练习，让孩子们互相分享自己创作的图画和诗歌，充分练习，才能在赠送感恩节礼物的环节中清晰、流利地进行诗歌朗诵。

(三)活动方案设计与指导

活动一：可爱的火鸡先生(小班)

🐦 活动目标

1. 体验感恩节制作"火鸡先生"带来的快乐。

2. 尝试用印画、添画的方式制作"火鸡先生"，初步了解感恩节这天有一样必备食物——火鸡。

3. 能自主选择操作材料，大胆想象。

🐦 **活动准备**

1. 知识经验准备：熟悉歌曲《稻草上的火鸡》，收集感恩节有关火鸡的背景知识、相关故事、歌曲等。

2. 物质材料准备：感恩节来历视频，纸盘，颜料，彩笔。

🐦 **活动过程**

1. 看一看：初步感知感恩节。

(1)观看视频初步了解感恩节的来历。

(2)复习演唱歌曲《稻草上的火鸡》。

指导语：

(1)你们知道感恩节的来历吗？让我们一起去看看吧！

(2)让我们用《稻草上的火鸡》这首歌曲一起来庆祝感恩节吧！

★建议：观看视频了解感恩节的来历旨在让幼儿初步了解感恩节必备食物火鸡，通过复习演唱歌曲充分让幼儿在集体演唱、舞蹈中感受节日的快乐。

2. 说一说：可爱的"火鸡先生"。

(1)引导幼儿说一说：我猜想的火鸡。

(2)看范例，引导幼儿说说制作方法。

指导语：

(1)火鸡是什么样子的？

(2)这幅"火鸡先生"是用什么方法画出来的？

★建议：引导幼儿大胆猜想讲述火鸡的羽毛、颜色和普通的鸡有什么不同……说说各部分像什么，让孩子在观察范例时主动探索学习，拆分结构，让孩子感知制作。

3. 做一做：可爱的"火鸡先生"。

(1)教师总结印画方式。

(2)幼儿自主印、添画火鸡先生。

(3)教师随机指导。

指导语：

(1)请小朋友想一想先印火鸡先生的什么部位？为什么要用手掌印？最后再用记号笔添上脖子、尾巴、脚、鸡冠。

(2)现在用我们的小手变出"火鸡先生"吧！

(3)注意画面的整洁哦，不然"火鸡先生"会不开心的。

★建议：教师注意激发孩子装扮火鸡的羽毛，印、添画出火鸡的基本特点。教师注意总结印画的顺序。

4. 欣赏：我们的"火鸡先生"。

(1)引导幼儿欣赏各自的作品。

(2)引导幼儿说一说"我最喜欢的火鸡先生"。

指导语：

(1)我们一起来欣赏一下你们的作品吧！

(2)你们最喜欢谁的"火鸡先生"？为什么？

★建议：此欣赏环节旨在通过幼儿夸一夸、赞一赞同伴的感恩行动，让幼儿体验受到同伴称赞的快乐，并且能用一颗感恩的心面对同伴，面对未来的生活！

活动延伸

1. 和孩子一起分享火鸡的各种卡通形象。

2. 亲子小制作"可爱的火鸡"。

3. 火鸡比萨，有机会可以去品尝一下，说说味道。

指导建议

1. 教师在活动开展时要体现小班幼儿重在感受节日氛围这一侧重点。

2. 教师也可通过观看舞蹈视频《大火鸡》来激发幼儿参与活动，体验感恩节的快乐。

3. 最后展示欣赏"可爱的火鸡先生"时，教师可绘制好农场或草坪背景图，请幼儿将自己制作的"火鸡先生"粘贴到背景图上，作为主题背景墙的一部分。

附：活动资源

1. 感恩节来历视频，http://www.letv.com/ptv/vplay/22120978.html

2. 舞蹈视频《大火鸡》，http://www.iqiyi.com/w_19rrarrml1.html

3. 歌曲《稻草上的火鸡》，http://www.iqiyi.com/w_19rramh5b9.html

活动二：帮助他人就是帮助自己(中班)

活动目标

1. 感受被他人帮助的感动和快乐。

2. 知道我们应该对他人的帮助和付出表示感谢，并学会感恩。

3. 能用语言行动来表达感恩。

活动准备

1. 知识经验准备：知道我们应该对他人的帮助和付出表示感谢。

2. 环境材料准备：勾线笔，剪刀，爱心卡片，故事《小熊旅行》，歌曲《感恩的心》。

活动过程

1. 故事导入。

(1)让幼儿熟悉故事内容，激发幼儿对故事内容的兴趣。

(2)教师讲故事并提问。

指导语：

(1)故事里的小熊怎么啦？

(2)当别人帮助小熊后，小熊是怎么说的？

(3)别人为什么都愿意帮助小熊呢?

★建议:这个环节让幼儿学会倾听,并理解故事内容,了解小熊在故事里别人是怎么帮助它的。

2. 自由讨论。

(1)让幼儿自由讨论遇到困难了,被别人帮助的感受。

(2)教师引导幼儿用准确的语言表达自己的心情和想法。

指导语:

(1)你在幼儿园或家里遇到困难了,别人帮助了你,你的心情是怎样的?

(2)如果你遇到困难了别人没有帮助你,你的心情又是怎样的呢?

★建议:这个环节引导幼儿说一说如果遇到困难了,被他人帮助或别人没有帮助过你的心情和想法。知道帮助别人和被帮助了的心情都是开心快乐的。帮助他人就是帮助自己,我们应该互相帮助,懂得感恩。

3. 学会感恩。

(1)让幼儿想一想如果别人帮助了你,如何感谢别人。

(2)教师引导幼儿设计并制作爱心卡片。

指导语:

(1)别人帮助了你,除了用语言表达感谢,还能用什么方式表达呢?

(2)我们一起来设计一个自己喜欢的爱心卡片,贴在我们的爱心墙上好吗?

★建议:幼儿自由讨论受到别人帮助时的情景,设计爱心卡片并以绘画的形式将自己想说的话画出来。贴在爱心墙上与同伴交流与分享。同时播放音乐《感恩的心》。

🕊 **活动延伸**

在美工区投放材料让幼儿自由设计卡片送给家人或者好朋友。

🕊 **指导建议**

1. 让幼儿在生活中学会感恩。

2. 请家长把幼儿特别想感谢的人或事记录下来,然后和爸爸妈妈一起粘贴到我们的爱心墙上,并与老师、同伴们一起交流分享。

🕊 **附:活动资源**

小熊旅行

小熊害了眼病,什么也看不见,整天待在家里,苦恼极了。

朋友们要去旅游了,它不能去,心里急得很。朋友们走了以后,它在床上躺会儿,在地上来回走会儿,扶着门到外边站会儿,真没意思。

下午,朋友们旅游回来了,在一起讲旅游时遇到的有趣的事。

山羊说:"我路过一条很深、很宽的山涧,一跳就过去了。"

小猴说:"我从一棵很粗很高的大树爬上去,登上了岩顶。"

乌龟说:"回来的时候下雨了,我是淋着雨跑回家的。"

大伙儿越说越高兴,小熊在一边,这里听听,那里听听,不知不觉眼泪掉了下来。

大伙儿说得正起劲，见小熊忽然哭了，马上明白是怎么回事了，悄悄一商量，就欢迎小熊参加一次"旅游"。

小熊说："怎么旅游？我眼睛看不见，不能过山涧、爬大树，也不能……"它哭得说不下去了。

"能的，能的!"朋友们一起回答。

两只小乌龟分开趴着，小猴把小熊扶到一只小乌龟的背上，大伙儿一起喊："迈脚，过山涧了!"小熊迈开大步，跳到另一只小乌龟的背上，小熊不再流泪了。

大伙儿又把小熊带到长颈鹿面前，对它说："前面有棵大树爬上去!"

小熊抱住长颈鹿的大腿爬到脖子上。大伙儿在下边喊："好，到岸边了。"

然后，长颈鹿把小熊轻轻放到地上。小熊笑了。

小熊正笑着，大象吸了水，来到小熊面前，大伙儿说："小熊注意，要下雨了!"

大象在小熊头顶喷水，小熊捂着脑袋。大伙儿跑上前拉起小熊的手说："快快回家了!"

小熊跟着大伙儿跑了一段后，停了下来，伙伴们拍着手说："欢迎小熊'旅游'回来。"

小熊高兴得咯咯直笑。

活动三：感恩的心(中班)

🐦 活动目标
1. 通过故事欣赏，激发幼儿的感恩之情。
2. 尝试用手语表现歌曲内容。
3. 能一边唱歌一边做手语。

🐦 活动准备
1. 知识经验准备：会唱《感恩的心》。
2. 环境材料准备：音乐《感恩的心》，聋哑人的故事。

🐦 活动过程
1. 故事《一个失语小女孩的故事》导入。
(1)让幼儿仔细倾听故事内容，并说出感受。
(2)教师引导幼儿了解用手的不同动作可以表达多种情感。

指导语：
(1)听了这个故事，你们心里有什么感受呢？
(2)如果你遇到了这个小女孩，想不想帮助她？为什么帮助她？
(3)她是个聋哑人，听不到你们说的话，我们能用什么办法和她交流呢？

★建议：这个环节可以引导幼儿初步认识手语，因为聋哑人和我们一样也需要交流，他们听不到也说不出来，只好用手势做手语和别人交流。所以他们手做的不同动作表达出的情感也不同。我们要帮助聋哑人，关爱聋哑人。在学会感恩的同时我们也要学会施恩。

2. 互相猜一猜。

(1)让幼儿猜一猜教师的手语动作所表达的意思。

(2) 教师引导幼儿尝试用自己想出的手语动作将自己想说的话表达出来。

指导语：

(1)老师做的手语动作，你们能猜出它的意思吗？

(2)你们会把心目中想说的话用简单的手语表现出来，让其他的小朋友猜一猜吗？

★建议：这个环节引导幼儿把自己心中想说的话用简单的手语表现出来，让幼儿自由交流与分享，比如你、我、他、哭、勇气等。

3. 学习歌表演《感恩的心》。

(1)让幼儿随着音乐做简单的手语动作。

(2)教师带领幼儿学习手语。

指导语：

(1)这首歌你们还记得怎么唱吗？

(2)我们一起来唱一唱、做一做吧！

★建议：教师在带领幼儿学习手语时，一定要注意动作的规范。

🕊 **活动延伸**

在表演区贴一些关于手语的图片供幼儿去模仿，并了解其表达意思 。

🕊 **指导建议**

1. 在活动中，让幼儿了解帮助别人是一件快乐的事情，我们要学会互相帮助、互相感恩。这样不仅快乐了自己，也快乐了别人。

2. 活动中对手语的学习要给予孩子们充分的练习时间，为孩子最后一个环节的展示打好基础。

🕊 **附：活动资源**

一个失语小女孩的故事

有一个天生失语的小女孩，爸爸很早就去世了，她和母亲相依为命。由于家里很穷，为了生计，妈妈不得不每天早出晚归去赚钱。小女孩每天总是倚在门旁，盼着妈妈回来，因为妈妈每次回来都会给她带来一根年糕，可知这是她童年最美的美味了。有一天，小女孩在家等了很久很久妈妈也没回来。天已经很黑了，外边又下着雨，依然没有妈妈的身影。于是，小女孩决定沿着妈妈每天走过的路去找妈妈。她走啊走啊，走了很远很远，终于在路边发现了躺在地上的妈妈。小女孩推了推妈妈，妈妈没有回答，她以为妈妈睡着了，便坐下来，捧起妈妈的脸，擦去妈妈脸上的泥水，让她枕在自己的腿上，睡得舒服些。就在这时，小女孩发现妈妈的眼睛还睁着，她突然意识到，妈妈可能死了。这时，她十分恐惧，使劲地推着妈妈，却发现妈妈手里还紧紧攥着一根年糕……她拼命地哭呀哭呀，却没有一点声音……

雨一直在下，小女孩也一直在哭。不知多久，小女孩最后感到妈妈可能永远不会再回来了，于是她用手去合妈妈的眼睛，却怎么也合不上。她想，是妈妈担心我，不放心我吗？她忽然明白该怎么做了，擦干泪，她要让妈妈知道她会坚强地活下去，让妈妈放心地去，于是，她用手语，在雨中一遍遍地"唱"着这首《感恩的心》，雨水、泥水、泪水顺着她坚强的小脸向下滑。"感恩的心，感谢有你，伴我一生……感恩的心，感谢命运，花开花落，我依然会珍惜……"她就这样在雨中"唱"着，一直到妈妈的眼睛闭上。

小女孩让人怜悯，这种亲情让人震撼。是啊，我们一生中要感谢的人很多，有我们的父母亲人，有关爱我们的人，有帮助我们事业的朋友，所以，人在任何时候不要放弃心中的那份美好，而要有一颗感恩的心。

活动四：爱的礼物（大班）

🐦 活动目标

1. 通过接受和赠送贺卡，感受与朋友互赠礼物的快乐。

2. 了解感恩节的由来，知道在感恩节向好朋友表达感恩之情。

3. 能发挥想象力创作图案，运用多种材料制作简单的感恩贺卡。

🐦 活动准备

1. 知识经验准备：了解感恩节的由来和感恩节的庆祝习俗。

2. 环境材料准备：多媒体播放设备，彩色大卡纸、彩色蜡笔、儿童剪刀、装饰亮片和贴纸。

3. 教学环境准备：布置一面"感恩墙"，将幼儿互赠的卡片以"结对子"的方式布置在墙上进行展示，让孩子们互相交流自己的作品寓意。

🐦 活动过程

1. 感恩节视频导入。

(1)播放一段感恩节庆祝视频，让幼儿感受感恩节的氛围，激发孩子们对感恩节的兴趣。

(2)教师以故事的形式为孩子们介绍感恩节的由来，以及感恩节的庆祝习俗。

指导语：

(1)小朋友们，你们知道感恩节吗？这个节日里人们都要做些什么呢？

(2)感恩节就要到了，你想到了哪些办法对你的好朋友表示感谢呢？

★建议：这个环节让幼儿自由讨论，充分发挥幼儿的主动性。通过生生互动让幼儿知道更多的方式来对好朋友表达感谢。

2. 制作感恩卡。

(1)老师制作一张感恩卡进行展示，引导幼儿用图案在感恩卡上表达自己的情感。

(2)幼儿发挥想象力设计图案,运用多种材料自主制作感恩卡片。

指导语:

(1)感恩节就要到啦!你想对好朋友说些什么呢?

(2)你能在感恩卡上用图画把自己想对好朋友说的话表现出来吗?

★建议:这个环节引导幼儿把自己心中想说的感恩话语简单地表现出来,教师可以出示几个基本图案,帮助孩子完成创作,如爱心、鲜花、蛋糕、握手、拥抱等。

3. 展示感恩卡。

(1)将幼儿制作好的感恩卡展示在大白板上,让孩子们介绍自己卡片上图案的含义。

(2)让幼儿针对所有的感恩卡进行互相评价,评选出最受欢迎的感恩卡。

指导语:

(1)有很多小朋友的感恩卡做得很棒,谁愿意来跟大家介绍下自己的感恩卡呢?

(2)你最喜欢哪一张感恩卡?为什么?

★建议:这个环节引导幼儿向大家介绍自己的感恩卡设计意图,让所有的孩子做小评委,对其他小朋友的感恩卡进行评价,评选出最受欢迎的卡片,教师来总结受欢迎卡片的特点。

4. 互赠感恩卡。

(1)让孩子们取回自己的感恩卡,开展自主交流活动,与好朋友互赠感恩卡。

(2)引导孩子们可以多个好朋友互赠感恩卡(例如三人或三人以上互相赠送)。

指导语:

(1)你想把自己的感恩卡送给谁呢?跟他说说你想说的话吧!

(2)我有很多好朋友,可我只有一张感恩卡,该怎么办呢?

★建议:这个环节教师要让幼儿向自己的好朋友介绍自己感恩卡上图案的含义,引导幼儿可以让自己的多个好朋友聚在一起互相赠送感恩卡。注意防止幼儿在互赠感恩卡过程中发生矛盾纠纷。

❧ **活动延伸**

把孩子们制作的感恩卡以结对子的形式布置到感恩墙上分享、交流,在区域中投放制作感恩卡的相关材料,让幼儿能不断尝试创作更优秀的感恩卡作品,让幼儿在感恩节当天能有更多的感恩卡在朋友间互相赠送。

❧ **指导建议**

1. 活动中幼儿对用图画来表达自己想说的话时,要引导幼儿用简单的图案进行表现,以免制作卡片的时间太长,影响到分享交流的时间。

2. 幼儿在互赠卡片的过程中,教师注意引导大家可以多人一组进行感恩卡互赠,避免孩子们在互赠卡片的环节发生矛盾。

活动五：温暖的家(大班)

活动目标

1. 通过诗歌欣赏，感受父母生活中时时刻刻对自己的关怀。

2. 懂得在感恩节到来之际，用自己的方式感谢父母的养育之恩。

3. 能联系自己生活中的故事，进行诗歌创编。

活动准备

1. 知识经验准备：让孩子们活动前思考，家人在日常生活中关爱自己的小故事。

2. 物质材料准备：收集有关《妈妈的爱》诗歌内容的相关图片，铅笔，画纸，多媒体播放器。

3. 教学环境准备：布置一面"感恩墙"，将幼儿绘画的"家人的爱"作品展示在感恩墙上，让孩子们在区域活动时间进行交流分享。

活动过程

1. 诗歌欣赏。

(1)播放一段感恩节庆祝视频，让幼儿感受感恩节的氛围，激发兴趣。

(2)教师以讲故事的形式，图文并茂地与孩子们一起欣赏诗歌《妈妈的爱》。

指导语：

(1)小朋友们，你们知道感恩节吗？在这个节日里，你最想感谢谁？

(2)小朋友们有很多想感谢的人，你们知道老师最想感谢的人吗？让我们来欣赏一个故事吧！

★建议：这个环节要图文并茂地引导幼儿欣赏诗歌，让幼儿联想到父母在生活中对自己的关爱，感受亲情的温暖，为下面诗歌的创编做铺垫。

2. 诗歌创编。

(1)请幼儿回忆爸爸妈妈在生活中关爱自己的小故事，与大家分享。

(2)老师根据幼儿分享的故事，引导孩子们学习使用句型："爸爸/妈妈的爱是……"进行诗歌创编。

指导语：

(1)你们还记得爸爸妈妈在生活中关爱自己的故事吗？谁愿意跟大家分享一下呢？

(2)感恩节到来你们想用什么方法表达对爸爸妈妈的感谢呢？

★建议：这个环节要给予幼儿充分的时间进行回忆和分享，让幼儿能有充分的机会感受家庭的温暖和来自亲人的关爱。每个故事分享后，教师要注意引导幼儿练习使用"爸爸/妈妈的爱是……"进行表达。

3. 感恩故事记录。

(1)教师引导幼儿将自己的故事用简单的图画表现出来，并创编一首对应的诗歌，表达自己对父母的感恩之心。

(2)请幼儿将自己绘画的故事和创编的诗歌进行分享。

指导语：

(1)小朋友们可以把自己的故事画成图画并为它创编一首诗歌吗？

(2)小朋友们的图画和诗歌真棒呀！这下我们可以把它们当作感恩节的礼物啦！

★建议：这个环节要引导幼儿用简单的图片进行故事描述，重点放在诗歌创编上。创编完成后，选择优秀作品进行图文并茂的诗歌分享。

4. 赠送感恩礼物。

(1)让孩子们把自己的作品在感恩墙上进行展示，在区域活动时间开展生生互动，进行诗歌创编练习。

(2)父母放学接孩子时，让幼儿献上自己的感恩节礼物并朗诵诗歌，表达对父母的感恩之心。

指导语：

(1)老师会把大家的故事粘贴在"感恩墙"上，请大家和好朋友分享自己的诗歌吧！

(2)放学时，请把自己的画送给爸爸妈妈，不要忘了为他们朗诵你创编的诗歌哦！

★建议：这个环节在区域活动时间进行，要求幼儿能首先跟好朋友分享自己的图画和诗歌，进行朗诵练习，为下一步将图画和诗歌献给父母打好基础。

🕊 **活动延伸**

请孩子们继续思考生活中还有哪些人关爱着自己，值得自己表达感恩之心。感恩节期间，可以在区域活动中继续开展绘画和诗歌创编，让幼儿尝试完成多组作品，送给不同的家庭成员，表达自己的感恩之情。

🕊 **指导建议**

1. 活动中，教师要注意幼儿前期经验铺垫要充分，能让孩子们快速分享自己生活中的小故事。绘画时要引导幼儿用简单的图案对故事进行表现，以免影响到幼儿创编诗歌的时间。

2. 绘画和创编活动结束后，教师要在区域活动中继续组织幼儿进行表述练习，让孩子们互相分享自己创作的图画和诗歌，充分练习，才能在向父母赠送感恩节礼物的环节中清晰、流利地进行诗歌朗诵。

🕊 **附：活动资源**

儿歌 妈妈的爱

有一个很热很热的夜晚，

我从梦中醒来，

妈妈正给我扇着扇子，

汗水却湿透了她的衣裳。

啊！妈妈的爱是清凉的风。

有一个很凉很凉的雨天，

妈妈到学校接我，

一把伞遮在我的头顶，

雨水却打在妈妈的身上。

啊，妈妈的爱是遮雨的伞。

有一回我病了，

妈妈抱我去医院。

摸着我很烫很烫的额头，

妈妈着急地哭了。

啊，妈妈的爱是滴落的泪。

有一天，我打破了暖瓶，

对妈妈又说了谎，

妈妈的批评叫我脸红，

我不敢抬头看她的眼睛。

啊，妈妈的爱是责备的目光。

（儿歌《妈妈的爱》视频详见 http：//www.tom61.com/ertongwenxue/ertongshige/2008－01－20/3184.html）

活动六：保护蛋宝宝（大班）

🐦 活动目标

1. 体验保护蛋宝宝的艰辛过程，感受父母的养育之恩。

2. 了解蛋宝宝易碎的特点，尝试有效保护蛋宝宝的方法。

3. 能创造性地运用辅助材料，动手动脑完成"护蛋"任务。

🐦 活动准备

1. 知识经验准备：了解造成熟鸡蛋破碎的多种原因。

2. 环境材料准备：每个幼儿准备一个熟鸡蛋，纸杯、各种小盒子、棉花、绳子、布、皱纹纸等。

3. 教学环境准备：布置一面"感恩墙"，将收集到的幼儿想对父母说的话写在自制的感恩卡片上，在墙上进行展示，

🐦 活动过程

1. 谈话导入。

(1)让幼儿了解保护蛋宝宝的艰辛。

（2）教师引导幼儿如何当鸡妈妈。

指导语：

（1）你们知道鸡妈妈的宝宝是谁吗？

（2）如果请你来当它们的妈妈，你会保护它们不让它们破吗？

★建议：蛋宝宝的壳儿很脆，只要碰到地面、桌子和坚硬的东西上都很容易破，如果太用力攥它也会破。通过保护蛋宝宝的艰辛过程，感受父母对自己的养育之恩。

2. 保护蛋宝宝。

（1）幼儿讨论有效保护蛋宝宝的方法。

（2）教师引导幼儿尝试运用辅助材料来保护蛋宝宝。

指导语：

（1）你用什么办法来保护自己的蛋宝宝？

（2）如果你的蛋宝宝不小心受伤了，该怎么办？

★建议：这个环节引导幼儿说一说各自保护蛋宝宝的方法，鼓励幼儿自己动手运用辅助材料实践自己保护蛋宝宝的方法。

3. 在一天的时间内照顾好自己的蛋宝宝。

（1）把保护蛋宝宝的任务融入幼儿一天的生活中，让他们体验保护蛋宝宝的艰辛。

（2）教师引导幼儿通过保护蛋宝宝的艰辛联想到父母对自己的养育之恩。

指导语：

（1）你的蛋宝宝是怎么受伤的呢？你能想办法让它恢复原样吗？

（2）你的蛋宝宝保护得真好，你是怎么做到的呢？

（3）保护蛋宝宝真不容易，爸爸妈妈照顾我们比保护蛋宝宝还要难呢！你能记得爸爸妈妈在照顾你们的时候是怎么做的吗？

（4）爸爸妈妈照顾我们真不容易呀！你们有想对他们说的话吗？

★建议：这个环节可以让孩子们讨论造成蛋宝宝受伤的原因以及成功保护蛋宝宝的经验。分享自己在日常生活中父母关心自己的点点滴滴，感受父母养育自己的不易，让孩子的情感从保护蛋宝宝联想到父母对自己的养育之恩上，为下个环节想对父母说的话和制作感恩卡片打下基础。

　🕊 **活动延伸**

让孩子们自己动手制作一张感恩卡片，将孩子们想对爸爸妈妈说的话写在卡片里，粘贴在"感恩墙"上进行分享。到感恩节前夕，可以将自己的卡片邮寄给自己的爸爸妈妈。

　🕊 **指导建议**

1. 活动最后一个环节，要给予孩子们充分的时间讨论造成蛋宝宝受伤的原因以及成功保护蛋宝宝的经验，让孩子们能感受到保护蛋宝宝的不易。

2. 教师要注意引导孩子们从保护蛋宝宝的艰辛历程中联想到父母对孩子的保护和关爱，让幼儿能怀着感恩的心去回味生活中父母养育自己时点点滴滴 。

全园活动："学会感恩，与爱同行"感恩节(小、中、大班)

🕊 **活动目标**

1. 将感恩的种子播撒在幼儿的心田，体验感恩的美好，享受感恩节的庆祝活动。

2. 了解感恩节的来历，感恩节的特色食物与象征物，知道感恩节是表达谢意的日子。

3. 能感恩父母，感恩一切关心和帮助自己的人！用一颗感恩的心面对未来的生活！

🕊 **活动准备**

1. 感谢信：全园发放感恩信，告诉家长感恩节来临，我们要做什么，以及对家长的感谢。

2. 在园内幼儿美术室布置幼儿感恩绘画展。

3. 各班级制作感恩节海报贴到醒目处。

4. 装饰班级环境：如手印火鸡、爆米花吊饰、羽毛等。

5. 园内橱窗张贴感恩节的相关教育内容，如感恩节故事欣赏、感恩节标志性词汇学习。

6. 每班各自开展感恩节自助餐活动(每个家庭自备一个拿手好菜参加)。

7. 各班排练好的感恩节节目。

8. 搭建感恩节主题节目舞台。

9. 参加人员人手一份感恩节节目单。

🕊 **活动过程**

1. 晨间活动，宣布开始。

(1)早上开始抱抱日，拥抱我们的孩子、同事；跟家长表达：谢谢您，感恩节快乐；孩子之间拥抱。

(2)主持人宣布"学会感恩，与爱同行"感恩节活动开始。

(3)主持人带领每个年级组喊出自己年级组的感恩宣言。

(4)向现场的嘉宾、家长派发幼儿园自制的感恩节宣传海报。

★建议：这个环节是让孩子体验用拥抱表达对家长、老师、同伴之间的感恩之情。集中宣传幼儿园感恩节宗旨，扩大宣传效果是重点，是将感恩意识深入家庭、社区的重要手段。

2. 欢庆感恩节歌曲表演。

(1)园长致闭幕词。

(2)全院师生、家长共同学习表演《感恩的心》。

(3)幼儿分年级、班级展示感恩节表演。

★建议：(1)全体师幼、家长共同表演《感恩的心》，此环节重在通过欣赏、表演歌曲体验感恩的美好；（2）主持人在介绍各班级的节目时，注意突出幼儿感恩的理念；（3）组织好幼儿就座，家长在指定位置观看，注意安全。

3. 家长自由参观幼儿感恩画展。

(1)在活动现场公布绘画比赛的结果。

(2)每个场地安排专人引导、讲解。

★建议：这个环节将人数分为小班和中大班两个部分，体现出孩子、家长的共同参与。参观人数众多，注意安全。

4. 感恩美食共分享。

各班级老师带领孩子、家长们进入班级内，有秩序地享受感恩大餐。

★建议：西方国家里享受感恩节的美食大餐是一个重要环节，此环节旨在全园师生、家长共同体验西方的传统节日流程。在品尝各个家庭提供的美食时，教师引导家长介绍菜品，并引导幼儿向准备美食的爸爸妈妈表达自己的感谢，对每一位帮助过、关心过我们的人有着一颗感恩的心。

第三节　万圣节

每年的 10 月 31 日，是西方传统的"鬼节"——万圣节。据说，万圣节到来的前一夜——万圣夜，恶灵会降临。为了驱逐恶灵，人们会将屋子里的炉火和蜡烛全部熄灭，把屋子变成黑洞洞的，就像没人居住一样，避免恶灵的进入。胆大的人还会穿上奇形怪状的服装，把自己打扮成恶灵的模样，故意弄出许多声音，让恶灵不敢靠近。到了现代，万圣节的气氛却远不像它的名称那样让人一听就"毛骨悚然"。如今万圣节的意义逐渐变得积极快乐起来，喜庆的氛围成了主流。每当万圣夜，孩子们都会迫不及待地穿上五颜六色的服装，戴上千奇百怪的面具，提着一盏"南瓜灯"走家串户，向大人们索要节日的礼物——糖果，以此来欢庆这个赞美秋天的节日。

一、节日活动设计思路

在中国人的眼中，鬼是很可怕的。中国也有鬼节，但往往都会关门闭户，孩子们更是不让出门。但是在西方国家，万圣节却成了孩子们喜欢的节日之一，是他们纵情玩乐的好时候。万圣节的神秘之处究竟在哪里？面对"鬼节"，西方人又会想出哪些新奇的点子，用怎样的方式去度过呢？这些独特的西方文化，相信对于中国儿童来说是有吸引力的。孩子们不仅可以在"万圣节"主题系列活动中丰富经验、扩大眼界、获得点滴的体验，同时也增强了主动探究、了解世界的兴趣，这些兴趣将内化成动力，甚至会形成一种习惯，激励孩子们在探索中不断地发现、获得。

二、节日活动教育目标和内容

节日活动教育 总目标	尝试多途径收集关于"万圣节"的信息和物品,感受西方文化以及西方人庆祝节日的不同方式,愿意接纳并参加集体庆祝活动,体验"狂欢"的乐趣,并能大胆表现和展示自我。
小班教育目标	1. 知道万圣节是西方的节日。 2. 愿意听成人讲述关于万圣节的故事和趣闻。 3. 学习简单的泥工技能,能为自己的作品感到骄傲。 4. 知道保护牙齿的基本方法,能在成人的提醒下养成良好的卫生习惯。
小班活动内容	糖果真好吃　牙齿还好吗　小小魔术师(智力游戏)　魔法项链　多彩甜甜圈 运南瓜
中班教育目标	1. 了解万圣节的知识和趣事,愿意模仿外国人的样子装扮自己。 2. 感受西方日的不同,有参与庆祝活动的热情和愿望。 3. 能用多种感官去感受事物,并进行合理的判断,体验探究活动带来的乐趣。 4. 学习实验记录的方法,能用简单的符号进行记录。
中班活动内容	漂亮的糖纸　纸箱的妙用　猜糖果　杰克的南瓜灯　蜘蛛的网(棉签画) 魔力色彩
大班教育目标	1. 收集万圣节相关的资料,愿意在集体中交流、分享,丰富对万圣节的认识。 2. 在集体活动中能出主意、想办法,学会听取和采纳别人的意见。 3. 能有效借助已有的经验,尝试获得解决问题的方法。 4. 正确面对鬼的故事和传说,知道世界上没有鬼。
大班活动内容	我们的鬼点子(社会)　"鬼"的自画像　打瞌睡的房子(绘本) 百变大咖秀(表演游戏)　南瓜接力赛　找寻魔鬼的宝藏　蜘蛛的网(剪纸)
全园活动 教育目标	1. 通过活动,满足幼儿对动漫以及童话故事人物的模仿愿望,鼓励幼儿大胆装扮,大胆表现。 2. 通过形式多样的挑战游戏,增强幼儿的自信心以及与家人间的情感和默契。 3. 提醒家长关注幼儿在游戏中的表现,帮助幼儿选择适宜的游戏内容,正确面对孩子的得失。 4. 在活动中,家长注意培养幼儿遵守游戏规则的习惯,共同爱护园内的公共设施。
全园活动内容	"我行我秀"游园会(小、中、大班)

三、万圣节系列活动方案

（一）精选活动

活动一：多彩甜甜圈（小班）

活动二：牙齿还好吗（小班）

活动三：魔力色彩（中班）

活动四：猜糖果（中班）

活动五：我们的鬼点子（大班）

活动六：蜘蛛的网（大班）

全园活动："我行我秀"游园会（小、中、大班）

（二）环境创设

1. 主题墙面创设

选取具有节日特点的装饰图案作为墙面背景，张贴节日活动的宣传海报，展示幼儿搜集的万圣节相关图片资料以及幼儿作品，呈现节日活动的精彩瞬间以及幼儿与家长在活动过程中的感受。

2. 区域活动创设

美工区：按年龄段的不同，分别投放纸盘、纸盒、纸葫芦瓢或面具的半成品硬纸工等材料，供幼儿装饰或设计节日面具；投放橡皮泥以及各种糖纸，让幼儿用橡皮泥替代糖果材料，完成糖果的设计、分类、包装等内容；投放类似南瓜颜色的气球，装饰成南瓜脸；各色硬卡纸、胶丝、玻璃纸、眼镜框等，供幼儿制作眼镜等。

表演区：提供各色服装，以及围巾、假发、羽毛等装扮道具，万圣节音乐，让幼儿自由装扮并随音乐自由表演。

鬼屋：纸箱搭建成"鬼屋"，供幼儿进行角色体验游戏。

创意展示区：展示幼儿带来的用各种材料 DIY 制作成的"万圣节"小饰品。

（三）活动方案设计与指导

活动一：多彩甜甜圈（小班）

❧ 活动目标

1. 知道甜甜圈是外国的一种点心。

2. 学习运用搓、捏的技能来控制彩泥的形状和大小，来装饰甜甜圈。

3. 形成初步的配色意识，感受装饰物与彩纸间的色彩搭配的美感。

✒ 活动准备

1. 知识经验准备：学会简单的泥工技能，活动前给幼儿介绍过万圣节和甜甜圈。

2. 环境材料准备：甜甜圈的彩色图片，自制海绵立体"甜甜圈"，彩色环形纸片（甜甜圈），食物甜甜圈。

✒ 活动过程

1. 甜甜圈上有什么？

(1)幼儿自由观看墙面上张贴的甜甜圈彩色图片。

(2)教师引导幼儿观察，说说甜甜圈上面有什么。

指导语：

(1)甜甜圈的颜色一样吗？为什么会有不一样的颜色？

(2)甜甜圈上的细线和点点是什么？面包师为什么要这样做？

★建议：本环节教师要引导幼儿仔细观察，可借助幼儿熟悉的芝麻饼、巧克力派等来启发幼儿思考，知道甜甜圈上面的细线和点点会是奶油、奶酪、巧克力碎等。

2. 我们也来做一做。

(1)取出一盘炸好的彩色"甜甜圈"，让孩子们在上面放上芝麻、巧克力碎、奶油、椰丝等。

指导语：

(1)你们看看老师的甜甜圈做好了吗？还差什么？

(2)用橡皮泥怎样做出芝麻、巧克力碎、奶油和椰丝呢？

(2)幼儿用捏、搓的技能进行尝试，选择彩色的甜甜圈进行装饰。

★建议：本环节教师要引导幼儿注意橡皮泥色彩的选择，以及它与彩纸颜色的搭配。教师进行搓、捏技能的示范，鼓励幼儿将巧克力碎、芝麻捏得更小；奶油、椰丝搓得更细。

3. 晒晒我们的甜甜圈。

(1)对幼儿制作的甜甜圈进行点评。

(2)品尝、分享教师准备的甜甜圈。

★建议：本环节教师点评语要求童趣，注意从泥工的技能、色彩的搭配上进行评价，积极肯定幼儿的作品。

✒ 活动延伸

在区域中投放海绵立体甜甜圈，让幼儿试着用橡皮泥完成双面装饰。

✒ 指导建议

告诉幼儿甜甜圈是用粮食做成的，引导幼儿要珍惜粮食，养成节约粮食的好习惯。

活动二：牙齿还好吗(小班)

🐦 活动目标

1. 知道保护牙齿的几种简单方法。

2. 学习正确的刷牙方法，感受牙齿的健康美。

3. 自觉养成早晚刷牙、饭后漱口的习惯。

🐦 活动准备

1. 知识经验准备：幼儿会自己刷牙，会做"健齿操"。

2. 环境材料准备：每人一套牙具，笑脸对比图(露齿和不露齿)，照相机、小镜子、牙齿模型等。

🐦 活动过程

1. 我们的牙齿。

(1)观察图片一，说说图片上哪个女孩笑得更开心。

指导语：

(1)图片上的小女孩笑容是一样的吗？哪里不一样？

(2)第二个小女孩为什么没有张开嘴巴大笑，什么事令她不开心吗？

(2)观察图片二，知道女孩不开心的原因。

(3)观察自己的牙齿，看看会有什么发现。

★建议：本环节教师指导幼儿使用镜子进行观察，也可建议幼儿间相互观察。提醒不要用手或其他物品去接触牙齿或口腔。

2. 牙齿要健康。

(1)观察牙齿模型，了解不同形状牙齿的作用。

(2)幼儿说说哪些方法可以保护牙齿。

指导语：

(1)牙齿为什么会生病？

(2)怎样让我们的牙齿少生病？

(3)学习正确的刷牙方法。

★建议：本环节教师启发幼儿积极思考，大胆讲述，并在习惯养成方面重点小结。请个别幼儿在牙齿模型上进行刷牙的示范，并进行正确指导。

3. 健康的牙齿。

(1)幼儿分组到盥洗室练习刷牙。

(2)再次观察自己的牙齿，感觉有什么不同。

(3)师生一起做"健齿操"，进行集体留影。

★建议：本环节教师关注幼儿的刷牙方法，及时给予指导。鼓励幼儿刷牙的效果，引导他们养成每天坚持早晚刷牙和饭后漱口的习惯。

🐦 活动延伸

制作"我的牙齿很健康"的生活习惯记录表，请家长指导幼儿坚持做到早晚刷牙，并做好记录。在幼儿园的活动室粘贴同样的表格，请幼儿自己记录每天餐后漱口的情况。

🐦 指导建议

活动前，提前了解班级幼儿的牙齿健康状况，注意保护有严重龋齿的幼儿自尊心，可对活动流程进行适当调整。

活动三：魔力色彩(中班)

🐦 活动目标

1. 通过实验操作，发现两种颜色混合后的变化。

2. 初步学会用简单的表格记录实验结果。

3. 愿意与同伴分享自己实验的成果，享受并体验颜色变化带来的乐趣。

🐦 活动准备

1. 知识经验准备：幼儿认识红、黄、蓝三原色。

2. 环境材料准备：用搜集的"万圣节"图片布置活动室，万圣节音乐，教师进行节日装扮，脸上画上彩色图案，颜色展示台。

实验操作工具如小玻璃瓶、三原色颜料、棉签、记录表、矿泉水瓶等。

🐦 活动过程

1. 感受色彩。

(1)观察活动室中万圣节的装饰，感受色彩的丰富。

(2)交代任务：学着图片中外国人的样子在自己脸上画出彩色图案。

指导语：

(1)桌上的三原色能画出这些不同的图案吗？

(2)你们还需要什么颜色？

★建议：本环节注意节日氛围的渲染，调动幼儿参与活动的兴趣，激发他们对丰富色彩的渴望，对于幼儿关注其他色彩的名称，给予正确引导。

2. 寻找色彩。

(1)游戏：魔力色彩。

教师在矿泉水瓶和瓶盖中分别放入三原色中的任两种，将瓶中的颜色化开。盖上瓶盖后，边念咒语边上下摇动水瓶，直至瓶内的水变成另一种颜色。

(2)教师游戏解密，引导幼儿认识复合色。

(3)引导幼儿观察实验记录表，示范讲解实验的操作和表格的填写。

★建议：本环节教师要关注幼儿实验操作的情况，对于发现的问题随时调整。幼儿实验出的成果，及时存放到"颜色展示台"上，并做好标记。注意把握实验的时间。

3. 分享色彩。

(1)请幼儿欣赏"颜色展示台"上的实验成果，同伴间相互交流成功的经验。

(2)请个别幼儿介绍自己的实验情况，教师进行归纳总结。

(3)教师提出疑问，幼儿思考。

指导语：为什么同样的两种颜色，却配出不一样的两种色彩？

(4)请两位幼儿现场依据自己的实验记录，再调配一次颜色。

(5)幼儿选择颜色进行自我装扮。

★建议：本环节教师要尊重每个幼儿的实验成果，就"色彩间为什么会存在差异"的问题，引导幼儿进行思考。

🕊 活动延伸

在科学区投放"会变的颜色"实验材料，同时增加滴管、量杯、搅拌棍等工具；实验记录表格进行调整，增加量的记录。

🕊 指导建议

本次科学实验活动，结果的不一定性为后续的再探究打下了基础，教师要注意保护每个幼儿对科学活动的兴趣，适时地引导，多问为什么，关注幼儿科学态度及思考习惯的养成。

活动四：猜糖果(中班)

🕊 活动目标

1. 通过听听、摸摸、闻闻来辨别糖果。

2. 知道糖果的种类丰富，能用多种方法对糖果进行分类。

3. 尝试简单地记录实验结果，感受探究活动的乐趣。

🕊 活动准备

1. 知识经验准备：会用简单的符号记录一些事物，对同类物体会进行简单的分类。

2. 环境材料准备：请幼儿搜集各种糖果，分别贴有耳朵、鼻子、手等图案的密封铁罐，内装不同糖果，实验记录表格、铅笔等。

🕊 活动过程

1. 说糖果。

(1)小朋友，你们吃过糖果吗？都吃过哪些不一样的糖果？

(2)介绍自己带来的糖果，说说最喜欢吃的是什么糖果？为什么？

★建议：本环节是对幼儿以往经验的调动，教师注意引导幼儿从形状、味道、口感等方面来介绍自己最喜欢的一种糖果。

2. 猜糖果。

(1)请幼儿依据桌上铁罐上的图片标记，分别用耳朵去听、鼻子去闻、手指去摸来猜猜铁罐里会是什么糖果，并在表格上做好记录。

(2)请幼儿相互间交流记录结果，并进行第二次试猜和记录。

(3)说说自己的记录。

(4)打开铁罐，揭晓答案。

★建议：本环节教师要关注并指导幼儿探究的方法。在交流环节，多问幼儿几个为什么，引导幼儿学会分析、筛选，得出最接近答案的结论。答案揭晓后，教师要进行适时的总结，解答幼儿心中的疑问，满足他们的好奇心。

3. 分糖果。

(1)请幼儿将自己带来的糖果分放在两个盘子里，并说说为什么这样分。

(2)学着同伴的方法再次对糖果进行分类，看看有没有分不下去的糖果。

(3)搜集幼儿手中剩余的糖果，集体讨论分类的方法。

★建议：本环节教师要引导幼儿对自己的分类方法进行小结，同时引导幼儿认真观察，并尝试多种分类方法。最后，教师要对整个分类结果进行总结，注意边总结边操作演示。

4. 吃糖果。

幼儿和同伴互换糖果，并品尝自己喜欢或没有吃过的1—2颗糖果。

☞ 活动延伸

请幼儿去查找糖果制作方法的资料，在家人的陪同下，试试制作简单的糖果。

☞ 指导建议

活动中注意提醒幼儿少吃糖果，或者选择适合的时候吃糖果，引导幼儿养成爱护牙齿的好习惯。鼓励幼儿学会分享，在品尝美味糖果过程中，增进与同伴、老师以及家人间的感情。

活动五：我们的鬼点子（大班）

☞ 活动目标

1. 愿意在同伴面前分享自己知道的万圣节的知识、趣闻或故事。

2. 依据自己和小组同伴的不同优势，分工合作完成节日海报的宣传制作。

3. 学会听取和采纳别人的意见，感受其中的乐趣。

☞ 活动准备

1. 知识经验准备：提前搜集与万圣节相关的资料和图片，并了解万圣节的来历、传说等。

2. 环境材料准备：将幼儿搜集的图片资料布置成"万圣节"的展板，万圣节节日素材资料，各种美工工具。

🕊 活动过程

1. 我们知道的万圣节。

(1)师生一起参观万圣节的资料展板。

(2)选取图片，讲一讲、听一听图片后面的故事。

★建议：本环节在参观过程中关注师幼、生生间的交流，引导幼儿间自主的交谈。关注兴趣点，鼓励幼儿在同伴面前大胆介绍自己搜集的图片内容。

2. 我们想过的万圣节。

(1)你们想过一个怎样的万圣节呢？在小组内，和同伴说说自己的想法。

(2)小组节日活动方案设计。

指导语：请每个小组把你们的想法集中起来，商量出一个节日庆祝活动的办法，大家可以从玩什么游戏、准备什么道具、邀请哪些人等方面进行考虑。

(3)小组长介绍本组的活动方案。

★建议：本环节教师关注小组内的讨论情况，及时给予指导。在组长介绍本组方案时，可引导其他幼儿认真倾听，并提出好的意见和建议，同时要尊重孩子们的想法，不要直接否定，可建议他们"再想想"或是"听听其他的意见"。

3. 我们制作的节日海报。

(1)小组内分工，选择材料，做好海报制作的准备工作。

(2)幼儿合作完成海报制作。

(3)幼儿将海报张贴在"展板"上，相互参观、欣赏。

★建议：本环节教师注意小组分工情况，及时肯定幼儿的作品，在参观、欣赏中完成点评，对于能听取别人意见的小组，要给予鼓励。

🕊 活动延伸

将活动材料投放到活动区，满足孩子们对海报后续设计的兴趣。

🕊 指导建议

活动中幼儿自主环节较多，教师要注意观察引导，对于交往能力较弱的幼儿，不要给予太大的压力，在前期分组时要做好适当的安排。海报制作的纸张，本次活动中不宜选择过大，要依据幼儿的实际情况来安排，尽可能让每一组都能完成。在后续区域材料投放中，可投放多种规格的纸张，满足单人或多人的设计需求。

活动六：蜘蛛的网(大班)

🕊 活动目标

1. 愿意与同伴合作，体验探究过程的乐趣。

2. 通过折、画、剪相结合的方法完成蜘蛛网的制作。

3. 能有效借助已有的经验，尝试获得蜘蛛网的剪纸方法。

活动准备

1. 知识经验准备：知道"雪花"的剪纸方法，会较熟练地使用剪刀。

2. 环境材料准备："万圣节"背景图，立体玩具蜘蛛大小若干，各种大小、形状各异的彩纸，剪刀、铅笔、固体胶等工具。

活动过程

1. 看一看。

(1) 谈话：你见过蜘蛛网吗？在哪些地方见过？它是什么样子的？

(2) 观看"动物世界"有关蜘蛛的 DV 片段，观察蜘蛛网的样子。

★建议：本环节中，教师让孩子尽情地说，可以鼓励说不清楚的孩子用画笔画出来。

2. 说一说。

(1) 你看到的蜘蛛网是什么样子的？试着和同伴说一说。

(2) 如果用剪纸的方法来剪出蜘蛛网，应该怎样剪？

★建议：本环节引导孩子从形状、结构等方面来讲述蜘蛛网的样子，同时借助幼儿已有的剪纸经验，启发幼儿，大胆设想蜘蛛网的剪纸方法。

3. 试一试。

(1) 鼓励幼儿尝试多种剪纸方法，能与同伴合作验证自己的想法。

(2) 展示幼儿认为成功的作品，大家一起来看看、说说。(哪个蜘蛛网剪得更像一些？为什么？)

(3) 请个别幼儿介绍自己运用的方法。

(4) 幼儿选出最合适的剪纸方法。

(5) 怎样让蜘蛛网的丝更细一些？(教师示范剪纸的难点)

★建议：本环节注意对能力较弱的幼儿加强指导，同时对有不同想法的幼儿及时给予鼓励。引导幼儿对蜘蛛网的剪纸方法进行总结、归纳。

4. 做一做。

(1) 幼儿动手剪出蜘蛛网，并试着把玩具蜘蛛固定到网上。

(2) 试着将自己的作品粘贴到背景墙上，大家共同欣赏。

★建议：本环节注意引导幼儿感受蜘蛛与网大小间的比例关系，在共同欣赏作品的过程中完成点评。

活动延伸

在区域中投放多种材料，让幼儿尝试用毛线、胶丝、画笔、纸棒等，运用编、画、粘等方法制作蜘蛛网。

指导建议

活动中注意引导幼儿养成讲卫生的好习惯，能主动参加家庭的卫生打扫。鼓励幼儿去发现蜘蛛更多的秘密，利用餐前讲述环节，让幼儿分享自己发现的秘密。

全园活动："我行我秀"游园会(小、中、大班)

设计意图

在"万圣节"主题教育活动的开展过程中，我们不仅感受到了孩子们浓厚的兴趣，同时也感受到了来自家长的热情。本次全园大型游园活动，不但满足幼儿及家长对"万圣节"活动强烈的参与需求，也为孩子们搭建了一个自我展示平台。在魔幻般的世界中，孩子们可以展现个性、自由想象，同时也感受到与家人一起游戏的快乐。

活动目标

1. 通过活动，满足幼儿对动漫以及童话故事人物的模仿愿望，鼓励幼儿大胆装扮，大胆表现。

2. 通过形式多样的挑战游戏，增强幼儿的自信心以及与家人间的情感和默契。

3. 提醒家长关注幼儿在游戏中的表现，正确面对孩子的失败，帮助幼儿选择适宜的游戏内容。

4. 在活动中，关注幼儿规则意识的形成，学会爱护园内的公共设施。

活动时间

10月30日 17：30—19：00

活动地点

幼儿园操场、各班活动室、园功能室。

活动准备

1. 环境准备。

(1)大操场：场地安排、舞台搭建、活动横幅、装饰南瓜灯、鬼脸气球、星星灯、荧光棒。

(2)游戏区：各活动室，功能室结合游戏内容布置好环境，准备好游戏材料。

(3)更衣处：各班睡眠室。

2. 物质准备。

直饮水、纸杯、垃圾桶、摄像器材、医疗器械、移动座椅、清洁用品、游戏礼品、奖券。

3. 人员准备。

(1)会场调度：总指挥1人，后勤保障4人。

(2)保健人员：2人，主楼保健室和操场医疗点各1人。

(3)服务人员：每个游戏区域2人。

(4)会场主持：2人。

(5)摄像人员：2人。

(6)安保人员：入口处2人；游戏区域每层楼2人。

(7)音响人员：1人。

(8)礼品兑换：4人。

4. 前期宣传准备。

(1)在园网站及各班"家园联系"窗口介绍各类游戏的玩法，让家长及幼儿提前了解。

(2)活动当天着装要求提前一周告知家长，便于准备。

(3)活动海报、邀请函准备。

(4)幼儿园游戏场地安排以及消防通道位置平面图提前公示。

(5)活动当天天气提前了解，做好应急预案。

(6)热身舞蹈提前教授幼儿和家长。

🐦 **活动流程**

1. 17：00，家长携幼儿一同入园，在各班活动室与幼儿一起进行装扮。

2. 17：20，各班教师组织家长到达操场指定位置就座，领取荧光棒。

3. 17：30，活动正式开始。

(1)主持人宣布活动开始。（中、英文双语）

(2)教师方阵最先入场、预热现场。

(3)按照小、中、大班先后顺序，家长带着幼儿一起行进入场。

(4)全场热舞。

4. 18：00，游园活动正式开始。

(1)主持人介绍游戏分布情况，建议家长先从本年龄段开始游戏，并提醒家长分散兑奖。

(2)主要游戏及玩法：有两种挑战方式的游戏，每次只能选择一种进行挑战。

①小班区域。

游戏一：运南瓜

准备：皮球10个，长木棍两根。

规则：小班幼儿与家长一起，将皮球从起点运到终点，全部完成为胜。得4张奖券。

中、大班幼儿与家长一起，在1分钟内将全部皮球从起点运到终点为胜。得4张奖券。

游戏二：魔王吃糖果

准备：包有乒乓球的糖果10颗，纸盒制作的魔王的嘴巴一个。

规则：家长头顶纸盒，与幼儿相距两米面对面站立，并用纸盒接住幼儿投来的糖果。根据接住糖果的数量的多少得到相应的奖券。

中、大班幼儿进行此游戏时，将两人间的距离调整到3米。其他内容同上。

②中班区域。

游戏一：魔法苹果

准备：大小相近的苹果 12 个（4 个为一组）。

规则：幼儿将 4 个苹果垒起不倒，并顺利完成三组为胜。得 4 张奖券。

家长与幼儿一起将 6 个苹果垒起不倒，并顺利完成两组为胜。得 6 张奖券。

游戏二：魔王的宝箱

准备：带锁宝箱 5 个，钥匙 5 把，藏宝图一张。

规则：幼儿在 2 分钟内，正确选取钥匙开启藏有宝图的箱子为胜。得 4 张奖券。

③大班区域。

游戏一：猜拳我最大

准备：地上画有 10 个方格，格内分别写上 1—10 的数字。

规则：两位选手面对面分别站在写有数字 5 和 6 的格子里，同时出拳，胜方向对手处前进一步，败方向后退让一步。首先将对手赶出格子者胜出。得 4 张奖券。

游戏二：吸魔球

准备：装有水的脸盆一个，水面放上 10 个乒乓球。

规则：幼儿用嘴将水面上的球逐个吸起，1 分钟内全部完成的为胜。得 4 张奖券。

④综合区域。

游戏一：蜘蛛电网

准备：5 米长的绳子 8 条，上面系上铃铛，错落有致地排列。

规则：幼儿在 2 分钟内独立跨过 8 根绳子，并且无铃响，算游戏完成。得 4 张奖券。

家长蒙上双眼，在幼儿的语言提示下 3 分钟内完成游戏。得 8 张奖券。

游戏二：哈利波特的拼图

准备：9 张、16 张、25 张的拼图各一套。

规则：幼儿在一分钟内独立完成拼图，拼图正确为胜。根据拼图难度分别得 2 张、3 张、5 张奖券。

5.18：50 游戏活动部分结束，幼儿与家长到操场集中合影，分享游戏奖品。

6. 主持人宣布活动结束。

7. 各班组织家长回班完成整理工作。

8. 工作人员协助各班教师组织好家长和孩子安全离园。

9. 工作人员清理活动现场。

第四节　复活节

复活节节期大致在 3 月 22 日到 4 月 25 日之间。人们认为，复活节象征着重生和希望，各个国家都会在这天举行各种有趣的活动，分享季节更替的喜悦！

一、设计意图

复活节在万物复苏的春季里到来，自然界的蓬勃生机正如节日所寓意的"重生与希望"一样，带来无数惊喜：嫩绿的小芽，绽放的小花，连呼吸中都有浓浓的暖意和舒畅，一切都是那么清新、美好。这正是孩子们感受生命奇迹的最好时光，他们从目之所及的事物中感受到爱与被爱的温暖。我们引领孩子们在丰富的系列活动中，萌发对自然和生命尊重。

二、节日活动教育目标和内容

节日活动 教育总目标	1. 感受了解复活节代表生命顽强、生机勃勃的含义，感知多元的节日文化。 2. 认识了解复活节常见的象征物：复活节兔子、彩蛋、百合花、小鸡等。 3. 感受不同国家、民族对同一节日的理解和表现的不同。 4. 体验节日中浓浓的爱意，知道尊重生命，爱护自然。 5. 能通过自己的方式，主动表达对生命的尊重和热爱。
小班教育目标	1. 乐意在成人和同伴的陪伴下，参加复活节的各类庆祝活动，感受节日的快乐氛围。 2. 认识复活节兔子、彩蛋、百合花、小鸡等常见吉祥物。 3. 乐意与小动物做朋友，爱护植物。
小班活动内容	兔子，兔子，你在哪里　小小蛋儿把门开 春天的趣事　是谁复活了
中班教育目标	1. 能积极、主动参与节日活动。 2. 初步了解复活节兔子、彩蛋的来源。 3. 了解、体验复活节的各类节日活动，亲历庆祝活动的各个环节，安全游戏。 4. 感受在春天里植物、动物和人们的蓬勃生机。
中班活动内容	一起来玩"蛋"　动物妈妈和宝宝 不一样的礼物　查理的巧克力工厂
大班教育目标	1. 尝试用绘画、表演等丰富的形式表现和表达自己的体验。 2. 初步理解复活节的意义，并能用清晰、生动的语言表达自己的想法和感受。 3. 主动参与各种庆祝活动，乐意表现自己，能文明礼貌交往。 4. 在参与各种游戏中，尝试与同伴共同制订规则。 5. 了解动物中胎生、卵生的成长方式，感受生命之美。
大班活动内容	兔子，兔子，来比赛　彩蛋，彩蛋，你真美 不一样的复活节　动物成长手册　叶子旅行记

续表

全园活动教育目标	1. 体验与家人、同伴共度复活节的喜悦和愿望达成的快乐。 2. 在游戏活动中，学习照顾、分享、交往，做个大方、文明、友爱的小朋友。 3. 积极参与各种游戏活动和挑战，遇到困难不放弃。 4. 珍爱生命，热情地感受生活的乐趣。
全园活动内容	多彩复活节 幸福家庭日（小、中、大班）

三、复活节系列活动方案

（一）精选活动

活动一：兔子，兔子，你在哪里（小班）

活动二：小小蛋儿把门开（小班）

活动三：一起来玩"蛋"（中班）

活动四：兔子，兔子，来比赛（大班）

活动五：彩蛋，彩蛋，你真美（大班）

活动六：不一样的复活节（大班）

全园活动：多彩复活节 幸福家庭日（小、中、大班）

（二）环境创设

1. 主题墙面创设

创设"都这么美"的主题背景墙饰：以复活节的各种活动图片为中心圆拓展为动物的活动、植物的生长、小朋友的活动、人们的活动几个子板块。

不同的节日：复活节板块——收集各国不同庆祝复活节的照片图片，春天里的其他节日——清明节、愚人节、植树节的各种庆祝方式。

2. 区域活动创设

季节桌：创设与复活节相对应的春季色彩（绿意盎然的森林、树丛、花丛，可爱的小动物玩偶杂列其中），相应的吉祥物（彩蛋填满的复活节花篮、复活节小兔子、有绒毛的小鸡及娃娃玩具）。

复活节艺术展：悬挂装饰各异的复活节彩蛋、复活节时装。

美工区：增添各种装饰材料，如水彩、涂色刷、画笔、小碎布、大小不同的塑料蛋、各种毛线等；制作步骤图供幼儿自主学习。

表演区：童话背景墙，故事磁带及各种头饰（兔子、女巫）、衣服。

图书角：投放一些关于各地庆祝复活节的图册供幼儿翻阅。

养殖区：种植各种小植物，如豆芽、水芹、迎春花……养育小乌龟、小兔子、金鱼等供幼儿观察。

(三)活动方案设计与指导

活动一：兔子，兔子，你在哪里(小班)

🐦 活动目标

1. 萌发寻找复活节兔子并和它一起玩游戏的兴趣。
2. 尝试用简单清晰的语言来描述兔子躲藏的地点。
3. 能努力把自己的发现记在心里，等一等再说。

🐦 活动准备

1. 知识经验准备。

复活节桌已经摆放在活动区中，让幼儿观察和了解，知道兔子是送礼物的使者。

2. 物质材料准备。

(1)形似兔子的长耳发卡，发箍。

(2)多媒体课件：《兔子，兔子，你在哪里》。

(3)改编音乐：小小兔子出来玩。

3. 教学环境准备。

森林里场景设置：有彩色的蘑菇、绿色的草丛……

🐦 活动过程

1. 观察：复活节桌上，兔子和装有礼物的花篮不见了。

幼儿围观复活节桌，互相交流，教师引导幼儿说出自己的发现。

指导语：

(1)复活节桌上有哪些有趣的玩具？有什么可爱的动物？

(2)有什么动物不见了？它带走了什么？

★建议：此环节让幼儿自由观察，自在谈话，同时，要激发幼儿发现彩蛋被带走后的失望心情。

2. 寻找：复活节兔子藏在森林的什么地方。

(1)出示课件：倾听卡通兔子的留言——我要到森林去玩。

(2)观看课件：大树后露出一点兔耳尖；草丛里发现兔子尾巴的绒毛；一群动物中间露一点胡萝卜尖……

教师引导幼儿细细观察，提醒他们对自己的发现先保密记在心里。

指导语：

(1)兔子藏到了森林里，我们要仔细找，千万别说出来，要不吓跑了兔子就找不到彩蛋了。(点击课件观察)

(2)一个人记住一个地方，记在心里，等会儿再说自己的发现。

★建议：这个环节可以用小手轻轻地按在唇上，轻轻地站起来并走动的方法陪伴幼儿安静地看和寻找，努力不说出自己的发现，增强活动的趣味性和挑战性。

3. 发现：学习运用完整清晰的语言来描述兔子躲藏的地点。

(1)幼儿和同伴悄悄耳语，交流自己的发现。

(2)教师引导幼儿用简洁的语言大声地说出自己的发现。

(3)伴着孩子们的发现，点击课件，找到兔子。

指导语：

(1)森林里有什么？

(2)兔子藏在什么地方？

★建议：(1)教师要引发幼儿产生发现兔子后兴高采烈的心情，并对他们的仔细观察、守住秘密给予肯定；(2)对孩子零散的回答要有意识地给予梳理，但不刻意强求，如孩子们说大树后面、在花里时，适时地说："兔子躲在大树后面"或者"噢，你发现了兔子藏在花丛里面"，再请孩子试试这样说完整的话。

4. 游戏：我们一起躲起来。

带上兔子长耳朵，听音乐玩躲迷藏的游戏。

指导语：

(1)小兔子还想玩，我们是让它开心得玩好还是强拉着它回来，让它伤心呢？

(2)玩游戏时，要注意安全，如果一个地方躲的人太多了，就再找另一个地方。

★建议：此环节注意对幼儿的心理引导，以尊重别人的意愿并找到可以让大家都可以接受的方法为宜，如一起好好玩，让兔子开开心心地愿意回家。

活动延伸

1. 孩子们可以到娃娃家给兔子打电话，请它回家。

2. 回家和家人玩躲迷藏的游戏。

附：活动资源

根据音乐游戏歌词改编。

儿歌　小兔子

小小兔子出来玩，小小兔子出来玩，

跳呀跳，跳呀跳。

小小兔子出来玩，跳呀跳，跳呀跳。

哎呀，藏起来了。

活动二：小小蛋儿把门开(小班)

活动目标

1. 感受歌曲活泼、优美的旋律和春天勃勃的生机。

2. 用好奇、欢快的情绪唱歌。

3. 想象并用各种身体动作有节奏地表现小鸡出壳的样子。

🕊 **活动准备**

1. 知识经验准备：幼儿知道鸡蛋可以孵出小鸡来，幼儿学习过歌曲《春天天气真正好》。

2. 物质材料准备：音乐磁带及录音机，实物教具蛋壳及小鸡、挂图、大蛋壳教具。

3. 活动场景创设：将活动室创设成春天的花园：大树、花丛、小蘑菇，树上有毛绒小动物、有小蝴蝶、小蜜蜂，草丛里有一个小窝放有鸡蛋。

🕊 **活动过程**

1. 导入活动：音乐——《春天天气真正好》。

(1)幼儿听音乐，与同伴自由在花园里走走、看看、说说。

(2)观察特别的发现，引发猜测。

(3)故事激趣，理解歌词。

指导语：

(1)在春天的花园里，你看到了什么？

(2)在草丛里发现了什么？猜猜是谁的蛋？蛋里会孵出什么小动物？

(3)我们来敲敲蛋壳，听听是谁在说话？

(4)春天到了，小鸡想出来干什么呢？

★建议：此环节引领幼儿自由和同伴交流说出春天花园里美丽的花，可爱的小动物；并鼓励幼儿大胆猜测。

2. 欣赏歌曲：《小小蛋儿把门开》。

(1)观看倾听音乐动画，印证猜想，理解歌曲。

(2)按歌曲的节奏朗诵儿歌。唱到"叽叽叽叽，叽叽叽叽唱起来"时，幼儿做动作：食指并拢，转圈。

(3)第二次欣赏，自由哼唱并用动作表现胖乎乎的小鸡。

★建议：教师要欣赏和回应幼儿的哼唱，对做出不同动作的幼儿，教师要及时表扬，并让他到前面示范动作。

3. 学习歌曲：在游戏中体验学唱歌曲的快乐。

唱歌给蛋宝宝听：每一小组放一个蛋窝，里面放几只蛋，大家一起唱；每人抱一个蛋宝宝，自己轻轻唱。

指导语：

(1)小朋友们抱好蛋宝宝，用好听的声音唱歌给她听，老师录下来。

(2)要保护好蛋宝宝，不要让她受伤了。

★建议：此环节教师要鼓励幼儿用好听的声音边玩边唱，在各种游戏中自然地喜欢歌唱，而不是呆板地老师唱一句、幼儿唱一句。

4. 游戏：《小小蛋儿把门开》。

规则与玩法：鸡妈妈(老师)带着小鸡宝宝(幼儿)来到一个大蛋壳前(配教老师)，演唱歌曲，唱到"走出一只小鸡来"时，蛋壳打开，走出小鸡(配教老师)来，和大家一起唱歌做游戏。

★建议：此环节依据幼儿兴趣玩1—2次。

⚘ **活动延伸**

1. 在表演区里放置一个大大的自制蛋壳，供幼儿游戏时用。

2. 在娃娃家摆放鸡妈妈一家。

⚘ **附：活动资源**

儿歌　小小蛋儿把门开

小小蛋儿把门开，走出一只小鸡来，

黄茸茸呀胖乎乎，叽叽叽叽叽叽叽叽唱起来。

活动三：一起来玩"蛋"(中班)

⚘ **活动目标**

1. 体验团队游戏的快乐。

2. 尝试依据游戏玩法的不同，制订玩"蛋"的规则。

3. 乐意向他人学习并主动结交朋友。

⚘ **活动准备**

1. 知识经验准备：幼儿在家长的陪伴下收集复活节蛋的不同玩法，知道复活节蛋是复活节最显著的标识。

2. 物质材料准备：每个孩子3或4个煮熟的鸡蛋，欢快的音乐。

3. 教学环境准备：有光滑地板的活动室。

⚘ **活动过程**

1. 宣告主题：自个儿来玩"蛋"。

(1)幼儿人手一个熟鸡蛋，自己一个人玩玩看。

(2)教师在参与的同时注意观察和发现不同玩法：滚蛋、转蛋、吹蛋、推蛋……

指导语：

(1)请大家自己一个人来玩"蛋"，尽量找出最多的玩法。

(2)和大家说说你找到了几种玩的方法，并玩给小朋友们看看。

★建议：此环节老师要有意识地提醒孩子给自己的玩法取好名字，方便后面的介绍和分享。

2. 推进主题：找个朋友来玩"蛋"。

(1)请幼儿依据自己选择的玩法和交友的意愿组成两人小队。

(2)两人一组再玩刚才的玩法，试试如何玩才更有趣。

(3)分享：我们是这样玩"蛋"的。

(4)再次扩充人数，5到6人为一组玩，满足幼儿竞赛游戏的意愿。

指导语：

(1)现在我们两个人一起玩刚才的玩法：想想，刚才的游戏要怎样玩才有意思？

(2)请你们依据刚才的玩法再向大家展示：你的玩法有什么改变？别人已经说过的不说，别人说得不清楚的可以补充。

(3)小朋友还想玩，那就自选5人一组自由玩。

★建议：(1)在选择朋友的环节要关注个别没有朋友的孩子进行协调、指导或是老师陪伴；(2)鼓励幼儿说出自己的发现，老师陪伴引领进行更清晰的阐述：滚蛋、吹蛋，可以比谁的蛋滚得远谁就赢了；转蛋就看谁的蛋先停下来不转就输了；推蛋看谁在一段距离里先到达谁就是第一……(3)关注鸡蛋破损的情况，及时补充。

3. 升级主题：大家一起来玩"蛋"。

(1)全班幼儿一起玩"找蛋"的游戏，比比看谁找出的蛋最多。

(2)统计评价结果，奖励胜利者一个完整的彩蛋。

(3)幼儿剥鸡蛋、吃鸡蛋。

指导语：

(1)刚才的玩法制订规则后，有没有适合全班小朋友一起玩的方法？如果没有，还有什么游戏可以让大家一起来玩呢？

(2)找蛋时有的小朋友很细致，找到鸡蛋后轻轻地放在篓子里，这样鸡蛋就不会破。

★建议：(1)教师让幼儿制订并介绍"找蛋"的游戏玩法和规则；(2)游戏后完整的鸡蛋要用温水洗外壳，孩子们也要洗手后才能吃。

🐦 活动延伸

鸡蛋壳可以放置在美工区进行粘贴画。

活动四：兔子，兔子，来比赛(大班)

🐦 活动目标

1. 体验团队竞赛的乐趣。

2. 学习复活节兔子具备的跳的能力：跳远、跳高、跨栏跳。

3. 乐于尝试各种挑战。

🐦 活动准备

1. 知识经验准备。

幼儿已经学习了跳跃的基本方法，玩过跳远、跳高、跨栏跳的游戏，认识邦尼兔是复活节最显著的吉祥物之一。

2. 物质材料准备。

(1)将场地布置为"邦尼游戏场"："跳跳洞"(四个间隔为 60 厘米平放在地上的体操圈)、跳跳栏(四个可以任意升降高度的栏杆)、跳跳坑(平整沙地)、跳跳袋(六个大布袋)、跳跳房(四个可供单双脚跳的游戏垫)。

(2)音乐：Happy Easter。

🐦 **活动过程**

1. 音乐游戏：Happy Easter，复习巩固简单的跳的动作。

(1)幼儿听音乐，列队玩动作接龙游戏，放松身体各部位。

(2)教师在参与玩的同时注意提示幼儿听音乐按节奏融入各种跳的动作：双脚行进跳、单双脚替换跳……

指导语：

(1)复活节快要到啦！让我们在洒满阳光的操场跟着邦尼兔来尽情舞蹈，迎接春天的到来吧！

(2)和大家说说你找到了几种玩的方法，并玩给小朋友们看看。

★建议：此环节老师要有意识地提醒孩子给自己的玩法取好名字，方便后面的介绍和分享。

2. 自主尝试：跳跳乐。

(1)幼儿仔细观察"邦尼游戏场"场地布置，并交流讨论玩法。

(2)幼儿任选地点，自由游戏。

(3)教师观察、参与并给予一定的指导。

指导语：

(1)邦尼游戏场有些什么游乐项目？

(2)这些项目，用邦尼兔"跳"的玩法，怎么玩呢？

★建议：(1)老师鼓励幼儿在观察摆放的器械的基础上自己说出此器械可以开展的玩法；(2)鼓励和发现有创意的新玩法；(3)提示幼儿多尝试不同的器械。

3. 分享学习。

(1)师生共同梳理、提升自主游戏的经验。

(2)再次尝试游戏。

指导语：

(1)最有难度的挑战项目是什么？

(2)我们怎么样才能跳得好？

★建议：(1)此环节教师要尊重幼儿对自我经验的表达，共同总结出不同跳的方法的动作要领，通过逐步增强玩法的难度，帮助幼儿学习跨跳、立定跳远等跳的动作和技能；(2)注意观察幼儿，对有些项目可以加强难度，发现创新要加以表扬，加强安全保护。

4. 闯关游戏。

(1)师生共同制订规则。

(2)幼儿分组开展竞赛游戏。

指导语：经过共同商量，我们最后确定的规则有3条，一是调整器械的摆放方法；二是所有项目每个小组成员必须通过才能算赢，不能有人掉队；三是要注意游戏时的安全。

★建议：此环节教师可分成男生组和女生组进行闯关游戏，请没有玩游戏的一组要观察游戏组的玩法，注意按规划游戏。

活动五：彩蛋，彩蛋，你真美(大班)

活动目标

1. 体验复活节的彩蛋之美。

2. 小组合作，装饰出有特点的复活节彩蛋。

3. 能欣赏各种彩蛋的装饰之美。

活动准备

1. 知识经验准备。

家长、幼儿已经对复活节有一定的认知和了解，知道彩蛋是复活节的重要标识，已经学过撕、剪、粘贴等装饰方法。

2. 物质材料准备。

(1)活动室悬挂不同装饰风格的复活节彩蛋。

(2)各种装饰材料：水彩、涂色刷、小碎纸、小碎布、胶水、大小不同的塑料蛋、勾线笔、各种毛线等。

活动过程

1. 找找：幼儿依据自己的喜欢找到最爱的彩蛋。

(1)欣赏：幼儿自由欣赏彩蛋。

(2)寻找：幼儿找到自己最喜欢的彩蛋，挂在胸前。

(3)交流：说说彩蛋的不同之处。

指导语：

(1)你在什么节日会看到彩蛋？

(2)告诉好朋友，你最喜欢的彩蛋有什么特别的地方？

★建议：(1)此环节教师要提供多种装饰风格的彩蛋，让幼儿有不同的选择；(2)要充分尊重幼儿的审美情趣，鼓励幼儿从色彩、线条、形状等多维角度去发现彩蛋的不同之处。

2. 试试：幼儿依据自己的理解尝试装饰彩蛋。

(1)幼儿选择需要的材料和工具。

(2)幼儿尝试自己独立装饰。

指导语：我们要先想想，自己手中特别的彩蛋是用什么方法装饰的？这种装饰方法用到了哪些工具和材料？

★建议：(1)此环节教师要提醒幼儿先思考装饰彩蛋用了什么材料，有什么方法可以完成装饰；(2)在装饰的过程中，老师多以观察和鼓励为主，不要急于告诉幼儿方法或是帮助幼儿完成任务。

3. 说说：幼儿依据自己的尝试交流装饰的方法。

(1)欣赏幼儿不同风格的作品，并请有不同装饰方法的幼儿进行示范讲解。

(2)共同梳理出各种装饰的方法及要点：一是黑白线描装饰——线描要均匀；二是对比色、过渡色、同色系等色彩涂抹装饰——涂色要均匀；三是材料粘贴装饰——粘贴分布要均匀。

★建议：此环节教师要鼓励幼儿大胆地说出自己的装饰方法，如果幼儿遇到困难，要适时给予引领和提升。

4. 玩玩：幼儿依据共同的喜好组合成小组进行装饰。

(1)幼儿依据刚才装饰方法的异同组合成小组。

(2)老师介绍新任务：每组一只大蛋，小组内的小朋友要共同创作一只大彩蛋。

(3)一组幼儿分工合作完成大彩蛋的装饰任务。

指导语：

(1)喜欢用线描装饰的小朋友成一组，愿意刷色的小朋友成一组……

(2)装饰前要先分好工，谁来选择材料，哪个来握住彩蛋，谁涂色又均匀又好看……

★建议：此环节教师要鼓励幼儿大胆地说出自己的装饰方法，如果幼儿遇到困难，要适时给予引领和提升。

5. 师生共同将装饰好的大彩蛋挂在室内，增加节日气氛。

活动延伸

1. 将孩子们装饰的彩蛋拍成图片，上传到班级博客。
2. 在美工区投放塑料蛋壳和工具，供有兴趣的幼儿继续学习。

活动六：不一样的复活节(大班)

活动目标

1. 感受复活节蕴含的活力、希望这一特有韵味。
2. 知道不同的国家有不同的庆祝复活节的方法，了解节日文化的多元与丰富性。
3. 能在父母的陪伴下收集复活节的资料。

活动准备

1. 知识经验准备：幼儿和父母一起收集关于不同的国家庆祝复活节的方式，并制作成小纸卡，老师收集制作成方便幼儿拿取的纸板卡。同时，老师有意识地请几个家庭制作几个有特别介绍的大展示卡。

2. 物质准备：幼儿做各种装扮：复活节女巫、复活节兔子、复活节蛋宝宝或是穿上特制的新衣。

活动过程

1. 游戏一：节日大游行。
(1)在欢乐的音乐中，做各种装扮的幼儿自由快乐出场。
(2)幼儿依据自己的装扮做各种动作和表演。
指导语：
(1)复活节，让我们穿上漂亮的新装，去撒欢吧！
(2)今天出来参加表演的都有哪些复活节人物呢？
★建议：(1)此环节教师要给孩子营造愉悦、自在的氛围，让孩子们尽情欢笑，表示自我；(2)有意识地请几个特别人物做简单的自我介绍。

2. 游戏二：找朋友。
(1)出示复活节纸板贴，幼儿听音乐依据自己的打扮，找到相应的介绍卡。
(2)和同伴间相互说说：我的装扮是什么？他来自于什么国家的庆祝活动？
(3)请有特别装扮的幼儿给大家进行介绍(出示特别的大展示卡)。
指导语：复活节是在春天的庆祝活动，好多西方国家有许多特别的庆祝方式，哪位小朋友愿意给大家介绍一下呢？
★建议：(1)提醒幼儿如果忘却了，可以对照卡片向同伴介绍；(2)有特别装扮的小朋友要大方清晰地向大家介绍。

3. 游戏三：特别的玩法。
(1)观看视频，了解各个国家不同的复活节庆祝方式。

(2)师生共同小结：每个国家庆祝的方式不一样，但是大家在这个节日里都获得了快乐，感受了新的一年的希望。

★建议：提醒幼儿注意尊重和学习别人的不同的文化。

4.游戏四：我的特别玩法。

(1)大家讨论：如果你想过一个中国的复活节，你会想到什么不同的想法？

(2)试试玩一两个幼儿的新玩法。

★建议：教师不要禁锢幼儿想象，并可以提醒他们结合中国的在春天的传统节日的庆祝活动，让孩子们有法可想。

活动延伸

1.请幼儿把新想出来的玩法在游戏时和回家后玩。

2.把资料展板挂在主题墙面上，供幼儿回顾学习。

附：活动资源

美国：复活节滚彩蛋是一个一年一度的大事，每年复活节都在白宫的草坪上为儿童和父母举行。滚彩蛋本身是一项竞赛，儿童使用一个长柄的勺子推动一颗鸡蛋在草地上滚动。除此之外，滚彩蛋的活动还包括白宫知名人士穿着复活节兔服装现身、内阁官员的演讲和朗读书本的活动，以及彩蛋展览等。

瑞典：每到复活节，孩子们总要做一些复活节彩蛋，孩子都要带上一个煮熟的鸡蛋到学校去。开始是以班为单位，两人一组，进行第一轮的比赛。对方相互撞击，蛋壳破者被淘汰，未破者再参加第二轮的比赛，最后获学校第一的将得一个"学校奖"。击完鸡蛋便会给孩子们发奖！

德国：火不仅给人类带来了光明，也使大地获得了新生。作为耶稣再生的象征，复活节的许多活动都与火相关。复活节这一天，人们在教堂前点烛以示圣化，并将圣烛迎进千家万户。这一天，孩子们最快乐的事是把圣火送到各家。他们在教堂前用圣火点燃树枝，然后奔跑着送到各家各户，其间充满着欢快的节日气氛。

捷克：复活节男孩子手持鞭子和篮子，去敲女孩家的门，女孩会被男孩用鞭子抽打屁股！女孩被打了以后还要给男孩彩蛋！这是捷克人表示祝福的一种方式，他们认为女人在复活节这一天被打一年都会健康。想想这和咱们傣族的泼水节倒很相似。但这不代表女孩们就没有还手机会，只要一到中午十二点就不一样了！女孩就可以把上门的男孩用凉水泼出了！

芬兰：复活节女巫会突然骑着扫把走，去与恶魔共舞蹈。所以，每到节前的周四或周六，小女孩子们就会扮成女巫，骑着扫把拿着铜壶挨家挨户要糖果。

复活节游行：复活节穿上新衣服可以获得一年的好运。

全园活动：多彩复活节　幸福家庭日(小、中、大班)

🐦 活动目标

1. 体验与家人、小伙伴共度复活节的喜悦心情和愿望达成的快乐。

2. 在游戏活动中，学习照顾、分享、交往，做个大方、文明、友爱的小朋友。

3. 积极参与各种游戏活动和挑战，遇到困难不放弃。

🐦 活动准备

1. 知识经验准备。

(1)家长、幼儿已经对复活节有一定的认知和了解，会唱"Little Peter Rabbit"(见资源一)

(2)孩子们已经玩过复活节的部分游戏：找蛋、画彩蛋等。

(3)各班老师已经对活动的安全要求和文明要求对家长和孩子们进行了明确。

(4)提前一周发给学生和家长邀请函(见"附：活动资源，资源二")。

(5)全程录像、照相的安排准备。

2. 物质材料准备。

(1)场地设置：将各个活动室创设成不同的活动场馆：复活节手工坊、复活节美食屋、复活节童话镇；将操场设置成复活节游戏镇。每个点选派两位老师和一名家长志愿者进行组织和协调。

(2)各类物品：可供染色的塑料蛋壳，各类刷子、颜料、画笔；已经和好的面、小糖果、生鸡蛋、熟鸡蛋；童话背景墙、故事磁带及各种头饰、衣服，可供幼儿进行角色扮演；各类运动游戏需要的物品：熟鸡蛋、椅子等。

🐦 活动过程

1. 游戏导入。

经过精心筹备，出人意料的活动环节让复活节之旅备受期待。亲爱的小朋友们、爸爸妈妈们，快来加入我们吧，让我们开始今天美妙难忘的复活节奇缘之旅吧！

(1)介绍今天的场馆设置的详细情况，提醒游戏中注意安全、谦让。

(2)全体开始围场跳"兔子舞"。

(3)宣布庆祝活动开始，自选游戏场馆开始游戏。

2. 游戏。

复活节游戏镇

(1)运彩蛋游戏。

规则：两个家庭为队友，让两个小朋友或是两个成人一组，背靠背，进行比赛。设置起点和终点，在两人之间放一个充气的塑料彩蛋，从起点出发，看哪一组在彩蛋不掉落的情况下先到达终点就是赢家。

（2）藏蛋与找蛋游戏。

规则：将椅子围成一个圈，老师将蛋分给几个家庭，让一半的小朋友站在圈里（所有有蛋的和几个没蛋的小朋友），其余没蛋的小朋友站外圈。请有蛋的成员将蛋藏于身上，没蛋的成员去找。

（3）画彩蛋游戏。

规则：以家庭为单位，吹好白气球，并进行气球创意装饰，评选最佳创意家庭。

（4）吃鸡蛋游戏。

规则：以家庭为单位，一人一个鸡蛋，自己剥完并吃掉，按先吃完速度的快慢决定输赢。

（5）寻宝游戏。

规则：幼儿园的各个角落里藏了很多复活节彩蛋，以家庭为单位带着小篮子出发，比一比谁找的彩蛋多吧！

复活节美食屋

活动室变身美食屋，全家穿上厨师服，观看视频学习制作复活节美食！不管是各式各样营养健康的食材展示，还是制作过程中各个家庭的个性创意发挥，或是最后的品尝都能引发欢声笑语。

复活节手工坊

在奇妙的手工坊里，学习用天然颜料如何浸染熟鸡蛋，尝试夸张的图案来加工绘制；还有复活节兔子的折叠、花篮的编织、同伴一起拼贴心愿彩蛋……丰富的复活节手工任务要大家一起总动员配合来完成，作品可以带回家！

复活节童话屋

复活节是怎么来的？都有哪些奇特的风俗和夸张的活动？童话小屋里，让孩子们在角色扮演中认识活泼开朗的兔八哥、流氓兔、米菲兔；了解复活节彩蛋的传说；《小母鸡 Minerva Louise 在复活节的奇特经历》把春天、彩蛋、兔子、小鸡、找彩蛋的游戏等复活节的元素巧妙地融入其中，以一只小母鸡的视角，和我们分享季节更替的喜悦，让我们感受到美好和希望！

3. 游戏结束点评，兑换奖品及奖券。

🕊 **附：活动资源**

资源一

Little Peter Rabbit

Little Peter Rabbit had a fly upon his fry	小兔彼得的耳朵上有一只苍蝇
Little Peter Rabbit had a fly upon his fry	小兔彼得的耳朵上有一只苍蝇
Little Peter Rabbit had a fly upon his fry	小兔彼得的耳朵上有一只苍蝇
And he chased it till it flew away	他轻轻地弹它，直到它飞走
Little Peter Rabbit had a fly upon his nose	小兔彼得的鼻子上有一只苍蝇
Little Peter Rabbit had a fly upon his nose	小兔彼得的鼻子上有一只苍蝇

Little Peter Rabbit had a fly upon his nose	小兔彼得的鼻子上有一只苍蝇
And he flicked it till it flew away	他轻轻地弹它，直到它飞走
Little Peter Rabbit had a fly upon his tail	小兔彼得的尾巴上有一只苍蝇
Little Peter Rabbit had a fly upon his tail	小兔彼得的尾巴上有一只苍蝇
Little Peter Rabbit had a fly upon his tail	小兔彼得的尾巴上有一只苍蝇
And he swung it till it flew away	他轻轻地弹它，直到它飞走
Little Peter Rabbit had a fly upon his head	小兔彼得的头上有一只苍蝇
Little Peter Rabbit had a fly upon his head	小兔彼得的头上有一只苍蝇
Little Peter Rabbit had a fly upon his head	小兔彼得的头上有一只苍蝇
And he hit it till it flew away	他轻轻地弹它，直到它飞走

资源二

复活节邀请函

亲爱的爸爸、妈妈：

你们好！

在这万物复苏的季节，寓意着生命的复活节到了。兔子、鲜花、小鸡、蛋……这些美好的事物将陪伴着我们一起度过一个神秘、有趣的复活节。我们精心设计了以"HAPPY RABBIT"为主题的系列庆祝活动，并诚挚邀请家长们以家庭为单位参加我们的活动，陪伴孩子们度过愉快的亲子时光，让孩子们因为有父母的陪伴而绽放灿烂的笑颜。

×× 幼儿园
年 月 日

第五节　愚人节

每年的 4 月 1 日是西方某些国家最开心的日子，因为那天是愚人节。愚人节传统的习俗有赠送假礼物、参加假庆祝会、鱼宴、做假菜等。最典型的活动是不分男女老幼，可以互开玩笑、用假话捉弄对方，以换得娱乐，而且不负丝毫的道德和法律责任，政府和司法部门也不会追究。如果能制造出荒诞至极的"新闻"，又能让人信以为真，有的国家还会为其授予骗术"桂冠"的称号呢！人们还给受愚弄的人"四月傻瓜"或"上钩之鱼"的称谓。愚人节这天玩笑只能开到中午 12 点之前，这是约定俗成的严格规矩。所以中午 12 点以后千万别再开玩笑了，否则你就成了别人眼中的"大笨蛋"。

一、节日活动设计思路

当今中国社会，越来越多的洋节浸入我们的日常生活中，也无例外的影响着孩子们。愚人节是西方的传统节日，近些年才慢慢进入大家的视野，主要是通过相互开玩笑和相互捉弄而愉悦大家的身心，是一个非常好玩的节日。但是对于3—6岁的孩子来说，他们辨别谎话和是非的能力较弱，照搬国外节日的庆祝方式对于孩子们来说是不能接受和适应的。如何让这么好玩的节日与幼儿园的一日活动相结合呢？我们以"好玩"和"幽默"作为切入点，让大家尝试平时不敢尝试的事情，说大家平时不敢说的语言，完成平时不敢完成的任务……此次主题活动以"愚人节"为主线，以班级小活动和亲子大活动为组织形式，开展了"我的愚人节""相反日""鱼宴之纸鱼"等活动，帮助孩子们对愚人节有初步的认识，同时让他们对这样的一个节日充满好奇心。建议在实施过程中，尽量摒弃孩子们能够承受的能力以外的东西，注意他们社会性的发展，遵循《3—6岁儿童学习与发展指南》中社会领域"知道说谎不对"的要求，让"欺骗""捉弄"的愚人节变成适合孩子们的"好玩""诙谐""幽默""开心"的"快乐愚人节"。

二、节日活动教育目标和内容

节日活动教育 总目标	1. 感受愚人节活动带来的诙谐、幽默和快乐。 2. 了解愚人节，并知道传统风俗和人们庆祝节日的方式。 3. 建立良好的亲子关系、师生关系和同伴关系。
小班教育目标	1. 愿意与同伴、熟悉的长辈一起活动，体验与他人开心交往的快乐。 2. 知道愚人节是国外的节日，通过各种途径见识一些庆祝方式和传统风俗。 3. 能和同伴友好相处。
小班活动内容	愚人节的小鱼 四月鱼游戏 家庭聚会 送礼物
中班教育目标	1. 喜欢与同伴一起活动，体验与他人善意相互捉弄的乐趣。 2. 初步了解愚人节，初步了解节日的庆祝方式和传统风俗。 3. 鼓励小朋友能在一日活动中表现自己的诙谐和幽默。 4. 敢于尝试富有挑战性的活动和任务。
中班活动内容	开心愚人节 菲什先生和莱昂先生的电话 邀你参加鱼宴 自制愚人饮料 笑话集锦
大班教育目标	1. 主动与同伴一起活动，能开心地接受被捉弄的事实。 2. 对愚人节有一定认识，能说说自己了解的庆祝方式和传统风俗。 3. 大胆地用诙谐幽默的行为吸引同伴，喜欢结交新的朋友。 4. 能倾听和接受他人的意见，能与同伴合作，协商解决矛盾冲突。
大班活动内容	愚人节聚会 让你哈哈笑 开心反话日 奇怪的饼干 十二点前后
全园活动 教育目标	1. 体验参加全园大型活动的乐趣，并在游戏中感受快乐。 2. 能大胆地与人交往，喜欢与他人有肢体交流。 3. 鼓励年龄大的小朋友主动带着年龄小的小朋友。 4. 能按要求制作游戏道具。
全园活动内容	"你开心，我开心"快乐愚人节（小、中、大班）

三、愚人节系列活动方案

(一)精选活动

活动一：四月鱼游戏(小班)

活动二：开心愚人节(中班)

活动三：邀你参加鱼宴(中班)

活动四：自制愚人饮料(中班)

活动五：让你哈哈笑(大班)

活动六：开心反话日(大班)

全园活动："你开心，我开心"快乐愚人节(小、中、大班)

(二)环境创设

1. 主题墙面创设

"开心愚人节"：展示小朋友们收集的有关愚人节的常识和世界各地庆祝节日活动的图片。

"我的愚人节整蛊行动"：将小朋友们策划整蛊行动、实施整蛊行动、整蛊行动的效果用不同的形式展示出来。

"开心长廊"：将小朋友们在活动中开心的笑容捕捉下来，用照片的形式展示到墙面上；也可将孩子们绘制的滑稽的图画在长廊上展示。

2. 区域活动创设

科学区：投放盐、糖、酱油、醋、辣椒粉、花椒粉、饮料等，供幼儿制作"怪味饮料"，同时也可以做溶解的小实验。

美工区：投放各色卡纸、彩笔、油画棒、剪刀、胶棒、双面胶等，幼儿制作"纸鱼"，可在"鱼宴"的活动中使用。

语言区：提供废旧图书、剪刀、白色卡纸(A4纸一半大小)、彩笔、勾线笔、油画棒、胶棒等，小朋友们制作"开心图书"。

表演区：可提供夸张、诙谐的表情图片及镜子，供幼儿模仿；也可提供这样的头饰或脸谱，幼儿表演滑稽的动作。

（三）活动方案设计与指导

活动一：四月鱼游戏（小班）

活动目标

1. 体验你说我猜游戏的乐趣。

2. 能用简单的语言描述物品。

3. 能认真倾听，大胆联想。

活动准备

1. 知识经验准备：认识常见的水果和生活中的物品。

2. 环境材料准备：用卡纸剪出鱼的形状，在纸上画水果或生活用品。

3. 教学环境准备：教室周围可悬挂常见的水果和生活物品。

活动过程

1. 猜猜说的是什么。

(1)教师用语言形容水果或生活用品，请小朋友猜一猜。

(2)引导小朋友用简单的语言形容水果或生活用品，大家猜猜。

指导语：

(1)请大家猜猜，我说的是什么。

(2)例如：它是弯弯的，吃起来软软的、甜甜的，你知道是什么吗？

★建议：在日常的生活活动中或午点时间，教师可以和小朋友们一起用简短的语言说说食物或生活用品。

2. 说说游戏怎么玩。

(1)出示画有图案的纸鱼，引起幼儿兴趣。

(2)教师介绍游戏的玩法。

指导语：

(1)每张纸鱼身上有什么？

(2)将纸鱼偷偷地放到 A 小朋友的背后，请其他小朋友看看纸鱼上画的图案，用自己的语言形容出来，让 A 小朋友猜一猜是什么，看他能不能猜出来，好吗？

(3)规则就是：不能直接说出纸鱼上的图案是什么。

★建议：教师提醒小朋友遵守规则，如果不理解规则，教师可以举例说明。

3. 大家一起来游戏。

(1)由小朋友说，老师猜。

(2)可分成六组，每组分别进行，比比哪组猜得又准又快。

指导语：一定不能直接说出图案的名称哟！

★建议：分组活动可根据班级人数而定，如果人数不多，可集体玩此游戏。

4. 你评我评大家评。

教师、小朋友相互评价游戏过程。

指导要点

愚人节期间，小朋友们会在同伴的背上贴一条纸鱼，根据这一习俗，将它改编成了这样的一个游戏。游戏对小班小朋友来说，需要口语发展较好，并能大方地表述，猜物品的小朋友对生活中常见的东西比较了解，游戏才能进行下去。如果觉得此活动在小班开展有一定难度，可在中班尝试。

活动延伸

1. 游戏的玩法和规则上传到班级网站，请爸爸、妈妈在家和小朋友们一起玩游戏。

2. 将活动材料放入活动区域，便于小朋友们日常游戏。

活动二：开心愚人节(中班)

活动目标

1. 体验善意的整蛊行动带来的快乐。

2. 通过谈话活动，丰富小朋友们对愚人节的认识。

3. 能与同伴一起策划整蛊游戏。

活动准备

1. 知识经验准备：小朋友收集有关愚人节的资料和图片，并了解一些成人整蛊的方法。

2. 环境材料准备：有关愚人节的相关视频PPT，整蛊用的部分材料。

3. 教学环境准备：和某一个班级的老师提前协商好，到这个班开展整蛊游戏活动。

活动过程

1. 谈话引入主题。

引导幼儿说说自己对愚人节的了解。

指导语：

(1)在什么节日里相互开愚弄、欺骗，换得娱乐？

(2)你们知道这个节日的具体时间吗？

(3)你们知道哪些国家有愚人节吗？

★建议：教师在此环节中要简明扼要直入主题，不要占用太多的时间。

2. 观看愚人节PPT。

(1)小朋友们安静地观看PPT。

(2)交流讨论国外愚人节的庆祝方式。

(3)找一找愚人节整人的方法。

指导语：

(1)请你们仔细观看PPT，看看人们是怎样过愚人节的？

(2)大人们是怎样在愚人节这天愚弄别人的？

(3)你觉得他们愚弄别人是善意的还是恶意的？

(4)被愚弄的人心情怎么样？

(5)你们知道当天几点钟后就不能愚弄别人了？

★建议：除了要让小朋友们对愚人节有一定的了解，更重要的是要让他们明白愚弄人是善意的，不能为了自己开心而伤害其他人。

3. 策划整蛊游戏。

(1)指导小朋友们设计不伤害人的整人游戏。

(2)和小朋友们一起，在幼儿园内行动起来，开展整蛊游戏。

指导语：

(1)大家一起想想可以怎样愚弄别的小朋友？

(2)你们决定到哪里玩整人的游戏？

★建议：教师要参与到游戏的设计中去，给予孩子们好的意见和建议，设计的游戏让孩子们商讨是否会给别人带来伤害。

🕊 指导要点

小朋友们对于参与整蛊的活动非常有兴趣，但他们年龄较小，分辨是非的能力有限，可能会出现伤害同伴的情况发生。因此，活动中教师一定要提醒小朋友们是善意的整蛊他人，不能给他人造成伤害，并把关游戏的安全性，让整蛊游戏真正成为小朋友们开心快乐的活动。

🕊 活动延伸

教师带领小朋友们在选定的班级将游戏进行到底，并将整蛊游戏的过程用纪录片的形式记录下来，后期让大家在观看中感受游戏带来的快乐。

🕊 附：活动资源

每年的四月一日，是西方的民间传统节日——愚人节，这天人们互赠假礼物，邀请好友或邻居参加假庆祝会，愚人节还有鱼宴和做假菜的风俗，人们把受愚弄的人称为"四月傻瓜"。愚人节有个约定俗成的严格规矩，这天玩笑只能开到中午12点之前。现在的愚人节慢慢演变成了以轻松欢乐为目的的活动。

活动三：邀你参加鱼宴(中班)

🕊 活动目标

1. 愉快地参与游戏，体验成功的快乐。

2. 知道邀请人应该注意的事项。

3. 能运用礼貌用语邀请同伴参加活动。

活动准备

1. 知识经验准备：有到邻居家做客和邀请好友的经历。

2. 环境材料准备：已做好的糖果，用小饼干盒做成的小鱼若干，小鱼头上有孔，可以被钓起来，家长和小朋友制作的钓鱼竿若干。

3. 教学环境准备：在场地一方布置个大鱼池。

活动过程

1. 引出主题。

(1)引导小朋友初步知道愚人节。

(2)了解愚人节的传统习俗：鱼宴。

指导语：

(1)你们知道外国人的愚人节吗？

(2)外国人用什么方式庆祝愚人节呢？

★建议：教师可以通过图片、PPT、视频等形式让孩子们直观地了解愚人节。

2. 讨论方法。

(1)引导幼儿说说邀请人来参加游戏应该怎么做。

(2)指导幼儿使用礼貌用语。

指导语：

(1)你觉得邀请不认识的人首先需要什么？（勇气）

(2)邀请小朋友时应该说什么呢？

(3)应该怎么说？（有礼貌）

(4)如果遇到困难，怎么办？

★建议：本环节让小朋友们敢于尝试有一定难度的任务，并学会简单的交往技巧。

3. 邀人参宴。

(1)将小朋友们制作好的糖果放到小鱼的肚子里，并放入大鱼池。

(2)各自邀请别班的小朋友来参加鱼宴。

(3)钓鱼游戏。

指导语：

(1)将做好的鱼放进大鱼池，我们一起去邀请其他小朋友来参加，好吗？

(2)你们可千万别告诉他们这些是假的，等他们发现后看看他们是怎样的表情，你们可要告诉我哟！

★建议：活动前可跟各班教师交流好邀请环节，邀请时能给予小朋友支持。教师要关注和鼓励胆小的小朋友，必要时可跟随他们一起去邀请参加鱼宴的人员。

4. 说说鱼宴。

(1)请小朋友说说邀请朋友时的做法和碰到的问题。

(2)邀请的小朋友发现真相后的表情。

指导语：

(1)你到别班去邀请好朋友时，你是怎样做的？遇到困难了吗？怎样解决的？

(2)当同伴发现糖果是假的，他的表现是怎样的？

★建议：教师要引导小朋友了解只能在游戏中说善意的谎言，知道在生活中说谎是不对的。

指导要点

愚人节的传统习俗很多，针对3—6岁孩子的年龄特点，选择了"鱼宴"这一习俗，通过这一载体，选择了"邀请人"这一侧重点发展小朋友的社会交往能力。本活动中，教师的观察非常重要，随时关注孩子，出现困难时适时地介入，帮助孩子完成任务，让孩子们能体会到成功感。

活动延伸

回家后和爸爸、妈妈一起了解愚人节的相关传统习俗。

活动四：自制愚人饮料(中班)

活动目标

1. 对自己动手自制饮料感兴趣，体验活动中的幽默、开心。

2. 基本了解并能用语言表达提供材料的味道。

3. 能根据尝试者的表情猜测材料的名称。

活动准备

1. 知识经验准备：小朋友对生活中的饮料和生活中的调料有一定的认识。

2. 环境材料准备：可乐、雪碧、酱油、陈醋、芥末用水调和、饮用水等分别用大玻璃碗盛好，并放上若干勺子，一次性水杯若干，前期小朋友已设计好的可乐等标识。

3. 教学环境准备：将大玻璃碗分别放在活动场地的四周，每个碗前一个标签座。

活动过程

1. 布置任务。

(1)引导小朋友们观察场地四周。

(2)请小朋友初步猜测碗里可能放的东西。

(3)小任务：请小朋友将它们的名称一一对应放到标签座上。

指导语：

(1)场地四周你们发现了什么？

(2)你觉得这些玻璃碗里分别放的是什么？

(3)今天就请小朋友们自己想办法，把标识准确地放到标签座上。

★建议：这个环节让幼儿自由观察，并拿出前期小朋友们设计的标识，放到展示

板上，以小任务的形式，激发幼儿参与活动的积极性。

2. 初步分类

引导孩子们将深色和浅色的分开。

指导语：

你觉得它们是什么？为什么你这样认为？

★建议：这个环节让幼儿运用已有经验，通过观察深浅不同的颜色，尝试用排除法、归类法进行初步的分类。

3. 辨别名称。

(1)请小朋友想想辨别它们的方法。

(2)开展猜一猜活动，并将标识放入标签座。

(3)交流它们的不同味道。

指导语：

(1)它们的颜色是一样的，有什么方法可以知道它是什么呢？

(2)请一个小朋友尝一尝，你们能不能通过他的表情猜猜他尝到的是什么？

(3)味道是怎样的？

★建议：这个环节设计成游戏的形式，既能让小朋友在游戏中体验愉悦，又可以在闻一闻、尝一尝、猜一猜中发展他们的观察能力。

4. 自制饮料。

(1)请小朋友自制一杯味道特别的饮料。

(2)小朋友开始动手制作，教师指导。

指导语：

(1)这里有这么多味道不同的东西，你们能自由选择它们，配出一杯味道特别的饮料吗？

(2)一定要记住用了哪些材料才配出这么特别的饮料，别忘了与同伴交流哦。

★建议：这个环节鼓励幼儿大胆尝试，并主动与周围同伴交流自己配饮料的心得，同时提醒小朋友们在取放材料时要注意卫生，并在同伴取材料时能学会等待。

5. 品尝饮料。

(1)与自己的好朋友相互品尝饮料，相互观察品尝后搞怪的表情。

(2)相互交流。

指导语：

(1)A 说说，同伴 B 的饮料什么味道？

(2)A 猜猜，B 可能放了些什么？

(3)B 说说，A 喝了后的表情是什么样的？

★建议：教师在这个环节应该注意观察小朋友们交流的情况，进行个别指导。

❀ 指导要点

本活动是通过观察、鉴别、自制、品尝这几个步骤来让小朋友们了解一些常见的饮料和家用佐料，活动中教师除了引导小朋友们认识它们，更重要的是让小朋友们体验动手制作的快乐和观察尝到怪味道后搞笑幽默的表情，感受与同伴一起互动的乐趣。本活动中知识不是重点，幽默开心才是核心目标。

🐦 活动延伸

请小朋友们回家后用家里的饮料或佐料等，和爸爸、妈妈一起配杯特别的饮料，大家一起尝尝，在家人搞怪的表情及愉快的笑声中体验亲情。

活动五：让你哈哈笑（大班）

🐦 活动目标

1. 能感受与同伴合作的快乐，体会给同伴带来愉悦心情的乐趣。
2. 能用动作、语言夸张地表现故事内容，并能大胆评价。
3. 能与同伴商量合作完成活动内容，学会接受别人的想法。

🐦 活动准备

1. 知识经验准备：小朋友准备好幽默诙谐的故事，在街上观察过宣传海报。
2. 环境材料准备：落地话筒，小画架，六张大白纸、彩笔、油画棒、剪刀、各类纸、胶棒等，评价表。
3. 教学环境准备：活动场地布置一个小舞台，在场地的四周放小画架（放置宣传海报）。

🐦 活动过程

1. 小组推选，制作海报。

(1)教师组织小朋友以组为单位开始推选活动。

(2)教师关注每组推选选手参加班级讲故事比赛的讨论情况。

(3)指导小朋友们制作小组宣传海报。

指导语：

(1)请每一组小朋友轮流讲诙谐、幽默的故事，看看谁能用夸张、幽默的动作和语气逗笑同伴。

(2)你们推选出一位最幽默的故事大王来参加班级的比赛。

(3)每一小组为你们推选出来的小朋友制作一张宣传海报哟！如果有口号更好哟！

★建议：本环节给小朋友们充分的自主性，在完成任务中学会商量、学会合作、学会接受别人的想法。

2. 公平竞演，加油助威。

(1)引导小朋友以抽签的形式决定竞演的顺序。

(2)请一位小朋友当主持人主持比赛。

(3)故事比赛开始，各组为自己的组员加油，并给每位选手打分。

指导语：

(1)选手有了，怎样决定比赛的顺序呢？

(2)你们觉得还缺一个什么重要的角色？谁愿意当主持人呢？

(3)你们怎样为比赛的同伴加油助威呢？

★建议：让幼儿讨论比赛的流程，设计加油助威环节来增强他们的集体荣誉感。

3.评价同伴。

(1)引导小朋友相互评价。

(2)推选班级"诙谐大王"。

指导语：

(1)你认为谁是班上的"诙谐大王"？为什么？

(2)你认为自己的表现怎么样？

★建议：教师引导小朋友们自评、互评，鼓励他们发表自己的意见并说出理由。

指导要点

本活动虽然是个传统的故事比赛，但是又有所不同，小朋友们必须通过自己的努力，让大家开心，让比赛活动本身就轻松了不少。教师也提供了小朋友们齐心协力才能完成的机会，并指导他们协商、合作、学着接纳别人的观点等解决矛盾冲突，提高小朋友的社会交往能力。

活动延伸

将活动中的宣传海报等放入语言区域，小朋友们在自主游戏中可以继续开展此类活动。

附：活动资源

评价表

评分标准	分值						
用幽默的语气完整地讲述故事	2						
语速恰当、口齿清晰	2						
声音响亮，普通话标准	2						
能伴随诙谐的肢体语言大胆讲述	2						
啦啦队表现富有个性和创造性	2						
总分	10						

活动六：开心反话日(大班)

活动目标

1.感受生活中说反话的幽默，在笑声中体验快乐。

2. 能理解并说出自己知道的反义词。

3. 能运用意思相反的话语来表达自己的想法。

活动准备

1. 知识经验准备：小朋友们已会念"反义词"儿歌。

2. 物质材料准备：各种娃娃家的玩具，常用生活用品。

3. 教学环境准备：场地上布置一个便于小朋友发现和找到反义词的情景。

活动过程

1. 说说反义词。

(1)小朋友们念"反义词"儿歌。

(2)说说儿歌中的反义词。

指导语：

(1)什么是反义词呀？

(2)儿歌中的反义词有哪些呢？

★建议：本环节是调动幼儿的已有经验，并通过倾听同伴的讲述，丰富幼儿词汇。

2. 找找反义词。

(1)引导小朋友观察周围情景，找找藏起来的反义词。

(2)找找生活中的反义词。

指导语：

(1)你能在周围找到哪些反义词？

(2)你还知道哪些反义词？

★建议：引导小朋友仔细观察，鼓励他们尽量地找到生活中的反义词，为后面的游戏做好铺垫。

3. 说说相反话。

(1)引导幼儿将反义词带到生活中的一句话中。

(2)游戏：说相反话。

指导语：

(1)你能尝试着说一句相反的话吗？

(2)从现在起，我们是相反王国的人，只能说相反话，如请女孩子喝水，那应该谁去喝水呀？

★建议：要求小朋友们在班级和同伴自由活动，但是一定要说相反的话，说错的小朋友要受到小小的惩罚。

指导要点

说说反义词对于小朋友来说不是很难，但是，反义词融入一句话中，并用到生活中，对于他们来说很具有挑战性。建议此活动邀请家长参加，以亲子活动的形式进行，让家长和孩子感受此活动的乐趣。

🐦 **活动延伸**

请小朋友回家后和爸爸、妈妈一起玩游戏，感受说相反话的幽默和乐趣。

🐦 **附：活动资源**

儿歌网址链接，见 http：//rj.5ykj.com/HTML/15577.htm（莲山课件）

全园活动："你开心，我开心"快乐愚人节（小、中、大班）

🐦 **活动目标**

1. 体验参加全园大型活动的乐趣，并在游戏中感受快乐。

2. 能大胆地与人交往，喜欢与他人有肢体交流。

3. 鼓励年龄大的小朋友主动带着年龄小的小朋友。

4. 能按要求制作游戏道具。

🐦 **活动准备**

1.《愚人节的小鱼》故事绘本 PPT。

2. 各种卡纸（小班老师将卡纸剪成鱼的形状），双面胶，剪刀，彩笔。

3. 活动前检查幼儿园的安全隐患，并及时解决。

🐦 **活动过程**

1. 以班级为单位，欣赏故事《愚人节的小鱼》。

(1)以 PPT 的形式让小朋友熟悉、理解绘本。

(2)引导小朋友了解愚人节的来历，并知道愚人节又称为"鱼的节"。

(3)介绍今天的大型游戏的主题。

★建议：本环节以绘本为开端，从孩子的视角来体验愚人节的快乐。

2. 分年龄段按不同要求制作"小鱼"。

(1)小班年龄段：教师活动前将卡纸剪成鱼的形状，小朋友只需在上面添画。

(2)中班年龄段：教师在卡纸上画出小鱼的形状，小朋友添画，并使用剪刀沿着边线剪下来。

(3)大班年龄段：教师只提供卡纸，小朋友绘画鱼的外形，并添画剪下来。

★建议：每个小朋友做5—10条小鱼，教师可根据本班孩子的具体能力制订制作小鱼的难易要求。

3. 教师交代游戏的玩法和规则。

(1)玩法：每位小朋友拿着自己制作的小鱼，到幼儿园里自由地走动玩耍，但是有一个小任务，就是将你的小鱼想方设法贴到其他人的背后（包括任何人），贴上去后要有礼貌地以拥抱示好，最后看看谁背后的小鱼最少。

(2)规则：只能将小鱼贴到他人的背后（上身），小鱼粘到自己的背后以后，不能拉下来。

（3）中大班教师鼓励小朋友在游戏中能主动地照顾年龄小的小朋友。

★建议：一定要提醒小朋友遵守游戏规则，否则大型游戏就不能有序地开展。

4．全园小朋友和老师游戏。

（1）听到音乐开始，小朋友们拿着小鱼在幼儿园的任何地方随意走动玩耍。

（2）教师们也参与到游戏中，随时还要关注孩子们的游戏情况，及时引导和帮助他们解决游戏中出现的问题。

（3）听到音乐停止，表示游戏结束，请小朋友们各自回到自己的班级。

★建议：注意小朋友们的安全，每个楼层、每个角落和容易忽视的地方都应有人看护。

5．数数身上有多少条小鱼。

（1）各班老师和小朋友一起数数身上的小鱼数，并做好记录。

（2）引导小朋友讲讲游戏中开心的事情。

★建议：本环节教师应注意引导小朋友多讲讲自己游戏中好笑、好玩的事情，老师也可以讲讲开心的事，让大家分享游戏的快乐。

第六节　母亲节

母亲节（Mother's Day），是一个感谢母亲的节日。这个节日最早出现在古希腊，而现代的母亲节起源于美国，是每年五月的第二个星期日。母亲们在这一天通常会收到礼物，康乃馨被视为献给母亲的花，而中国的母亲花是萱草花，又叫忘忧草。

在中国的母亲节这一天，人们会送给母亲鲜花、蛋糕、亲手烹制的饭菜等礼物。敬重母亲、弘扬母爱的母亲节，在中国已成为一个约定俗成的节日，随着母亲节成为公众的节日，国人也终于可以在这一天里，大大方方地表示对母亲的深厚感情。

一、节日活动设计思路

"滴水之恩，当涌泉相报。""感恩"是一个人的基本素质，一个缺乏爱心、不懂得感恩的人，长大后不懂得体谅、关心他人，不懂得孝敬父母、尊敬师长，也难以与人交往、融入社会。我们每一个人都是在母爱纯洁而无私的沐浴下长大的，在成长的道路上，母亲的付出实在是太多太多了……《3—6岁儿童学习与发展指南》中指出："引导幼儿尊重、关心长辈和身边的人，尊重他人劳动及成果"。《幼儿园教育指导纲要（试行）》中也指出："幼儿园与家庭、社区密切合作，综合利用各种教育资源"。因此，我们借此机会设计了以"浓情五月，感恩妈妈"为主题的系列活动，邀请小朋友的妈妈来幼儿园和我们一起联欢游戏，对妈妈说感恩的话，送妈妈自制的手工礼物，给妈妈打扮，和妈妈一起时装表演，给妈妈写一封信等，希望通过这次系列活动让每个年龄段的幼

儿都能理解妈妈的辛劳，体会妈妈的爱，进而从感恩母亲开始，懂得知恩图报，成为一名善良的、有着"感恩"之心的人。

二、节日活动教育目标和内容

节日活动教育 总目标	1. 感受妈妈的辛劳，萌发对妈妈的感激之情。 2. 知道妈妈的职业及爱好，了解母亲节的含义。 3. 能用实际行动为妈妈做一些力所能及的事情。
小班教育目标	1. 愿意帮妈妈做事，萌发关爱妈妈的情感。 2. 知道自己的妈妈是独一无二的。 3. 能说出妈妈的名字及典型特征。
小班活动内容	我爱妈妈　我为妈妈做贺卡　一起帮助树妈妈　我来扮妈妈
中班教育目标	1. 体验母子（女）之间的深厚情感。 2. 知道妈妈的职业和爱好。 3. 能用多种形式表达对妈妈的爱。
中班活动内容	我的妈妈　我的时髦妈妈　我爱妈妈　我为妈妈过节日
大班教育目标	1. 感受妈妈生活、工作中的辛劳，为妈妈的能干而骄傲。 2. 尝试帮妈妈做事情，报答妈妈为自己的辛苦付出。 3. 能够用完整的语言表达对妈妈的感恩。
大班活动内容	妈妈的手　写给妈妈一封"信"　节日礼物——康乃馨　给妈妈做发型
全园活动 教育目标	1. 积极参加亲子游戏，体验与妈妈一起做游戏的快乐。 2. 知道五月的第二个星期日是母亲节。 3. 能用各种形式表达对妈妈的爱。
全园活动内容	五月康乃馨感恩节（小、中、大班）

三、母亲节系列活动方案

（一）精选活动

活动一：我爱妈妈（小班）

活动二：我为妈妈做贺卡（小班）

活动三：我的时髦妈妈（中班）

活动四：我的妈妈（中班）

活动五：妈妈的手（大班）

活动六：写给妈妈一封"信"（大班）

全园活动：五月康乃馨感恩节（小、中、大班）

（二）环境创设

1. 主题墙面创设

"我的时髦妈妈"：幼儿与妈妈们表演合影，并布置在活动室母亲节主题墙面上。

"我的妈妈"：主题墙上贴上妈妈工作及日常生活、做事、劳动的照片。

"妈妈的手"：节日主题墙设置"妈妈的本领秀"展示专栏。

"我为妈妈做贺卡"：幼儿自制 DIY 贺卡主题展板。

"写给妈妈一封'信'"：幼儿画给妈妈的信主题展板。

2. 区域活动创设

表演区：提供为妈妈装扮的各种材料：丝巾、帽子、眼镜、毛线、串珠等。

美工区：提供为妈妈装扮的各种辅助材料：皱纹纸、固体胶、双面胶等。

语言区：投放亲子制作的信封及幼儿画给妈妈的信。

（三）活动方案设计与指导

活动一：我爱妈妈（小班）

活动目标

1. 愿意为妈妈做力所能及的事，萌发关爱妈妈的情感。

2. 尝试喂妈妈吃香蕉、帮妈妈穿衣服。

3. 能说出妈妈的名字及典型特征。

活动准备

1. 知识经验准备：知道妈妈的名字。

2. 环境材料准备：每位妈妈准备一件上衣，每位幼儿的自制贺卡一个，音乐磁带《不再麻烦好妈妈》，邀请妈妈参加活动的邀请卡。

活动过程

1. 夸我的好妈妈。

(1)朗诵儿歌《妈妈节日快乐》，欢迎妈妈的到来。

(2)集体交流介绍自己的妈妈。

指导语：

(1)小朋友们，谁想把自己的妈妈请到前面来，把妈妈大胆地介绍给其他小朋友？

(2)小朋友可以从以下几方面来介绍自己的妈妈，妈妈的名字、外貌、喜欢穿的衣服，还有妈妈最喜欢做什么和妈妈有哪些本领？

★建议：这个环节让幼儿为妈妈们歌唱，在集体面前介绍自己的妈妈、夸妈妈，激发了幼儿对妈妈的热爱之情。

2. 和妈妈一起玩。

(1)游戏一：剥香蕉。

在音乐声中幼儿亲手给妈妈剥香蕉，并送到妈妈嘴里。

(2)游戏二：穿衣服。

幼儿帮妈妈穿上一件外衣，并帮妈妈系上扣子。妈妈亲一下孩子。

指导语：

(1)音乐声一响，请小朋友赶紧剥掉香蕉皮，把香蕉喂到妈妈的嘴里。

(2)请小朋友帮妈妈穿上外衣，并系上扣子，穿好后，妈妈亲一下我们的小宝贝。

★建议：这个环节通过幼儿帮妈妈穿衣服、喂妈妈吃香蕉两个互动小游戏，让幼儿体验与妈妈一起做游戏的快乐。

3. 送妈妈小礼物。

每位幼儿把自己做的贺卡送给妈妈，并对妈妈说一句话。

指导语：

(1)我们每位宝宝都为妈妈准备了一个节日小礼物，今天要送给我们的妈妈。

(2)除了小礼物，我们每位宝宝还要对妈妈说一句话。

★建议：这个环节将整个活动的情感推向高潮，让每个孩子都能用不同的方式表达了对妈妈的爱。

🐦 **活动延伸**

鼓励幼儿回家后坚持每天为妈妈做一件力所能及的事情，表达自己对妈妈的关爱之情。

🐦 **指导建议**

本次活动是根据3—4岁年龄段幼儿的发展水平，并结合母亲节开展的教育活动，使幼儿能够接受，并积极参与其中。活动中教师引导幼儿了解妈妈的特征，并体谅妈妈照顾自己的辛苦，使幼儿和家长充分互动，让每个孩子都用不同的方式表达了对妈妈的爱。该活动为每个幼儿提供了自由发言的机会，让他们与同伴互相交流。

🐦 **参考图片**

活动二：我为妈妈做贺卡(小班)

活动目标

1. 体验节日里为妈妈制作礼物的喜悦。

2. 初步了解组合拼贴时皱纹纸的排列位置。

3. 能用花朵图案装饰贺卡。

活动准备

1. 知识经验准备：幼儿有过制作贺卡的经验。

2. 环境材料准备：各种不同图案的贺卡(包含花朵图案)的主题展板，皱纹纸、固体胶、折成贺卡样的纸张若干。

活动过程

1. 欣赏各式贺卡。

出示贺卡主题展板，欣赏不同图案的贺卡。

　　指导语：

(1)你喜欢哪一张？为什么？

(2)明天是什么节日？你们想送妈妈贺卡吗？

★建议：这个环节为活动的导入环节，主题展板上的贺卡是孩子们前期收集的，通过欣赏和教师的引导提问，呈现出孩子对贺卡已有的知识经验。

2. 师幼共同讨论。

(1)认识操作材料，讨论搓圆皱纹纸的方法。

(2)探索皱纹纸球的摆放方式。

(3)教师提炼小结。

指导语：

(1)这是什么？怎么才能把它变成小球的样子呢？

(2)皱纹纸已经搓成了小球，可是怎样能变成小花的样子呢？我们一起试一试。

(3)你是怎样摆的？怎样区别花蕊和花瓣呢？请你说一说。

★建议：这个环节通过师幼共同探讨花的制作方法，激发了幼儿的探索欲望，教师在此环节中做幼儿的支持者、合作者、引导者。

3. 幼儿动手操作。

幼儿进行操作，教师提醒幼儿的操作常规。

指导语：你想在哪里贴上小花？

★建议：这个环节教师要注意提醒幼儿的操作常规，固体胶涂抹均匀，在抹布上把手擦干净，用完的材料放回篓子里，从小班开始每次活动帮助幼儿养成良好的操作习惯。

4. 集体欣赏评价。

组织全体幼儿欣赏送给妈妈的贺卡。

指导语：请你告诉大家，你的贺卡上小花是什么样子的？

★建议：这个环节教师要注意，不要用成人的眼光去评价孩子的作品，多关注孩子的创造性，作品有童真、童趣的意境，禁止以制作技能技巧水平的高低为标准来衡量幼儿的作品。

🕊 **活动延伸**

让幼儿将自己制作的贺卡送给妈妈，并说一句祝福的话。

🕊 **指导建议**

本次活动是母亲节系列活动之一，通过欣赏导入、师幼讨论、动手操作、集体评价《我为妈妈做贺卡》四个层次，让幼儿体验节日里为妈妈制作礼物的喜悦。充分体现了《3—6岁儿童学习与发展指南》艺术领域中"喜欢进行艺术活动并大胆表现"3—4岁年龄段幼儿的典型表现，经常涂涂画画、粘粘贴贴并乐在其中。

🕊 **参考图片**

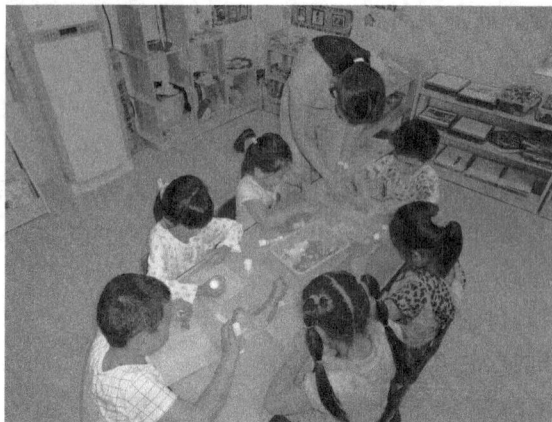

活动三：我的时髦妈妈(中班)

🕊 **活动目标**

1. 体验母子(女)之间的深厚情感。

2. 了解妈妈的工作与爱好。

3. 能用多种形式表达对妈妈的爱。

🕊 **活动准备**

1. 知识经验准备：活动前幼儿学习并排练好歌曲《我的好妈妈》《世上只有妈妈好》。

2. 环境材料准备：每位幼儿为妈妈准备1个"甜甜盒"，里面装有3张幼儿的画(画妈妈),各种材料如丝巾、帽子、眼镜、毛线、串珠、皱纹纸、固体胶、双面胶等,邀请妈妈参加活动的邀请卡。

🐦 **活动过程**

1. 听妈妈介绍。

(1)幼儿手持鲜花,欢迎妈妈们进场。

(2)集体歌唱《我的好妈妈》和《世上只有妈妈好》。

(3)请妈妈们自我介绍,了解妈妈的工作及爱好。

指导语:

(1)孩子们,你们看谁来了? 我们应该说什么?

(2)妈妈平时上班很辛苦,我们来听听妈妈是怎么说的。

★建议:这个环节让幼儿为妈妈们歌唱,妈妈们向幼儿做自我介绍,双方的互动,激发了幼儿对妈妈的崇敬与热爱。

2. 送妈妈礼物。

(1)将准备好的"甜甜盒"送给妈妈。

(2)对妈妈说一说自己"甜甜盒"中的画,并抱抱妈妈,亲亲妈妈。

指导语:

(1)孩子们,把准备好的"甜甜盒"送给自己的妈妈吧! 我们可以对妈妈说什么话呢?

(2)除了给妈妈送画,你们还想送妈妈什么?

★建议:这个环节引导幼儿将准备好的礼物送给妈妈,并对妈妈说亲密的话,拥抱、亲吻妈妈,增进了母子(女)之间的爱。

3. 给妈妈装扮。

(1)集体交流:怎样打扮自己的妈妈。

(2)自选材料装扮妈妈。

(3)和妈妈表演"时髦妈妈宝宝秀"。

指导语:

(1)怎样打扮妈妈,能让我们的妈妈更漂亮、更时髦呢?

(2)今天准备了好多装扮的材料,你们准备怎么用这些材料来打扮妈妈呢?

★建议:这个环节是整个活动的情感高潮,引导幼儿用丝巾、帽子、眼镜等材料装扮妈妈,并和妈妈表演,体验母子(女)同台表演的快乐。

🐦 **活动延伸**

幼儿与妈妈们表演合影,并布置在活动室母亲节主题墙面上。

🐦 **指导建议**

本次活动虽以社会领域为主,但在环节二"送妈妈礼物"和环节三"给妈妈装扮"中渗透了语言领域及艺术领域的内容,如让幼儿画妈妈、说妈妈、装扮妈妈。儿童的发展是一个整体,要注重领域之间、目标之间的相互渗透和整合,促进幼儿身心全面协

调发展，而不应片面追求某一方面或几方面的发展。

🕊 **参考图片**

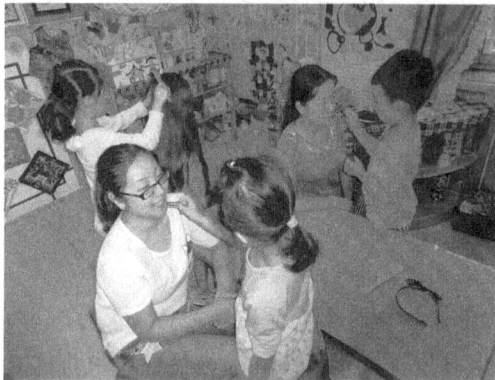

活动四：我的妈妈(中班)

🐦 **活动目标**

1. 喜欢谈论"妈妈"，萌发关心和热爱妈妈的情感。

2. 学习安静地听同伴谈话，轮流交谈。

3. 能用连贯的语句介绍自己的妈妈。

🐦 **活动准备**

1. 知识经验准备：观察自己妈妈的日常生活，了解妈妈在家做些什么事。

2. 环境材料准备：带一张自己妈妈的照片或一件妈妈的物品。

🐦 **活动过程**

1. 引出"妈妈"。

(1)教师出示谜语，激发幼儿对谈论"妈妈"的兴趣。

(2)谜语引出"妈妈"谈话话题。

指导语：

(1)你们猜猜这个谜语说的是谁？

(2)我们每个人都有妈妈，每个人的妈妈都不一样。今天请小朋友来说说你的妈妈是什么样子的？她在家里做些什么事情？

★建议：这一环节通过谜语的形式引出谈话话题，激发了幼儿谈论的兴趣，除此之外，可以用有关"妈妈"的图片、创设情景引出谈话话题。

2. 谈论"妈妈"。

(1)教师引导幼儿围绕"我的妈妈"自由交谈，将幼儿分成两两结伴，要求幼儿拿着自己带来的照片向同伴做介绍。

(2)教师引导幼儿集体谈"妈妈"，教师请个别幼儿在集体面前谈自己的妈妈，要求围绕主题谈，大胆地讲出自己对妈妈的认识。

指导语：

(1)请你们拿着妈妈的照片，和你的小伙伴谈谈你的妈妈。

(2)有哪位小朋友愿意上来跟全班的小朋友谈谈你的妈妈？

★建议：这一环节分成两个层次，先是引导幼儿拿着照片两两自由谈，目的是通过这种形式让幼儿学习安静地听同伴谈话、轮流交谈，拿着照片避免幼儿谈话时跑题，让幼儿对妈妈有回忆，有话可说。再请个别幼儿集体谈，进一步引导幼儿相互学习谈"妈妈"的不同方法，分享同伴的经验。

3. 拓展"妈妈"。

(1)教师提问，拓展谈话范围。

(2)在幼儿谈话过程中，教师用平行谈话的方式，为幼儿提供新的谈话经验。

(3)教师小结。引发幼儿思考：妈妈爱我们，我们也要爱妈妈，关心妈妈！

指导语：

(1)你爱妈妈吗？为什么爱她？

(2)你想为妈妈做些什么事情？

★建议：这一环节教师通过三个递进的提问，启发、引导幼儿逐步拓宽谈话范围，让幼儿在谈话过程中学到新的谈话经验。

🕊 活动延伸

欣赏和学习歌曲《我的好妈妈》。

🕊 指导建议

本次活动结合母亲节系列活动，"我的妈妈"这个话题是幼儿比较熟悉，容易引发幼儿积极而有趣地交谈，符合中班幼儿的年龄特点和他(她)们已有的经验。这个语言领域谈话活动的目标比较全面，充分体现了《3—6岁儿童学习与发展指南》语言领域中"倾听与表达"4—5岁年龄段幼儿的典型表现，愿意与他人交谈，喜欢谈论自己感兴趣的话题。

🕊 参考图片

活动五：妈妈的手(大班)

🐦 活动目标

1. 感受妈妈生活工作中的辛劳，为妈妈的能干而骄傲。
2. 尝试仿照句式编诗句。
3. 能用适当的表情和动作，表达自己对诗歌的理解。

🐦 活动准备

1. 知识经验准备：了解自己妈妈在生活中、工作中的各种本领。
2. 环境材料准备：收集几张妈妈生活和工作的照片，节日主题墙设置"妈妈的本领秀"展示专栏。

🐦 活动过程

1. 学习《妈妈的手》。

(1)分组交流，幼儿拿着妈妈的照片，在同伴面前介绍自己妈妈的各种本领。

(2)教师用富有激情的语调朗诵一遍诗歌，激发幼儿学习的愿望。

(3)教师运用PPT再播放一遍，加深幼儿对诗歌的印象。

(4)组织幼儿讨论。

指导语：

(1)我们每个小朋友的妈妈都很能干，有很多的本领，除了你们说的本领，妈妈的手还可以变魔术，你们想知道吗？

(2)妈妈的手真得会变魔术吗？妈妈的魔术是什么？变出了哪些东西？

★建议：这一环节，使幼儿运用多种感官去感受诗歌。教师在此环节调动了视觉、听觉手段，帮助幼儿去聆听、观察、比较。

2. 理解《妈妈的手》。

(1)请幼儿仔细听教师朗诵一遍诗歌，体会和讨论一下这首诗歌有什么特点。

(2)教师围绕诗歌提出问题，要求幼儿尽量用诗歌中的词句回答，并运用表情、动作表演。

指导语：

(1)这首诗歌有什么特点？

(2)妈妈的手，可以……，变成……

(3)妈妈的手，是……

★建议：这一环节的诗歌动作表演，帮助幼儿进一步理解诗歌，包括对诗歌语言的理解、对画面的理解、对思想感情的感知。

3. 仿编《妈妈的手》。

(1)迁移作品经验，幼儿围绕"你的妈妈还会变哪些魔术"展开回忆和想象。

(2)仿照诗歌的句式特点，说出妈妈变的魔术。

指导语：

(1)妈妈的手除了变米饭、变鸡蛋羹、变衣服，还可以变什么？

(2)妈妈的手是一双温暖、粗糙、勤劳的手，还可以是一双什么手呢？

★建议：这一环节是在前两个层次的基础上进行创新的过程，可以训练幼儿独立思考和清晰完整的表达能力，教师应做适度的把握，不要求所有幼儿都达到这个目标。

🐦 活动延伸

美工区开展主题画《妈妈的手》。

🐦 指导建议

本次活动也是母亲节系列活动之一，通过学习、理解、仿编诗歌《妈妈的手》三个层次，让幼儿感受妈妈生活、工作中的辛劳，为妈妈的能干而骄傲。充分体现了《3－6岁儿童学习与发展指南》语言领域中"具有初步的阅读理解能力"5－6岁年龄段幼儿的典型表现，能说出所阅读的幼儿文学作品的主要内容。

🐦 附：　活动资源

妈妈的手

妈妈的手，可以用魔法把白净的米，变成香喷喷的米饭。

妈妈的手，可以用面皮粗糙的鸡蛋，变成黄黄的、诱人的鸡蛋羹。

妈妈的手，可以把脏兮兮的衣服，变成洁净漂亮的衣服。

妈妈的手，是一双粗糙的手，因为她对我付出了太多。

妈妈的手，是我人生路上的指明灯，使我走上正确的道路。

妈妈的手，是一双温暖的手，是一双奇妙的手，是一双勤劳的手，是一双灵巧的手，同时也是一双充满母爱的手。

活动六：写给妈妈一封"信"（大班）

🐦 活动目标

1. 愿意给妈妈写信，萌发关爱妈妈的情感。

2. 尝试用图画、符号表达自己的愿望和想法。

3. 能说出画面所表达的意思。

🐦 活动准备

1. 知识经验准备：活动前了解每年五月份的第二个周日是母亲节，采访妈妈、了解妈妈节日的心愿。

2. 环境材料准备：采访妈妈光盘、家长来信、白纸、画笔。

🕊 活动过程

1. 回忆。

(1)回忆采访妈妈的内容。

(2)观看妈妈辛苦做事的录像。

(3)教师读几封家长来信。

指导语：

(1)请小朋友们回忆下说一说你的妈妈爱吃什么、喜欢的颜色、生日、心愿……

(2)老师也采访了几位妈妈，听听她们都说了些什么。

(3)妈妈们说了她们的心愿，我们小朋友应该怎么做呢？（激发幼儿更加爱妈妈）

(4)我们都知道了妈妈的心愿是什么，也知道了自己要怎样做，那我们怎么告诉妈妈呀？

★建议：这个环节通过回忆采访妈妈的内容和观看妈妈辛苦做事的录像，让幼儿直观地看和听，感受妈妈的爱，并激发了幼儿想表达关爱妈妈的情感。

2. 写信。

(1)师幼共同讨论怎样写信。

(2)幼儿写信。

指导语：我们还不会写字，可以用什么方法来写信呢？

★建议：这个环节幼儿大胆尝试用图画、符号表达自己的愿望和想法，在这个过程中教师注意多观察幼儿，多鼓励幼儿。

3. 交流。

(1)小组交流自己写好的信。

(2)集体交流写好的信。

(3)教师小结。

指导语：

(1)请小朋友们把写好的信说给你们小组同伴听。

(2)妈妈看到我们写的信一定会非常高兴的，希望小朋友们能说到做到，和妈妈一起实现我们的愿望。

★建议：这个环节鼓励幼儿在小组及集体面前大胆说出自己写"信"的内容，用较连贯的语言表达。

🕊 活动延伸

鼓励幼儿回家后和妈妈一起制作亲子信封。

🕊 指导建议

本次活动始终围绕"情感"为核心。在爱的教育中，抓住情感调动，便抓住了教育的关键。妈妈们每日辛苦地工作，承担洗衣做饭等家务劳动，这些看似普通的事件，在老师精心策划的镜头与信件中，变成了可以打动幼儿情感的教育元素，直观的看、听的方式让孩子们感受妈妈的爱，并激发了孩子们想表达爱妈妈的情感。

参考图片

全园活动：五月康乃馨感恩节（小、中、大班）

活动目标

1. 积极参加亲子游戏，体验与妈妈一起做游戏的快乐。

2. 知道五月的第二个星期日是母亲节。

3. 能用各种形式表达对妈妈的爱。

活动准备

1. 环境准备：各种颜色的康乃馨若干枝，布置在幼儿园操场及各班级。

2. 材料准备：每位幼儿的妈妈准备一件上衣，彩笔、油画棒、桂圆、丝巾、帽子、眼镜、卡纸、皱纹纸、固体胶、双面胶。

活动实施时间

五月份第二个星期五（星期日为母亲节）。

活动实施地点

幼儿园操场及各班教室。

活动过程

1. 爱的鼓励（建议在 3—4 岁年龄段开展此活动）。

活动一：穿衣服。

具体要求：幼儿帮妈妈穿上一件外衣，并帮妈妈系上扣子。妈妈亲一下孩子。

活动二：涂色送康乃馨。

具体要求：幼儿送上自己涂色的康乃馨，并对妈妈说"妈妈我爱你"等爱的鼓励话。

2. 爱的尊敬（建议在 4—5 岁年龄段开展此活动）。

活动一：剥桂圆。

具体要求：在规定的时间内，剥掉桂圆皮，并把桂圆送到妈妈的嘴里。

活动二：绘画送康乃馨。

具体要求：幼儿送上自己画的康乃馨，并对妈妈说一句"妈妈您辛苦了"等爱的尊敬话。

3. 爱的感恩（建议在 5－6 岁年龄段开展此活动）。

活动一：打扮妈妈。

具体要求：幼儿自选材料如丝巾、帽子、眼镜、卡纸、皱纹纸、固体胶、双面胶等帮妈妈打扮，打扮完后，并和妈妈一起表演时装秀。

活动二：手工送康乃馨。

具体要求：幼儿送上用卡纸和皱纹纸制作的康乃馨，并对妈妈说一句"妈妈您为我操心了，我一定听您的话"等爱的感恩话。

4. 爱的温馨（建议在 3－6 岁年龄段开展此活动）。

全园亲子操：和妈妈手牵手一起跳《彩虹的约定》和《感恩的心》。

第七节　父亲节

父亲节，起源于美国，现已广泛流传于世界各地。每年六月的第三个星期日是父亲节。大多数的庆祝方式都与赠送礼物、家族聚餐活动有关。

一、节日活动设计思路

父亲的陪伴在幼儿的成长过程中，有着不可或缺的重要意义。在父亲节的活动中通过故事绘本、Cosplay 游戏、送礼物、亲子远足等多种形式，让幼儿学习关心爸爸，增进对爸爸的了解，用自己的行动表达对爸爸的爱。也希望通过节日活动让父亲能参与到孩子的成长教育中，加强亲子之间的情感交流，促进孩子身心和谐发展。

二、节日活动教育目标和内容

节日活动教育总目标	知道六月的第三个星期天是父亲节，用自己的行动表达对父亲的爱。
小班教育目标	1. 感知父亲节爱爸爸的氛围。 2. 学习用简短的语句介绍自己的爸爸。 3. 主动对爸爸说"我爱你"。 4. 能利用绘画、粘贴的形式表达对爸爸的爱。 5. 主动关心爸爸，体会和爸爸一起的愉快、甜蜜的感觉。
小班活动内容	家有酷爸　送给爸爸的礼物　我爱你　爸爸的领带

中班教育目标	1. 知道父亲节是爸爸的节日。 2. 愿意与他人谈论自己的爸爸。 3. 能基本完整地讲述和爸爸之间的小故事。 4. 能用唱歌、舞蹈、绘画、捏泥、手工等方式表达对爸爸的爱。
中班活动内容	我和爸爸的小故事　世界上最好的爸爸　运动真快乐　亲子大探险
大班教育目标	1. 了解父亲节的来历，并用多种方式了解爸爸。 2. 能用完整的语句描述爸爸的外貌特征以及爸爸的喜好。 3. 理解爸爸的辛苦，增进与爸爸之间的感情。 4. 能用自己的行动表达对爸爸的爱。
大班活动内容	爸爸去哪儿　我和爸爸去远足　侦查老爸　很爱很爱你
全园活动 教育目标	1. 乐意参加父亲节活动，体验快乐的亲子时光。 2. 知道六月的第三个星期天是父亲节，理解爸爸的辛苦。 3. 学会关心爸爸，以实际行动来表达对爸爸的爱。
全园活动内容	和爸爸一起真快乐（小、中、大班）

三、父亲节系列活动方案

（一）精选活动

活动一：家有酷爸（小班）

活动二：送给爸爸的礼物（小班）

活动三：我和爸爸的小故事（中班）

活动四：世界上最好的爸爸（中班）

活动五：爸爸去哪儿（大班）

活动六：我和爸爸去远足（大班）

全园活动：和爸爸一起真快乐（小、中、大班）

（二）环境创设

1. 主题墙面创设

"我的爸爸"绘画作品展：设计爱心边框装饰幼儿作品。

"我和爸爸"照片展：帮助幼儿回忆与爸爸的故事，并愿意与同伴谈论自己的爸爸。

"我和爸爸去过的地方"：用中国地图做背景，用照片和名字等方式标注去过的地方，激发幼儿与爸爸共同游历世界。

"运动中的我们"主题展：提供绿色草地背景，幼儿自由绘画和爸爸运动的场景，并剪贴装饰画面。

2. 区域活动创设

图书区：投放有关爸爸的故事绘本，例如《我爸爸》《世界上最好的爸爸》等。

美工区：提供各种美工材料，幼儿制作礼物送给爸爸。

娃娃家：提供爸爸的生活物品，让幼儿游戏扮爸爸。

音乐区：学习演唱关于爸爸的歌曲，例如《好爸爸坏爸爸》《爸爸去哪儿》。

（三）活动方案设计与指导

活动一：家有酷爸（小班）

❧ **设计意图**

在孩子的成长过程中，爸爸的性别特点和教育方式，不仅能带给幼儿安全感，而且能让幼儿更加的自信。在父亲节之际，采用 Cosplay 游戏形式让幼儿对爸爸进行模仿秀，增进对爸爸的了解，激发对爸爸的爱。

❧ **活动目标**

1. 乐意用简短的语句介绍自己的爸爸。

2. 能关注爸爸，模仿爸爸的行为动作。

3. 体验模仿秀的乐趣，激发对爸爸的爱。

❧ **活动准备**

1. 知识经验准备：知道爸爸的名字及职业，观察爸爸的日常行为。

2. 物质材料准备：收集爸爸的生活用品，布置爸爸的照片展。

❧ **活动过程**

1. 自由介绍爸爸。

(1)参观爸爸们的照片墙。

(2)幼儿自由结伴讲述。

指导语：

(1)爸爸的照片在哪里？

(2)给好朋友介绍自己的爸爸。

★建议：这个环节让幼儿自己选择同伴讲述，可反映出他对爸爸日常的观察和了解。

2. 酷爸模仿秀。

(1)请幼儿自由挑选合适物品扮爸爸。

(2)幼儿大胆进行模仿秀。

指导语：平时爸爸是什么样子的？他戴眼镜吗？爸爸在家里做些什么呢？

★建议：这个环节要尊重幼儿意愿，自由选择进行装扮，适时给予指导，只要幼儿能正确把握男生与女生物品的区分即可。

3. 萌娃合影秀。

萌娃自由摆造型，合影留念。

指导语：

(1)模仿酷爸摆个造型吧！

(2)我们要经常关心爸爸，对爸爸大声说："我爱你！"

★建议：这个环节老师要照顾到全体小朋友进行合影留念，通过模仿秀获得愉悦的体验，并帮助幼儿进行提升，要学会表达对爸爸的爱。

活动延伸

1. 将幼儿模仿秀的照片和视频发送到班级博客中，让爸爸们欣赏。

2. 角色活动区中摆放爸爸的生活物品，供幼儿游戏使用。

活动二：送给爸爸的礼物(小班)

设计意图

父亲节，要给爸爸送一件礼物！以自我为中心的孩子们会有很多的想法：魔法棒、玩具熊、巧克力、公主裙……什么样的礼物爸爸最喜欢呢？引导幼儿讨论、比较，知道适合爸爸的，才是最好的。

活动目标

1. 愿意给爸爸送礼物，表达对爸爸的爱。

2. 知道要选择爸爸喜欢的礼物。

3. 能根据自己的意愿涂色，制作礼物。

活动准备

1. 知识经验准备：有收到礼物的经验，了解爸爸喜欢的物品。

2. 物质材料准备：电子白板、课件，各类礼物图片若干，幼儿每人一套绘画用具。

活动过程

1. 回忆礼物。

(1)出示礼物盒，激发幼儿兴趣。

(2)回忆自己收到的礼物及感受。

指导语：什么时候收到过礼物？是什么礼物？这些礼物你喜欢吗？

★建议：这个环节可以引导幼儿自由讲述，回顾关于礼物的各种经验。

2. 讨论礼物。

(1)请幼儿说说准备送给爸爸的礼物。

(2)教师归纳幼儿礼物的种类。

(3)借助电脑课件，形象地展示爸爸与礼物的搭配。

指导语：

(1)父亲节快到了，我们要给爸爸送礼物。你想送什么呢？

(2)这件礼物送给爸爸，你觉得他会喜欢吗？

(3)为什么他不喜欢？他喜欢什么？

★建议：这个环节教师应注意教学活动中的生生互动，把握时机让幼儿充分讨论为什么爸爸不会喜欢这个礼物？最后解决矛盾冲突时，出示课件为宜。

3. 制作礼物。

(1)幼儿选择合适的礼物图片。

(2)给礼物图片进行涂色。

指导语：

(1)选择礼物的时候要想一想，爸爸喜欢什么？

(2)请认真涂色，这是给爸爸最棒的礼物！

★建议：这个环节教师投放的礼物卡片应该多样化，具有层次性，满足不同孩子的需求；还应注意对个别幼儿的指导。

🐦 活动延伸

1. 给爸爸送礼物，表达对爸爸的爱。

2. 在活动区中，提供更多的材料供幼儿选择。

活动三：我和爸爸的小故事(中班)

🐦 设计意图

孩子的成长，需要父亲的陪伴。通过讲述与爸爸之间的成长故事，不仅感受到浓浓的父爱，留存了一份美好的回忆；而且把"感恩、关爱"的种子播种在孩子幼小的心灵中，萌发我要为爸爸做一件事情，表达对爸爸的爱。

🐦 活动目标

1. 乐意与爸爸亲近，了解爸爸的喜好。

2. 能大胆讲述与爸爸的小故事，体会和爸爸在一起的幸福。

3. 知道用行动表达自己对爸爸的爱。

🐦 活动准备

1. 知识经验准备：观察了解爸爸的喜好，有和爸爸一起游戏的经历。

2. 物质材料准备：收集与爸爸游戏的照片。

🐦 活动过程

1. 说说爸爸的喜好。

指导语：

(1)在家里，你叫爸爸什么？

(2)爸爸喜欢吃什么？他有什么爱好？

★建议：考虑到地域的差异性及家庭的亲子关系程度，教师可以从对爸爸的称呼开始交谈，引导幼儿说出日常对爸爸的观察和了解。

2. 谈谈爸爸的故事。

(1)幼儿以组为单位讲述与爸爸之间的小故事。

(2)请个别幼儿在集体前讲述与爸爸的小故事。

指导语：

(1)和爸爸在一起，什么事情让你印象最深刻？

(2)和爸爸在一起的感觉是怎样的？

★建议：这个环节考虑到幼儿个体的差异性，建议以组为单位讲述。保证每个幼儿都有讲述的机会，减少等待时间。同伴间相互讲述，使幼儿学会了分享。

3. 讲讲为爸爸做的事。

知道要用自己的行动表达自己对爸爸的爱。

指导语：

(1)你想为爸爸做些什么事情？

(2)对爸爸的爱一定要表达出来。

★建议：这个环节教师要及时肯定幼儿的想法，并适时拓展，让幼儿知道爱爸爸的表达方式有很多种：无论是一句话，还是一个拥抱，或者一件力所能及的小事，都要通过自身的行动去表达。

🕊 **活动延伸**

1. 回家用自己的行动表达对爸爸的爱。

2. 亲子共同完成故事绘本《我和爸爸的小故事》。

活动四：世界上最好的爸爸(中班)

🕊 **设计意图**

日常生活中，幼儿对妈妈的依恋程度较高，他们很难体会到爸爸对自己的爱。借助父亲节主题活动开展，以绘本《世界上最好的爸爸》为载体，让幼儿跟随小熊一起寻找答案，了解动物爸爸对小动物不同的爱的表达方式，明白爸爸的爱，知道自己的爸爸是世界上最好的爸爸。

🕊 **活动目标**

1. 喜欢绘本活动，体验绘本阅读带来的快乐。

2. 能观察和讲述绘本，了解动物爸爸对动物宝宝表达爱的方式。

3. 知道自己的爸爸是世界上最好的爸爸。

🐦 **活动准备**

1. 知识经验准备：幼儿对动物的习性有初步的了解。

2. 物质材料准备：绘本《世界上最好的爸爸》PPT课件。

🐦 **活动过程**

1. 出示PPT1，幼儿讨论：谁是世界上最好的爸爸？

指导语：

(1)世界上最好的爸爸是谁？

(2)你的爸爸是世界上最好的爸爸吗？

★建议：教师抛出问题引发幼儿的讨论，通过幼儿的发言能表现出幼儿对爸爸日常生活中的表现的一种总体的评价。

2. 了解动物爸爸对动物宝宝不同的爱的表达方式。

(1)观看PPT2、PPT3，教师提问。

指导语：小熊在路上遇到了谁？它的爸爸会干什么？小熊认为蟾蜍爸爸是世界上最好的爸爸吗？

(2)观看PPT4、PPT5，教师提问。

指导语：小熊又遇到了谁？它的爸爸会干什么？小熊认为老鹰爸爸是世界上最好的爸爸吗？

(3)观看PPT6、PPT7，教师提问。

指导语：小熊第三个遇到了谁？它的爸爸会干什么？小熊认为企鹅爸爸是世界上最好的爸爸吗？

(4)观看PPT8、PPT9，教师提问。

指导语：

(1)你们猜猜狐狸喜欢爸爸做什么游戏？

(2)你喜欢爸爸和你玩这个游戏吗？

(3)小熊认为狐狸爸爸是世界上最好的爸爸吗？

★建议：阅读绘本的过程，教师要引导幼儿逐渐地展开，在不同的页面通过相同的问题和不同的问题引导幼儿思考，拓展幼儿经验，帮助幼儿总结动物爸爸爱小动物的方式各不相同。

3. 理解自己的爸爸才是世界上最好的爸爸。

(1)教师提问：小熊想和爸爸一起玩什么游戏？

(2)观看PPT10，揭晓答案。

(3)观看PPT11，理解世界上最好的爸爸的含义。

(4)完整欣赏绘本《世界上最好的爸爸》。

指导语：

(1)为什么小熊认为世界上最好的爸爸是自己的爸爸？

(2)你想和爸爸一起做什么游戏？

(3)你认为世界上最好的爸爸是谁？

★建议：这个环节教师要运用迁移的方法，要让幼儿从小熊寻找最好的爸爸的过程中去体会、去理解自己的爸爸才是世界上最好的爸爸。

活动延伸

1. 在活动区中投放绘本《世界上最好的爸爸》。

2. 开展亲子绘本制作——《我和爸爸的小故事》。

参考图片

活动五：爸爸去哪儿（大班）

设计意图

日常生活中小朋友们最喜欢唱《爸爸去哪儿》。但是到了 Rap 的部分，他们就会卡壳。分析这部分的节奏，会发现是因为幼儿对十六分音符节奏型的掌控不够，导致说唱的时候跟不上节奏。因此，本部分选取了《爸爸去哪儿》音乐中的一段设计了节奏活动，让幼儿通过游戏的形式掌握十六分音符的节奏型，并根据节奏型创编填词，表达和爸爸一起游戏的快乐。

活动目标

1. 喜欢参加音乐节奏活动。

2. 学习十六分音符的节奏型。

3. 能根据节奏型进行填词游戏。

活动准备

1. 知识经验准备：已学过不同类型的节奏型，会玩节奏型游戏，熟悉歌曲《爸爸去哪儿》。

2. 物质材料准备：各类节奏型卡片，节奏图谱。

🐦 **活动过程**

1. 回忆已有经验。

回忆与爸爸共同游戏的名称。

指导语：喜欢和爸爸一起游戏吗？你和爸爸玩过哪些游戏？

★建议：这个环节引导幼儿回忆与爸爸玩过的游戏，为后面的填词活动进行铺垫。

2. 听节奏、念儿歌。

(1)教师示范编儿歌。

(2)教师把节奏型带入儿歌。

指导语：

(1)我能把你们说的游戏全部编在一首儿歌中，一起来听。

(2)我是怎样念儿歌的？谁能把这句的节奏型摆放出来？

★建议：这个环节通过教师的示范，将节奏与儿歌进行了融合。幼儿既觉得有趣好玩，又有挑战性，激发了他们的学习主动性。教师要通过多种形式让幼儿掌握十六分音符节奏型，突破活动的难点。

3. 看图谱创编歌词。

(1)鼓励幼儿对第三句节奏型进行填词。

(2)对照图谱完成《爸爸去哪儿》Rap 部分。

指导语：

(1)谁能对第三句进行改编？

(2)让我们看节奏谱表一起来唱《爸爸去哪儿》吧！

★建议：这个环节填词游戏玩 2—3 次后，共同演唱一首熟悉的歌曲《爸爸去哪儿》，让幼儿获得愉悦感，也唱出了和爸爸一起游戏的快乐。

🐦 **活动延伸**

1. 在活动区中可以进行节奏活动。

2. 亲子舞蹈《爸爸去哪儿》。

$$\underline{X \quad X} \quad \underline{X \quad X} \quad \underline{X \quad X \quad X} \quad X \quad |$$
爸爸　爸爸　赶快来　呀，

$$\underline{X \quad X} \quad \underline{X \quad X} \quad \underline{X \quad X \quad X} \quad X \quad |$$
我们　一起　做游戏　呀，

$$\underline{X \quad X} \quad \underline{X \quad X \quad X} \quad \underline{X \quad X} \quad \underline{X \quad X \quad X} \quad |$$
皮球　羽毛球　篮球　踢足球，

$$\underline{X \quad X} \quad \underline{X \quad X \quad X} \quad \underline{X \quad X} \quad X \quad |$$
爸爸　和我们　一起　玩，

$$X \quad — \quad — \quad — \quad \|$$
耶！

活动六：我和爸爸去远足（大班）

🐦 设计意图

《3—6岁儿童学习与发展指南》中明确指出5—6岁幼儿要能够连续行走1.5公里以上，要求具有一定的力量和耐力。结合父亲节开展亲子远足活动，让幼儿大胆地自选路线，在爸爸的陪伴下完成远足任务，不仅获得成功感，而且能锻炼幼儿的体质、磨炼意志，拉近亲子之间的情感交流，促进幼儿身心和谐发展。

🐦 活动目标

1. 乐意和爸爸一起参加远足活动。

2. 知道选择合适的路线完成远足任务。

3. 能大胆和同伴分享亲子远足的感受。

🐦 活动准备

1. 知识经验准备：已开展关于远足的谈话活动，绘制远足路线图卡。

2. 物质材料准备：幼儿和家长穿合适的衣服，并穿舒适轻便的鞋子，每名幼儿、家长自备水壶（出发前教师再次检查装备）。

🐦 活动过程

1. 交代远足任务。

(1)明确远足活动路线。

(2)活动中的注意事项。

指导语：

(1)远足活动起点是幼儿园，终点是哪里？

(2)途中有四个盖章点，它们分别在什么地方？

(3)远足活动中我们要注意什么呢？

★建议：这个环节让幼儿积极发言，充分挖掘幼儿已有的经验，为活动的开展进行铺垫。

2. 持路线卡远足。

(1)幼儿手持远足路线图卡，自选路线到达终点。

(2)途中必须经过四个盖章点，完成盖章任务。

指导语：

(1)我们首先考虑什么？

(2)怎样走既能完成盖章任务又不走重复的路程？

★建议：这个环节请爸爸充分尊重幼儿的路线选择，完成远足任务。在活动的后半程给幼儿言语或者肢体动作的鼓励。

3. 分享远足感受。

(1)幼儿相互交流远足的路线。

(2)分享亲子远足的感受。

指导语：

(1)请在图卡上标出你的远足路线，和同伴互换换看一看。

(2)和爸爸(幼儿)一起远足，有什么样的感觉？

★建议：这个环节让幼儿和爸爸们集合后进行共同分享。应给予充分的时间，进行情感的交流。

🐦 活动延伸

将本次远足的活动过程通过绘画或者照片形式进行记录，共同布置班级主题环境。

全园活动：和爸爸一起真快乐(小、中、大班)

🐦 设计意图

目前，在幼儿的成长过程中，父亲的缺位现象非常严重。通过父亲节活动，营造温馨的亲子氛围，创造亲子游戏的机会，让父亲能够直接参与，与孩子共同成长。同时让幼儿体验与父亲在一起的幸福，知道生活中要多关心父亲，用自己的行动表达对父亲的爱。

🐦 活动目标

1. 乐意参加父亲节活动，体验快乐的亲子时光。

2. 知道六月的第三个星期天是父亲节，理解爸爸的辛苦。

3. 学会关心爸爸，以实际行动来表达对爸爸的爱。

🐦 活动准备

1. 知识经验准备：理解父亲节的含义。

2. 物质材料准备：贺卡与全园幼儿人数一致，全园区域活动指示图，每个区域的规则说明。

🐦 活动过程

1. 亲子共同制作节日卡。

(1)手掌印画。

(2)分发活动红花卡。

★建议：这个环节的设计是赠送一个特别的父亲节卡片。对父亲而言，是节日的问候；对幼儿而言，是成长的纪念。根据幼儿的年龄段，提出不同的要求：小班幼儿与爸爸进行手掌印画；大中班幼儿在手掌印画下写出自己和爸爸的名字。

2. 自选区域进行亲子游戏。

爸爸带领幼儿选择感兴趣的区域参加活动。参加活动后，可获得一枚奖励印章；红花卡是参与活动时使用的。

(1)《我和爸爸的小故事》亲子绘本展。

亲子共同阅读，并为最喜欢的亲子绘本点赞贴红花，离开时可获得奖励印章一枚。

(2)《我和爸爸》的照片展。

亲子共同观看照片展，并为最喜欢的亲子合影点赞贴红花，离开时可获得奖励印章一枚。

(3)《酷爸模仿秀》视频展。

亲子共同观看视频，并在最喜欢的萌娃号码下点赞贴红花，离开时可获得奖励印章一枚。

(4)父亲节的故事绘本展。

幼儿选择绘本，亲子共同阅读。根据阅读绘本的数量获得相应数量的奖励印章。

(5)亲子游戏区。

游戏一：《小脚踩大脚 》

幼儿的脚踩在爸爸的脚上，要求不能落地，先到终点为胜。

游戏二：《抓尾巴》

幼儿的腰部用彩色的皱纹纸做尾巴，爸爸背幼儿进行躲闪的同时幼儿要去抓其他人的尾巴，皱纹纸被抓掉表示游戏结束。

亲子共同游戏，凡参加游戏均可获得奖励印章一枚，胜利者多获得两枚奖励印章。

★建议：活动区域的选择，爸爸们应该尊重幼儿的意愿。平时要多陪伴幼儿，让他们体会和爸爸在一起的快乐，留下美好的回忆。

3. 学会表达对爸爸的爱。

(1)用行动表达对爸爸的爱。

(2)根据印章数量兑换奖品。

★建议：鼓励幼儿用多种形式表达对爸爸的爱。一个亲吻、一个拥抱或者一句"爸爸，我爱你""谢谢爸爸"都会是父亲节最好的礼物。因为和爸爸在一起，这个父亲节是特别的快乐！

　🕊 **活动延伸**

邀请爸爸们多参与幼儿园的活动。